조선어독본 5

강진호 · 허재영 편

➲ 일러두기

1. 이 책은 발간 당시의 상태를 최대한 유지하고자 하였다.
2. 각 권에 수록된 '조선어과' 교과서는 다음과 같다.

권수	학교급	발행 시기	책명	수록 대상
1	보통학교	1911-13 (자구정정)	보통학교 학도용 조선어독본	권2, 4, 5, 6, 7, 8.
	기타	기타	보통학교 고등과 조선어독본 (1925)	권1, 권2
			보통학교 학도용 한문독본 (1911)	권2, 4
			보통학교 한문독본(1925)	제5학년, 6학년용
2	보통학교	1913-20 (제1차)	보통학교 조선어급한문독본	권1, 2, 3, 4, 5, 6
	보통학교, 간이학교	1939 (제7차)	초등조선어독본	권1, 권2
			초등조선어독본 교사용	권1
			간이학교 초등조선어독본	전
3	보통학교	1923-25 (제3차)	보통학교 조선어독본	권1, 2, 3, 4, 5, 6
	보통학교	1933-35 (제4차)	보통학교 조선어독본	권1, 2, 3, 4, 5, 6
4	고등보통학교	1915-22 (제1차)	고등조선어급한문독본	권1, 2, 3, 4.
	고등보통학교	1923-25 (제3차)	신편 고등조선어급한문독본	권1, 2, 3, 4, 5
5	고등보통학교	1933-35 (제4차)	중등교육 조선어급한문독본	권1, 2, 3, 4, 5
	여자고등보통학교	1923-25 (제3차)	여자 고등조선어독본	권1, 2, 3, 4

- 목차 -

제4차 교육령기

제3차 교육령기

제4차 교육령기

中等教育朝鮮語及漢文讀本

卷1·2·3·4·5

中等教育朝鮮語及漢文讀本 卷一

朝鮮總督府

緖言

一、本書는주장으로高等普通學校朝鮮語及漢文科의敎授에充用키爲하야編纂한것이라。

二、本書는全部를五卷으로하야、各學年에一卷식을配當하다。

三、本書는敎授上便宜를圖키爲하야、朝鮮語와漢文의兩部에分하야編纂한것이라。

四、諺文綴字法은昭和五年二月에改正한諺文綴字法에據하다。

五、漢文은音訓·熟字로부터短文·文章의順序로하다。

六、漢文의懸吐는低學年에는仔細히하고、學年이높아짐을딸아簡略히하다。

七、難字句·固有名詞·引用語句中特히必要하다고認定한것은、上欄에摘

出하야略解하다。

昭和八年三月

朝鮮總督府

中等教育朝鮮語及漢文讀本 卷一 目次

一 朝鮮語의部

目次

目次

二 漢文之部

中等教育 朝鮮語及漢文讀本 卷一

一 朝鮮語의部

一 入學

「엇전지入學될것도같습니다」하고, 아버지께對答은햇스나, 역시마음은조릿조릿하얏다。 試驗끝난담담날부터, 郵便만苦待하얏다。「편지받으오」하는소리와함께, 덜썩하는소리가門間에서나는것을듯자, 불현듯이가슴이덜걱하얏다。 郵便은곳내손에들어왓다。

三月二十七日, 表面에는내이름이뚜렷이씨여잇고, 裏面에

는커다라케學校이름을印刷한褐色封套를받은그날을,나는永久히잇을수업슬것이다。 그래서그날부터入學하는오날을기다리기란,果然一日千秋의늣김이잇섯다。

그저께밤,아니,그전날밤이든가,암만하야도脚絆이잘처지지안아서,진땀을낸웃으운꿈을꿧다。 어저께내책상을大整理할적에,「二男아,이册은너가저라。 자,이것도가지고,」하면서,곰쩍이위해두엇든自習辭典·童話集들을집어던지는것을보고계시든어머니는,「아,저런,저러고다시찻을때가업슬가,」하시며웃으섯다。「무얼,이래보여도,나는인제는高等普通學校生徒인데,」하고,속마음으로뽐냇다。 그러나실상은,아즉나는高等普通學校生徒가엇던것인줄을몰랏섯다。 나는오날入學

一日千秋(일일천추) 하로지내기가千年이나지나는뜻이더되다는것.'몹기다리는생각이간절하다는形容

式에서,校長先生님의말슴을듯고,비로소우리들의重大한責任을깨달앗다。 그말슴가운데,「高等普通學校는諸君이입때까지다니든普通學校와는달라서,제마다入學할수잇는데가아니다。 普通學校六年課程으로는아즉不充分하니,좀더높은敎育을받고십은사람들,또그리할必要가잇다고믿는사람들,이를테면諸君과같은사람들이,自進하야入學하는곳이다。諸君은이「自進하야入學하얏다」는것을,暫時라도念頭에서떠나지안케하기를바란다。 또將來에社會의中堅이되며,國家를興隆케할責任을질머진國民은,오날이中等敎育을받는諸君들이라하겟스니,그責任을다하기爲하야서도,知識과敎養이極히必要한것이다。 要컨대諸君의엇깨에는무거운責務

가걸처잇다는것을생각하야、充分한覺悟를가지고努力하야야할것이다하는訓諭가계섯다。 입때껏그저조키만하든마음이、갑작히緊張하야진것갈엇다。

入學式은열時半에끝낫다。 돌아오는거름에、아버지吩咐대로三清洞아저씨宅에들럿다。 마주나오신아주머니께서、「에구、잇브기도한高等普通學校生徒하시고웃으신다。 從弟들이房안에서뒤여나온다。 나는그만여럽은생각이낫다。「오날이야엇덜라구、좀놀다가點心이나먹고가거라하시고、아주머니께서挽留하시는것을、앉자도안코발을돌이켯다。「그러면이것이나入學記念으로、하시고、조의로싼것하나를내주섯다。 그러케躁急히굴지안아도조왓슬터이지마는、엇전지

裝潢(장황)

어서집에가고십엇든것이다。 그리고아버지께서冊肆에가서서教科書를사오섯슬터인즉、그것도어서보고십엇든것이다。

집에와서어머니앞에서、얻어온것을풀어보앗다。 漢和辭典과英和辭典이나왓다。 책상우에는教科書가갈데업시노여잇다。 보들보들한가죽表紙로된중안에드는小辭典도여간이아니지마는、普通學校것과달라서、야름답게裝潢한教科書도퍽마음에든다。 冊꼬비에세워도보고、펼처서조곰식읽어도보고、姓名을어듸다쓸가하고窮理도하야보고하야、그저그만마음이들성들성한다。 이冊저冊뒤염뒤염읽어본다。 매우자미스럽다。 그만거긔에팔려서、밥먹을줄도잇어버렷

다、「저것보아、아까부터그러케불러도對答도업시」하시고、어머니께서웃으시면서재촉하시는바람에、나도웃으면서일어섯다。바람벽에걸린帽子의徽章이반짝반짝하는金빗으로내눈을쏜다。

二 人生의아침

少年은언제까지든지少年이아니다。於焉間에青年이되고、壯年이되는것이다。壯年이되면、세상에對하야사람된責任을지게된다。사람이이責任을늣기게되는때는、少年에서青年으로옴아가는지음이니、譬하면아침햇빗이東天에돋아오르는것과갈치、세상에對한意識이차차싹트게된다。普通

於焉間(어언간) 不知不識中、어느틈에

일은아침

學校在學時代에는、每日學校에단기는外에는、山에나들에가서노는것이일이드니、中等學校에入學한뒤에는、엇더케이세상에處하야나갈가、무엇을하야야올을가、또는自己의性質도돌아보아、果然엇더한일에適當할가를、가지가지로생각하게된다。또세상일에對하야도、올타글타하는判斷이

斟酌(칭작、짐작) 酌量하는것
稟議(품의) 엿주어의논하는것

나선다。 여긔에修養의必要를늣겨、學識을넓히고德性을기르는同時에、身體의健康을增進하랴고한다。 그리하야차차세상에對한自己의任務도깨닷고、한거름나아가서는、社會國家를改善하랴는큰希望도품게된다。 이리하야少年의마음은人生의아침에覺醒된다。

아침하날이爽快하고長遠한것처럼、人生의아침을맛는少年의마음이야말르、無限한希望에싸일것이다。 將來에하고십은일이、마치夏雲의奇峰이뭉게뭉게일어나듯이생각날것이다。 그러나사람은事情과境遇에끌려、하고십은일이마음대로다되는것은아니다。 그럼으로自己의境遇와事情을考慮하며、自己의性質을斟酌하고、父兄께도稟議하야、세상에活動할目標를定하야야할것이다。 農業이나、商業이나、그밖에무엇이든지職業을定하야、그것에專念하랴는생각을가지지아니하면아니된다。 그리하야自己의性質과境遇와地位等을斟酌하야職業을定한뒤에는、그境遇와職業如何에不拘하고、人生으로서價値잇는훌륭한一生을보내랴는覺悟가、人生의아침에서잇는이의第一먼저생각하야두지아니하면아니될일이다。

憧憬(동경) 마음이한가지에쏠리는것

三 都會로온學生諸君에게

新學年이되여、少年男女諸君은故鄕과父母의膝下를떠나、都會로모여들게되엿다。 憧憬의都會로온諸君에게는、好奇

生疎(생소) 서먹서먹하야 익지못한모양

心과踊躍이잇슬것이오、諸君을떠내보낸父母에게는、骨肉을떼는슬픔과、生疎한都會에나가는諸君의前途에對한근심이잇섯슬것이다。 집을떠난諸君은、대개는十四五歲의普通學校卒業程度일것이니、人生의一生에心理的으로나、生理的으로나、極히變化만코가장危險한時期에處한이들이라고아니할수업슨즉、諸君의踊躍에도意味가잇고、父母의憂懼에도十分의理由가잇다。

시골生長으로서、都會生活에들어온諸君이첫재로注意할것은、宿所를定하는일이다。 諸君의在籍한學校에寄宿舍가잇거든、반다시入舍하라。 만일寄宿舍가업거든、父兄의親知와先輩로、諸君을監督할수잇고、指導할수잇는能力을가진이

寄寓(긔우) 他人의집에서 居食하는것

의家庭에寄寓하라。 이것저것이다不可能한때에限하야、下宿을求하라。 下宿은諸君의將來를爲하야遠慮의忠告를주지아니할것이니、얼른생각하기에는自由로운듯하나、少年時代의糧食이라고할만한監督·指導·感化를읇게될것이다。 成功할將來써을가진少年男女는、반다시自進하야適當한指導者를가려야한다。

둘재로注意할것은、惡友·損友를멀리할일이다。 或은同鄕을、或은同窓을、或은同宿을理由로하야、諸君에게交遊를請하는이가잇슬때에는、먼저그들의衣服風貌가端正한가아니한가를보라。 만일奇怪한차림과言行을한다하면、그는필시善友、益友가아닐것이다。 다음에그가學課에勤勉하는가아니

하는가를보라。 學生時代의第一義的인義務는學課에忠實함이니、學課는曠廢하면서、藝術이엇더니、思想이엇더니하는이는損友다。 善友·益友인줄을알거든、그를짝붓들고노치말라。 一人의益友는一生의至寶다。 益友와함께잇는동안은、諸君은墮落하지아니할것이다。

曠廢(광폐) 荒廢하야버려두는것

셋재로注意할것은、保健이다。 洽足한日光과純粹한空氣中에서、父母의綿密한注意밑에서、生長하든諸君이、日光이不足하고、空氣가不純하고、街上의塵埃中에우서운病菌이彌漫한都會에들어와서、過重한學課를堪當하자면、健康을害하기가첩경쉽다。 健康이란한번일으면、다시찾기어려운것이다。 하물며終身의痼疾이되기쉬운病은한번붓들리면、一生의幸

彌漫(미만) 갓득차넘치는것

福과事業이全혀破壞될뿐더러、壽命까지도줄게되는것이다。 그럼으로諸君은校醫나、衛生學의先生이나、其他信憑할만한醫學者·先輩에게、衛生의方法에關한指導를받는것이必要하다。 保健의길은一言以蔽之하면、規律과節制를지키며、科學的生活을함에잇는것이니、懶惰와過勞를아울러避하고、適度한屋外運動을하며、新鮮한空氣를마시고、過食을禁할것이다。 더구나喫煙飮酒의惡習은、한번박히면、道德的으로나、生理的으로나、크게害로운것이니、極히注意하야야할것이다。

이리하야諸君은精神的으로나、肉體的으로나、健全하게자라、힘잇고훌륭한사람이되기를힘쓰라。

四 봄비오는날

오날은비가온다。 오래간만에비가온다。 昨年겨울에는눈도그리케만이오지안앗고,겨울이다지나가고봄이들면서부터도,비가아니와서,곳곳마다먹을우물까지말라붓는다고,야단야단일러니,오날은그리케기다리든비가,새벽부터바시락바시락나린다。 봄비는여름비처럼무섭고억세게,주룩주룩퍼붓지도안코,가을비의떨어지는丹楓닢을우수수몰아치는것처럼쓸쓸하지도안코,가만가만이,바시락바시락,뿌리다가떨어지다가하며,오다가그치다가하는것이普通이다。 오날비도그모양으로,바시락바시락,바실바실,소리가조곰커젓다가작어젓다가한다。 조곰큰때는바시락바시락,조곰작은때는바실바실,저무도록그리케오다가그치다가한다。

엇제서봄비는,이리케도억세지안코,부듣엽게,가늘게,바실바실,바시락바시락,나리는것이냐。 봄비는꽃비다。 꽃피라고오는비요,잎피라고오는비다。 겨으내서리·눈·어름멍이에눌려,잠자고잇든모든물건에게,자라나는힘,다시깨나는힘을주기爲하야오는비가봄비다。 어머니가젓먹는애기를사랑하야至誠껏기르듯이,봄비는어린꽃봉오리와어린싹과어린버레들을至誠껏保護하느라고,그리케까지操心성스럽게,바실바실,바시락바시락,오는것이다。 인제방실방실웃기시작하는꽃봉오리에상채기가날가보아서,인제뾰족뾰족눈트는어린풀싹들이아플가보아서,그리케가만가만이,조심하야가

며、새벽부터저녁까지、바설바설바시락바시락하고와주는것
이다。

봄이돌아왓다。 반가운봄이確實히돌아왓다。 나는오날
바시락바시락하는봄빗소리와曲調를갓치하야、모든봄소리
가내귀에들려오는것을、確實히듯고앉엇다。 실낫갓흔이슬
빗줄과갓치、모든봄빗이한가지웅즉이는것을、눈으로련연이
보고잇다。

들밧마을에서、어린아이들의버들피릿소리가울려온다。
깊은山속시냇물이한치두치불어、겨울동안모이고싸인더러
운진흙덩이를씻어가며、졸졸흘러나리는소리가、門밧에만나
서면들린다。 이웃집에서는、봄옷다듬는소리가섯글엿다。

京城驛에서는、이상스러이다른때보다도더유난스럽게、汽笛
소리가비오는아참무거운空氣를깨치고、횡신갓가이들려온
다。 이것이다봄소리가아니고무엇이냐。

한一週日이나두고、건너언덕을유심이처다볼때、뾰족뾰족
싹트는잔듸빗치、하로보아다르고、이틀보아달라、처음에는첫
듯첫듯、나중에는노릇노릇、이제까지도그러트니、오날아참에
다시보니、파릇파릇한빗이宛然하다。 깊은골짝이버드나무
가、엇그제까지도회미한灰色안개가진듯만싶드니、어제오날
부터는、한층더노랑이반절파랑이반절의새싹이올라왓다。
지금은다허물어저가는城밑에도、풀이돋아오르고、바윗돌중
은틈에서도、새싹이비젓고나오느라고애를쓰고、길가의사람

발·김생발에짓밟힌풀뿌리에서도、새싹이머리를처들고나오느라고애를쓰고、속빈古木나무에도、새움이돋는다。 심지어다너머저가는헌집썩은집웅에서도、새풀이나서、가는비를맞으며、이상하게도生氣가싱싱해보인다。

三角山의흰구름이한숨에달음질하야、南山으로날아오며、南山에잠긴안개가또다시풀려、날싸게도漢江언덕으로달음질처나간다。 이것이모다봄비와한가지자라나는봄빛이아니고무엇이냐。

三角山 京城의北에잇는鎭山、一名華山

南山 京城의南에잇는山、一名木覓山

漢江 京城의南을흐르는朝鮮五大江의하나

五 빗소리

비가옵니다。

밤은고요히깃을벌리고、
비는뜰우에속새깁니다。
몰래짓거리는병아리같치。

이지러진달이실날같고、
별에서도봄이흐르듯이、
따뜻한바밤이불드니、
오날은이어두운밤을비가옵니다、

비가옵니다。
多情한손님처럼비가옵니다。

窓을열고맞으랴하야도、
보이지안케속새기며비가옵니다。

비가옵니다。
뜰우에窓밖에집웅에、
남모를깃븐消息을
나의가슴에傳하는비가옵니다。

六 散步

푸른풀은언덕을덮엇고、떨어지는꽃은한닢식두닢식나붓기고、골짝물은잘잘하고미나리논을에둘러흘러간다。 그리

할적에저문봄따뜻한볕긔운은、多情스럽게도겹옷속으로숨여들어온다。 아、아름답다。 이것이두서너동모들과한가지漢江기슭으로散步나가는途中의景致엿다。

저긔저、저리저저」하는것은、봄씨를뿌리랴고소를몰아밭을가는소리요、저긔저、엇개를엇메고웅얼웅얼하

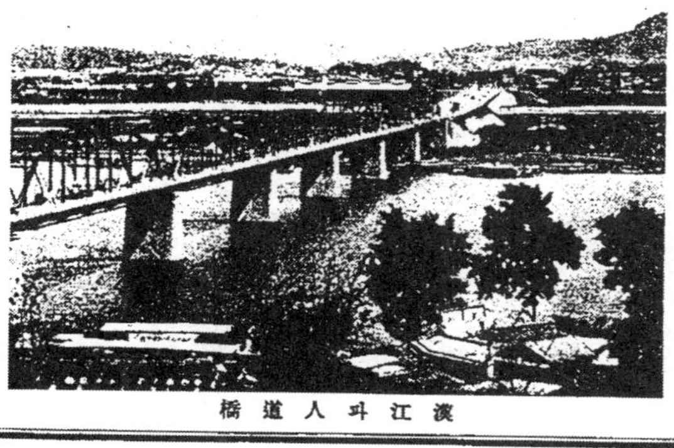

漢江파人道橋

며천천이걸어가는것은,散步하는學生들이아니냐。

그럭저럭하는동안에,발자최는벌서漢江에다달앗다。 쪽빗갓고도잔잔한물결이소리업시흐르는데,물건너섯버드나무에는푸른煙氣가자욱히어리엇다。 한가히떠노는조각구름을짝지어,훨훨나는갈매기는,한가하기짝이업다。 물우에둥실떠,가웃둥가웃둥하는것은,고기잡는一葉片舟요,푸른풀우거진곳에화닥닥뛰는것은,어미찻는송아지가아니냐。 나는우두커니서서,이러한景物을물끄러미바라보앗다。 精神이훨신灑落하고,氣分도매우愉快하아젓다。 건너山기슭에는夕陽이차차멀어지고,둥지압숩풀에는새들이지저귀기시작하니,벌서黃昏이되엿나보다。 우리들은아름다운自然에서떠나오기를못내섭섭히생각하면서,발자최를천천이돌이켯다。

七 집에잇는父親에게

父主前　上書

膝下를떠나온뒤로,雲山을瞻望하옵고,晝夜로悵慕하옵이간절하옵나이다。 요새日氣가고르지못하온데,

一向萬康(일향만강)

兩堂氣力이一向萬康하옵시고,兄과아우들도잘모시고지냅닛가。 그리고바야흐로農繁期인이때에,얼마나밧브십닛가。 伏慕하옵는下誠을,엇지이루다엿주오릿가。 子는客中의眠食이집에잇슬때나다름이업사옵나이다。 처음

鑑燭(감촉) 보다의敬語

으로都會에나온만큼、모든것이다서툴드니、차차市內의地理와狀況도대강알게되엿나이다。 校舍도매우淨潔하오며、여러先生님께서도親切히가르처주심으로滋味잇게工夫하야가는中이오니、過히念慮하지마옵시기를伏望하옵나이다。 저거번에보내주신學費는、節用하라하신嚴命을銘心하와、그동안食費와月謝金은勿論、文房具代와理髮沐浴料金等을、모다一定한豫算下에서消費하얏사옵고、한픈도浪費하지아니하얏슴니다。 別紙日用記와갈사오니、鑑燭하시옵소서。 그리고來月이멀지아니하온즉、從速히學費를下送하심을伏望하옵나이다。

年月日

子 某名 上書

八 農業

農業은모든職業中에서가장身體를健康하게하는것이다。 세상에는、해빛도보지못하고、工場에서勞働하는이도잇고、한거름도案頭를떠나지못하고、事務에汨沒하는이도잇스나、農業에從事하는이는、한종일新鮮한大氣를마시며、充分한日光에며감는다。 세상에이처럼사람의健康에適當한職業이어듸또잇스랴。

身體의健康에適當한農業은、또精神을健全하게한다。 農業으로말미암아얻는德은、著實과勤勉이다。 아모리躁急히서들지라도、어제심은모가오날이삭이나오는것은아니다。

옛적어느곳에、벼를빨리成長시키랴고줄기를잡아빼여、벼가곳말라죽어버렷다는웃으운이야기도잇다。 飛躍은農業에禁物이다。 그러나다만自然에맡겨두고、누진하게기다리고만잇다면、農作物은잘되는것이아니다。 人力을다한뒤에비로소自然에맡겨두어야한다。 즉人事를다하고天命을기다려야한다。 여긔에서제절로勤勉과著實의美風이길러지는것이다。

農業은또家庭의和樂을준다。 논밭을갈때나、씨를뿌릴때나、거름줄때나、김맬때나、온집안이힘을모아일하기때문에、家族이다갈치그職業을理解하고、딸아서그들사이에아름다운同情이일어나게된다。 저녁밥상을對할때에、서로慰安을줄

수잇는그들은、하로의勞苦를모다잇어버리고、一家一心의團欒을充分히맛볼수가잇다。

農業은가장趣味만은職業이다。 원종일自然을벗삼고일하는農夫는、또한忠實한自然의觀察者다。 그러나그들은다만傍觀的으로、自然을즐기는風流客은아니다。 깊은同情과모든辛苦로써、나무를심고논밭을간다。 그勞作으로말미암아、山은美를發揮하고、들은景致를더한다。

이러케보면、農業은참으로堅實하고幸福스러운職業이라아니할수업다。

九 薔薇와牧丹

薔薇科(장미과) 顯花植物、被子類、雙子葉類門、離瓣花區의一科

泰東(태동) 東洋을이름

泰西(태서) 西洋을이름

薔薇는복사·오얏들과갈치、薔薇科에붙는잎지는떨기나무니、줄기와가지에다가시가잇스며、꽃은그생김새가복사꽃과다름이업는데、오직다른것은스무남은낱의암여의가、병꼴로된花蕚안에붙은것이니라。

꽃의빛은흰것도잇고、붉은것도잇고、누른것도잇나니라。

薔薇

이꽃은泰東에서도사랑하야기리지아님이아니나、멀리泰西사람들의턱업시사랑함에는미치지못하나니、泰西各國에서는、이꽃을花王이라하야、新品奇種을만들어

내기에、園藝家들이焦心苦硏하나니라。

사람의사랑하는꽃은、사람의손에이아처저서、自然히그種類가만은것이니라。 이꽃도그品種이매우만아서、여름한철에피는것도잇고、사철다피는것도잇는데、각기種類가許多하야、이루날날치들어말하기가어려우니라。

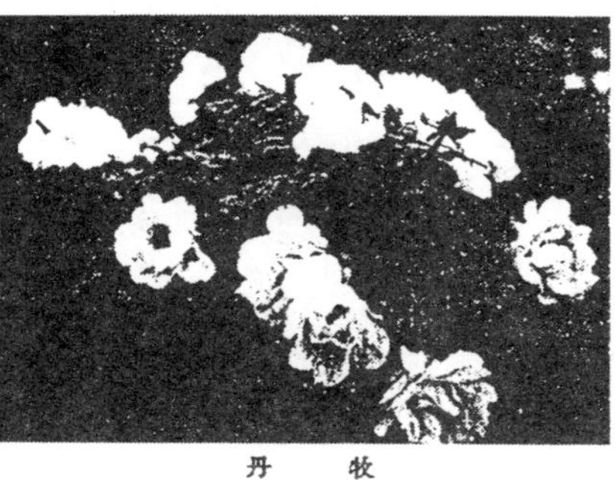

牧丹

泰西各國에서는、薔薇로써花王이라하나、泰東에서는牧丹으로써花王이라하나니、富貴한

南面(남면) 南은陽、論에面함은人君의位、그럼으로君은南面하고、臣은北面함、ᄯᅡ서南面함은君主가된다는뜻

毛茛科(모간과) 顯花植物、被子類、雙子葉、離瓣花門의一科

漢土 支那本土의義

隋煬帝(수양제) 隋는支那의王朝名、煬帝는隋의第二世、姓은楊、名은廣、文帝楊堅의第二子

唐 支那의王朝名

開元 唐玄宗때의年號

洛陽(락양) 支那古代의都名、今河南省河南府

氣像과奇異한香氣가、넉넉히花世界에南面할만하니라。

牧丹은毛茛科에붙는잎지는떨기나무니、三四月쯤에잎이나고、뒤에꽃이피는데、그빛은흼붉음·자지들의여러빛이잇스며、꽃이진뒤에는껍질이생기고、열매가그속에안기나니라。

牧丹中에가장貴히여길만한것은흰것이니、꽃판이크기나하면、그엄전하고아름다움은、견줄것이업나니라。 그런데아모리흰꽃이라도、꽃의깊은속에는발그레한빛을머금엇나니라。

朝鮮에서는、이꽃이어느때부터이름을드날렷는지모르나、漢土에서는、隋煬帝때부터비로소世上에이름이나고、唐나라開元中에이르러、香名과芳譽가四海에雷轟하야、드듸여洛陽

宋 支那의王朝名

에서、花王位에올라、宋나라때까지位를退讓치아니하야、그뒤로크게一般世人의珍賞愛翫하는바되엿나니라。 近來에이르러서는、泰西人士들도매우稱賞하야、만이가져다가栽培하게되엿나니라。

一〇 學習의態度

우리들은어렷슬적에、반딋불을보며우뢰소리를듯고、매우異常하게생각하얏섯소。 지금도自然界와人間社會를바라보면、여러가지驚異가일어나오。 이驚異야말로、모든學問의出發點이니、異常하게여기고서推究하고、疑問을일으키고서思索함이、곳學問의나아가는길이오。 學校에서가르침을받

을때도「웨그러케되는것인가」하는疑問이자조일어나오。 이것은人心의自然이니、課業에熱心하면할수록疑問이만아지는것이오。 이런때에는仔細히質問하야、充分히理解하도록힘써야하오。 세상에는、조곰안다는것으로써滿足히여기는이와알지못하면서도아는체하는이가적지아니하오。 이것은學問의길을스사로막음은勿論이고、進就하랴는마음의싹을스사로抑壓하야、成長하지못하게함이오。

質問은決코羞恥가아니오。 疑問이만으면만을수록、그만큼學問에熱心함이니、압으로進就하야갈希望이만은것이오。이廣大한世界에는、無數히만은事物이잇서、한가지를專門的으로研究하는學者라도、오히려그것에對하야모르는것이만

攄得(러득) 깨달아아는것

으오。 나이어린우리들에게모르는것이만음은當然한일이니、여러가지疑問이나는것은、도로혀자랑할만한일이라할수잇소。 우리들의붓그러워할바는、알지못하는것을아는체하는일이오。 아는것과알지못하는것을잘區別하야、알지못하는것을차차알아가는것이學問의길이오。 그러나이것은무엇이나、다스승에게質問하라는것은아니오。 學課의豫習을著實히한뒤에、만일모르는것이잇거든、먼저自己로서깁이推究함이必要하오。 元來、學問이라는것은、다만남의말을그대로받어들일뿐이아니니、스사로널리推究하고깁이考察하야、바른理致를解得함이、學問의참다운態度요。 그럼으로항상自學自修의精神으로써努力하야、아모리하야도攄得하지못

할때에이르러서、비로소스승의가르침을받어야하오。 그리하야한번가르침을받은것은、充分히理解하기까지復習하야두어야하오。 암만생각하야보아도알지못할때는、些少한것이라도반다시물어야하오。 이런것을質問함은羞恥스럽다든가、이것을물으면동모들이嘲笑하리라든가하고、躊躇하는것은極히조치못한일이오。 이것은學校以外에서도마찬가지니、停車場에서모르는것이잇거든、驛夫에게물을것이며、길을가다가岐路에서헤매게되거든、農夫에게물을것이오。

어듸서든지남에게質問할때는、相當한禮儀를지켜야할지니、言語와動作을삼가서、自己는아모것도모른다는생각으로가르침을받어야하오。 古書에「溫恭自虛、所受是極」이라한것

古書(고서) 管仲書、管子、弟子職篇을가르침(管仲、名은夷吾、周代齊의宰相)

온、이것을말함이오。

一一 扶餘를찾는길에

百濟王陵을보고얼마쯤가면、新作路가나선다。 이新作路는公州서扶餘로오는길이다。 이길로들어가노라면、조고마한山하나가가로노여잇고、그山밑으로는草家或은기와집들이連해잇고、집과집사이나그附近에는、나무들이수두룩히서잇서、바야흐로우거진綠陰이새롭게도보인다。

扶餘에드는길로、平濟塔도보고、古蹟保存會陳列館도보고는、扶蘇山으로오른다。 扶蘇山은멀리서바라보기엔、조고마한單調한山인듯하드니、이제올라와보니、퍽으나複雜하고으

扶餘 百濟第二十六世聖王때부터滅亡하기까지約百五十年間의國都

百濟王陵 扶餘陵山里에잇다

平濟塔 高三十四尺、方十二尺의五層大塔、百濟가亡할때에唐將蘇定方이제功을거기에새긴것

扶蘇山 扶餘의鎭山、泗沘城이잇든곳

半月城址 泗沘城의遺址
迎月臺 扶蘇山의東쪽
送月臺 扶蘇山의西쪽
劉仁願碑 唐將劉仁願이百濟를破한功을사긴碑
倉庫跡 百濟時爲의倉
泗沘樓 扶蘇山西最高處에잇다

늑한山이다。 더구나소나무외雜木들이빽빽하게서잇서,보면보일만한곳이라도,어듸가엇더케된지를사뭇모르겟다。 山새들은예서제서운다。 山菜를캐는안악네의소군대는소리도난다。 나는이숲속으로어슬렁어슬렁걸어가며,扶蘇山의閒寂하고幽雅한맛을아니늣길수업다。

半月城址를지나고보면,길이두갈래로낫스니,하나는迎月臺로,하나는送月臺로가는길이다。 나는먼저迎月臺로하야,劉仁願碑며倉庫跡을보고,다시오든길로도로가,送月臺에이르러泗沘樓에올랏다。

送月臺는扶蘇山의第一놉은곳이다。 第一조은展望臺다。 이곳에서서,四面의遠近景을다바라볼수가잇다。 파란비단

白馬江 錦江下流를이름
壯山(장산) 雄大한山
具格이맛다 짝제여아울리다

폭을구비구비펄처두른듯한白馬江이며,千송이萬송이꽃받

白馬江과大哉閣

속갈은周圍에잇는여러山과山들은,오로지扶蘇山하나를爲하야생긴듯하다。 그러나慶州와갈치周圍에잇는壯山들에게조곰도威壓을받는일도업고,漢陽과갈치에워싼山峽도아니고,平壤과갈치헤버러진데도업시,아조具格이맛게되엿다。 그리고구석구석이妙하게아름답게스리되엿다。

天政臺 扶蘇山의對岸에잇다、百濟王이祭天하든곳
大哉閣 浮山中턱에잇다
自溫臺 窺巖里의선창에잇다、百濟義慈王의宴遊處
水北亭 自溫臺첫언덕에잇다
九龍坪 窺巖里西北에잇는벌판
錦城山 扶餘의附近에잇는데南嶺이라도부름
大王浦 窺巖津、流에잇다
靑馬山城 扶餘의東에잇는古城址
落花巖 扶蘇山送月臺下斷崖、白馬江의深淵에臨한곳

扶餘를찾어오는이는、扶餘의古蹟만보아서는아니된다。 그저古蹟은그만두고라도、扶餘의유다른天然한勝狀을보아야한다。 山도조코물도조타。 山과물이아울러조케된이扶餘야말로、다른곳에서는쉽사리얻어볼수업는곳이다。 北으로天政臺、西으로大哉閣·自溫臺·水北亭·九龍坪、南으로錦城山·大王浦、東으로靑馬山城을바라보며、홀륭하든百濟의榮華도저러하거니하고、한번웃을뿐이다。

送月臺를버리고、다시西으로이山一脈을타고나려가다가보니、길은뚝끈치고、數十길되는絶壁이잇고、絶壁밑에는시퍼런江이흐른다。 이絶壁이落花巖이다。 落花巖은옛날羅·唐의聯合軍이百濟의宮城을陷落할때、妃嬪宮女들이버선발로

浮山 扶蘇山西에잇다
벼룻길 내를따라난道路
皐蘭寺 扶蘇山北麓에잇는百濟의古刹

뛰여나와、여긔서몸을던저죽엇다는곳이다。 이바위에나는홀로서잇다。 나는나의사랑하는扶餘에서도、가장이落花巖을사랑한다。 지금白馬江은고요히흐른다。 잇다금고기들뛰노는소리만、텀벙텀벙난다。 한편언덕에는빈배가매여잇고、그옆에는한늙은이가낙싯대를들고앉어잇다。

落花巖

그리고두어채帆船은、느릿느릿浮山모롱이를지나간다。 나는이윽히서잇다가、벼룻길로들어、요리조리나려가、皐蘭寺를

찻엇다。

皐蘭寺

皐蘭寺는、山한쪽을일부러헐어내고집을지어노은것갈치보인다。 뒤에는絶壁、앏에는淸流다。 數百年묵은담장이넌출은、龍를입을하야絶壁으로오르고、絶壁에는틈틈이皐蘭이파라케나고、그밋에서는맑은샘이흐른다。 나는이샘물이나마시고、이절에잇서、한여름을낫스면조켓다。 左右의綠陰속에서굴러오는새소

담장이 寄生性의蔓草

皐蘭 草名、이草名으로부터皐蘭寺의名을지엇다한다

리·버레소리도듯고、앏江을스처오는바람도맞고、심심하면釣龍臺·落花巖도올라보고、新八景·舊八景도날날치찻어보고、달밤에는배를잡아타고、白馬江으로오르락나리락하기도하얏스면조켓다。 아아、조은곳이다。

一二 佛國寺에서

七月十二日아침첫車로慶州를떠나、佛國寺로向하얏다。

작란감갈은汽車는、半時間이못되여、佛國寺驛까지실어다주고、驛에등대하얏든自動車는、十里길을단숨에껑청껑청뛰여서、佛國寺에다달앗다。

뒤로吐含山을등지고、왼편으로鬱蒼한松林을끼고、앏으로

釣龍臺 扶蘇山北麓에잇다

新八景 平濟塔夕照、水北亭晴嵐、扶蘇山暮雨、皐蘭寺曉鐘、落花巖宿鵑、九龍坪落雁、白馬江沈月、窺巖津歸帆

舊八景 天政臺、釣龍臺、皐蘭寺、落花巖、白馬江、半月城、自溫臺、百濟塔

佛國寺 慶州吐含山中에잇는절、新羅人金大城의建立한것

吐含山 慶州東에잇는山

佛國寺

廣闊한平野를내다보는절의位置부터,風水장이아닌나의눈에도,별서凡常치아니하얏다。더구나돌층층대를처다볼제,그宏壯한規模와纖細한솜씨에는이어렷다。創建當時엔넝떠러지로잇든곳을돌로싸올리고,그리고이돌층층대를지엇스리라。東쪽과西쪽으로갈려,우아래로각각둘식이니,全部는네개인데,한개의층층대가대개열일고여덟階段이오,길이는五十七八尺으로,량가에노인것과가운데뻐친놈은돌한개로되엿스니,얼마나끔찍한人力을들인것인가를짐작할것이오,오늘날돌로지은大建築物에도,이러틋이대패로민듯한돌은못보앗다하면,얼마나그때사람이돌을곱게다룬것인가를깨달을것이다。

돌층층대의이름은,東쪽의,아랫것은青雲橋,우엣것은白雲橋,西쪽의,아랫것은蓮花橋,우엣것은七寶橋라한다。층층대라하얏지마는,우아래가連絡되는곳마다,요새말로베란다 발코니가되고,그밑은아ㅣ취가되엿는데,引導者의說明을들으면,옛날에는아ㅣ취밑으로맑은물이흘럿다하니,돌층층대를다리라한옛니름의由來를據得할것이다。층층대上下에는,손

발코니 balcony. 露臺

아ㅣ취 arch. 虹蜺門

자비돌이우뚝우뚝서고、쇠사실인지무엇인지둘러쮠흔적이、아죽도남아잇다。

多寶塔

이돌층층대를거처、門樓를지나서니、有名한多寶塔과釋迦塔이눈앞에나타난다。

이두塔은勿論돌로된것이다。 그것은만저보아도돌이오、두들겨보아도돌임에틀림이업다。 그러나釋迦塔은오히려그

만들지라도、多寶塔이돌로되엿다는것은、아모리하야도눈을의심아니할수업다。 연한나무가아니고、물신물신한밀가루반죽이아니고、육중하고단단한돌을가지고야、저다지도곱고、어엿브고、의젓하고、아름답고、빼여나고、공교롭게、잔손질을할수잇스랴。 만일그塔을만든原料가정말돌이라면、新羅사람온돌을갇치쓰지안코、마치콩고물이나팥고물처럼、마음대로뜻대로손가락끝에휘젓고、주물르고하는神通力을가젓든것이다。 鬼神조차놀라고울게하는재조란것은、이런솜씨를두고이름이리라。

塔의네面엔조고마한어엿븐돌층층대가잇고、그층층대를올라서니、가운데는웃층을떠바치는中心기동이잇고、네귀에

도屛風을접처노은듯한돌기동이또한섯는데、그기동과두층대의石盤을받든어름에는、나무로도오히려깍아내기가어려울만한소로가、튼튼하게、아름답게、손바닥을벌리고잇다。 집웅우에第二層의네모난돌欄干이둘려、쟁반같은二層집웅을받들엇고、그우엔팔모난돌欄干과、세상에도珍奇한꽃닢모양을繡노은듯한돌쟁반이、塔의팔모欄干을받들엇다。 石工이奇絶하얏든것은勿論이어니와、이런奇想天外의意匠은、또어듸서얻어온것인고。 바람과비에시달린지千餘年을지난오늘날에도、조곰도기울어지지안코、이지러지지안코、옛모양을變하지안앗스니、當代의建築術도또한놀랄것이아니냐。

釋迦塔은多寶塔西쪽에잇는데、多寶塔의焜爛한잔손질과

소로 欂櫨를떠바친方形의나무

奇想天外(긔상천외) 사람으로서는생각하기어려운이상한것

는만판으로、手法이매우簡潔하나마、또한鄭重한姿態를일치안앗다。 多寶塔을綾羅와珠玉으로꾸밀대로꾸민盛裝이라한다면、釋迦塔은수수하게차린淡裝이라할가。 높이가二十七尺、層은역시三層으로、한層마다秀麗한돌屛風을두르고、屛風네귀에屛風과한데얼러노은기동이잇는데、듯건대이塔은한層마다돌하나로되엿다하니、그雄壯하고巨創한規模에놀랄만하다。

釋迦塔

英廟朝 李朝第二十一代王의治世

北岳 京城의西北에잇는山

金芙蓉 金蓮花、旱地蓮、草本莖生

三伏 初伏·中伏·末伏을이름

洪爐(홍로) 큰화로

多寶塔과釋迦塔에無限한感歎과感慨를말지안타가、大雄殿을들여다보니、正面에儼然히선三體佛이、普通부처보다는어마어마하게크고、또英廟朝때改築할때에、천정과壁에올린輝煌燦爛한丹靑이、二百餘年을지난오늘날에도、조곰도빛이變하지안앗다。

一三 北岳의一夜

金芙蓉갈치깎아세운北岳은、바라보기만도雄壯하거니와、그봉오리우에올라가서、京城市街를나려굽어다보면、얼마나壯快하랴。 三伏盛炎이사정업시나려쪼여、마치洪爐中에앉은듯한여름、폭폭찌는듯이무더운밤을그우에서지내는맛은、

얼마나시원할가。 때는七月望日이엿다。 二三知友와한가지「北岳峰頭經夜」를約束하얏다。 돗자리·毛氈·夕飯의準備를整頓하야、午後四時半쯤에出發하얏다。 第二高普뒤에까지가서、게서부터는樹林사이로細路를찾어올라갓다。 중턱쯤가서는純全한巖石이라、발부치기가매우困難하얏다。 北岳을오르는길은이뿐이아니라는데、우리는特別히冒險的으로이길을잡은것이다。 바위틈에서자라난악마듸솔포기와雜木포기를잡히는대로휘여잡고、오르고또올라、北岳山頂에올라섯다。

봉오리꼭대기는松林으로둘러싸엿는데、한편에는집채갈은바위가노여잇고、가운데는金잔듸가깔려、徘徊할만하다。

夕日은벌서뉘엿뉘엿西山을넘고、蒼然한저문빛이大地를엄습하는데、萬戶長安은煙霞에잠겨잇고、半空에솟은달은차차皎々한銀빛을뿜어낸다。 시원한긔운이몸에사모친다。 바위를결하야돗자리를펴고、뺑과참외로배를채웟다。

京城市街와北岳

우리는月色을띈京城을굽어다보랴하얏스나、煙霞

가자옥하야보이지안앗다。 이말저말짓거리는동안에、밤은五更이지낫다。 一行中한분은벌서단잠이들엇다。 드릉드릉코고는소리에밤은새여간다。 北岳의새벽이다。 濕氣를띈바람이혹혹불기시작한다。

우리는峰頂에나섯다。 宇宙는환하게밝앗다。 여긔저긔골짝이에서는、煙霞가줄줄이떠나오기시작한다。 煙霞는펴진다。 손바닥만한것이방석만하고、방석이돗과갈고、돗이遮日이되드니、지금은南山도、駱山도、仁王山도、京城市街도、그만자옥한煙霞에폭파무처버렷다。 우리는鴻濛世界를보앗다。 宇宙가開闢하기前에는、星雲의流動이또한이러하지아니하얏슬가。 우리는混沌한宇宙속에서、홀로超人間的늣김에잠

駱山(락산) 京城의東에잇는山
仁王山 京城의西에잇는山
鴻濛世界(홍몽세계) 天地開闢의때에모든것이分明히나타나지아니한混沌狀
混沌(혼돈) 天地가아즉나누어지지아니한狀態

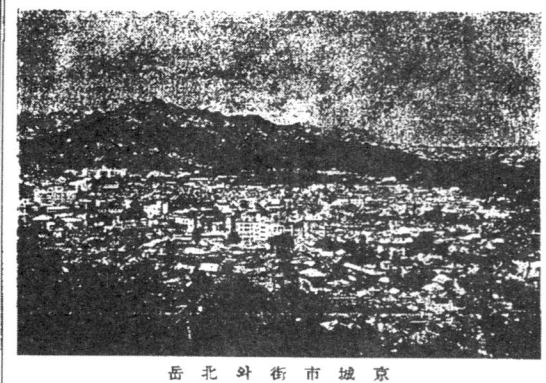

겻다. 煙霞는流動한다. 높앗다가낫앗다가,이리로저리로,굼틀굼틀하는양은,무엇으로써形容하야야할는지알지못하얏다. 太平洋上의波濤의起伏이라고나할가. 煙霞가北岳의絕頂에까지치미는때는,벌서朝旭이東天에번쩍솟아올랏섯다. 沈々杳々하든煙霞는紫色이되여,끝치업는太空으로飛散하기시작한다. 南쪽에번쩍蠶頭가나오고,東쪽에번쩍駱山이보인다. 北岳의日氣는淸明하고,京城市街는어느덧와각와각하야진다. 우리는烈日이나려쪼이기前에,樹林사이로하야歸途에나아갓다.

一四 歸省

뎅뎅치는下學鐘소리를듯고,에그조와라,하다가,先生님께꾸중을들은것은,내가생각하야보아도붓그럽지마는,이것이이學期의마조막인가할때에,깃븜을스사로이기지못하얏다. 登山이며,海水浴이며,마음대로하고놀수가잇대선가. 아니지,그도깃브지아니함은아니지마는,이鐘소리가날때에,선뜻내눈앞에선하게보인것이,故鄕의光景이다. 故鄕에는父母님이계시니,내가이제돌아가서,膝下에모시게될수잇는몸이된것을깃버하는것이다.

먼저저자에나가서,兩堂께서조와하시는것과弟妹의깃버할듯한것몃가지를情表될만치사고,또下直次로親近히지내든집과신세진집들을찻엇다. 城北洞아주머닛宅에서,하롯밤이라도자고가라고挽留하심을辭退할수업서, 그날밤은게서자기로하얏다。 자리속에들어가서도, 잠이얼른들지안코, 時計소리가점점크게들리며, 강잉히눈을감으면, 來日光景이腦속으로줄달음하야, 走馬燈과갓헛다。 자는듯만듯밤을지내고, 東녁이번하자곳일어나서, 밥도먹는동만동, 인사도分明히하얏는지말엇는지, 엽헤노핫든行具를들고, 停車場으로나갓다。 아침놀이東天에벌럿고, 참새소리조차活潑하다。

車票를엇더케삿는지, 불이나케車에뛰여올라, 한귀에자리를잡고, 겨우마음을노핫다。 새벽하날에汽車소리가놉히울리자, 車輪이슬금어니움즉인다。 봄에選拔試驗을치르랴으로올라올때와는, 窓外의風物이매우틀린다。 눈에띄이는山

이며들까지, 내갓거움을나누어, 방긋거리는듯도하야, 엽헷것은어서오라는듯, 뒤헷것은잘가라는듯하다。 마음도가볍고, 몸도홀가분하다。 지나는停車場의이름들은, 잘생각나지아니하야도, 하나·둘·셋·세여, 열셋재가곳우리故鄕의停車場이다。

「언니」하고부르는것은, 어느덧나를알아보고, 雙手를치들고달려오는동생의소리다。 내다보니, 아버지도오셧고, 어머니도계시고, 누이동생도잇다。 어머니께서는눈물이글셍글셍하시여, 말슴도別로업스시고, 누이동생은어안이좀벙벙한모양이다。 아버지께서「잘잇섯느냐」하시고, 갓가이오시는데, 부지럽시가슴이메여, 대답이얼른사뢰여지지안는다。 路上에서이것한마듸저것한마듸말하는동안에, 어느덧몃일밤을두고, 풍으로다니든우리집에다달앗다。 집안풍은봄과다름이업다。

一五 海雲臺에서

東萊溫泉에서二三日더逗留하고싶은것을, 金君이하도海雲臺자랑을하기에, 끌려오기는오면서도, 海雲臺가조으면얼마나조으랴, 하고, 自動車우에서連해東萊溫泉을돌아보앗다。 그처럼나는東萊溫泉에醉하엿다。

마참내自動車가海雲樓門前에다달앗다。 申郡守의紹介를下人시켜主人에게傳하고, 二層南向房으로올라갓다。 뒷門으로는萇山의高峰을우러러보고, 앞門으로는東海의滄浪

海雲臺 東萊郡에잇는海濱勝地, 新羅의崔致遠이遊賞하든곳

萇山(장산) 海雲臺뒷山

을굽어보게되엿다。 一陣淸風이滄浪에서일어나서, 靑山으로올라닷는길에, 우수수소리를내며, 房으로지나가는것이, 果然그럴듯하다。

浴衣에手巾하나를메고, 靑草를헤치고, 白沙를밟으며, 海水浴場에나갓다。

바람도그리업건마는, 굼실굼실밀려들어오다가, 白沙에부듸처깨여지는물결에는, 그래도大海의面目이잇다。 透明한海波를헤치고텀벙뛰여들어, 두팔로滄海를끌어단기며, 물결을밀어오르락나리락하는맛도그럴듯하다。 얄마치따뜻한細모래판에, 반만치몸을파묻기도하고, 이리데굴저리데굴굴러다니는맛도그럴듯하며, 幼年적일을생각하야, 모래로垌을

垌(동)

막아물결과싸홈을하는것도興味잇는일이다。 同行한三友도 턱에鬚髯난것을잊어버리고、물싸홈도하며、갸닥질도하며、競走도하며、어린애들모양으로줄겁게논다。 나는疲困하기로、혼자沙丘우에다리를뻗고앉어서、보고만잇섯다。

漁村에밥짓는煙氣가斜陽에빗겨흐르고、작란감같은漁船하나이、布帆에갓득바람을맞어浦口로돌아온다。 모든것이果然그럴듯한景致다。

海雲臺海水浴場

江天一色云云 張若虛의春江花月夜詩中의詩句

張若虛(장약허) 唐詩人、開元初人

그러나海雲臺의眞景은밤에잇다。 달밤에잇다。 나는그것을보앗다。 그것을보앗다。「江天一色無纖塵。皎々空中孤月輪。」이라는張若虛의詩句그대로다。 나는이러케불럿다。

滄波엔明月이오青山엔清風이라、
清風明月이高樓에가득차니、
紅塵에막혓든胸襟이豁然開를。

바다도조타하고青山도조타커늘、
바다와青山이한곳에뫼단말가。
하물며清風明月잇스니仙境인가。

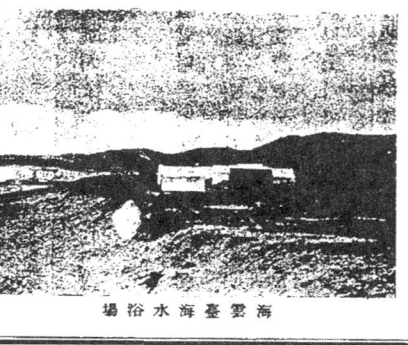

누으면山月이오앉으면海月이라。
가만이눈감으면胸中에도明月잇다。
五六島ㅅ처가는배도明月실고。

어이갈거나어이갈거나。
이淸風이明月두고내어이갈거나。
잠이야아모때못자랴밤새도록。

一葉舟가碧波우으로소리업시지나간다。 내가그一葉舟
인지一葉舟가나인지알수가업다。 細모래판으로미처뛰다
가,풍명실滄浪에몸을던저,그배의뒤를딸고싶다。
萇山絶頂에자루를박고도는北斗星을바라보고,실풀리듯
이솔솔풀려나오는골안개를바라보고,明月을바라보고,一葉
舟를바라보고,淸風에옷소매를날리며,버레소리를들으면서,
나는失神한사람모양으로,혼자徘徊하얏다。

一六 元山의海邊

여름이되면,바다가陸地의사람을誘引한다。
海邊에,사람들이모여든다。
바닷물이빨래하야노은고은白沙場,
아득한水平線,
구비치는푸른물결,
그리고실새업시海岸을지근덕거리며,철덕거리는潮水물。

海邊의情景은、진실로아름답고도神祕로운童話의世界다。

물맑기로有名한東海바다의港口、

元山海邊의녀름이또한아름답다。

快晴의朝鮮하날、

새파란하날、

그믿에아득히보이는또한새파란물결。

저멀리희유스름하게、보엿다꺼젓다하는것은、밀려오는물결의거품이리라。

그사이로閑暇한듯이、漁船들이來往한다。

松濤園海水浴場

더위를避하는都會人들이、또한녀름에이곳에모인다。

그들은疲勞한神經을가지고와서、바닷물에빨아가지고、海邊바람에말려가지고간다。

그들은올때맥업는걸음걸이로와서、갈때뛰는듯춤추는듯한걸음걸이로간다。

바닷물결이、바닷바람이、또는물결우에나는바다의해가、그들을慰勞하고、治療하야보낸다。

바다는嚴肅한아버지요、仁慈한어머니다。

造化翁(조화옹) 造物主

元山海邊、松濤園。

거긔를나는連三年갓다。

첫해는偶然히、

둘재해부터는、情이들어가고싶어서。

지금도생각나는것은물결소리다。

海邊旅舍에누어、새벽에고요히듯는바닷물결소리、그것은
틀림업는造化翁의부르는소리다。

쏴와철석、처얼석、처어어얼석。

또철석。

물결이잠시도쉬지안코、작란하며철석거리면、海邊의소나

무는쏴하고、이에和한다。

나는繁華한海邊보다는、孤獨한海邊을즐긴다。

海水浴옷을입은都會의아릿다운男女가、한낮에無數히나
와、바닷물에遊戲하는情景도볼만은하지마는、그보다도아
침일즉이海邊모래밭에、아모의발자최아즉나지안앗슬때、
閑暇히거닐면서、안개에잠긴바다를내여다보는것이、더욱
조타할것이다。

元山의松濤園。

물결소리가그립고、東海의水平線이보고싶다。 元山의松

濤園

一七 體育

푸로샤 Prussia. 獨逸聯邦中의 一國
슈타인 Stein. (西紀 1757—1831)

일즉이푸로샤의政治家슈타인은「元氣·富力·强兵세가지가업스면、國家가維持될수업다」고、말하얏다。 이것은즉國民의心力·體力과財力과兵力이具備되지아니하면、一國을維持하야갈수업다는意味니、實로名言이라고생각한다。 그리고이가운데서무엇이가장根本的이냐하면、勿論心力과體力이니、이것이잇스면、兵力과財力도스사로增進될것이다。 그럼으로吾人은心力과體力이緊要하고、또重大하다는것을、力說하지아니할수업다。

그러나心力과體力이緊要함은、다만國家뿐만아니라、個人도역시그러타。 이두가지를健全强固케하지아니하면、激烈한生存競爭場裏에서、活動을繼續할수업다。 그뿐아니라、드듸여劣敗者로서、大勢에뒤떨어지게되는것이다。

强烈한氣力은、剛健한身體를기다림이매우크다。 所謂不屈不撓의精神은、體力이强壯한때에일어나고、엇더한困難이라도突破하랴는剛毅의精神도、剛健한體力에서나타나는것이다。 勿論身體와精神은、서로떠나지못할關係가잇는것이니、어느편이根本이냐하는것을斷定하랴함은容易한일이아니나、吾人은體力이基礎며資本이라는것을생각하지아니할수업다。「健全한精神은健全한身體에머믄다」하는格言은、陳

腐한듯하나、오히려依然히淸新緊要한敎訓을包含한것이다。强者의向하는바에破壞되지안는것이업고、强者의나아가는곳에風靡하지안는것이업다。 强者가한번決然히奮起하면、거긔에는반다시活氣가잇고、生命이잇고、貫徹이잇다。 明敏한才華나、深奧한學問이나、嚴格한品性이나、結局體力과서로얼려서비로소優秀한人物을만들수가잇는것이다。

譬喩컨대、身體는汽罐과갈고、精神은蒸氣力과갈은것이다。蒸氣力이아모리强할지라도、만일汽罐이破裂하면、쓸수가업는것이다。 아모리精神이活動할지라도、體力이堪當치못하면、그活動도勿論水泡에돌아가고말것이다。

무릇戰爭의勝敗는、砲火를날리는瞬間에決定되는것이아

니라、다만持久力을가진편이、最後의勝利者가될수잇는것이다。 剛健한體力을가진이가아니고는、아모리하야도持久力을기르지못한다。 다만兵士뿐만아니라、商業家나、政治家나、文學其他百般事業에從事하는이나、다最後의勝敗는、體力如何에依하야決定되는일이만은것이다。

身體가强壯할지라도、氣力이업고、智力이업고、또不道德한사람은、勿論쓸모가적으나、氣力·智力·道德性을充分히發展시키며、이것을事業에適用할根本動力으로서、身體의剛健이必要한것이다。 長袖緩帶로、다만殿階우에서逍遙하야、歲月을보내랴는사람에게는、剛健한身體도그다지必要하지아니하리라。 그러나무거운짐을지고、山河를跋涉하며、劇烈한競爭

場裏에서서、奮往邁進을繼續하라는이에게는、剛健한身體는참으로힘이고生命이다。 健康은참으로活動의原動力이고、奮鬪의中心力이다。

將來의成功과失敗는、身體의健不健에依하야나누어지는일이만코、一生의健不健은、學生時代의身體鍛鍊如何에依하야決定되는일이만타。 그럼으로學生時代에體育에힘써、壯健한身體와旺盛한精力과毅然한精神을기르지아니하면아니된다。

一八 劍拂浪을지나면서

劍拂浪 平康郡高原地帶

平康驛을지나、平地에벗님이나봇기는것을한참이나보노

라면、京元線의中間인福溪里驛에다달읍니다。 그다음이京元線의最高地인海拔六百餘메돌의劍拂浪이외다。 이로부터大洋의궁실궁실하는波濤와같은數十줄기의緩々한平行曲線의高低가잇습니다。 소나무옷둑옷둑서고、검겁한바위뭉툴뭉툴박힌山같은것을넘으면、波瀾의屈曲이더욱雄渾하고複雜하게되여、툭불거진언덕、움쑥우귀여진골짝우니、車를타고앉엇서도뱃멀미가날듯한여긔가、나의이른바劍拂浪凹凸高地외다。 車는波峯에서波峯을헤여건너기도하고、잇다금한波峯마루턱이를타고밋글어지기도합니다。 멀리東南으로對하야、여긔보다百四五十메돌이나낫은듯한대패로밀어노은平地、파란풀판에는、三十메돌·六十메돌·九十메돌의높

雄渾(웅혼) 雄壯하고規模가큰모양

이나될락말락한十數個의小峯들이、한줌식되는森林을이고
지고、아이들모양으로巡邏잡이를합니다。

풀바다、풀바다、나의사랑하는黃牛가즐겨먹을듯한푸른억
새바다、도라지꽃의자지꽃、범부채꽃의누른빛、키작고밝은綠
色의풀바다、新鮮하고自由로운풀바다、소들을저傾斜面에들
내노코싶습니다。 千마리萬마리、큰소、어린송아지들곱비도
업시들내노코、나도거긔섞여서뛰고싶습니다。 아、끝업는풀
바다、數업는도라지꽃、범부채꽃、귀뚜라미소리。

풀바다넓기도해라시원키도한저이고。
송아지千萬마리저긔다들내노코、
나마자한데어울려뛰놀고자하노라。

송아지부러워라네야무삼일잇스리。
풀먹고물마시고꼬리치고누엇스니、
어미의젖머소리도못들은체하더라。

도라지븕은빛이범부채누른빛이、
억새의玉色毛氈點々히繡노으니、
늙은소누어졸고송아지는뛰더라。

劍拂浪을넘어굴들을지나니、벌서蕭瑟한바람이秋氣를머
금엇는데、車는波岸에서波岸에건너뜀니다。 海拔六百餘메
돌의고개를넘어서니、풀속에커다란百合한송이가고개를숙

으리고잇습니다. 이로부터여긔저긔혹한송이혹두송이百合이보입니다. 이灰色의無人荒野에,연연하고端正한百合의양자는참可憐합니다.

一九 自然物의利用

知識이열리지못한동안은,사람은到底히自然을征服하지못한다. 太古적사람은,寒暑·風雨에시달리고,毒蛇·猛獸에게威脅을받고,그밖에山에,내에,나무에,풀에,는活動의妨害를받고잇섯든것이다. 그러나人智가進步한結果,사람이도로혀自然을征服하고또使役하야,天地間의온갓것을,거의다사람의利用에바치라고하게되엿다. 畢竟은自然物의利用이,開

五穀 稻·黍·稷·麥·菽(周禮鄭注에依함)、穀類의總稱

化文明의根本이되엿다.

무릇天地間의萬物은,쓰는方法만適當하면,사람의利益이되지안는것이거의업다. 木綿과羊毛를짜서,衣服을만들어입으면,寒暑를막고,五穀·鳥獸·魚介를調理하야,食物을만들어먹으면,身體를살지게한다. 소나무·이깔나무等은,家屋建築에利用되는것이다.

動物·植物·鑛物의利用으로부터,風力·水力·蒸氣·電氣의利用에이르기까지,人間社會에有益한온갓發明은,하나도自然物의利用에根本되지아니한것이업다. 그리하야이러한利用法은,다幾百年·幾千年의經驗의結果로차차알게된것이다. 人類가차차生活程度를높여,드듸여萬物의靈長이라고自任

하게된것은、오로지自然物利用의結果다。 만일人智가더욱나아가、利用의길도또한더욱더욱열리게되면、天地間의온갓것이하나도사람에게裨益을끼치지아니하는것은업시될지도모른다、 新知識을엇으랴는欲求에는限度가업다。 스사로滿足히녀기는自慢心만엎어나지아니하면、人智는더욱더욱發達할것이오、딸아서自然物利用의硏究도、또한더욱더욱進步할것이다。

私利、私慾에關한것은、항상제각금安分하야야할지나、公利、公益에關한것에對하야는、輕率히滿足을늣겨서는아니된다。 그칠업시改善하고、擴張하고、發達시켜、利用厚生의實效를나타내여야할것이다。

二〇 發明家에듸손

에듸손 Thomas Alva Edison. (西紀 1847—1931)
南北戰爭 西紀一八六一年부터一八六五年까지에잇섯든米國의內亂

米國南北戰爭때엿다。 그때汽車안에서、新聞을엽에끼고한장한장파는少年이잇섯다。 이少年은大發明家에듸손인데、그때나이겨우十二歲엿다。

에듸손은낫이면汽車안에서新聞을팔고、밤이면집에돌아와서、어머니에게글을배웟다、 그중에서가장자미잇는것은、理科엿다。 그럼으로新聞을파는동안에도틈만잇스면、理科책을읽으면서이리저리생각하얏다。 책을읽는동안에、또實驗이하고십헛다。 實驗을하랴면、藥品도잇서야하고、器具도잇서야한다。 그러나이貧寒한少年에게는、그것에必要한費

用이업섯다.「엇더케하면實驗을좀해볼고」하고,이리저리窮
理하야보앗스나,別道理가업섯다.
　하로는「올치,해보자.」하면되겟지」하고,무엇을決心하얏다.
그런지四五日뒤에에디손은普通新聞보다다른新聞을엽에
끼고,「新聞,新聞,鐵道新聞.」요새새로發行된鐵道新聞」하고,活
潑한소리로외치며,汽車乘客들에게로돌아다녓다.　그런新
聞은듯기도처음임으로,乘客들은다투어그新聞을사읽엇다.
　에디손은汽車안한구석에서,제가쓰고,제가活字를고르고,
제가印刷하야,한달만에적지안은利益을얻엇다.　그다음부
터는,藥品도사고,器具도살수가잇서서,마음대로實驗을하야,
가난한중에도가장자미잇게날을보냇다.

　그런데어느날에디손이무슨實驗을하는중에,汽車가山비
탈을올라가느라고뒤흔들려서,燐든甁이떨어저불이일어나,
汽車바닥이꽤만이타젓다.　다른짐에불이붙으랴할때에디
손은놀라서허둥지둥불을끄랴하얏스나,좀처럼꺼지지안앗
다.　그때마침車掌이달려와서,함께불을끄고나서,藥品과器
具를보고는「이게무엇이냐.　이런것을갓다가두니가,불이나
지」하고,꾸짓으며,藥品과器具를窓밖으로집어팽개첫다.　압
길이훤하게비치고,自己의압길을自己가開拓하는에디손은,
이런일에조곰도落膽하지아니하고,熱心으로工夫하얏다.
그동안어느덧歲月은흘러,나이十五歲가되엿다.
　어느날停車場에서,汽車를기다리고잇노라니가,저편線路

우에서五六歲된어린아해가、汽車오는줄도모르고놀고잇섯다。 위태하다고생각하는동안에、汽車는벌서汽笛소리를울리며、停車場으로들어닥첫다。 에디손은위태함을무릅쓰고線路에달려가、그아해를안고한거름나서자마자、汽車는아굿자굿하게그線路를지낫다。 一秒만늦엇드라면、그아해는치여죽엇슬것이다。 이것을본驛員들은모다달려와서、어린아해의無事함을다행히알고、에디손의아릿다운마음과勇氣를稱讚하얏다。 그때여러사람을헤치고、눈물이글성글성하야달려드는이는驛長이엿다。「아、참感謝하다。 너는참나의恩人이다。」하고、에디손의손을꽉잡앗다。 이는그아해가그驛長의아들인까닭이다。

뉴욕 New York. 아메리가合衆國의同名州에잇는港市

이런因緣으로、에디손은鐵道技手가되엿다。 이것이에디손으로하야금、世界的大發明家가되게한첫길이엿다。 이로부터는더욱히電氣에對한研究를熱心으로하얏다。 그뒤에도여러곳에電信技手로잇스면서、쉬지안코電氣를研究하얏다。 그동안에나이벌서二十五歲가되엿다。

이때뉴욕구경의길을떠낫다。 몸에는누덕옷을입고、路費도변변이못가지고、한거름두거름걸어、여러날만에뉴욕에이르럿다。 層樓巨閣은길左右에櫛比하고、商店의裝飾은시골사람의눈을恍惚하게한다。 길에는數만온사람들이쉴새업시지나간다。 그러나에디손의아는사람은한사람도업다。 또어듸품팔이할곳도업서서、每日이리저리거지처럼돌아다

났다。

어느날, 어느工場앞을지나랴닛가, 二三人의職工이落心한얼골빛으로이야기를하고잇섯다。 機械에故障이나서, 工場을閉鎖하게되엿다는말을들은에디손은, 별안간工場門턱으로뛰여갓다。 門턱에서한참보고잇다가, 안으로들어가서, 自己가그機械를고치겟다고願하얏다。 工場사람들은처음에는「技師도못고치는것을엇지고칠가。」하고, 半信半疑하다가, 끝내에디손의懇請을저바리지못하야, 그로하야곰그機械를고치게하얏다。

에디손은二三日동안, 못을빼고, 닦고, 잇고, 두들기고, 문질르고하드니, 機械를完全하게고쳐서, 처음잔처롤롤돌아가게하

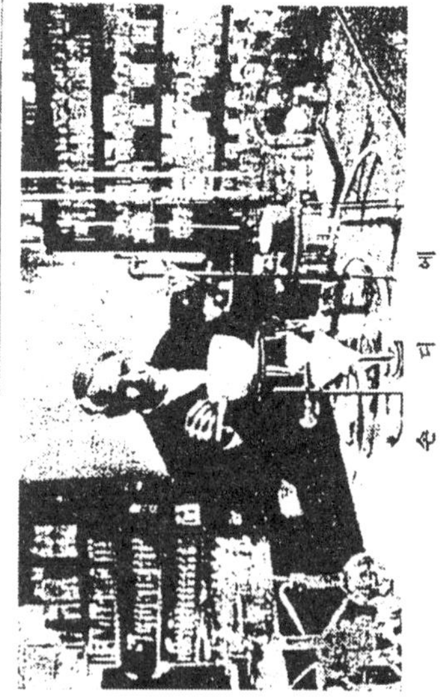

에디손

얏다。 그功으로에디손은그날부터그會社에서일을보게되엿다。 이소문이뉴욕市에떠돌아, 에디손의이름은누구나다알게되엿다。

그후부터에디손은自己집에實驗室을두고, 熱心으로研究를繼續하얏다。 그리하야그의손으로發明된것이, 電燈·蓄音機·活動寫眞等을비롯하야, 그數가實로千數百가지라한다。

오늘날우리세상에電燈이업스면,얼마나갑갑하고어두울것이며,蓄音機·活動寫眞이업스면,얼마나심심할것이냐。 貧寒한新聞팔이少年이,이와갈은大成功을걷우게된것은,오로지그의艱難辛苦에對한忍耐와끈임업시硏究한努力의結果가아니고무엇이냐。

二一 社會의組織

예로부터사람은社會的動物이라이르는만치,孤立的으로生活할수는到底히업습니다。 그럼으로엇더한未開時代라할지라도,多數히集合하야生活하얏습니다。 이것은集團生活이外敵을防禦함에나,衣食을獲得함에나,매우便利한까닭

입니다。 차차人口가만아지고,經驗이싸여,知識이進步하면,分業이行하야지게됩니다。 그리하야다만外敵의防禦와衣食의追求뿐만아니라,知識·技能·道德等,精神上進步를꾀함에도,多數히協力할必要가생겨,보다더進步한鞏固한團體가成立된것입니다。

現在에吾人이生活하고잇는社會는,實로이러한團體니,마치한身體와갈은것입니다。 身體에는食物의消化,血液의循環,呼吸의作用,보고,듯고,생각하고,運動하는여러가지機關이具備하야,分業的으로제각금活動하면서,서로잘調和되여,全身을기르게됩니다。 身體의一部分에故障이일어나면,그것이곳全體에影響을미치게됩니다。 例를들면,손가락하나를

지위 木手

傷하야도、그것으로말미암아熱이나고、氣分이낫브게되는일이잇습니다。 社會의組織活動은、身體의組織活動과꼭같은것입니다。

이제社會의現狀을보건대、衣服의材料는布木店、建築은木手、이와같치여러가지로分業이되여、무슨일이든지迅速하고精巧하게됩니다。 그리하야이것이또제각금分業이되여、吾人의衣服이나、食物이나、器具나、모다多數한사람의손을거처서、비로소만들어지는것입니다。

가령집한채를짓는다하면、基地를닥금에는모군의손을빌고、돌과모래를運搬함에는牛車와馬車를使用하고、材木은材木店의손을거칩니다。 그다음에집을세움에는지위、壁을바름에는미장이、집웅을임에는蓋草장이、蓋瓦장이의손을빌게됩니다。 이것만으로도、多數人의손이걸리는데、이外에도자리·門·窓·裝飾用品까지치고보면、훨신더만은손을거칩니다。

다음에敎育·殖產·交通·行政等、生活에利益과便利를주는여러가지일을行함에는、반다시多數한사람이協同하야、제각금專門의知識·技能을가지고、活動하지아니하면아니됩니다。

그리하야里·面等의작은團體로부터、郡·道와같은큰團體가됩니다。 이러한團體를모다社會라부름니다。 이러한것을생각하야보면、社會의사람들은、서로나눌수업는複雜한關係를맺고生活한다는것을알것입니다。

二二 버레소리

나는一年中에가을이가장조타。「웨살고잇느냐。 무슨目的으로살고잇느냐」고、뭇는다면、나는、가을을구경하는것이生存의한目的이다」고、對答하고십은만치、가을을조와한다。 내가가을에對하야늣기는마음은、한참들레든끌에、고요하야진때의情趣와같다。 悲哀와憤怒의다음에、靜寂의늣김이오는일이잇다。 들렌뒤에오는고요한마음이가을의情趣니、細密하고優雅하고清爽한늣김을자아낸다。 이런마음은가을景致의무엇에서든지나타난다。 嗅覺에는꽃香氣、觸覺에는서늘한바람、聽覺에는버레소리가、顯著하게가을맛을도다준다。 귀에부듸치는것으로는、봄에는새울음과개고리소리、여름에

는매아미소리가잇다。 그러나매아미소리는、도로혀騷然한늣김을일으킨다。 가을에버레소리를듯는情趣야말로、따뜻한봄으스름달밤에、멀리우는개고리소리를듯는것과恰似하거니와、개고리소리는卑劣하고、凡俗하고、單調스러워、버레소리처럼複雜하고도清雅하며、纖細한늣김을끌지안는다。 새소리나매아미소리는外的이라고할가、밖에나타나는늣김이잇지마는、버레소리는內的이여서、心眼이안으로向하야열려지는듯하다。

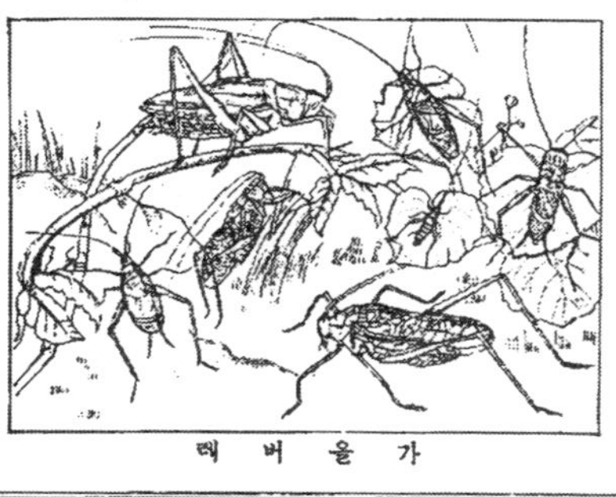
가을버레

버레소리는달밝은밤에듯는것도조코, 침침한그믐밤에듯는것도조타。 들으면서잠드는것도조코, 밤중에잠이깨여머리맡에서듯는것도趣味가잇다。 새벽에나, 개인날한낫에나, 비오는날에듯기가, 모다색다른情趣와趣味가잇서, 언제든지조타。 밤車에몸을던저, 閒寂한시골停車場에당도하면, 周圍에서버레소리가, 갑작히며오르는일이잇다。 이런때는나그내의孤寂이한층더도다저서, 깊은맛이잇다。 또밤에밝고繁華한鐘路거리를거닐다가, 조곰작은골목으로꼽을아저들어가면, 발밑에서버레소리가나는때도, 情趣가한층더깊다。 그러다가겨울밤이다달아서, 지금까지귀에익든버레소리는, 一切자최를감추고, 다만四方이고요함에싸여잇는것은, 한층더寂寞을늣기게한다。

二三 가 을

검읏한바위틈에밝안한丹楓가지,
三角山봉오리마다夕陽이비치는데,
은은이어느골에서鐘소리가들리네。

들마다늦은가을찬바람이일어나네。
벼이삭수수이삭으슬으슬속살이고,
밭머리햇그림자도밧븐듯이가누나。

베여내고뽑아내고또무엇을패어내다。
새파란광잇날이가을볕에번쩍이며、
이제야웃음소리가들로부터나오네。

무배추밭머리에바구니던져두고、
젓먹는어린아이안고앉은어미마음、
늦가을저문날에도밧븐줄을모르네。

二四 舊師에게

오랫동안막혀、매우罪悚합니다。 그동안安寧히계셧습닛가。 더욱요지음에는、深秋의日氣가차차寒威를뽑내는데、

한결같치지내시는지오。 또卒業生指導에는、얼마나밧브십닛가。 門生은이學校에들어온뒤로도、꾸준이規則的生活과適度의運動으로써、身體의鍛鍊에힘써온소치인지、제自身으로도놀랄만치、身體가發育하고、항상健康한狀態로지내나이다。 放課後에는、學校에서運動하고、일은아침과日曜日에는、반다시登山을합니다。 그리고밤에일즉자고、아침에일즉일어나는習慣을지엇습니다。 運動을한뒤에나、山에갓다가온뒤에、깨끗한氣分으로復習과豫習을하는것처럼、愉快한일은다시업습니다。 우리學校는、景致가아름답고空氣가조은곳에잇서、철을딸아밧귀는周圍의風景은、工夫에시달린눈을慰勞하야주고、新鮮한空氣는精神을

爽快하게하야줍니다。 또校長先生님을비롯하야、여러先
生님이親切하게가르처주시고、上級生들도매우情답게사
괴여주고、同級生들과도親密하게지냅니다。 그리하야날
마다아모不滿도업시、愉快하고깃분時間으로채워젓습니
다。 보다더깃븐날이、前途에노여잇는듯이늣겨집니다。
위선오래못뵈온인사를엿주며、아울러저의近況을알외옵
고、이만끄치나이다。

年 月 日

門生 某 再拜

某 先生

二五 實業訓

零碎(령쇄) 極히적은것

實業界의모든門戶는、아모압에나公平히開放되엿나니라。
人生의훌륭한燈臺는、卑賤한少年이無名한海岸에建設한
것이니라。
아모리零碎한金錢이라도節約貯蓄하면、반다시幸運의基
礎가되나니라。
自己의職業을愛重히여기고、그날그날의일이完成되엿슴
을滿足히생각하면서、집에돌아오는이처럼、幸福스러운사
람은업나니라。
「내自身이하리라」함과「내가곳가보리라」함은、둘다반다시事
業을成就케하나니라。
이일은到底히될수업다생각하면서著手함은、스사로그일

을成功치못하게할장본이니라。

知識과經驗은、누누나다가저야할成功準備의두支柱니라。

正直한精神만이正直한事業을經營할수잇나니라。

勞働은모든사람을善良케함에必要하나니라。

「우리는活動하랴고이세상에나왓다。 우리는活動할수잇단。」고、스사로깨닷는이는幸福이니라。

얻기에는一生이걸릴일이라도、일키에는하로아침도가지안나니라。

眞實은實務上才能보다도훨신더優越한資本이되나니라。

精神이그背後에잇지아니하면、金錢은다만一片의金屬에지나지못하나니라。

사람은낫다가는죽나니라。 그이름도주검과함께地下에깊이파무치나니라。 그것은金錢以外에는、아모것도이세상에남김이업는까닭이니라。 살아세상에便益을끼친사람은、죽드라도永久히그이름을남기나니라。

二六 落葉

모진바람이분다。 十一月中旬이다。 어느날아침에、나는潮水나밀려드는듯한소리에잠을놀라깨엿다。 空中으로지나가는바람소리다。 잇다금바람이조곰자는가하면、다시또불어온다。 門도떨고、窓도떤다。 南向으로된窓에는、나뭇닢부듸치는소리가요란하다。

窓을여니、나뭇닙이房안에까지날아든다。 하날은개여、흰구름이몃건마는、냇가에선버드나무는모진바람에불려서、머리채를터는듯하다。 말라빠진뽕나무밭에、茶褐色이되여남아잇든잎사귀도、左右로엎치락뒤치락한다。

蕭瑟 (李象範筆)

나는學校가고오는길

에、털帽子를쓴사람들과수건으로머리를싸맨사람들이、두손을소맷속에너코다니는것을보앗다。 오고가는사람들은、다눈자위가붉고、눈물이글성글성하며얼골빛은상클한데、뺨·귀·코끝만빨가케되여、몸을웅승거리며、머리를숙이고걸어간다。바람을등지고가는사람은나는듯하고、바람을안고가는사람은힘을다하야무엇을미는듯이보인다。

흙이나、바위나、사람의皮膚나、다내눈에는灰色으로보인다。日光自體가누른빛을띤灰色이다。 나무라는나무는다회초리가휘이고、몸뚱이가흔들린다。 버드나무·대같은것은、풀과같치굽을어진다。 감나무가지에남아잇든감은、휘둘려떨어저버렷다。 梅花나무·오얏나무·櫻桃나무·느틔나무·銀杏나무

天稟 天性、天賦

의단풍든잎사귀는、하롯동안에윈통다떨어젓다。 여긔저긔 싸인落葉이、바람에불려나붓긴다。 모든山의景致는、급작히 쓸쓸하고환하게되엿다。

二七 成功

西諺에이르기를、「天才라는것은쉬지안코活動하는힘이다」 고하얏다。 이것은努力의貴重함을이른것이다。 사람은天稟이或은厚하고、或은薄함으로、天才와凡才의區別이잇슴은、진실로免할수업다할지나、大業을成就함에는天才가아니면 할수업다는것은큰誤解다。 人生의모든일은、무엇이나一朝一夕에、이룰수업는것이다。 天才라할지라도、長久한刻苦勉

寓話(우화) 다른事物에譬喩한이야기

勵가업스면、무엇을成就하랴。 古今의大業이、鈍才·凡才의營營한努力의結果로된것이만은것을보드라도、天稟이不足하다하야、自暴自棄할것이아니다。 거북이토끼를이겻다는寓話도잇다。 天才의하로에이룰일을、나는열흘동안에라도、成就하리라는意氣를、엇더한鈍才·凡才라도가저야할것이다。

또天才와凡才를區別한다하드라도、그재조의優劣을、무엇에依하야알수잇슬가。 成果에나타남을보고야아는外에는、道理가업는것이아닌가。 그런데他人이事業을成就함에들인苦心과努力은、外部에서엿보아알수업는일이만타。 다만成績과結果로만본다면、努力을들이지안코、成就하는듯도하다。 그러나그것은皮相的觀察이다。 거긔에는남모를慘憺

求하면云々 孟子「盡心」上에「求則得之、舍則失之」라잇슴

孟子 戰國時代의鄒人、名은軻

求하라云々 新約全書馬太福音第七章第七節에잇는말

基督 Christ、猶太人、基督敎創始者

한苦心이잇나니、그成功은特別한努力의結晶이다。 이것을 생각하지안코、한갓他人의成功을부러워하야、그天稟의才能에돌리고、自身의不成功을運命에부처、努力의不足함을反省하지아니하면、서령大天才를가젓다하드라도、한가지도成就하지못할것이다。

그럼으로우리는決코成功의어려움과늦음을탄식할것이아니다。 쉬지안코活動하는힘을天才라밋고、目的의貫徹을期必하야야할것이다。 「求하면얻고、노으면일는다」고한것은、孟子의敎訓이오、「求하라。 그러면주실것이다」고한것은、基督의敎訓이다。 얻고못얻음은、求하고求하지아니함에잇다。 우리는專心으로努力하야、成功을걷우어야할것이다。

예다 가다의古語

三八 공부의바다

공부의바다는앞이멀고나。
나가고나가도끝못보겟네。
갈수록아득함怯하지마라。
우리의깃거움거긔잇도다。

成功의마루는길이險코나。
오르고올라도턱못다닷네。
옐수록까마타멈추지마라。
우리의즐거움거긔잇도다。

흠읏 充分의뜻

머담이아니면우리鐵腕이、
시원한發揮를엇지해보며、
險함이아니면우리鐵腕이、
흠읏한試驗을엇지해볼가。

갈수록갓갑고옐수록낫아、
彼岸과上峰이降服코마니、
웃음이북바처아니나올가。
우리의자랑이無限大로다。

二九 勤勉

사람은各自의職務에勤勉하야야한다。 實業家는實業에盡力하고、藝術家는藝術에盡瘁하야、各自의最大限의力量을發揮하야야할것이다。 自己의職務에從事하는以上에는、그것에對하야勤勉努力하는것이高貴한修養이니、참다운人格의向上은여긔에잇다。

勤勉•努力은、사람의面目을發揚하고氣分을快活하게하지마는、懶惰•怠慢은、사람을愚鈍하게하고不快하게한다。 勤勉에ᄯᅡ르는快樂과幸福을알지못하는이는、人生의眞義를理解하지못한다。 세상에는懶惰하면서、幸福스럽게生活하는이도잇다。 그러나勤勉에서나오지아니한幸福은、決코眞正한

幸福이아니다。 自身의피와땀으로얻은幸福이야말로、尊貴하고價値잇는것이다。 또勤勉하면서、苦痛과不幸의逆境에빠지게되는이가업는것도아니다。 그러나勤勉家는勤勉、그것으로幸福을삼는다。 세상에는참된幸福과참되지못한幸福의區別을가리지못하고、도로혀참되지못한幸福의方向을찾는이가만타。 그러나참된幸福은人格을온전이하지마는、참되지못한幸福은人格의흠집이된다。 勤勉에딿으는幸福의眞義는、懶惰者의到底히엿보아알바가아니다。

年少時에懶惰의習慣에젖으면、그것이그대로第二의天性이되여버린다。 年少時의懶惰는自然法則의違反이다。 年少時에는精神과身體가아울러旺盛하야、餘力이綽々하다。

항상創作을조와하고、무엇이든지쉴새업시活動하랴는것이年少者의特性이니、아모活動도업시가만이앉어서지내기에는큰苦痛을늣기는것이다。 年少者로서逸遊를일삼는것은、마치仲春佳節에荒涼한겨울景致를보는것과같고、막피여나랴든꽃이문득시들어지는것과도같다。 이것은진실로有爲한靑年의참아하지못할自殺以上의罪惡이다。 모름즉이逸遊는人生의大敵이고、勤勉은가장高尙한快樂인것을알아야한다。 勤勉은곳道德이고、懶惰는곳罪惡이다。

三〇 田園의趣味

아침햇빛은푸른들에가득하고、솔솔부는바람은꽃香氣를

보내준다, 시냇물은쫄쫄흐르며, 나비는너울너울나물밭으로날아든다。 都會사람들이花盆에심는오랑캐꽃이며, 새장에기르는꾀꼬리도, 여긔서는마음대로보고듯고한다。

아버지는엇개에광이를메고가며, 아들은소를끌고딸아간다。 몇時間동안일하고잇노라면, 어머니는점심광주리를머리에이고나온다。 두둑풀을깔고앉어서밥을먹으면, 유달리맛이난다。

綠陰이우거지고, 버들개야지홋날릴지음에, 못자리판모는제법길어, 가냘픈손으로, 사람을부르는듯하다。 일로부터장마가지면, 農家에서는모심는때입으로, 비는방울방울甘露요, 줄기줄기千金이다。 집집마다總動員하야, 列을지어모를심

두레 農家의一定한일에對하야勞力을交換하는農夫의團體

풍물 꽹과리·징·북等의總稱

는다。 못노래가四野에흐른다。 보리는벌서익고, 漢々한들에는뜸부기우짖으며, 해오래기기웃거린다。

한더위에김매기는, 가장괴로운일이지마는, 마을마다두레가나서, 이곳저곳에서서로應하는풍물소리에, 제절로배가불러진다。

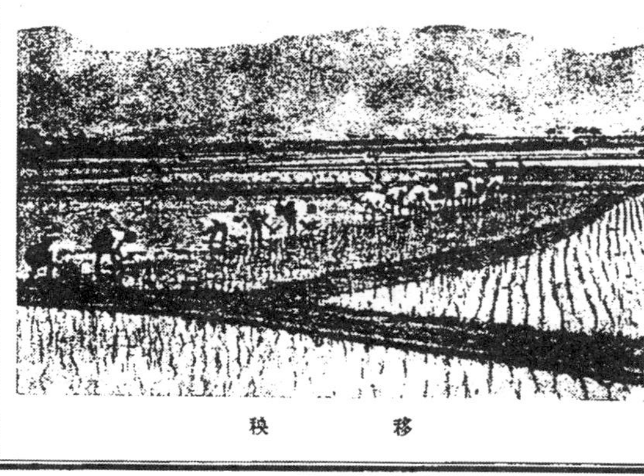

移秧

저물게집에돌아와、저녁밥을마치고、나무믿에나、亭子우에몸을쉬면、서늘한바람이소리업시불어와서、낮동안의疲勞를잊어버리게한다。

叺織

가을은슬프다고노래하지마는、農家에서는黃金時代다。 黃雲十里에、禾穀의물결이들가운데넘친다。 벼비는사람이며、등에지는사람이、모다밧븐듯、줄거운듯하다。 이마을저마을서、바심소리가서로連하야、農家의興趣를도다준다。

겨울은收穫을마치고、김장과집이기와울타리막기가일이다。 이것이끝나면、짚닐이시작된다。 길고긴겨울밤에、더운房안에모여앉어、짚닐하기도한滋味다。 밖에서는찬바람에눈이흣날리지마는、房안에는화롯가에둘러앉어、밤구어먹는아해며、어머니무릎에서잠든어린이가잇다。 이런것이모다田園의즐거움이니、都會사람의맛보지못하는風致다。

三一 물방아

山골에흐르는시냇물을、
받어서는쏟는물방아。
지궁더궁。

낫에나밤에나쉬임업시,
閑暇하게찟는물방아。
지,쿵더쿵。
十里나되는먼村에서,
찌러온사람,
해는넘는데갈길이밧브다고,
저혼자서들지마는,
먼山만바라보고웃는물방아。
그저한다령으로,
지,쿵더쿵。
밤은깊고텡비인방앗간에,

찬바람만헹그르르도는데,
마을에서닭의울음들릴때까지,
하날에반짝이는별을처다보면서,
하품하는물방아。
지,쿵더쿵。

三二 印度洋을지나면서

新嘉坡를떠나서彼南까지오는一晝夜동안은,西風이불어比較的서늘하얏다。 彼南은가장더운곳이라한다。 上陸하는길로,自動車를몰아,支那人의極樂寺를찻엇다。 自動車가椰子樹의十里長林을지날적에는,아조더위를잊어버렷다。

新嘉坡 Singapore. 馬來半島의南方에잇는島名 島의南岸에잇는港市
彼南 Pinang. 馬來半島의西方에잇는島名 島의港市
極樂寺 彼南港에잇는純支那式의엣절

드믄드믄雙頭牛車에、보기조코먹기에맛잇는빠나나를실고、몇車식끌고가는것을보면、그것이그리貴해보이지도안는다。이곳은빠나나뿐이아니라、이름모를熱帶果實이無盡藏이다。외로말하드라도四철잇서서、외덩쿨이五六年이나간다한다。

筊南港

그렁저렁極樂寺에다달앗다。山門에서부터돌층계를모아서、山중턱에다가절을지엇다。規模는그리크지못하나、構造와丹靑이朝鮮의寺刹과다름이업

다。 殿閣뒤에넓이가十坪이나되는露臺가잇서、사다리를빙빙돌아올라가게되엿다。 멀리는印度洋이내다보이고、椰子樹가갓득들어선平野가눈앞에열리며、뒷山에는熱帶植物이빽빽이들어섯다。 왼便山언덕밑에는淸溪가흐르고、그옆에는눈이부시게丹靑한山亭이잇고、山亭앞에는金잔듸가깔렷고、그우에는牛羊이閑暇히누엇다。 모든것이東洋固有의色彩가鮮明하다。 이곳에서나는잠간동안俗界에對한생각을잇

極樂寺

어버리고、무엇을默想하얏다。

이곳에도거리에무슨學校니무슨學校니하는門牌가드믄드믄잇다。 실상은우리가意味하는學校가아니고、꼭朝鮮의書堂과같다。 先生이아랫목에앉엇고、兒童들은左右로늘어앉어서、冊床에다가冊을바처노코、몸을끗덕거리면서、소리를놉여서、朗讀하고잇다。

馬來人은얼골빛이모다검고、거의다똑같어서어듸를보든지、그사람이그사람같다。 나도每日얼골빛이검어짐으로、이대로가면、몃일안되여서、馬來人과같치될듯하다。

除夕(제석) 十二月末日의 밤

夕陽을등지고배에돌아와서沐浴하고나니、精神이灑落하다。 今夜는陰曆으로除夕이다。 뱃속에서는陰曆은커냥、陽

曆도여간注意하지안으면모른다。 故鄕에서는흰떡치고、지짐질하며、아해들은때때옷을기다리고、이밤을깃븜으로지낼것이다。 그러나뱃속은아조딴世界다。 陸地의일은重大한事件이라야、無線電信으로簡單히알뿐이다。 몃일만에한번식다른배를맛나는것은、乘客一同의가장깃븐일의하나다。

一望無際한大洋의落照야말로、무엇이라고形容할수업시조타。 繪畫에아모리妙技가잇다하드라도、그恍惚燦爛한것을그려낼수는업슬것이다。

夕飯後에는船員의演藝會가잇섯다。 會場에들어가보니、出席者가저거번音樂會에比하야、휠신少數다。 才談과簡單한演劇과魔術이잇섯다。 會場에들어앉엇스니밖엣닐은감

감이다。 會衆이 拍手와 笑聲으로 歡喜를 말할 뿐이다。 十一時나되어서 밝에 나오니, 風雨가 甚하야 波濤가 猛烈히 배전을 친다, 배는 西으로 西으로 向하야 갈 뿐이다。

三三 樂地

어듸든지 즐거운 바가 잇고, 또 어듸든지 즐겁지 아니한 바가 잇슬 것이다。 꽃이 웃고, 새가 노래하고, 山에 아지랑이가 끼고, 물이 졸졸 흐르는 봄날을 當하야도, 愉快한 생각만 나는 것이 아니다。 아참이 흐리면, 비올가 의심하고, 저녁바람에는, 치위를 怯내는 일이 잇는 것과 갓다。 눈과 구름이 해를 가리고, 大地가 얼어서 방에 生氣가 업고, 人畜이 모다 萎縮하는 겨울을 當하야

도, 슬픔만 가슴을 막는 것은 아니다。 或은 水仙花 한두 송이에 清雅를 늣기고, 或은 夕陽의 까마귀 울음 두어 소리에 靜趣를 깨닷고, 등걸을 때우는 山家의 작은 화롯가에서, 허물업는 이야기에 興을 일으키고, 더운 재를 헤치며, 알맛게 익은 고구마에, 빙글빙글 웃는 자미도 잇슬 것이다。 金殿·玉樓에도, 즐겁지 아니한 때가 잇고, 茅店·草屋에도, 즐거운 곳이 잇슬 것이다。 諦觀의 努力이 不足한 때는, 事物을 다만 一面으로만 생각하지마는, 事物에는 一面만 잇는 것은 적은 것이다。 조은 가운데도, 낫븐 것이 석겨 잇고, 괴로운 속에도, 즐거운 것이 잠겨 잇다。

즐거운 바와 즐길 바를 찾어내면, 엇더한 辛苦艱難 가운데 잇드라도, 우리는 스사로 勇氣를 일으켜, 苦難을 堪耐하야, 將來에

諦觀(체관) 明察, 充分히 觀察하는 것

훌륭한結果를얻을수도잇는것이다。 그러케까지는되지안는다하드라도、즐겁지아니한가운데서、즐거운바를찾어내는習慣을기르면、항상마음이豁達하고、긔운이旺盛하야、제절로人品도向上하고、判斷도바르게되여、세상을즐겁게지내게될것이다。 樂地를찾으라。 힘써樂地를찾는習慣을기르라。

苦難中에잇서서도、樂地를잘보는이는、마음이흔들리지안코、勇氣도솟아나는것이다。

豁達(활달) 度量이크고마음이活潑한것

三四 契約

約束을지켜야한다는것은、우리가일즉부터배웟고、또항상實行하고잇는일인데、이것은우리가社會共同生活을함에、極

히緊切한것이다。 그럼으로法律은、이것에關한規定을만들어、그實行을强要하는境遇가만라。 約束은一般으로經濟上問題에關한것이만음으로、法律은주장으로이關係에對하야、仔細히規定하얏다。 法律에잇서서는、約束을契約이라하고、그것을實行함을履行이라하고、契約을締結하는雙方을契約當事者라한다。

契約에對하야그原則을規定한法律은民法이다。 民法에는、賣買·貸借·雇傭·請負等、여러가지契約이規定되엿다。 그러나契約은이것뿐이아니라、民法以外의法律에도、이밖에여러가지契約이規定되엿고、또法律에規定이업는것이라도、우리는任意의內容을가진契約을締結할수가잇다。 그러나法律

雙務契約(쌍무계약) 當事者雙方에權利와義務를發生하야제각

이이러케契約의自由를容許함은、結局共同生活의便益을爲함입으로、公共의秩序와善良한風俗에거슬리는契約은、效力을容認하지아니할뿐아니라、公益을爲하야서는、契約의自由를制限하는일도적지안타。 天災·地變뒤에、暴利取締令과갈은것으로써、食料品·建築材料等을、不當한高價로팔지못하도록、禁制하는것은그一例다。

契約을締結함에는、흔이證書를作成한다。 그러나證書는다만한날證據에지나지아니한것이니、證書의有無에依하야、履行하야야할責任에는變함이업다。 賣買其他여러가지契約은、當事者雙方이義務를지는이른바雙務契約이니、契約의各當事者는、自己의義務를履行하기前에는、相對者에게義務

을同時에債權者가되고債務者가되는契約을이룸

의履行을强要할수가업다。 또契約을履行함에는、그글발대로한다는것만으로는、充分하지못하다。 될수잇는대로相對者에게累를끼치지안토록、誠實信義의精神으로써、履行하지아니하면아니된다。 이點을잘理解하야、서로相對者의利益을考慮한다면、契約締結에도無理가업고、그履行도圓滑하게될것이다。 이러케하야날날의契約이圓滿하게締結되고履行되여、그것이無限히싸이면、곳社會共同生活이圓滿하게될다。約束을嚴守함은、高貴한道德上義務요、또高貴한法律上義務다。

三五 周時經

周時經 朝鮮語學者 (紀元[illegible])

琢磨(탁마) 玉을가는것、轉、學識을鍊磨하는것

周時經은黃海道鳳山사람이니、生後에乳道가흔치못하고、生年丙子와翌年丁丑은、무서운凶年이라、嬰兒의적은먹이도때를闕함애、세번이나氣盡하얏다가、다시깨여난일이잇섯나니라。

그가朝鮮語硏究에立志하기는十七歲적이니、스승에게漢文을배올새、매양글뜻을解釋할때마다、반다시말로飜譯함을보고、속으로혜아리되、「글이란것은말을적으면그만이로다。그러나적는方法곳符號가漢文갈치무척거북하고야、知識을얻기가엇지어렵지아니하리오。 만일朝鮮말로이를대신하면、참으로事半功倍하리라。 그러나琢磨의功을더하지아니하면、엇지能히實效를걷우리오。」하고、이에奮發하야、諺文을硏

究하기로뜻을세우고、먼저文法을究明하기시작하야、朝鮮語硏究運動의新機運을促進하얏나니라。 그리하야硏究의步武가漸進함을딸아、廢寢忘飡하다십이하야、二十年을하로갈치이에從事하얏나니라。

周時經

그는工夫할때도、그生涯가決코單純하고平夷하지아니하얏나니、他人의雇傭人이되며、혹印刷所의雜役에從事하며、혹航海術을硏究하며、혹鄕里에돌아가家事를도으며、혹師友를딸아學業에힘쓰며、혹新聞記者가되며、혹敎育家가되여、變化가매우만앗스나、朝鮮語硏究의誠心

은、일즉이한때도덜함이업섯나니라。
그동안의苦心과努力이엇더하얏슬가는、到底히想像하지못할바잇섯스나、그는苦努를도로혀最大한快樂으로알아、온갓精力을모다朝鮮語研究에바치고、온갓機會를모다朝鮮語研究에利用하야、그理想을實現하기에邁進하얏나니라。

三六　需要와供給

무슨물건이든지、그것을要求하는사람이적으면그값이헐하고、만으면비싸다。 사람도이原理에벗어나지못한다。 卓越한材器라도、時代에必要하지아니할때는、곰찍이여겨지지아니하고、才氣는庸劣할지라도、行하는바가時代의要求와一

潛水器(잠수긔) 潛水夫가水中作業時에몸에입는것

致하면、그成功은참으로놀랄만할것이다。 名利는人生의目的이아니다。 事業의成敗로써、人物의優劣을헤아릴수는업다。 時代에不遇하얏다고、부지럽시不平을말할것이아니다。
또아모리必要한것이라도、分量이만으면貴하지아니한것이다。 空氣는人生에게一刻이라도업지못할것이지마는、空間에充滿하야잇슴으로、價値잇는줄을깨닷지못한다。 그러나물밑에잇는潛水器中에서는、一升量의空氣라도、적지아니한값이잇다。 山村僻地에居住하는사람은、물에값이잇다고는믿지안치마는、水道를敷設하야飮料水를끌어오는都會地에서는、그使用에對하야代價를치르지아니하면아니된다。 흙은元來값이업서、極히헐한것을、흙값과같다고도하나、大都

會의中央에서는、金錢으로써花盆의흙을산다。 마음대로얻울수잇는것은값이업는것이다。

價格은供給이制限됨에이르러서비로소생기는것이다。 그럼으로商品이多量으로市場에나타나는때는그값이헐하고、아모리多量이라하드라도、그것을要求하는사람이또더만으면、그값은비싼것이다。 한幅의書畫가數千金의價値잇는것도잇다。 또大火災後의材木의價格은、平時의二倍三倍로騰貴한다。 物價는需要와供給의關係에依하야決定된다는것은、이것을이름이다。

金이貴한것은、產出이적은까닭이오、金剛石이더貴한것은、더稀有한까닭이다。 鐵은有益한것이지마는、供給이夥多함

으로、貴히여겨지지안는다。 吾人은處世함에、金과같치할가、鐵과같치할가。 金이라고推仰할것이아니오、鐵이라고蔑賤히할것도아니다。 제각금다그本性을다하야變하지아니하는바를模範하야야할것이다。

三七 生活

「이마에땀을내고먹으라」함은、우리들의須臾라도잊지못할敎訓이니、勤勞치안코衣食하고자함은、盜心이라할지니라。 스사로勤勞하야스사로衣食하는이는제물에社會의良民노릇을함이어니와、그러치아니하고아모勞力함이업시、飽食煖衣를貪하고戲娛로날을보내는이는、實로一種의盜行을스사

須臾(수유) 暫時

로犯함이라할지니라。

貧賤한者로덕업시富貴한者를부러워함도,毋論盜心이라할지니라。 또自己의富貴치못함으로써,부지럽시世間에對하야不平을품음은,곳盜行이容易치아니하다하야,不平함과다름이업나니,생각하면붓그러운일이아니뇨。 富貴家子弟가勞力치안코生活할수잇슴도,實은先祖의勤勞한結果니,이미先祖가勤勞하지도안코,또저도勤勞하지아니하면서,다만勤勞의結果를가지지못함만으로써,不平을삼을理由가어듸잇스리오。

또富貴家子弟에게對하야말하노니,父母에게生養之澤을입고敎育을받어,成人이되엿스면,맛당이그保護를辭하고,自

立自活을꾀하야야할時期니,놀고衣食할理由가업거늘,혼이心身의苦勞를避하야,時間과家産을浪費하니,이엇지遺業을守成하야家門을빗낼수잇스리오。

그런즉,이세상사람의子弟들이여,사람이當初에五體만가지고나온것으로알고,自立自營의뜻을세움이올으니라。 農夫로勤勞하라。 職工으로勤勞하라。 혹은商人으로,혹은官吏로勤勞하라。 혹은醫員·辯護士로勤勞하라。 혹은學者로勤勞하라。 오직自己才能의맛는바를헤아릴것이오,職業의貴賤上下를물을것이업나니라。

守成(수성) 成業을지키는것
五體(오체) 兩手兩足及頭(法苑珠林에依함)올이름,全身의稱

三八 空中의 景致

靉靆(애체) 구름이나안개의가로길게껸모양

空中의景致의壯大美麗함은、到底히地上의景致의미칠바가아니다。 地上의景致는다만同一한變化를反復하고、그變化도또한緩慢하나、空中의景致는千變萬化하야、一瞬間이라도同一狀態에그치지아니한다。

鷄鳴聲이새벽을알외자、東天一帶의曙光이밤의暗黑을깨트려、靉靆한새벽안개가白·黃·紫·淡紅·深紅、그밖에도形容할수업는만은色彩를베풀면서차차消散하고、燦爛한빛을放散하며떠오르는아침해의아름다움은、아침마다보는바나、아침마다다르다。

한조각구름도업시개인碧空은、사람의마음을가장爽快하게한다。 그러나구름이잇슴은、구름업는것보다훨신더낫다。

夏 雲

空中의景致에無限한變化를일으키는것은、구름이잇는까닭이다。 구름은離合集散이無常하야、일어날적에도온바를모르고、흐터질적에도가는바를모른다。 時々로모양을고치고、刻々으로빛을變한다。 炎熱이불타는듯한여름날、奇峰같은白雲이하날의一角에나타나자、奇峰은다시奇峰을나코、數峰이合하야一峰이되고、一峰이나누어저數峰이되고、一峰이부서지고금시에또一峰이나타난다。

원하날이흐려、狂風이거칠게불고、黑雲이空中을스처날아가는모양은、蛟龍이물을갈르고내닷는것과같고、天馬가하날을닷는것과도같다。 소낙비가장차개이랴할적에、黑雲의빈틈으로새여나오는日光이金箭을發射하야、周圍의구름에비치면、문득七色의무지개가나타난다。

가을하날은白雲이疊々하야、大理石을깔아노은듯하고、波紋모양으로變하야、白波가天上에일어나는듯하다。 아침해와저녁볏치여긔에비치면、어느덧瑪瑙와같고、또어느덧琥珀

蛟龍(교룡) 想像上의動物名、아주하날에오르지못한龍
天馬(천마) 上帝가탄다는말을이름
金箭(금전) 金色의살
瑪瑙(마노) 寶石의一種、文石

과같다。

夕陽이장차지랴할적에、山끝에어린저문안개가、或은진하게、或은얇게、千種萬別의빛으로물들어잇는것은、새벽하날과같다。 다만前者는차차어두어지고、後者는차차밝아지는것이다를뿐이다。

밤하날에는달이잇고、

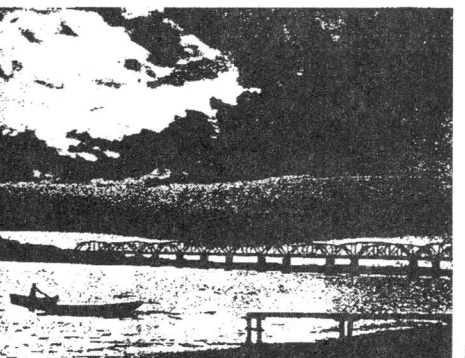

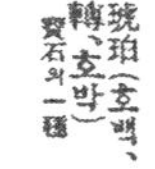

琥珀(호백、호박) 寶石의一種

저녁놀

별이잇다。 달의美觀은、예로부터詩歌로읊고、繪畫로그린것이퍽만타。 달도또한구름으로말미암아、훨신그美를더하나니、엷은구름에덮여잇는봄밤의흐린달은、꿈보다도얕고、가을바람에빗겨잇는구름의빈틈으로새여나오는달그림자는、거울보다도맑다。 여름비끝에소나무우으로뜻밖에나타나는달은、가장興味깊은것이다。 깨끗이개인하날에、無數한星辰을바라볼때는、宇宙의廣大無邊함을생각하야、莊嚴한늣김을이기지못한다。

空中의景致는、地上의景物을기다리지아니하고도、그美를온전이하지마는、地上의景致는、空中의景物을빌지안코는、充分히그美를發揮할수업다。 꽃과신나무는、太陽의빛을받어、

雨奇・晴好 — 晴・雨가다景致가조타는것、蘇軾詩「水光瀲灔晴方好。山色空濛雨亦奇」에서나온것

비로소여러가지色彩를나타내고、山水의風景은、구름・안개・놀・아지랑이의配合으로말미암아、雨奇晴好의맛이만아진다。

二 漢文之部

一 音訓

父(아비부) 母(어미모) 天(하날천)

地(ᄯᅡ지) 日(날일) 月(달월)

耳(귀이) 目(눈목) 春(봄춘)

秋(가을추) 上(웃상) 下(아래하)

意(뜻의) 思(ᄉᆡᆼ각사) 言(말ᄉᆞᆷ언)

寒(찰한) 暑(더울서) 幼(어릴유)

老(ᄂᆞᆰ을로) 靑(푸를청) 紅(ᄇᆞᆰ을홍)

往(갈,왕) 來(올,래) 聞(들을,문)

見(볼,견) 誦(외일,송) 讀(읽을,독)

二 熟字

父母 天地 前後左右

意思 言語 老少

黑白 往來 聞見

清風 芳草綠樹 流水

飛鳥走獸 野色 庭花岸柳

堅固 著實 勤勞

發展 居住 復習

三 短文

山高라。 뫼가높다。

水深이라。 물이깊다。

山高水深이라。 뫼가높고,물이깊다。

蜂歌라。 벌이노래하다。

蝶舞라。 나비가춤추다。

蜂歌蝶舞라。 벌이노래하고,나비가춤추다。

夏日이暑라。 여름날이덥다。

秋氣ㅣ淸이라。

가을긔운이맑다。

夏日은暑하고、秋氣는淸이라。

여름날은덥고、가을긔운은맑다。

幽禽이鳴하고、淸溪ㅣ流라。

숩은새가울고、맑은시내가흐르다。

性質이溫順하고、頭腦ㅣ明晳이라。

性質이溫順하고、頭腦가明晳하다。

日漸高하고、風徐至라。

해가점점놉아지고、바람이서서히이르다。

陽春이方來하니、百花ㅣ爭發이라。

陽春이바야흐로오니、百花가다투어피다。

〔練習〕 靑天白日。 日暖風和。 水甚淸。 萬山皆綠。

淵深魚鼈生。 天氣淸明、春色佳麗。

志操가堅實하고、注意가綿密하다。

産業이發達하고、敎育이普及되다。

四 京城

京城은、人口ㅣ稠密하며、店鋪ㅣ櫛比하고、層樓巨閣이前後相望하며、文明施設이幾皆完備하니、實朝鮮第一都會也니라。

〔練習〕 草木繁茂、衆鳥和鳴。 朋友相逢。

金剛山眞世界之名山也。

五 短文

讀書라。 글을읽다。

作文이라。 글을짓다。

兄讀書하고、弟作文이라。

兄은글을읽고、아우는글을짓다。

愼言語하고、節飮食이라。

言語를삼가고、飮食을존절하다。

農夫는耕田하고、樵童은吹草笛이라。

農夫는밭을갈고、樵童은풀피리를불다。

遵守規律하야、維持秩序라。

規律을遵守하야、秩序를維持하다。

昨觀動物園더니、今覽水族館이라。

어제動物園을보더니、이제水族館을보다。

訪花隨柳하야、過前川이라。

꽃을찾으며버들을딸아、앞내를지나다。

〔練習〕 立志。 保健康、勤學問。

翫賞風景。

身體를鍛鍊하고、智能을啓發하고、德器를成就하다。

六 天能人智

鷄司晨하고、犬守夜하고、蠶吐絲하고、蜂釀蜜하나니、此는天能也오、人皆養之、而利用하나니、此는人智也니라。

〔練習〕 牛耕田、馬載人、 耕田而食、織布而衣。

學而時習之。

七 短文

登山이라。 뫼에오르다。

臨水라。 물에臨하다。

春登山하고、夏臨水라。

봄에뫼에오르고、여름에물에臨하다。

禮先生하고、拜長者라。

先生께禮하고、어른께절하다。

兄進高普하고、弟入普校라。

兄은高普에나아가고、아우는普校에들다。

昨夜에到京城하야、今朝에登學校라。

어젯밤에京城에이르러、오날아침에學校에오르다。

花卉는滿庭上하고、桑麻는連村前이라。

花卉는뜰우에가득하고、桑麻는마을앞에

連하다。

山影이倒江하니、魚躍岫라。

뫼그림자가江에걱구러지니、고기가바위구멍에서뛰다。

[練習] 歸家。 遊後園。 鳥棲林間。 春水滿四澤。 始入高普、能守校規。

처음으로仁王山에올라、京城市街를眺望하다。

李滉 字는景浩、退溪라號함、眞寶人。燕山主七年生、宣祖三年歿。官은贊成이오、著書에…이로다、領議政을贈하고文

八 勤苦

李滉

退溪先生與子書에曰、勤苦讀書하라。今不勤苦做業하면、隙駟光

純이라謚하디、뒤에文廟에從祀하다

隙駟(극사) 歲月의빠름이작은틈으로駟馬의지나감을보는듯하다는뜻

海東續小學 朴在馨(朴在馨、淸道人、純祖末年)

立志 海東續小學篇名

陰이一去難追이니、千萬刻念하야、毋忽毋忽이어다。

(海東續小學「立志」)

[練習] 給與。一與友登山。一參與。一歲不我與。

不知字、不能讀書。 毋荒怠、毋逸遊。

[illegible]

九 短文

物有本末하고、事有終始니라。

물건에는本末이잇고、일에는終始가잇나

니라。

人在天地之間하야、爲萬物之靈長이니라。

사람은天地의사이에잇서、萬物의靈長이
되나니라。

以靑黃赤黑白으로、爲五色하나니라。

靑·黃·赤·黑·白으로써、五色을삼나니라、

汽雲雨雪은、皆水之所化也니라。

물김·구름·비·눈은、다물의化한바니라。

日出則明하고、日入則昏이니라。

해가나면밝고、해가들면어두우니라。

若不勤儉貯蓄이면、則何以成家業乎리오。

만일勤儉하야貯蓄치아니하면、엇지써家
業을이루리오。

衣食住三者는、不可一日無也니라。

衣食住세가지는可히하로라도업지못할
것이니라。

四隣이莫不稱賞之러라。

四隣이稱賞치아니함이업더라。

德莫大於忠孝니라。

德은忠孝보다큰것이업나니라。

非禮之辭、未嘗一出於口外。

禮아닌말을일즉이한번도입밧에내지아니하더라。

遍歷未嘗到之山水。

일즉이이르지못한山水를遍歷하다。

勿以惡小而爲之。勿以善小而不爲。

惡이적다함으로써하지말며、善이적다함으로써하지아니치말라。

〔練習〕 蟲在草、魚在水。 上有天、下有地。 非義則不取。

讀未嘗見之書。 知過、則勿憚改。

寅(인) 十二支의第三位、午前四時의時刻

辦(판) 가초다(具)

立敎 明心寶鑑篇名

東西南北으로써、四方을삼나니라。

一〇 一生之計在於勤

一生之計在於勤、一年之計在於春、一日之計在於寅。

幼而不學、老無所知。春若不耕、秋無所望。寅若不起、日無辦。

(明心寶鑑「立敎」)

〔練習〕 十年之計莫如種樹。

一一 短文

人而無信、將何以立於世。

사람으로서信이업스면、장차엇지써세상에서리오。

聽訟이、吾猶人也나、必也使無訟乎인저。

송사를결단함이내남과갈으나、반다시하야금송사업게할진저。

夫所以讀書學問者는、本欲利於行耳니라。

대저써글을읽어學問하는바는、본대行함에利케하고자함이니라。

爲人子者、當思父母罔極之恩也니라。

사람의아들된者、맛당이父母의다함이업

는은혜를사모하야야할지니라。

爲國民者、不敢違反法令也니라。

國民된者、敢히法令을違反치못하나니라。

吾輩는須各勉勵於少時也니라。

우리무리는、모름즉이각각졂을적에勉勵하야야할지니라。

學問之道는無他라、求其放心而已矣니라。

學問하는길은다른것이업는지라、그放心을求할따름이니라。

苟倫理一失이면、雖具人之形이나、然이나其實은於禽獸에何異哉리오。

增補山林經濟 朴世堂著、徐有榘增補(朴世堂의字는季肯、西溪라號하、官은判中樞府使에이르고、文節이라諡하)

진실로倫理를한번일으면、비록사람의얼골을가초앗스나、그러나그실상은禽獸에무엇이다르리오。

(練習) 其勢莫敢當。— 敢不聽命。— 豈敢違反校則乎。

治產之法、勤儉而已。

나는장차南山에오르랴하노라。

學生은맛당이勤勉하야야할지니라。

一二 擇技藝

人之處世에、以言行으로爲本이오、其次는、不可無學藝니。如無學藝면則

徐有榘、顯宗時人、字는準平、號는楓石이라、官은吏曹判書、大提學에이르고、英祖四十年生、憲宗十二年歿、文簡이라諡하다)

省心 明心寶鑑篇名

人이何有所取於我哉리오。然이나若不擇而學之면、則反爲身累하야、禍福이係焉하니。愼之戒之하라。

(增補山林經濟)

(練習) 天地之間、萬物生焉。 愛之重之。

一三 有所養

木有所養이면、則根本이固하고、而枝葉이茂하야、棟梁之材ㅣ成하고。水有所養이면、則泉源이壯하고、而流派ㅣ長하야、灌漑之利ㅣ博하니。人有所養이면、則志氣ㅣ大하고、而識見이明하야、忠義之士ㅣ出하나니、可不養哉아。

(明心寶鑑「省心」)

一四 四民有業

鬻(육) 賣
敖(오) 敖遊
漢書 前漢書니 西漢書라도 부름. 班固撰(班固, 字는孟堅, 後漢明帝時人, 班昭(固의 妹, 字는惠班)補)
食貨志 漢書十志中一篇

士農工商이 四民이니 有業하니 學而居位曰士오 闢土殖穀曰農이오 作巧成器曰工이오 通財鬻貨曰商이니 聖王이 量能授事어시든 四民이 陳力受職하니 故로 朝無廢官하며 邑無敖民하며 地無曠土니라 (漢書「食貨志」)

〔練習〕 故鄕。—故人。—事故。

欒共子 晉大夫, 名은成, 諡는共
族 類
食(사) 먹이다
小學 朱熹撰(朱熹, 字는元晦, 號는晦庵, 諡는文公. 朱子라부름. 宋高宗建炎四年生, 寧宗慶元六年歿)
明倫 小學內篇目名

一五 民生於三

欒共子ㅣ 曰, 民生於三이라 事之如一이니 父ㅣ 生之하시고 師ㅣ 敎之하시고 君이 食之하시나니 非父면 不生이오 非食이면 不長이오 非敎면 不知니 生之族也라 故로 一事之하야 惟其所在에 則致死焉이니라 報生以死하며 報賜以力이 人之道也니라 (小學「明倫」)

〔練習〕 飮食肴饌。—食無求飽。—飮之食之。

呂氏 名은本中, 字는居仁, 宋高宗時人
貫穿(관천) 通透의義
浹洽(협흡) 博通洽足의義
渙然(환연) 녹는모양
怡然(이연) 깃버하는모양
嘉言 小學外篇目名

事物。—事君盡忠。

長者。—長男。—長短。—長點。—成長。—生育養長。

一六 久自得之

呂氏童蒙訓에 曰, 今日에 記一事하고 明日에 記一事하면 久則自然貫穿하며 今日에 辨一理하고 明日에 辨一理하면 久則自然浹洽하며 今日에 行一難事하고 明日에 行一難事하면 久則自然堅固니 渙然冰釋하여 怡然理順은 久自得之오 非偶然也니라 (小學「嘉言」)

〔練習〕 自古及今。—水自流。—自彊不息。

行實。—行列。—行軍。—行步。—先行其言。

一七 讀書三層

雨森芳洲

韓人이 教人讀書에、先以音讀하나니。此ㅣ 一層也오。待稍熟하야、以反言으로 教之를、如我國人訓讀하야、上下成讀하야、使知文義하나니。此ㅣ 二層也오。已熟에、又教以音讀하야、至於背講하야、誦而後已하나니。此ㅣ 三層也라。故로 初學者ㅣ、卒業之書를、未嘗不背講이니라。

（橘窓文集）

雨森芳洲騎馬像
（正德信使行列繪卷中道中行列中）

〔練習〕 使者。— 使兒持文具來。

背誦。— 違背。— 背囊

雨森芳洲 對馬候의 侍講、名은 俊良、一名 誠淸、字는 伯陽、東五郞、芳洲는 號。平和七年生、寶永五年歿。

背講(배강) 背誦

橘窓文集 芳洲의 文集、平安丘思純의 編纂한 것

一八 擇友

李珥

傳道解惑은、雖在於師나、而麗澤輔仁은、實賴朋友하니라。學者ㅣ、必須擇忠信孝弟剛方敦篤之士하야、與之定交하야、相箴以失하고、相責以善하야、切磋琢磨하야、以盡朋友之倫이니。若立心不篤하고、檢束不嚴하야、浮浪嬉遊하고、尚言尚氣者는、皆不可與之交也니라。

（栗谷全書）

李珥筆蹟

〔練習〕 事實。— 果實。— 充實。— 誠實。— 影響實多。

李珥 字는 叔獻、栗谷은 號、石潭、德水의 人이라。中宗三十一年生、宣祖十七年歿、官이 判書에 이르고 文成은 諡。文廟에 從祀하다

麗澤輔仁(려택보인) 朋友가 서로 學問을 講하야 德을 修養하는 것

切磋琢磨(절차탁마) 知識과 道德을 練磨하는 것

檢束(검속) 自制하야 放縱하지 안케 하는 것

栗谷全書 李珥의 文集

功必賞、罪必罰。— 有言者不必有德。

尙武。— 尙志。— 尙友。— 時期尙早。

趁(진) 발오다

抱關擊柝(포관격탁) 門番·夜警等의 賤役

率居 新羅畵家

皇龍寺 慶州月城東에 잇든 옛절、新羅眞平王時에 지은 것

鱗皴(린준) 소나무껍질이 고기비늘처럼 되여 버러진 것

盤屈(반굴) 꾸불꾸불한 것

一九 治農

民은以食으로爲天하고以農으로爲本하니勤則飽하고惰則飢라故로須知趁早興作하야先人勿後하야必以盡地利不失時로爲事하야功力之入이倍하면則百物이不乏하고家用이自足하리니所謂祿在其中이어니又安用抱關擊柝爲哉이오。

(增補山林經濟)

〔練習〕 百尺竿頭、須進一步。— 須臾。— 必須。

蹭蹬(층등) 길을 잃고 어정거리는 모양

芬皇寺 慶州東에 잇는 옛절、新羅善德女王時에 지은 것

觀音菩薩(관음보살) 觀音은 觀世音의 略、菩薩名、慈悲의 化身、菩薩은 佛의 다음 階級

斷俗寺 今慶南山淸郡丹城面雲里洞에 잇든 옛절、新羅崔致遠의 讀書하든 곳

維摩(유마) 維摩經中에 잇는 사람의 名、淨名居士이라 稱함

三國史記 高麗仁宗時에 金富軾等에 命하야 撰集케 한 것、新羅·高句麗·百濟三國의 史記

劉忠定公 名은 安世、字는 器之、元城先生이라 稱하고 諡는 忠定、宋名臣이다

二〇 率居

率居는新羅人이라生而善畫하야嘗於皇龍寺壁에畫老松하니體幹이鱗皴하고枝葉이盤屈하야烏鳶燕雀이往々望之飛入이라가及到에蹭蹬而落하더니歲久色暗하야寺僧이以丹靑으로補之하니烏雀이不復至하더라又慶州芬皇寺觀音菩薩과晋州斷俗寺維摩像이皆其筆蹟이라世傳爲神畫하니라。

(三國史記)

二一 言行一致

劉忠定公이見溫公하야問盡心行己之要ㅣ可以終身行之者한대公이曰、其誠乎ㄴ저。劉公이問行之何先이니잇고公이曰、自不妄語始니라。劉公이

溫公 司馬光, 字는 君實, 死後에 太師溫國公을 贈하고 文正이라 諡하다. 宋名臣.
檃栝(은괄) 檃은 굽은 것을 펴는 機械, 栝은 모난 것을 바로잡는 機械, 바로잡을 것을 바로잡는다는 뜻.
掣肘(재주) 他人의 팔꿈치를 끌어당긴다는 것, 곧 自由를 束縛하는 뜻.
善行 小學外篇目名.
李之菡 字는 馨仲, 號는 土亭이니 韓山人. 中宗 十二年生, 宣祖 十一年卒. 著書에 土亭集이 有하고 吏曹判書를 贈하고 文康이라 諡하다.
周救 救助
董(동) 監督

初甚易之러니及退、而自檃栝日之所行과與凡所言하니自相掣肘矛盾者ㅣ多矣러니力行七年에而後에成하니自此로言行이一致라表裏ㅣ相應하야遇事坦然하야常有餘裕러라。(小學「善行」)

〔練習〕 平常—五常—非常—常設。

二二 土亭恤民

李之菡이哀流民이弊衣乞食하야爲作巨室하야以館之하고誨之以手業호대無不面喩耳提하며各周其衣食호대而其中最無能者는與之禾藁하야使作藁鞋하고董其役하니一日에能成十對라販之하니一日之工이無不辦斗米하고推其剩하야以成其衣하니數月之間에衣食이俱足이라可

孔子 名은 丘, 字는 仲尼, 孔子는 尊稱, 周代 魯人, 世界四聖의 一人
林奎 潛人

見民生은因惰而飢로다公之示人近效ㅣ妙矣哉는저(海東名臣錄)

〔練習〕 手足—家給人足—其才足用—分外事、不足擧論。 周圍—周年—周密—周旋。

二三 孔子

孔子

林奎

支那敎化之開와人倫之立은實賴孔子라故로孔子之死ㅣ距今二千四百餘年也로대而上自天子로下至

欽崇(흠숭) 공경하고 높이는 것
古靈 地名
陳先生 名은 襄, 字는 述古. 宋仁宗時人
仙居 地名
鄕閭(향려) 鄕은 周代의 行政區劃名, 一萬二千五百家. 閭는 周代의 區劃, 二十五家. 後世에 城門을 鄕閭라 함
鄰保(린보) 이웃집 이웃 사람
墮(타) 懶怠하다

庶人、莫不崇拜之者、蓋其功業在人、有不可磨滅也。孔子、少喪父母、子身孤立、能自發憤忘食、進取不厭。故卒成世界一偉人。吾、願世之讀孔氏書者、不徒欽崇之、立志、亦如孔子也。

〔練習〕徒步。—學徒。—豈徒逸遊過日乎。

二四 禮義之俗

古靈陳先生、爲仙居令、敎其民曰、爲吾民者、父義、母慈、兄友、弟恭、子孝、夫婦有恩、男女有別、子弟有學、鄕閭有禮、貧窮患難、親戚相救、婚姻死喪、鄰保相助、無墮農業、

陵(릉) 凌으로 通用. 능멸하다, 침노하야 속이다
申維翰 字는 周伯, 號는 靑泉. 肅宗時人. 官은 奉常僉正에 이르다
箱嶺 神奈川縣의 西境에 있는 大火山群
賈(고) 賈
舁者(여자) 가마메는 人夫
确确(학학) 서로 合致치 아니하는 모양
覗 比較하다
海遊錄 申維翰著

無作盜賊、無學賭博、無好爭訟、無以惡陵善、行者讓路、耕者讓畔、斑白者不負戴於道路、則爲禮義之俗矣。（小學嘉言）

〔練習〕律令。—子從父令。—縣令。—令名。—假令。—令人驚歎。

二五 踰箱嶺　申維翰

十月十八日丁巳、晴。未明而發、將登箱嶺。嶺路、雨後石滑、且峻急。雖賈舁者勇、其趾不受石橋之齒、确々與崖鬪。因呼駿馬來、據鞍揮策而上。小憩路傍茶屋、踰嶺而到館、見滿峽楓林。覗去時、改以深紅、益奇。富士山、在雲霧中、不得舊面目。差失人意。午飯畢、遞乘轎下嶺。（海遊錄）

李穡 字는穎叔、牧隱이라號한、高麗 [illegible]

程子 名은顥、字는 [illegible]

〔練習〕 注視。—君之視臣、如手足。—愼視聽。—今日視昨日益涼。

益鳥。—損益。—增益。—雨後野色益青。

差異。—疾小差。—練習日久、差得自信。

二六 忠孝在盡己

李穡

夫事親事君(은)其道則同(하니)子之於父母(에)事之、能盡其道(하고)臣之於君(에)事之、能盡其道(하면)是(는)忠孝之立名也(라)程子(ㅣ)以盡己(로)訓忠。然後(에)人(이)始知孝者(는)亦忠焉而已爾(니라)然則爲臣而盡己(는)在朝之孝也(오)爲子而盡己(는)在家之忠也(니)仕而喜(하고)已而

牧隱集 李穡의文集

慍(이면)則必不能盡己於君(이오)近而狎(하고)遠而忘(이면)則必不能盡己於親(이라)孝不以遠近異(하고)忠不以仕已易(이니)非盡己者(면)能之乎(아)

李穡

(牧隱集)

〔練習〕 學然後、知不足。

容易。—易地思之。—貿易。

蹞步(규보) 半步、蹞는 跬와同
荀子 荀況著(荀況은周代의趙人이라荀卿이라稱하다)
勸學 荀子篇名
韓詩外傳 韓嬰(漢代의燕人)著
左傳 六經의一인春秋의註釋、左丘明著、春秋三傳의一
論語 孔子가그門人과時人에게答한것과門人의記한것을門人이論撰한것
季氏 論語第十六篇
孟子 周代孟軻著
離婁 孟子章名
契(계) 組合과같은組織

二七 格言六則

不積蹞步면無以至千里오不積小流면無以成江河니라 (荀子「勸學」)

樹欲靜이나而風不止하고子欲養이나而親不待니라 (韓詩外傳)

內無賢父兄하며外無嚴師友오而能有成者ㅣ少矣니라 (小學「善行」)

禍福은無門이오唯人所召니라 (左傳「襄公二十三年」)

見善하고如不及하고見不善하고如探湯이니라 (論語「季氏」)

人有不爲也而後에可以有爲니라 (孟子「離婁」下)

二八 厚鄰里

同里共井하니義當相厚라勿論尊卑老少하고作契講信하야春秋에必

孫叔敖 春秋時楚國賢相
陰德 남모르게하는善行

行하야以善相勸하고以惡相戒니라鄰里에或有水火盜賊之患이면洞里ㅣ齊聲救之하고或有時疫하야渾家皆痛이면出募藥物及粥飲之資하야時時顧助하고或與里中解事長老로相會發論하야各出鋤手하야治給田畓하야使不至於廢農離散之境하면則洞風이自然仁厚矣리라 (增補山林經濟)

二九 叔敖陰德

孫叔敖之爲嬰兒也에出遊而還하야憂而不食이어늘其母ㅣ問其故한대泣而對曰今日에吾見兩頭蛇하니恐去死無日矣로소이다其母ㅣ曰今蛇ㅣ安在오曰吾聞見兩頭蛇者는死라할새吾恐他人이又見하야吾已埋之也니이다其母ㅣ曰無憂하라汝不死하리라吾聞之호니有陰德者는天報以德이라하니라

令尹(영윤) 官名、春秋時楚國執政者를이름
賈子新書 新書는 賈誼의 著書라 賈誼(賈)는 漢文帝時人
洪暹(홍섬) 字는 退之、朝鮮 明宗時에 左議政이엿다
柳夢寅 字는 應文、號는 於于堂
洪彥弼 字는 子美、明宗時에 領議政
居廬(거려) 喪中에 廬幕에 잇는 것
凝然(응연) 꼼짝안코 잇는 모양

人이 聞之하고 皆諭其能仁也러라 及爲令尹에 未治而國人이 信之하니라

(賈子新書「春秋」)

〔練習〕 陰雨。— 綠陰。— 光陰。— 陰密。

三〇 洪暹退蛇

柳夢寅

洪相國彥弼이 親喪에 居廬塋下할새 子暹이 以童子로 從이러니 夏月에 彥弼이 宿于樹陰下라가 開目視之하니 暹이 赤身臥하야 蛇一 過其腹호대 暹이 熟視之하고 凝然不動하다가 蛇一 已過而後에 起而走어늘 彥弼이 異而問之한대 暹이 對曰、方過之時에 若動身이면 則蛇一 必咬我矣리이다 彼既不人吾하고 而木石吾하니 吾亦自不人하고 而自木石하면 彼自不咬하리니 是以로 視而不動하니이다

(於于野譚)

〔練習〕 改過遷善。— 超過。— 通過。— 經過。— 人之活動時期、

於于野譚 柳夢寅撰
范益謙 名은 冲、宋高宗時人
座右戒(좌우계) 자리곁에 두고 늘상 읽음을 경계하는 글

不過四五十年間。

三一 范益謙座右戒

范益謙의 座右戒에 曰、一은 人附書信이어든 不可開拆沈滯에 二는 與人並坐에 不可窺人私書에 三은 凡入人家에 不可看人文字에 四는 凡借人物에 不可損壞不還이며 五는 凡喫飮食에 不可揀擇去取며 六은 與人同處에 不可自擇便利며 七은 見人富貴하고 不可歎羨詆毁니 凡此數事를 有犯之者면 足以見用意之不肖니 於存心修身에 大有所害라 因書以自警하노라

(小學「嘉言」)

〔練習〕 大凡。— 凡人。— 非凡。

季札 周代吳國의二十世孫、壽夢의第四子
吳 周代의國名、今江蘇省·浙江省의大半
徐 周代의國名、今山東·江蘇·安徽諸省의一部
上國 吳는春秋時에夷狄이었음으로中國을上國이라이름
延陵 地名、今江蘇省武進縣
新語 陸賈撰（陸賈、漢高祖時人）
蒙求 唐李瀚撰（李瀚、年代未詳）

三二　季札掛劍

吳季札吳王壽夢季子也。初使北、過徐君。徐君好季札劍、口弗敢言。季札心知之、爲使上國未獻。還至徐。徐君已死。乃解其寶劍、懸徐君冢樹而去。從者曰、徐君已死。尙誰予乎。季子曰、不然。始吾心已許之。豈以死倍吾心哉。札封於延陵。故號延陵季子。新語曰、徐人嘉而歌之曰、延陵季子兮不忘故。脫千金之劍兮帶丘墓。（蒙求）

〔練習〕 好意。—好讀書。

倍反。—倍加。

徐花潭 名은敬德、字는可久、號는復齋·花潭이라。李朝成宗二十年生、明宗元年卒。宣祖時에特히右議政을贈하고文康이라諡하다
從從（종종） 종알새울음
善行 海東續小學篇名

三三　花潭窮理

徐花潭家貧、兒時、父母使採蔬田間。每日必遲、蔬不盈筐。父母恠而問其故。對曰、採蔬時、有鳥飛。今日去地一寸、明日去地二寸、又明日去地三寸、漸次向上而飛。觀此鳥、竊思其理、而不能得。是以每致遲滯、蔬不盈筐也。蓋其鳥俗名從從。鳥之當春、地氣上昇。隨其氣所至、高下而飛焉。花潭窮理之功奇哉。（海東續小學「善行」）

〔練習〕 過去。—相去數千里。—古今相去久遠。—去舊習。

三四　諸葛亮戒子書

諸葛武侯 名은亮、字는孔明、三國時人、忠武侯라 澹泊하다 致遠(치원) 深遠한것을窮究하는것 慆慢(도만) 怠慢 險躁(험조) 躁急妄動 理性(리성) 德性을다스리는것

諸葛武侯戒子書에曰、君子之行은靜以修身이오儉以養德이니非澹泊이면無以明志오非寧靜이면無以致遠이니라夫學은須靜也오才는須學也라非學이면無以廣才오非靜이면無以成學이니慆慢하면則不能研精이오險躁면則不能理性이니라年與時馳하며意與歲去하야遂成枯落이어사悲歎窮廬ㄴ들將復何及也리오

(小學嘉言)

朱熹

惜陰　朱熹

少年易老學難成。
一寸光陰不可輕。
未覺池塘春草夢。
階前梧葉已秋聲。

李瀷 字는子新、號는星湖라 肅宗時人、英祖時殁 潦(로) 霖雨 殲(섬) 滅 怨詈(원리) 원망과 험담 詩 詩經、五經의一、孔子가取捨選定한古代의詩三百十一篇을收錄한것、毛詩라도 부름 忘我大德云云 詩經小雅谷風篇의句 星湖僿說 李瀷의隨錄을纂輯한것

[練習] 遂行。— 功成名遂。— 勤勉讀書、遂成大儒。

三五 頑氓怨天　李瀷

人之所資以生者는衣食이爲大하니衣生於桑麻하고食生於五穀하고桑麻五穀은生於雨露하고雨露는成於天地하니一絲一粒이果何從而生故아頑氓은不識하야乍潦則怨天하며暫乾則詈地하야謂天必欲殲人이라하나니比之컨댄君之於臣에貴寵其身하며祿養其口라가一言或失이면怨詈隨之하고父母之於子에生育恩愛하며而撫養不時면則切切然歸咎하나니詩曰、忘我大德이오思我小怨이라하니其是之謂歟ㄴ저

(星湖僿說)

[練習] 果樹。— 果然。— 果敢。— 果斷。— 因果。

大雅 詩經篇名
盡心 孟子章句名
孔子家語 孔子의遺言佚事及門人問答을모은것이니、魏의王肅이孔安國의名으로撰한것(王肅、字는子雍、三國時魏人)
六本 孔子家語第十五章
管子 周代齊管仲著
牧民 管子篇名
菜根譚 洪自誠著(洪自誠、明人、還初道人이라號함)

三六 格言七則

靡不有初나、鮮克有終이니라。 (詩經「大雅」)

其進이銳者는、其退ㅣ速이니라。 (孟子「盡心」上)

病加於小癒하고、禍生於懈惰니라。 (小學「明倫」)

靑은取之於藍호대、而靑於藍하고、氷은水爲之호대、而寒於水니라。 (荀子「勸學」)

良藥이苦於口나、而利於病이오、忠言이逆於耳나、而利於行이니라。 (孔子家語「六本」)

倉廩이實、則知禮節하고、衣食이足、則知榮辱이니라。 (管子「牧民」)

謹德은須謹於至微之事하고、施恩은務施於不報之人이니라。 (菜根譚)

崔滋 字는樹德、號는東山이라。高麗明宗十八年生、元宗元年歿。官은翰林學士로부터守太師、平章事에이르다。諡는文淸이라
道周 길의굽어진곳
大墳曲 高麗時樂章歌詞名
晉陽公 崔怡의爵名(崔怡、初名은瑀、高麗高宗時權臣)
補閑集 崔滋著

三七 義犬

崔滋

金蓋仁이畜一狗甚憐이러니、嘗一日에出行할새、狗亦隨之러니、蓋仁이醉臥道周而睡할새、野燒將及이어늘、狗乃濡身于傍川하야、來往還繞하야、以潤著草茅하야、令絕火道하고、氣盡乃斃라。蓋仁이既醒에、見狗迹하고、悲感하야、作歌寫哀하야、起墳以葬하고、植杖以誌之러니、杖이成樹어늘、因名其地하야、爲獒樹하니라。樂譜中에、有犬墳曲하니、是也라。後에有人作詩云호대、「人恥呼爲畜이나、公然負大恩하야、主危身不死하니、安足犬同論」고하더라。晉陽公이命門客하야、作傳記하야、行於世하니、意欲使世之受恩者로、知有以報也러라。 (補閑集)

三八 富士山遠望

申維翰

九月十九日、戊子、晴。平明에發行하야、行四十里하야踰一小嶺하니、嶺名은潮見이니、或稱鹽見坂이라。蓋使行一路、皆南臨大海나、以群山蔽虧로、而或現或隱이라가、自此로遵海而行하야、行過白須村하야、皁人이東指雲際、譟而呼曰、富士山이라하야늘、余ㅣ爲停輿而望之하니、卽一朶亭亭하야、如白玉簪이直插青霄하고、半腹以下는雲霞晻靄하야、又似太華山玉井에露出白蓮花矣라。殆非世間所恒見이러라。(海遊錄)

富士山

鹽見坂 白須賀村의東南小坂

白須村 今白須賀町、遠江濱名郡

太華山玉井 太華山은陝西에있는華山이니、山上에玉井이있고、蓮花가있다함。

奉使日本作

鄭夢周

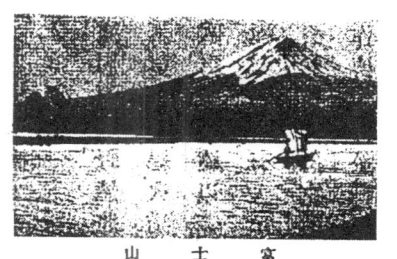

鄭夢周

海島千年郡邑開。乘槎到此久徘徊。
山僧每爲求詩至。地主時能送酒來。
却喜人情猶可賴。休將物色共相猜。
殊方孰謂無佳興。日借肩輿訪早梅。
(圃隱集)

鄭夢周 字는達可、號는圃隱이라。高麗의忠臣。

乘槎(승사) 배를타는것

休(휴) 止

肩輿(견여) 어깨에메는가마

圃隱集 鄭夢周의詩文을모은것

中等教育 朝鮮語及漢文讀本 卷一 終

一八二

1933

昭和八年三月二十五日翻刻印刷
昭和八年三月二十八日翻刻發行

中等鮮漢文一
定價金五十七錢

著作權所有

著作兼發行者 朝鮮總督府

京城府元町三丁目一番地
翻刻發行兼印刷者 朝鮮書籍印刷株式會社
代表者 井上主計

京城府元町三丁目一番地
發行所 朝鮮書籍印刷株式會社

中等教育朝鮮語及漢文讀本 卷二

朝鮮總督府

緖 言

一、本書는주장으로高等普通學校朝鮮語及漢文科의敎授에充用키爲하야編纂한것이라。

二、本書는全部를五卷으로하야、各學年에一卷식을配當하다。

三、本書는敎授上便宜를圖키爲하야、朝鮮語와漢文의兩部에分하야編纂한것이라。

四、諺文綴字法은昭和五年二月에改正한諺文綴字法에據하다。

五、漢文은音訓·熟字로부터短文·文章의順序로하다。

六、漢文의懸吐는低學年에는仔細히하고、學年이놉아짐을딸아簡略히하다。

七、難字句·固有名詞·引用語句中特히必要하다고認定한것은、上欄에摘

出하야略解하다.

昭和八年十月

朝鮮總督府

中等教育 朝鮮語及漢文讀本 卷二 目次

一 朝鮮語의部

二 漢文之部

中等教育 朝鮮語及漢文讀本 卷二

一 朝鮮語의部

一 青年

青年은人生의봄이다。 봄날郊外에나가、山野의草木을보라。 싹이나고잎이피여、生氣가勃勃하다。 흙덩이와돌뭉치에떠바쳐저서라도、서리서리우에로뻐치지안코는그대로잇지아니하랴고한다。 青年도또한그러타。 前途가多望하고活氣에充滿되엿다。 어제모르든것도오날알고、오날이룰수업는것도他日에大成할希望이잇다。 希望이잇고活動이잇

勃勃(발발) 充滿하야넘치는모양

駸駸(침침) 事物의進行이빠른모양

行潦(힝료) 길바닥에고인물

挫折(좌절) 꺽거지다、卽失敗의뜻 되다

고進步가잇고發展이잇는것은、青年의特質이다。 希望이업고活動이업고進步가업고發展이업슴은、青年이면서도青年이아니고、나이젊으면서도이미老衰한것이다。 엇던時代든지青年은希望이만커니와、現代의青年은더욱만은希望에싸여잇다할것이다。

이제바야흐로社會百般의事物이駸駸히進步하야간다。 흐름에딸아헤엄침은、行潦에서헤엄치는것보다훨신더愉快한것이다。 社會進步의흐름에딸아더욱더욱進步케할이는、現代의青年이아니냐。 他日에大成하랴는青年은、모름즉이快活하야야한다。 快活한동안에는前途의險難을征服할수잇지마는、憂鬱하면意氣가銷沈하야進取力이挫折될것이다。

蹉跌(차질) 걱구러지는것、卽失敗의뜻

百發百中 百번쏘아서百번다마처 맛다는뜻

正鵠(정곡) 과녁판의黑

一時의困難에落膽하고一朝의蹉跌에失望하는것은、人生의봄이라할青年의氣像이아니다。

失望과落膽은怠惰한이의하는짓이다。 다만青年의경계하야야할것은、空想에빠지는일이오僥倖을바라는일이다。 希望은自身의힘으로써到達할수잇는바니、秩序的으로順序를딸아實行하야가면、차차接近할수잇는것이다。 그러나空想은接近할수잇는것이아니다。 希望은著實히努力하야서만到達할수잇는것이오、僥倖으로는到達할수업는것이다。 僥倖은偶然이오必然이아니다。 저활쏘는사람을보라。 百發百中하게되는것은、著實히修鍊을싼이의할수잇는바니、僥倖을바라는이는偶然히한번正鵠을마치는일이잇다하드라

點、正은 [illegible]

商議(상의) 協議하고의논하다

도、決코必然을期必할수업는것이아니냐。

二 親睦과競爭

갈은學校에들어와갈은學級의生徒로서、오랫동안갈은스승믿에서學德을修養함은、참으로깊은因緣이다。 세상에父母와兄弟以外에는、同級生만큼親密한關係를가진사람은거의업슬것이다。 學問上으로는勿論이오、그밖에모든일에對하야서로商議할수잇는이는同級生이니、親誼가차차더하야저서學校를卒業하고社會에나간뒤에도、同窓生으로서永遠히서로親密히지내게된다。

朋友사이에가장끔쩍한것의하나는切磋琢磨하는일이다。

切磋琢磨라는것은、동모들이서로지지아니하고뒤떨어지지아니하리라하야、學德의修養을勉勵함이다。 이것은얼른생각하면、同級生의아름다운情誼와서로反對되는듯하지마는、決코그런것이아니다。 勿論즐거운때에함께즐기고、슬픈때에서로慰安하는것은、朋友로서間隔업는사괴이어니와、이와同時에우리들은웨이러케同級生으로서이學校에入學하게되엿느냐하는것을생각하야야한다。 우리들의入學한目的은全然學德의修養에잇다。 그럼으로同級生相互間에善을勸하고허물을경계하야、훌륭한人格을만들고자하는것은當然한일이다。 딸아서親睦과切磋琢磨는서로反對되는것이아니라、同時에行하야지지아니하면아니된다。 困境에빠진

反目嫉視 미워하고猜忌하야눈을흘겨보다

동모는全力을다하야도아주고、懶惰한동모는어듸까지든지覺醒시켜야한다。 또남의하는일이自己에게만되지아니할理致가업다고생각하야、동모보다훨신뒤여나랴고勇氣를가다듬어勤勉하야야한다。 그러나이와同時에동모의美點과長處를보고는、그것을模範하랴고努力하지아니하면아니된다。 서령힘이미치지못하야、中途에서그치는일이잇다하드라도、처음부터自己의힘을역심한다면、동모들과함께끈입업시進步하야갈수가업다。

그러나여긔에注意할바는、서로지지아니하리라、뒤떨어지지아니하리라고勉勵함으로말미암아、자칫하면、卑劣한競爭心을일으켜、反目嫉視하게되는일도잇다。 이것은가장경계하지아니하면아니될바니、만일그러케된다면、동모들이서로缺點을曝露하고서로排斥하게될것이다。

切磋琢磨라는것이다만동모들보다훨신뒤여나랴고競爭하는것이主眼은아닐지라도、그結果에잇서서남보다優秀하게되는것은조은일이다。 그러나行하는바가항상公明正大하야야한다。 우리가훌륭한人格을만들고자努力함에는、決코동모들에게뒤지지안켓다는精神이必要하기는하나、남에게뒤지지아니하리라하야勉勵하는동안에도、中途에서挫折되는동모가잇거든責善하고、懶惰한이가잇거든激勵하는것이참다운友情이다。 要컨대高尙한理想아래親睦한競爭을함이極히必要한것이다。

三 봄

봄이오도다, 버드나무의트는눈하고한가지오도다。 봄이퍼지도다。 눈녹고어름풀린앞뒷들에、나물캐며지저귀는아이들의웃음소리와한가지퍼지도다。 해는다스한손을펴들고원것을쓰다듬고、바람은훗훗한김을내불어원곳을어루만지고、오래말라붙엇든골짝이샘에서、봄의仙女를讚頌하는쫄쫄이노래가들릴때에、숨엇든것은나타나고、덮엿든것은처들고、눌렷든것은벗어나와、쉬엿든生을다시이으며、潛在한生命力을다시發揮하는도다。 復活의曙光과創造의努力이、눈과귀의미치는바에、가득가득하도다。 기다리든機運을맛난個物이행여나질가보아、各個의潛發暗蓄한목숨을들어내는

激湍(격단) 急流

도다。 바위틈의작은샘이飛瀑이되며激湍이되여、長江으로보터大海에이르는동안에、봄의仙女날개밑에서줄거움을속살거리지아니하는것이업도다。 그네들은다제사는목숨을제가지켯도다。 제살힘을제가길럿도다。 그리하야살때가됨에、조곰도두려움업시、조곰도거침새업시、조곰도머므적거리지안코、조곰도狼狽업시前보다더生新한목숨을나타내엿도다。

봄 (松田正雄筆)

봄이왓도다。 山은山으로봄을맞이하야깃봄을들어내고、

물은물로봄을맞이하야즐거움을울리고、草木土石은草木土石으로봄을맞이하야새단장을하며새놀이를차리도다。 남을기다리지아니하고、남의힘을빌지아니하고서、제봄을제가맞이한그에게는、깃븜과즐거움과모든所得과享受가온전이다저의것이로다。 그에게는狼狽가업도다。 落心이업도다。 오직成就의滿足이잇슬뿐이로다。

봄이왓도다。 눈에보이는아름다움보다、귀에들리는고음보다、더貴엽고훌륭한가르침을주랴는듯이、봄이우리의눈앞에展開되엿도다。 活躍하는도다。

四 봄비

봄비에바람처실갈치휘날린다。
終日두고뿌려도그칠줄모르노메。
목은밭새옷입으리니오실대로오시라。

목마른가지가지단물이오르도록、
마음껏뿌리소서수며드소서。
말랏든뿌리에서도새싹날가합니다。

山에도나리나니들에도뿌리나니、
山과들에오시는비내집에는안오시랴。
아이야터알갈아라꽃심을가하노라。

터알 엿밧과갓다

개고리잠깨여라버들개지너도오라。

나비도꿀벌도온갖생물다오너라。

단봄비이제오나니마중하러갈거나。

五 花壇을바라보면서

눈이녹고서리도나리지안는봄花壇에、하로하로자라가는花草의새싹을보는것은、만은봄의깃븜가운데서도가장雅淡하고高尙한깃븜의하나다。 더말할것업시、우리가花壇에가진풀을심어기르는것은、모다그런풀들의꽃을바라보고즐기고자함이다。 그러나다만꽃만을즐기는것이우리들의唯一한目的일것같으면、우리들은무엇그러케만은時間을허비하

雅淡(아담) 高雅하고淡泊하다

야、흙을일구고、씨를뿌리고、거름을하고、물을주고하는귀찬은일을하지아니하드라도조을것이다。 웨그러냐하면、우리들이만일꽃만을바라보고즐기고자하는것일진대、철철이제철을딸아꽃이피는풀이나나무를꽃집에가서사오거나、아는집에가서얻어오드라도、充分히그만한目的은達할수가잇슬것이다。 됩데그리하는편이수고스럽지도안코、費用도덜들것이다。

그러나그런簡便한方法으로花草의아름다움을즐기기보다、성가신품을들여가면서花草를기르는편이、우리들에게훨신더만은깃븜을주는것은、거긔에는다만꽃만을조와한다는以外의樂이잇기때문이다。 죽그것을培養한다는것에딸으

는樂이다。 지금가령꽃을피게하는것을結果로보고播種으로부터꽃필때까지의培養을經過로본다면、우리들이몸소花壇을만들고、씨를뿌리고、싹이나게하고、그것을북도다길러가는자미는、즉그經過의자미다。 그리고아조조고마한풀일지라도、그것을될수잇는대로잘길러가자면、그풀에對

花壇

갈므리 貯藏

한사랑이업서서는안된다。 이런意味에서所謂經過의자미는곳사랑의깃븜이다。 그것은진실로사랑하는그것에딸으는깃븜이다。 이깃븜은開花라는結果만을즐기는사람들로는、到底히맛볼수업는깊고맑고아담한깃븜이다。

다시이것을다만보고즐긴다는方面에서생각하드라도、簡便하게꽃핀풀이나나무를철철이남에게서가저다가바라보고즐긴다는것보다、귀찬키는할지언정、自己손으로花壇을만들고、씨를뿌리고、싹이나게하고、發育시키고、꽃이피게하고、다시또來年을爲하야씨를따서갈므리하고하는편이、限量업시만은그리고깊은즐거움이잇다。 웨그러냐하면、花草의아름다움은다만開花期에만局限된것이아닌까닭이다。 죽엇더한철에나서 쟉에는새쟉의獨特한아름다움이잇고,生長하는期間에는그期間에獨特한가지가지의複雜한아름다움이잇고,開花期에는勿論그獨特한아름다움이잇고,다시꽃이지고잎이마르는結實期에잇서서도가만이玩味하야보면,거긔에는그때獨特한風情이잇는것이다。 손수심고손수갓구는그것에빨으는마음의깃븜을가지는同時에,눈으로보고즐길수잇는철철의花草를번갈아觀賞하는것은,到底히簡便하게開花라는結果만을즐기는사람들의가지지못할天惠다。 그리고더욱그철을딸아草木이가지는特色을,될수잇는대로健康하게,될수잇는대로完全하게發揮시켜주라고하는그것自體가,우리들의高貴하고즐거운義務다。

그러나우리는花草를培養함에서깨달은이眞實味를,다만花草培養에만限한것이라고생각하야서는안된다。 그것은實로무엇보다도우리들自身의生活에對하야,가장소중한眞實味인까닭이다。 즉花草의生長에서배워얻은眞實味는,무엇보다도明白히우리들自身의生長에對한眞實味다。

六 시골에잇는벗에게

東君 봄을맡은神
赤帝 여름을맡은神

東君을이미餞送하고,벌서赤帝의수레를맞엇는데,옷는꽃우는새도조러하거니와,무르녹은그늘과꽃다운풀이또한그보다못하지안케아름답습니다。 이때를當하야安寧히게시는지오。 요사이는農村의가장일만은철인데,오직이

孜孜(자자) 부지런한모 양、孶孶

나밧브시겟습닛가。 天性이勤勉하신兄의孜孜히活動하고계시는光景이、宛然히눈압에나타납니다。 弟는元來體質이조곰虛弱한편입으로、健康에對하야만은注意를더하고잇습니다。 여긔에온뒤로는、남는時間을될수잇는대로全部運動에바치고잇습니다。 또아침의冷水摩擦을하로도빼지안코實行합니다。 이것은勿論身體를健康케하는效果도잇겟지마는、弟는주장으로意志修養의한方便으로생각하고잇는데、처음에는실중도더러낫섯스나、그것을이기고끈입업시實行하는習慣을지으니、도로혀愉快함을깨닷게됩니다。 이두가지로말미암아身體가튼튼하고精神이깨끗하게되여、學習의能率이매우增進되엿습니다。 그리하야學課에對하야趣味를늣기고、따라서學校에對한愛著心과여러先生님에對한敬慕가더욱더욱깁어가는것을스사로깨닷습니다。 兄은본대强健하신우에、大自然의품속에서自然을벗삼고、自然을相對로하야、洽足한日光에멱감으며、新鮮한空氣를呼吸하는터이니、구태여虛弱者의흉내를내실必要는업겟지오마는、冷水摩擦은心身을아울러鍛鍊한다는點으로보아、弟의經驗을밀우어兄에게이것을勸하고십습니다。 지금부터라도곳시작하야보시면엇더켓습닛가。 끝으로바라오니、시골긔별을종종들려주시면感謝하겟습니다。 故鄕에對한愛著은사람의常情이라하거니와、弟는유달리故鄕이그립습니다。 구름하날을바라

구름하날을바라보고、달밤에거닐다 杜甫詩에「思家步月淸宵立、憶弟看雲白日眠」이라잇다

佳節을맛나다 王維詩에「每逢佳節倍思親」이라잇다

볼적에나、달밤에거닐적에나、佳節을맛날적에는、懷鄕의情을것잡지못합니다。 舊師의親切한指導밑에서農村生活을하시는兄의境遇가부러운적도한두번이아니엿습니다。 兄의近況과여러벗들의消息과農事의狀況을、때를딸아들려주신다면、오직이나반갑겟습닛가。 앞으로이러한반가운긔별이자조잇슬것을期待하면서、이만擱筆합니다。

年 月 日

弟 某 拜

某 仁兄

右回答

주신글월은感謝히받어읽엇습니다。 요사이兄의긔별을

듯지못하야、매우궁금이생각하든끝에、곳편지를드려安否를뭇고、아울러시골情形과弟의近況을알려드리랴고생각은하면서도들닐에조곰쫓겨뜻과갇치하지못하고잇든터에、먼저글월을받게되니、한편으로는붓그럽고、또한편으로는반갑기그지업습니다。 그동안健康히계시면서工夫잘하신다니、무엇보다도깃븐消息이올시다。 弟역시다른연고업시그날그날의勞務를즐기고잇습니다。 冷水摩擦을勸하야주신것은퍽感謝합니다。 날마다筋肉的活動을주장으로하고、日光의直射아래서만은時間을보내는弟로서는、제절로運動이되고、제물에日光浴이되는터임으로、身體의鍛鍊에對하야別로關心을가지지아니하얏든것이事實

이올시다마는、冷水摩擦의效果를兄이그처럼讚美하며勸하야주시는바에야、마음이쏠리지아니할수업습니다그려곳實行하랴고決心합니다。 지금 弟의心境은바람불고비오는때나、눈보라치는때나、날마다兄과한가지가느다란들길과山길을걸어通學하든때의回憶에잠겨잇습니다。 그때는오직이나즐거웟습닛가。 어느덧南北에서로나누일줄이야꿈엔들생각하얏겟습닛가。 兄은타고나신才分에穩健한思想과勤勉한天性을아울러가초신우에、또家庭의事情이學海에前進함을容許하는터이지마는、家庭의經濟가潤澤하지못한 弟로서는、위선家庭을爲하야努力하지아니하면아니되게되엿습니다。 여긔에잇서서兄과 弟는길

을달리하야나아가게된것입니다。 처음에는 弟의現在의境遇에적이不滿을품고、엇더케든지兄처럼學海에뛰여나가랴고생각한적도잇섯습니다。 그러나사람은自己의身分과境遇에딸아、제각기自己의하야야할일에專念할것이오、또이리함으로말미암아비로소社會는均衡을얻어健全히進步發展하는것이라는信念과、恩師의親切하고熱誠잇는指導는、드듸여 弟로하야금愉快와滿足으로써農業에從事하게한것입니다。 그리하야 弟는 弟一個人의興業治産에만그치지아니하고、農村의疲弊한現狀을農村人自身의勤勞의힘으로써開拓하야간다는自覺아래、農村의開發振興과農村文化의建設向上을目標삼고努力하랴고決心하

얏슴니다。 이뒤로자조弟의努力의結果와農村生活의情景을報告하야드리랴고합니다。 兄도종종都會의現象을들려주시오。 그리하야이시골에서자라는弟에게도文化의新空氣를맛보게하야、向上의一端이되게하야주시기를바랍니다。 이만그칩니다。

年 月 日　　弟 某 拜謝

某 仁兄

七 朴淵

朴淵 開城의北쪽天磨·聖居의諸峯의물이합하여서된十五丈餘되는瀑布

域內에예로부터이름난山水가만으나、瀑布의雄壯한것을말하자면、반다시朴淵을일캇는지라、내눌한번보고자한지오래더니、마침길이松京을지나게됨으로、드듸여深川洞口로부터가마를버리고말게올라、아침에泰安寺에들엇다。

松京 松都곳開城을이름

泰安寺 大興洞內에잇든옛절、高麗太祖의胎室이잇다고傳함

게서조곰쉬고다시떠나니、일로부터山이가지록놉고길이더욱險하다。 비가늦게개여山빛이그림갈은데、시내를딸아도는외로운길에는흰돌이웅긋쭝긋하며、嘉樹는그늘깊고、好鳥는和鳴한다。

한낮에知足庵에다달으니、天磨山淸凉峰의絕頂이다。 암잣뒤에는石壁이千尺이오、앞에는層臺가百仞이다。 臺밑에石塔이잇고、그아래는叢竹과老松이만이섯더라。 또놉기가구름을뚤코、枝幹이老虬와갈고、크기가數十아름되는古木이잇기로、仔細히본즉銀杏나무러라。 이나무는新羅始祖적에

天磨山 開城의鎭山인松嶽의北에잇는山

虬(규) 뿔업는龍

新羅始祖 朴赫居世

난것이라하더라。

西南으로굼어보니、銀바다는하날에다코、바닷가운데뭇섬이雲際에出沒하며、落照가이에쏘아눈이부시니、바라봄애心神이飛揚하야宇宙밖에난듯하다。

大興寺를지나觀音窟에당도하니、窟앞에집채갈은큰바위가잇고、두石像이섯스니、觀音이라하는것이오、그우의盤石은百人이나앉을만하니、太宗臺라하는것이다。 臺밑에서냇물이고여、물고기가無數히뛰논다。

시내가普賢洞에가서는、여러골짝이물이한데로모여쏘처나가는것이、마치萬馬가敵에게내닷는듯하다。 돌이突怒偃蹇하야、다투어奇壯을들어낸지라、急湍이돌에마주치면水勢가더욱壯하다。 잔잔한곳은시커머코、싼곳은거품이날르니、清心潭·妓生潭·馬潭·龜潭이란것들이다그것이라、殊狀·異態가제각금다奇絕하니、이는즉大興洞의泉石이다。

朴淵에이르러보니、두山이中折하야天門을열어노은듯하고、萬古의神宅을이루엇는데、못이깊기는헤아릴수업스되、맑기는바닥이보일듯하다。 물이絕壁으로쏟아짐애、흰무지개갈은長瀑이되니、물소리가

朴淵

大興寺 大興洞內에잇는녯절

觀音窟 朴淵의上流에잇는산、절뒤에、巖窟이잇서、그안에觀音像을安置하얏슴으로이름함、觀音寺라고도부름

普賢洞 大興洞內에잇는골짝이

突怒偃蹇(돌노언건) 성내고오만하다、巖石의奇異한모양을形容하야이름

大興洞 天磨·聖居兩山의사이에잇는골짝이

天門 天帝의宮門

山嶽을뗄치며、나는눈이징검다리에가득하다。 瀑布밑에는 또못이되여、물이깊고검푸러갓가이가기어려우니、이는姑姆潭이다。

때마침石壁千層에躑躅이滿發하야、붉은긔운이사람의낯을비추며、各色꽃이길을덮어、香氣가옷을엄습하는데、사람이 그림속으로단긴다。

黃昏을띄고雲居寺에들엇다。

雲居寺 天磨山中에잇는옛절

八 動植物의配合美

自然界에棲息하는動物과植物사이에、必然或은偶然의原因으로말미암아、서로떠나지못할關係가잇는듯이보이는것이적지안타。 이것을硏究하는것은、博物學上가장興味잇는일일뿐만아니라、文學美術上으로도또한有益한일이다。

昆蟲은꽃데서꿀을먹고살고、꽃은또昆蟲의媒介로花粉의傳達을받어서結實하는것이만으니、兩者間의關係가至極히密接한것은말할것도업다。

昆蟲以外의動物과植物과의關係는、그처럼密接하지아니하나、여러가지原因으로微妙한配合美를나타내는것이적지안타。 노라케익은벼이삭에참새떼가모여들고、새파란보리밭에종달새가나리는것은말할것도업거니와、果實이빨가케달린가지에까마귀가앉어서쪼아먹는것과、다람쥐같은것이나무열매와풀열매를따먹는것은、누구나다아는바다。 이러

金魚藻 同名科의多年生水草、池澤에沈在한다

黑藻 水鼈科의多年生水草、淡水中에沈在한다

한動物과果實과는、또한一種의關係가잇서、動物에게果實의甘味를주고、그씨를여긔저긔分布시키는것임으로、그關係는꽃과昆蟲과의關係와다를것이업다。

이와같은必須의關係는아니라할지라도、白鷺가버드나무그늘에서쉬고、반딋불이浮萍에머물고、개고리와달팽이가水邊植物의잎사귀와줄기에매달리고、꼿가운데나는부들과왕굴에고추잠자리가날아드는것은、꿀이나濕氣를즐기는動物이水邊植物을利用하는것이오、기러기와오리가蘆洲에나리고、잉어와金붕어가金魚藻·黑藻의사이에서헤엄치는것은、다水中또는水邊의植物과스사로配合되는것임을알수잇스며、다시마자라난물결사이로물고기와새우가往來하는것도、또한一種의奇觀이라할수잇다。

鳥類가여러가지植物에집을짓는것이普通이나、或特殊한樹木만을가려서집을짓는것도잇다。 또어느樹木에는어느새가자조찾어옴을目擊하고、어느새가오는節候와어느植物의꽃이나열매가잇는節候가서로一致하기때문에、偶然히그새와그植物을한꺼번에보는機會가만코、딸아서그사이에한聯想을일으키는일이적지안타。 靑松에白鶴、細柳에黃鸝과같은對는、이러한動植物의性質·形態가스사로서로適合한바가잇는까닭일것이다。 그러나또한前述함과같은原因에基本된것임은、의심할餘地가업다。

그밖에도灌木의떨기에깃들이고花園사이로緩步하는꿩、

사하라 Sahara. 아프리가의北部에잇는大沙漠

荒野의여우、深林의곰、이리、熱帶地方의椰子나무우거진냇가에좃고잇는鰐魚、印度山野의숩울속에몸을감추고잇는범、새하라沙漠中의小灌木아래쭈꾸리고잇는獅子、어느것이나다兩界의自然한配合이니、兩者가서로얻어서비로소그天然의物性을發揮하는것이라할것이다。 이럼으로畫家·文學家로서自然界의美를表現하고자하는이는、모름즉이이러한關係를理解하지아니하면아니된다。

九 古時調三首

내에조타하고남실은일하지말고、
남이한다하고義아녀든좃지마라。

石窟庵 慶州吐含山의東腹에잇는것、新羅第三十五世景德王時에創建한것이라고傳함

우리는天性을지켜생긴대로하리라。

남이害할지라도나는아니겨르리니、
참으면德이오겨르면같으리라。
굽음이저에잇거니겨를줄이잇스랴。

하날이놉다하고발저겨서지말며、
따이두텁다하고매이밟지말을것이、
하날따두텁다놉다하되내조심하리라。

一〇 石窟庵

大雄殿을보고서、곳石窟庵을向하야다시걸음을옴겻다。

여긔서十里안팎이라니그리멀지안건마는、가는길이吐含山을구비구비돌아오르는잿길이오、날은흐려빗발까지오락가락하건마는、잇다금모닥불을담아붓는듯한햇발이구름을뚤코얼골을내여미는바람에、두어모롱이도못접어들어서、나는벌서숨이차고全身에땀이흐른다。 鬱蒼한松林은볼수업건마는、우거진雜木사이에다람쥐가넘나드는것은、또한버리지못할情趣다。

숨이턱에다코원몸이땀으로멱을감는한時間남아를허비하야、나는겨우石窟庵압에섯다。 멀리오는巡禮者를爲하야미리準備해노은듯한石間水는、얼마나달고시원한지。 연거

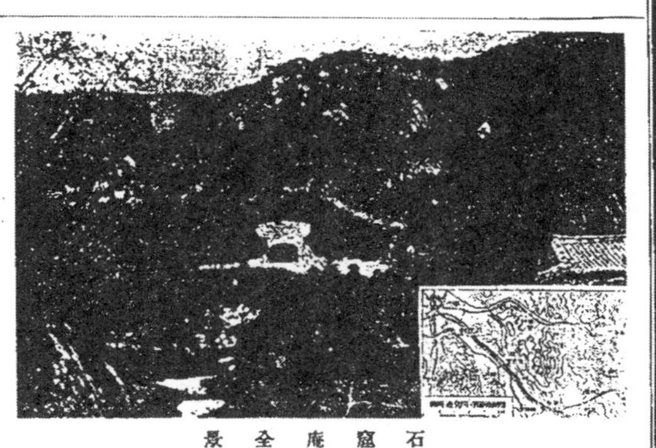
石窟庵全景

퍼두구기를들여겸에、疲勞도잇고더위도잇고爽快한맑은긔운이心身을엄습하야、飄然히티끌세상을떠난듯도십다。 돌층대를올라서니、들어가는左右돌壁에사긴仁王과四天王들이、홉뜬눈과부르걷은팔뚝으로나를威嚇한다。 엇개는엄청나게버러지고、배는훌쭉하고、四肢의울퉁불퉁한세찬筋肉、나는힘의藝術의標本

佛心 佛道를디닷는마음、如來의마음

을보는듯하얏다。

門안으로들어섬에、石蓮臺우에올라앉은釋迦의石像은、그의젓하고도봄바람이도는듯한和한얼골로、보는이의佛心을불러일으킨다。 한군데빈곳업고、빠진데업고、어듸까지圓滿하고秀麗한얼골、알맞게버려진엇개、수려시내민가슴、통통하고도점잔한두팔의曲線

石窟庵內部

羅漢(라한) 佛道를깨달은聖者

美、莊重한그모양은、정말千秋에빼여난傑作이라하겟다。

左右石壁의허리는열다섯간으로區分되엿고、各간마다菩薩과羅漢의立像을屛風처럼사겻는데、그모양은다각기달라、或은어엿브고、或은엉성궂다。 凜凜한氣像과溫和한姿態는참으로性格까지빈틈업시表現하얏스니、神品이란말은이런藝術을두고이름이리라。

더구나뒷壁중앙에사긴十一面觀音菩薩은、더할나위업는肉體美를나타내엿다。 어듸까지아름답고의젓한얼골씨는그만두고라도、곱고도부들어운曲線을그리며드리운오른편팔엄지와장지사이에사부시구슬줄을들엇는데、그어엿븐손가락이곰실곰실움즉이는듯。 瓶을치켜진포동포동한왼팔

영절스럽다 영지갓스럽다、眞實답다、상당다의뜻

法悅 佛法을信仰하야깃버하고즐거워하는것

地藏 衆生을敎化하는慈悲의菩薩

둑、宗敎藝術品으로이러케曲線美를영절스럽게도나타낼수잇스랴。 그나그뿐인가。 數업시느린구슬믿에는옷자락이하늘하늘한다。 그는살아움즉인다。 그의몸엔分明히脈이뛰고피가흐른다。 지금이라도선뜩壁을떠나지그시감은눈을뜨고방그레웃을듯。 古今의藝術品을얼마쯤더듬어보앗지마는、이默默한돌부처처럼나에게感興을주고法悅을자아낸것은드물엇다。

壁우에는、둘러가며左右각각다섯곳에佛座를만들엇고、왼편엔네분菩薩、오른편엔두분菩薩과地藏菩薩및維摩居士의坐像을모섯는데、그솜씨도또한尋常치안앗다。

石窟庵의옛니름은石佛寺로서、新羅景德王때이룩한절이

라한다。 石窟이라함은곳돌을파내여절을지은까닭이니、부처를사기고모신것도모다돌이오、땅바닥도돌이오、천정도勿論돌이다。 窟의構造는東南으로向하야平面圓形인데、左右直徑이二十二尺六寸、앞뒷直徑이十一尺七寸二分、들어가는데넓이가十一尺一寸五分、엽壁의둣께가約九尺이라한다。 千餘年의바람과비에貴重한옛솜씨가더러이지러지고무너진것은앗갑기限量업지마는、몇年前에크게修理한탓으로、도로혀옛것과이젯것을分揀하기어렵게된것은、더욱恨할노릇이다。

그러나앞門은지금손질한것이만치마는、정작窟속은別로修繕한것이업고、아즉도옛輪郭이뚜렷이남앗슴은、不幸中多

幸이라할가。 그안에모신부처·觀世音菩薩·羅漢들의坐像과
立像이, 어느것하나世上에뛰여나는神品아님이업다는것은
종된붓끝치적이까저커린바로되, 釋迦가올라앉은돌蓮臺도
훌륭하거니와, 더구나천정의裝置에이르러서는, 정말燦爛하
다할밖에업다。 하날모양으로穹窿狀을지엇고, 그복판에탐
스러운蓮꽃모양을파노은것은, 또얼마나그意匠이빼여나고,
솜씨가능난한가。 온전이돌이란한가지의原料로, 이러도록
工巧하고宏傑하고아름다운建築物을만들어낸것은, 모르면
몰라도東洋·西洋의建築史上에, 가장榮光스러운한자리를占領
할것이다。

窟門을나서니, 밖에는仙境이또한나들기다린다。 눈아래

穹窿狀(궁륭상)

훤하게티저어엿분파란山들이뚜렷뚜렷들레들레머리를조
아리고, 그사이사이로흰물줄기가구비구비골안께에싸여잇
다。 하날끝한자락이꽁별갈은푸른빛을들어낸어름이東海
바다라한다。 오날갈치흐리지안은날이면, 東海바다의푸른
물결이空中에달린듯이보이고, 그우를지나가는큰돗·작은돗
까지나비의날개처럼곰실곰실움죽인다한다。 더구나이모
든것을背景삼고, 아침햇빛이둥실둥실東海에떠나오는光景
은, 정말仙境中에도仙境이라하나, 火食하는나갈은俗人엔그
런仙緣이잇슬리가업다。

一一 夏季休暇를엇더케利用할가

火食

校門을나와서實社會에投身한이는、누구든지學窓生活을回顧하야樂園에比한다。學校生活中에도夏季休暇처럼즐거운時期는업슬것이다。그립든家族을맛나봄도이때요、登山臨水함도이때다。그러나休暇로歸省한生徒中에는、아모하는것업시時間을보내는일이업지안타。四十日동안의夏休를엇지하면잘利用할것인가。夏休利用의實際的方法으로、吾人은身體의鍛鍊과知識의啓發을들고십다。山에오르라、遠大한眼光과毅然한氣像을여긔서기를것이오、바다에뜨라、無限히놉은大空과가이업는蒼波는、都市의喧噪에조들린頭腦를淸新하게하야줄것이다。

白日빋의鍛鍊은자라나는靑年의筋骨을쇠와갈치돌과갈

치만들것이다。或은高地의奇異한生物을採集하며、或은海邊의珍石·奇貝를주어모아、自然에對한知識을넓히며、獨創的研究의習性을기르며、母校의標本室을裝飾하는一擧三得을꾀할수도잇슬것이다。鬱林에冒險하야開拓者의氣像을發揮하며、曠野에露營하고險峻을踏破하야自然의祕藏을探索함도、壯快한일의하나일것이다。社會의實生活을體驗에依하야研究할好機會도夏休를두고는다시업스리니、稼穡의辛苦를맛봄도貴重한體驗이될것이오、巷間의風習을觀察하거나、奇談·俗說을蒐集하거나、樵歌·農謠를收錄하는것도鄕土研究의基礎가될것이다。眞正한意味의獨創的頭腦의鍛鍊은여긔에잇슬것이다。

一二 滿月臺의딸기

滿月臺 開城의北、松嶽山의南에잇는高麗王三十四代四百七十五年間의宮址

南大門 開城本町通十字路에잇다、舊開城城郭中半月城의南門

내가滿月臺를찻기는꼭七月그믐날이엿섯다。 南大門에서北으로北으로얼마를가닛가、왼편에수수밧、바른편에신나무울타리가잇고、길은지나간번洪水에멋대로깍겨달아나서、조악돌과굵은모래만남앗다。 복송아와사과가드레드레열린果樹園사이로들어서서、역시비에파인조고마한개울하나를건너서니、그곳이바로滿月臺즉高麗의大闕터다。 무슨門무슨殿하는것이흗어진柱礎와무너진돌層階로겨우位置만을分揀할뿐이지、雄壯하고華麗하든옛맵시를얻어볼길이바이업다。

딸기、딸기、滿月臺의딸기。 얼마나어엿브고아름답고보기조코자미만코맛조은딸기냐。

滿月臺

이때는더운여름이다。 極히더운여름이라야딸기가익는것이다。 이滿月臺의명석딸기도이한녀름을맛나서멋대로익엇건마는내가오기까지는찻어온少年도少女도업섯든모양이다。 가시덤풀어린나무아래、가시도친풀넌출끝에멍이멍이뭉처열려、이슬맛고비받어、그저그대로제멋대로붉고붉고다시붉어、기어코

는뽈가케되고말엇다。 그런놈이여긔저긔느러노엿다。 언덕에도딸기、柱礎믿에도딸기、숲속에도딸기、뚤우에도딸기、발끝에차이는것도딸기、손에닷는것도딸기、눈에보이는것도딸기。 이때의滿月臺는딸기의滿月臺라고하야도조울만치、滿月臺의옛터에는딸기가만이느러노엿다。

나는여긔서젊은사람으로부터다시옛날의少年으로돌아가지아니할수업섯다。 나는이빨간딸기송이를보고는、그대로잇슬수가업섯다。 洋服저고리를벗어제처엇개에들메고、가벼운帽子를뒤로재쳐쓰고、땀을뻘뻘흘리면서딸기를따기시작하얏다。 덩이덩이따로따기도하고、넌출채아울러끈기도하얏다。 발로헤치고、손으로따고、입으로따먹고、다시조은

놈이잇스면넌출채따들기도하얏다。 나는이때딸기따기에팔려、아모精神도아모생각도업섯다。 이곳에서따고는저곳으로가고、저곳에서따고는또다시이곳으로왓다。 그러나딸기는如前히잇섯다。 그러케한것이아마몃時間된모양이엿다。 날은퍽으나더웟다。 벗나무가지에혼자앉어凄涼히우는매아미소리에、깊은꿈이나깬듯이四方을둘러보니、발갈든農夫는소를몰고집으로돌아가고、이미날은한나절이지난모양이엿다。

만일내가여긔서딸기따는光景을어린少年이나점잔한어른이보앗다하면、반다시나를웃고嘲弄하얏스리라。 그러나나는깃버한다。 붓그러울것이무엇이냐。 나도일죽이붉은

저고리에돈띄를달아얏고, 고무에풋볼을젠젠ᄒᆞ리며돌아다니든때에, 일은여름이면櫻桃나무밋·살구나무밋으로, 늣은가을이면밤나무밋·감나무밋으로찻어다니든적도잇섯고, 더구나이때면우리동네압벌둑으로, 징뒷山벌판으로, 빨가케익은딸기송이를찻어다니든記憶이오히려어제와갓다. 어느덧지금은뎍에수염이나고뼈가다굵엇다. 그러나나는아즉도어린少年이다.

一三 여름철과나의追憶

나는여름철을조와한다. 좀후더분하고땀이흘리기는하지마는, 그래도겨울보다는여름이얼마나더나은지모른다.

ᄒᆞ리텁텁하게ᄒᆞ린暗灰色하날에서왼종일눈이나리는겨울철은, 생각만하야도陰鬱하지마는, 맑게개인紺碧色하날에햇솜갓흔흰구름이조각조각떠잇는여름철은, 想像만하야도마음이가뿐하고愉快하다.

더군다나朝鮮半島의여름철하날은맑게개이기로有名하거니와, 그빗이또속이시원하도록깨끗하고고흔紺碧色이어서조타. 나는나의어느親舊가朝鮮半島를노래한詩에,「오, 半島여, 快晴의紺碧色하날이여」하고, 半島의푸른하날을限엇시禮讚한句節이잇섯든것을記憶한다. 이곱고아름다운여름철의하날은, 내가여름철에즐기는것中의하나다.

그뿐아니라, 여름에는三伏中과가틔리만치도록더울때에,

난때업는소낙이가한바탕쏟아지고난後의그시원한맛이라든지,캄캄은하나서늘한여름밤에쏘대는개똥버레불을보면서앞마당에거니는그韻致라든지,到底히다른時節에서얻어볼수업는獨特한여름情趣가만이잇다。

그런데나는여름철을當할때마다,故鄕에서愉快히놀든내어렷슬때생각이만이난다。내故鄕은서울서南쪽으로얼마멀지아니한곳인데,邑에서도山길로約十里가량을들어간다。들어갈때에는山길이지마는,들어가만노으면洞里는앞이훤하게탁틔여진넓은들을向하고잇다。뒤에는언덕,앞에는들,그가운데내가살든마을이잇는데,그앞들에는맑은내가길게길게흐른다。

그래서여름이되면,나는동모들을딸아서베고이저샘에맨발로,그냇가로멱감으러나갓섯다。동모들을딸아물속으로풍덩뛰여들어가면,선뜻하고도시원한냇물이,얕은곳은배꼽적다리,좀깊은곳은배꺼드랑이까지닷는다。갈치오른아이들은한길이넘는깊은물우으로발장고를치며헤엄을하면,헤엄못하는우리작은아이들은얕은곳에서물을튀기며서로희롱하얏다。잠깐에疲困하야벗은몸으로내언덕풀밭에앉어서,우리洞里를돌아다보면,새파란하날밑에山이잇고,그山밑에白楊나무숲울이잇고,그숲울사이로뛰염뛰염우리들의집이자란감잔치조코마케보엿다。우리들은그것이공연히神秘롭고愉快하야서,「야,저게우리집이다」하고,손벽들을치며웃엿다.

그러나 그後나는내故鄕을떠나서서울와잇는동안에長成할대로長成하얏다. 그래서春夏秋冬에때로閒暇할때가잇는生活을하야,옛생각을할만한氣分의餘裕도잇지마는,그래도엇전일인지여름철을當하면,줄겁든어린時節의가지가지생각이가장鮮明한活動寫眞의한토막을보는것처럼,몹시또렷하게내머리에떠오른다. 더군다나일을마치고난저녁때,郊外에나가콩밧에드러누어,푸른하날의별구름을치다볼때에는,귀운찬生長의녀름을주기는생각과함께,내故鄕냇물속에서놀든어린時節이몹시그리워진다.

一四 堆肥

人皆苦炎熱 我愛夏日長

三伏은이미지나고,處暑가멀지안타. 세벌除草가끗난萬頃沃野의禾穀은,둥이서서橫溢한生氣를보이고잇다. 왼들에金波가구비치고農夫들이豐穰에배부를날도未久에잇다. 남은다炎熱을괴로이여기되나는긴해를앗기며,남은다閑遊를貪하되나는勤勞를달게여기는農家의努力은,努力한그만콤報酬되리라한다. 秋收까지는當分間小閑이잇고餘裕가잇다. 나무그늘에서閑談을밧구고,밤은시내에서몸을씻으며즐겁게消日함이,決코不可한것은아닐것이다. 아니다,엇더한意味로는이것이太平氣像을表徵하는狀態라이를것이다.

그러나休養과苟安은元來그意味가서로다른것이다. 다행

히小閑이잇슴을機會로하야、過去의辛苦를醫癒하며將來의元氣를準備함은可하다할지나、다만優遊와撫爲로始終한다함은苟安이오懶惰다。 그리하야苟安과懶惰는敗家의張本이오、亡國의氣像이다。 一般農家는이少閑期를利用함에잇서서、또한周到한留意를要할바라할것이다。

堆肥製造

三伏中의農家의勤勞는今日에正直히報應되려한다。 樂이苦에서나온다는것을明瞭히理解하게되고、또그樂이엇더케愉快하다는것을깨달을것이다。 이때에處하야또後日의樂田을갈며、後日의樂種을뿌릴準備를等閑히함을許할바가아니다。 세벌除草가이미끝난今日에잇서서、殘務가다만秋收冬藏뿐이라하는것은、原始的農業을夢想하는時代錯誤의甚한것이라할것이다。

現代의農業은、다만봄에갈고가을에걷옴으로만能事를삼을바가아니다。 選種·施肥等에對하야學理的根據우에서、새로운方法을講究치아니치못할것이다。 더욱이施肥의巧拙은農業全體의興敗를支配할만치重大한關係를가진것이다。

金肥(금비) 購買또는販賣하는肥料、自給肥料의對

하날이주는것을云云 史記越世家에「范蠡曰、且夫天與不取、反受其咎」라잇다

그리하야그것이이처럼重大한그만큼그費用은生産費의重要部分을占領하게되는것이다。 年年히輸移入되는金肥代金의巨額을보라。 이는반다시넉넉히우리의손으로써、그支辨을免할수잇는負擔이다。 今日의農村의實情에비추어본다면、이러한巨額의金肥代金을負擔할能力이업다。

堆肥의原料는無盡藏으로우리의目前에展開되엿스며、또그것을걷우어들이기에바야흐로가장適當한時期에잇다。 이때를當하야또한少閑을가지게되엿다。 이처럼모든條件이具備하얏거늘、이것을그대로버려둠이可하다할가。 하날이주는것을取하지아니하면、도로혀그재앙을받는다이르지안는가。 堆肥의準備에努力하야、金肥로因한過重한負擔을

鐵嶺關 江原道淮陽郡의北에잇는高嶺、옛적에거긔에關이잇섯다

長安寺 內金剛에잇다、金剛山四大寺의一、新羅法興王時에創建한것이나、現在의것은李朝中期에再建한것이다

갓가스로 겨우겨우

勾配 傾斜度

輕減하기에留意하야야할것이다。

一五 鐵嶺關을넘으면서

高山驛頭에는長安寺에갈自動車가우리一行을기다리고잇습니다。 마침다른손님이업서、乘客四人을실을自動車를兩人이占領하야가지고、뭉게뭉게몰리는구름과으스스한東南風에비맛날것을근심하면서、高山驛을떠낫습니다。 車는아죽다져지지아니한新作路의주먹같은자갯돌우으로춤을추면서달아납니다。 갓가스로自動車하나이通할만한新作路、게다가彎曲과勾配가甚하고、자갯돌판에껑청뛰고진흙판에푹푹박히는自動車의旅行은、참말못해먹을일이외다。 이

러기를約二十分間한뒤에가마케하날에다온듯한鐵嶺밑에
다닫았습니다。 여기서부터自動車는急勾配·鋭彎曲의不規
則한螺旋狀의山路를개미처럼기여오릅니다。 한갓푸푸하
는숨소리만크고, 깨소린타는냄새만피워, 부덕부덕에만대올
뿐이오, 좀처럼길은걸어지지아니합니다。 가다가는힘이빠
저솟득서고, 서서도괄딱괄딱새힘을내여, 또몇거름을가서는
또서고, 이모양으로열마를올라가서는, 自動車도氣力이다하
야, 淸冽한山샘의어름같은물을마서, 불이일만한가슴과다리
를쉬입니다。 우리도나려서물을마시고, 떨기를따먹엇습니
다。 물은鐵嶺의가슴에서솟는것이라, 차기도하고맛도조케
나와, 떨기는아주맛이엄습니다。 이深山地方에떨기가본래

깨소린 Gasoline.

만치마는, 다맛이엄서서失望하얏습니다。

이곳을떠나, 自動車는더욱勾配와彎曲이急한山路를기여
오릅니다。 나려다보면, 온길이바로발밑에구불거리고, 처다
보면, 오를길의이로막저로막이바로이마우에번뜻거립니다。
몸이自動車와함께萬丈絕壁의中腹에달렷스니, 나려다보면,
눈이앗질앗질하고, 처다보면, 머리가앗득앗득하지마는, 그中
에도急角度로峯모퉁이를빙그르르돌아, 自動車의코가白雲
을뚫고虛空속으로들어갈때에는, 진실로毛骨이竦然하고, 不
知不覺中에주먹에땀을한종식쥐게됩니다。 이짓을數十次
나하고, 한時間남아의時間을들여, 마침내鐵嶺마루틱이에오
르니, 한숨이휘유하고나옵니다。 다올라와서나려다본즉, 山

金克己 號는老峯、高麗明宗時의官人。翰林에이르다

馬蹄懸樹杪云云 金克己의鐵嶺詩中에잇는詩句

成俔 字는磬叔、號는慵齋、世祖時에及第하야官이禮曹判書에이르다

歷盡崔嵬選云云 成俔의鐵嶺詩中에잇는詩句

李達衷 號는霽亭、慶州人。高麗忠惠王時에登第하야恭愍王時에密直提學이되고、鷄林府尹이되다。辛禑十一年歿

믿치바로二三마장距離밖에안될것같은것을、한時間남아그 못쓸애를다썻습니다。 아모러나鐵嶺은괘깎아세운山이외다。 山이라기보다壁이외다。 千餘尺높이의무서운壁이외다。 거긔를自動車는우리를담아가지고、개미모양으로기여올라온것입니다。 金克己의詩에「馬蹄懸樹杪人影閃雲中」이라는句가잇스니、앞서올라가는人馬가이러케보일것은事實이외다。 그中에도「人影閃雲中」은참妙합니다。

바로마루턱이南쪽에조고마한酒幕한집이잇고、그마당에는빈馬車가잇고、그옆에는말한匹이매엿습니다。 아마길가다가들어쉬는것인가봅니다。 成俔의이른바「歷盡崔嵬選斜穿亂樹間。深林開板屋。過客卸歸鞍」이외다。 마루턱이에올라

鐵嶺關高秋氣多 李達衷의鐵嶺詩中에잇는詩句

關東 江原道를이름

關北 咸鏡南北道를이름

勿禁(물금) 官의特別事項을特許、許可하는것。여긔서는旅行券을이름

行李(행리) 行裝、旅行用具

哈丹兵(합단병) 元의王族으로서元에叛한乃顏의餘黨哈丹이高麗忠烈王十六年五月에高麗의東鄙를침노하얏다

羅裕 高麗忠烈王時名將

一夫當關云云 李穀의鐵嶺記에잇는말

설때、곳感覺되는高山의찬긔운은、李達衷의「鐵嶺關高秋氣多」란句가가장잘말한것같습니다。

옛날鐵嶺에關이잇서、關東·關北같은말이생겻습니다。 關에는守備하는軍士가잇서、우리와같은行人의勿禁과行李를調査하얏다합니다。 일즉이여긔서哈丹兵을막든羅裕가「一夫當關、萬夫莫開」할이鐵嶺關을버리고逃亡하야、李穀으로하야금「羅公眞小膽哉」라는歎聲을發하게하얏습니다。 나는當時의關地가어듸인지도모르고、兼하야自動車로달아나는길임에、물어보기나찾어볼수도업습니다。

嶺을넘어서부터、自動車는깊은山谷의굼들거린길로장달음을처나려갑니다。 바윗부리를차고、山개천에물바례를치

李穀 字는仲父、號는稼亭、貫은韓山、高麗忠烈王二十四年生、忠肅王七年에登科하야 官이都僉議贊成事에이르다。忠定王三年卒、韓山伯에封하고文孝公이라諡하다

懶公眞小膽哉 李穀의東遊記에잇는말

水簾洞 內金剛萬瀑洞南下에잇는溪谷

靈源庵 內金剛靈源洞에잇는암자

고건너는等、果然亂暴한自動車외다。 溪谷을달아五里에한집、十里에한집、두꺼비집같은山家가잇고、그近傍에는山腹을갈라노은밭들이잇습니다。

이러한골을처나가면다시嶺이잇고、嶺이잇스면다시골이잇서、지친몸을自動車에맡기고서百餘里를달리니、潺潺한淸流에긴다리가빗겨잇습니다。 이곳이淮陽邑이외다。

一六　水簾洞

靈源庵을지나서부터、古人의所謂大則生命關係요小則衣冠裂破라는金剛山길의本色이들어납니다。 或담베락같은바위를한줄기다래넌출에매달려오르기도하고、或발하나이

霜刃(상인) 서릿빗과갈치희게번쩍거리는칼날、날카로운칼날

겨우노일만한絶壁中腹의좁은길을안고돌기도하고、或발부칠곳업는밋글어운바위를게걸음으로기여돌기도하고、或소름이끼치는낭떠러지巖壁에부처노은썩은외나무를、霜刃을밟는마음으로건너가기도하야、或찬땀이흐르며或아슬아슬소름이끼치는곳을한五里나가노라면、洞天이열리는곳에물소리들리니、이것이水簾洞이외다。 六十餘尺이나높은거울같은巖壁에、十尺넓이나되는엷다란물이비단결을지으면서、한데모이지도아니하고여러갈래로쫓기지도아니하고나려드리우니、水簾이란이름이果然가장適當합니다。 大水簾에서數十步우에、그三分의一이나될만한小水簾이잇스니、작기는작으나水簾이기는마찬가지외다。 大水簾우에얇은소가

兜率庵 水簾洞의웃쪽에잇는암자

望軍臺 內金剛明鏡臺의웃쪽에잇는峯、이峯上에서內金剛의諸峯과溪谷을다바라볼수잇다

지고、소에모엿든물이三尺넓이나되는턱을넘어水簾이되여떨어지니、얼른보기에는거긔를뛰여건너갈듯하나、물에갈리고닦인바위가琉璃와같치밋글업고、게다가물때가앉어、한거름만잘못드듸면、몸은水簾에밋글어저瞬息間에가루가되고말것이외다。 그러나그것을건너저편언덕에가면、西北으로鬱蒼한森林을隔하야、바로兜率庵西峯의白玉으로깎은듯한양자가、머리에눈같은白雲을이고、日光이넘치는맑고푸른하날을뚤코섯는것을불수가잇습니다。 望軍臺는바로저白玉같은絕壁에서한層더우지마는、여긔서는보이지안코、또저絕壁을오를길이업슴으로、溪流를딸아이山의東편골짝이로돌아올라가야만한답니다。

和尙 法師、중의尊稱

辟易(벽역) 놀라서물러나다、避하야자리를빗구는뜻

水簾洞에서西北을바라보는景致는참조흡니다。 사람의손이다보지못한老松의森林、그것이다하는끝에白玉으로깎아세운듯한層嶂·疊巘、그우에白雲、또그우에果然蒼空이라고할만한、限업시놉고깊어보이는하날、새소리·매아미소리、珠簾같은水簾의물소리、所謂溪谷美·森林美·山嶽美를한데모은、깊숙하고莊嚴하고塵氣업는景致외다。

늘앞서서땀한방울아니흘리고、펄펄날아다니듯하는崙河和尙은、여긔서부터가정말險한길이라고警戒합니다。 혼이여긔서부터앞길이온길보다더險하다는말에辟易하야、본줄알고가지오。하고、돌아들선다고합니다。 果然險합니다。 溪流를딸아가다가、막히면비탈로기여오르고、비탈길로빗으듬

이붙어가다가막히면바윗壁을간신히기여오르거나、或甚한데는다래넌출에매달려오릅니다。 十數步앞에가는사람도소리만들리고모양은아니보이며、휠신앞서가는사람의「어이」하고웨치는소리가、바로머리우에서나려옵니다。 或四五人이一列로서서담배락을기여오를때에는、앞사람의발뒤굼치가뒷사람의코에답니다。 게다가어젯밤에비를맞은길이라、가다가도밋글어지고、섯다가도밋글어지고、앉엇다가도밋글어질지경이외다。 우거진雜木숲에서는매아미소리가납니다。 인제는저千길萬길밑에흐르는물소리도아니들리고、다람쥐가怯도업시길로뛰여지납니다。 참말難道、危道외다。 鳥道、猿道다람쥐道를다기여올라、「다왓소」하는머리우에서나는소리에긔운을얻어、마즈막담배락을기여오르니、兜率庵앞峯이외다。 千山一洞中이라할만한複雜하고深邃한山谷이眼前에보이건마는、우리의온길이어느것인지는알아볼수도업습니다。 단숨에兜率庵에나려가、쓰러저가는庵子의툇마루에펄석앉어쉽니다。

庵의南으로數十步를가서樹林속을나서면、「얏」소리를치고뒷걸음을치니、이것이水簾洞에서하날에달린듯이우러러보이든白玉같은巖壁이외다。 옴츠러드는힘줄을겨우펴가면서、낭떠러지끝에나서니、千山萬壑이青靄中에우물거리는한복판웅쑥들어간곳에、碧玉色의松栢의密林中에、白雲같은水簾이번쩍번쩍빛납니다。

深邃(심수) 깊숙하고고요하다、幽邃

白馬峯 [illegible]의東南에잇는峯

하날은靑玉이오峯頭는白玉이오、
山腹은碧玉色、神仙사는松栢인데、
복판의一點白雲이水簾洞이라더라。

소낙비가여긔서시작하야、水簾洞을지나白馬峯을向하고 달려가는雨景과、丹楓진가을밤月色中의景致는、참아름다우리라고생각합니다。 다음번다시올機會를얻거든、반다시兜率庵에서一夜를자며、水簾洞이라는이름으로代表하는이長谷의月色을보고야말고자합니다。

一七 發明家스티분손

스티분손 George Stephenson. (西紀 1781—1848)

폼푸 Pump.

날마다푹팍푹팍폼푸를눌러、炭鑛속에고인물을밖으로내보내는늙은鑛夫가잇섯다。 폼푸질하기가그다지힘드는것은아니지마는、아침부터저녁때까지쉬지안코하는일이냇가、그리쉽지도안앗다。 이鑛夫는어둠침침한窟속에서誠實히일을하야、받는그돈으로안해와四兄弟의아들을겨우겨우먹여살렷다。

해가西山을넘고잘새가제집을찾어날아들때면、이鑛夫도일을마치고어슬렁어슬렁들판을지나집으로돌아온다。 이때면항상그의둘재아들스티분손은、누덕옷을입고콧물을질질흘리며、한길까지마중을나왓다。「아버지、고단하시지오。」하고、그의父親앞으로달려들며、慰勞겸어리광겸빙글빙글웃으면、그의父親은하롯동안의고단한것도다잇어버리고、「또나왓니。 어서들어가자」하며깃버하얏다。

「아버지、나도폼푸질하러갈가요。」

「네가폼푸질하겟니。」

「웨、손이아퍼서요。」

「네손갈으면곳부르튼다。」

「아버지、얼른내가컷스면。」

「크면엇저니。」

「아버지폼푸질해드리지오。」

「응、그러냐、얼른커라。」

「내가크면炭鑛에가요。」

「너도炭鑛에가고십으냐。」

와이람 Wylam. Newcastle. 에갓가운곳

「그럼이오、아버지가계시는데。」

六歲된스티분손은、父親의가잇는炭鑛이무엇보다도第一조은줄만알앗다。

이럭저럭집門턱까지와서는、다름박질하야들어가서「어머니、아버지오서요。」하고、조와서소리를치면、그의母親은애기를안고나와서맞는다。 스티분손의母親은、참으로溫順하고어진婦人이엿다。 스티분손도母親의마음씨를닮아、마음이아름답고착한아해엿다。

스티분손이八歲되든해봄에、老父는前에살든와이람이라는곳으로가서、炭鑛의火夫노릇을하얏다。 그러나그의生計는점점어려워짐으로、어린스티분손도近處牧場에가서牧童

이되여、하로에삯을八錢식받엇다。 이八錢을빠트릴가하야、손에꼭쥐고와서父母에게드리는것이、스티분손의限量업는깃븜이엿다。

牧場의누른소·검은소가、넓고넓은벌판에서푸른풀을뜯어먹으며「엄매엄매」우는때、스티분손은牧場기슭울장에기대여、진흙으로소꿉질하기에精神이업섯다。「불때는곳이되엿다。이번에는機關을만들자」하며、만든것을울장우에다느러노앗다。「이번에는굴뚝을만들어야지。」울치여긔나무가지가잇다。 이것으로하자」하며、스티분손은주머니에서칼을내여깍앗다。 이때마침牧場主人이갓가이왓다。 그러나스티분손은그것을조곰도모르고、칼질만작구작구하얏다。 이것을본

主人은일부러怒한체하며「이애、소좀보아라。 나가지안니」하얏다。 이소리에깜짝놀란스티분손은、뛰여가서소를몰아너코、씩은씩은하며돌아왓다。

「이애、그게무엇이냐」。

「蒸氣機關이야요」。

「아、그러냐、그러면웨돌지안니」。

「흙도도나요。 인제내가커서정말로만들지요」。

이와갈치노는동안에도스티분손의將來는보엿다。 저녁때가되면돈八錢을쥐고집으로돌아오는中에「나도아버지갈치炭鑛에나가서불도때고바퀴도돌려보앗스면」하고、한갓그생각뿐이엿다。

그後에스티분손은、希望대로父親의일하고잇는炭鑛에가서일을하게되엿다。 그러나그는石炭을運搬하는馬車군이엿다。 十四歲되든해에、그는火夫의助手가되엿다。 그뒤에또火夫가된그는、「나도얼른機關手가되엿스면、하고、向上하랴하얏다。 그러나집이貧寒한탓으로工夫할수가업서、글자한字쓸줄도몰랏다。 學識은업스나몸은남달리健康하야、아침일즉부터밤늣도록일을하야도지치는일은업섯다。 또機械를쓰는데도매우精密하얏다。 그럼으로無識한그도機關手가되엿다。 機關手가된스티분손은、날마다機關을자세히살펴보앗다。 그때의蒸氣機關은지금것에比하면、지극히簡單한것이지마는、다른機關보다는대단히어수선하얏다。 그어

수선한構造를스티분손은다알앗다。 그리하야그는自己가機關을掃除하겟다고、機關師에게自請하얏다。 一一히機械를뜯어掃除하고、다시또잘마추어노앗다。 여러가지工夫가되엿다。 그러나運轉이잘될는지아니될는지마음이조마조마하야、밤에잠도잘못자고、그이튼날일즉일어나工場에가서、機關에불을피우고물끌키만기다렷다。 機關師가와서機關을一一히檢査하드니、「아、참잘마추엇다。 이만하면機關師가되겟다。」하고歎服하얏다。 그때물은끌엇다。 機械는슬슬움즉이기시작하얏다。 차차더빨리돈다。 스티분손은매우깃버하얏다。 機關師는、「아、훌륭하다。 그러나너는學識이업서서、참앗갑다。 工夫를좀하면다른機械의理致도알수잇다。

學問만잇스면技師되기는걱정업다」고말하얏다。 이말은스티분손에게는참感謝한忠言이엿다。 그는비로소學識의必要를痛感하얏다。 이때그는十八歲엿다。 그날밤부터近處先生님에게讀書와習字를배우기시작하얏다。 終日토록勞働하다가、밤늦도록工夫하는것은、여간한정성이아니면안되는일이다。 그는熱心으로工夫하야、그해冬期에는夜學校에가서、習字와算術을배웟다。 機械의學問을하는데는、算術이제일必要한까닭이다。

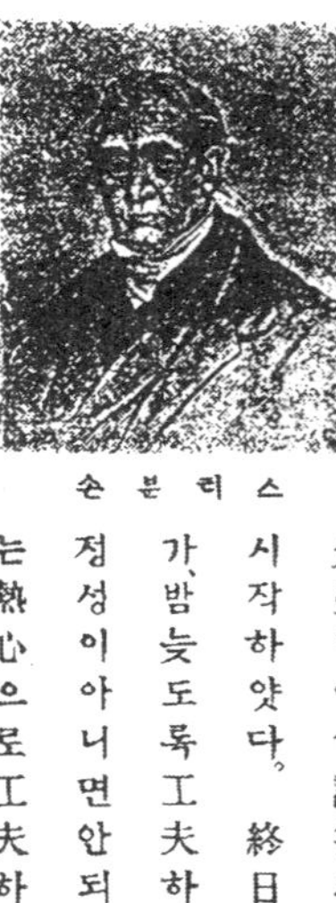

스티분손

스티분손은成人이되여장가를들엇다。 그러나貧寒은前과조곰도다름이업섯다。 一年만에로버-트라는아들을낫다。 이로버-트는、나종에스티분손을도아大發明을成功케한偉人이다。

로버-트 Robert Stephenson. (西紀 1803—1859)

스티분손은점점出世하야、집안生計가前보다나아서、매우和樂하게지내다가、不幸하게도그의妻가病으로이세상을떠나갓다。 또年晩한父親은눈이흐려앞을못보고、허리꼽을아진母親은다리를알아절둑거렷다。 어린아들을안고老衰한父母를奉養하며、어린아우들을길러가지안으면안되게되엿다。 「아、나는장차엇지할고」하고、晝夜로窮理하얏다。 「무슨일이든지忍耐가제일이다。 한번작정한일은變更하면아니된다。 나는蒸氣機關을硏究하야야한다」고생각하고、貧寒과싸우고困難을견듸어가며、機關의硏究에힘썻다。
그가二十九歲되든해에、그가잇는炭鑛의機關에故障이생겨서、機關師들이아모리고처도機關은돌지안앗다。 鑛山主人은엇지하면조울가하고걱정하고잇는때에、스티분손을잘아는사람이「스티분손은機械를잘고치니、그에게시켜보면엇더합넛가。」하고勸하얏다。 鑛山主人은、機關師도못고치는것을機關手가엇지그치겟나。」하고、좀처럼應諾을아니하다가、엇지생각하얏든지、「何如間못쓰게된것이닛가、스티분손으로하야금한번고처나보게하자。」고하얏다。 이때가스티분손의實力을보일最初의機會엿다。 그는數年동안一心으로硏究한모든힘을다하고정성을다하야、그機關을고치기에著手하얏

다。 얼마아니하야못쓰게된機關은前과갈치돌기를시작하얏다。 스티분손은빙그레웃엇다。 鑛山主人은매우깃버하야厚히賞을주고、또스티분손을機關師로올렷다。 이일로因하야스티분손의이름은그鑛山안에떨첫다。 그러나그는그런名譽는名譽로알지안코、餘暇만잇스면硏究하얏다。 그의아들로버ー트는每日學校에보내여工夫를시켯다、
西紀一千八百十四年七月、스티분손의三十三歲때에、처음으로蒸氣機關車를發明하얏다。 勿論그때에이것을發明하라는사람이만앗지마는、모다失敗에돌아가고、스티분손만은만은困難과失敗를무릅쓰고、苦心에苦心하야發明해낸것이다。

이때에로비ㅡ트는、優秀한成績으로學校를卒業하고、炭鑛檢査技師가되엿다。 스틔븐손은또새로이蒸氣機關車를만들어、西紀一千八百二十五年十一月에、스톡톤다ㅡ링톤間에汽車를開通시켯다。 이것이旅客과貨物을汽車로運搬한嚆矢엿다。 로비ㅡ트도그의父親을助力하야또蒸氣機關車를改良하얏다。

스틔븐손은鐵道會社의機關技師가되어、年俸一萬圓을반엇다。 또그는리버ㅡ풀、만체스터間의鐵道敷設에盡力하야西紀一千八百三十年에開通시켯다。

스톡톤. 다ㅡ링톤. Stockton. Darlington.
嚆矢(효시)
리버ㅡ풀. 만체스터. Liverpool, Manchester.

一八 風景

잿빛우에가로세로붉은문의도친
大理石으로만든동그란테ㅡ블이、
書齋한모퉁이에서낡은壁을의지하야、
倦怠의다리를쉬이고잇다。
눈빗갓치하얀테ㅡ블클로드우에、
조고마한靑磁色꼿瓶이하나、
그압에는커다란冊한卷이、
三分의一이나펴진채로가만이누어잇다。
바람이半만열린窓門으로자최업시들어와、
부들업고香氣로운손으로꼿송이를만지며、
소리업시冊장을한두페ㅡ지넘길때、

테ㅡ블 table.
테ㅡ블클로드 table-cloth. 卓布
페ㅡ지 page.

차듸찬달빗이꿈과도같치、
테ㅣ불을向하야스르르눈감고잇는
젊은이의얼골을그윽히비추인다。

一九 貯蓄

治時에잇서서亂時를생각하야야할것과같치、平素로부터變時에應할準備가잇서야한다。 貯蓄은즉將來에엇더한일이일어날때에應할準備다。 今日에아모리健康한者라도、他日에罹病하는일이업다고할수업다。 또或은火災와盜難을입는일이잇슬지도알수업다。 이런때를當하야그것에處할만한貯蓄이업스면、卽時借金하야急에應할수밖에업게된다。

伎倆(기량) 技能. 手腕

風雲에乘하다 大成功할조은時機를맛나活動하는뜻

袖手傍觀(수수방관) 소매속에손을너코보고만잇다

또아모리手腕이잇고伎倆이잇다할지라도、平素로부터貯蓄한것이업스면、風雲에乘할機會를目前에두고도、이것을捕捉할수업다。 希望이잇고利益이잇슬事業인줄을알지라도、手中에貯蓄이업는까닭에、袖手傍觀할뿐이오着手하지못하게된다。 立身出世의機會는眼前에잇지마는、貯蓄이업는까닭에이것을捕捉하지못하는일은、세상에그實例가적지안타。

貯蓄이이와같치必要한同時에、借金은甚히두려워할바다。 여긔에借金이라함은、商人이나事業家가前途有望한事業을經營함에必要한資本을借入한다는것과는다르다。 卽不生産的으로消費하기爲하야、또는이미不生産的으로消費하얏기때문에、借入한負債를말함이다。 이러한用途를爲하야借

金하는때는、精神이卑屈하게되고、意氣가銷沈하고마는것이다。 元來借金하지아니하면안될境遇에빠지는것이이미조치못한일이어늘、하물며一定한收入이잇고、注意如何에딸아서는、그中一部分을貯蓄할수잇는사람이、조곰도貯蓄이업고借金에쫏기는것은、그사람에게무슨缺點이잇는것이라고볼수밧게업다。

세상에는「젊은時代는두번오지안는다。 쓸돈은써보아야한다」고、말하는無謀한사람이잇다。 果然젊은時代는두번업는것이다。 靑年은거듭오지안는다。 그러나老年도역시두번업다。 두번오지안는젊은時代에貯蓄하지안코、收入은다浪費하야버리면、老年에엇더한悲慘한運命에빠질것인가。

카네-기 Andrew Carnegie. (西紀 1835—1919) 아메리가合衆國의鋼鐵王

젊은時代에는奮鬪努力하고刻苦勉勵하야갈힘이잇고、簡易質素한生活에도堪耐할수가잇다。 두번업는靑年時代에奮鬪하고刻苦하고貯蓄하야、역시두번업는老年에이르러、幸福한生活을하는것이正當한順序다。

또實業家로서진실로그立身出世를希望하는사람은、信用을獲得함이가장緊要하다。 手腕과伎倆도勿論必要하다。 그러나信用업는사람은그手腕과伎倆이아모리優秀하다할지라도、그것을使用할수가업다。 信用을獲得함에는貯蓄이가장必要한條件이다。 카ㅣ네기는「百圓을貯蓄한靑年에對하야는、千圓을無擔保로貸與할지라도確實하다」고하얏다。 金錢은다만百圓일지라도、이것을貯蓄한心志와그實行力이

偉大한것임으로、安心하고千圓을貸與할수잇다는것이다。이것이즉信用이다。 實業家로서他人에게信用을받는根本은貯蓄에잇다。

貯蓄이信用에큰關係가잇다는것은、貯蓄이單純히將來의準備만될뿐아니라、貯蓄하는것그것自體가이미重大한意味를가진까닭이다。 즉貯蓄에依하야、그사람이克己心이豐富하고意志가强固하고深思遠謀하는人格者라는것이、明確히證明되는것이다。 이세가지가업스면貯蓄은不可能하다。貯蓄함에對하야尊敬할價値가잇는것은、이세가지가잇는까닭이다。 百圓의貯蓄者에對하야千圓을貸與한다는것도、이세가지가잇기때문이다。 즉貯蓄에依하야發揮된그人格을

信用하는것이다。

二〇 가을밤

달밤은가을이제일조타。 봄달은아름답게자른少女의머리와같다。 사랑스럽기는참으로사랑스럽다。 아름답기는참으로아름답다。 그러나아즉도조곰마음에차지못한늣김이난다。 겨울달은水晶으로만든것을보는것과같어、맑기만너무맑고맛이업는듯하다。 둥글고큰여름달이넓은바다저끝으로、소나무틈으로、또는기와집용마루의물결사이로떠오르는것은、말할수업는興趣를자아내며、밤景致도매우아름답다。 그러나다만우리의靈魂이宇宙에떠잇는듯이늣겨질뿐

이오、天地의靈氣가몸에새여드는듯한늣김은업다。

가을은밤이자미잇고、밤은달이자미잇다。 仲秋의五日六日의저문하날을흘끔처다보면、갈구랑이같은달이벌서西天에빗겨잇고、숲을가지·옥수수잎에맑은바람이속살거리는것은、무엇보다도자미잇다。

가을달

먼山은저물어、검은빛을띄엿는데、素月이明輝를날릴적에、여러가지뚤나무의闊葉·針葉의、우에는훤하고그늘은어두어、제각금畫趣를이루고詩情을도다、서로얼려爽涼·淸澄의景致를만들어내는것은、어듸든지잇는平凡한일이지마는역시조타。 밤이깊어버레가울고人跡이괴괴할적에、등불앞에冊을덮어두고일어나、回廊을거닐면서、흰빛이가득찬뜰을바라보다가、천천이나려서서우러러보면、달은天心을지나처光華가六合에흐르고、서리머금은맑은밤긔운은、물을금시라도얼려부치랴는것같고、心身이급작히이세상것이아닌듯이늣겨진다。 이런늣김은가을이아니고는、달이아니고는、얻기어렵다고생각하면더욱반갑다。

六合 上下四方을이름、轉하야宇宙、世界

二一 初雪

아침바람이몹시차고、하날에는구름이어지러이오락가락

한다。 싸락눈이라도나릴긔색같다。 하날은몹시흐리고、바람은더욱차다。

단단한싸락눈에섞여서소곰같은눈이나무가지를친다。 잠간동안쉬지안코나린다。 잘다란싸락눈이기와집집웅에부듸치고섬돌에튀여、뜰에흩어저떨어진다。

조곰잇다가는、새깃같은눈이펄펄날린다。 차차싸여솜을깔아노은것같다。 땅도모다희고、나무가지는滿發한꽃에파무첫다。 푸른소나무는무거운듯이가지를드리우고잇다。

눈이조곰덜나린다。 窓밖에서참새소리가들리고、댓가지에싸인눈은조곰식밋글어저쏟아진다。

눈이아조개엿다。 구름은차차흩어지고햇빛이새여나와、

들이나山이환하게된다。 새소리가높은空中에서들린다。

하날이아조개고、햇빛은눈이부시도록밝다。

소나무가지는제절로퉁기처올라가고、첨아끝에락숫물이주룩주룩나린다。 마당에눈은개발자국부터녹기시작하고、들이나山이문득본대모양으로된다。 바람은아죽도맵게차다。

二二 새해에

동모여、

길가는동모、

고달픈어제는지나갓나니、

새벽의첫빛을어서내노이라。

모롱이모롱이감도는길은,
가고가아도끗치업스나,
꾸준이나아감이우리일이나,
꿈갓흔옛날을그리어무엇。
아득한압길을怯하야무삼。

동모여,동모,
길가는무리,
한거름한거름밟아나가라。
빗나는太陽이압길을밝힐때。

二三 힘을오로지함

일함은길가는것갓사외다。 오직가랴하는곳을바라고바른길을좃차가면,멀든다달으리니와,만일이길로도갓다저길로도갓다하든지,이쪽저쪽한눈을팔든지하면,길이엇더케되오릿가。

한사람의일은그살아잇슬동안에하는것이니,견주어보면얼마만한길을하로다하기까지가는셈이외다。 그럼으로사람이만일저의하는바일에,왼몸·왼마음·왼힘을오로지써,그일몸을괴약하지아니하고,이것저것여러가지일에힘을나누다

張維 字는持國、號는谿谷、宣祖二十年生、仁祖十六年歿、光海君時에登第하야官이左相에이르다

仁祖 李朝第十六代王

俗離山 忠淸北道報恩郡俗離面에잇는山、山水가奇勝하야小金剛이라고도부른다

가는、열이면열이다갈데는아죽도먼데해는다지는슬픔을맛보리다。

한平生일만그런것이아니라、작으나크나일은다마찬가지로、힘을오로지한뒤에야、功을이룰수잇는것이외다。

張維라는이는仁祖때큰선비요이름난벼슬아치외다。 젊엇슬때에열햇동안오로지글공부하기爲하야、俗離山어느절에들어가、房하나를치여달라하니、중이한군데를가르치는데、이房에는前부터다른사람이와서글을읽고잇섯습니다。 維는그房에들어가、자리를잡고글읽기를시작하얏는데、두사람이다공부밖에는다른일이업습으로、먼저잇든이도새로온이를거리끼지아니하고、새로온이도들어앉은길로、冊에만오로

지힘을들여、오래가도서로말할틈이업섯습니다。 이리한지일곱햇만에먼저와잇든이가공부를마치고돌아갈제야、서로姓名을通하고、오래한房에잇다가나누입이섭섭하다는인사를하얏다합니다。 維는이로부터더욱마음을오로지하야글을읽어、마침내뛰여난공부를이루엇습니다。 일곱햇동안이나한房에잇스면서、인사할틈도업시각기글만읽은두사람이야말로、그마음을오로지함이엇더합닛가。

사람의힘이그리큰것이아니외다。 아모러케하야서라도、아모일이나할수잇는것이아니외다。 오직한가지뜻하는일에원힘을오로지하야야、그일을이룰수잇스며、마찬가지로한가지일을이루는가운데서、더힘을오로지한이가、가장크게이

를수잇는것이니, 힘이잇고자하면, 그힘이남보다뛰여나고자하면, 힘을오로지하며, 남보다더힘을오로지하며, 할수잇는대로힘을오로지할것이외다。

재조잇고힘을헤치는이는이름이업스되, 재조업서도힘을오로지하는이는이름이잇슴니다。 工夫하는일로말할지라도, 어려서재조잇는이가흔이자란뒤에변변치못하고, 어려서鈍하든이가자라서훨씬출중되는일이만음은다른까닭이아니외다。 곳재조를믿는이는흔이힘을헤치고, 鈍함을근심하는이는매양힘을오로지함이외다。

여러분이여, 사람의한平生은넘어가는해로알며, 할일은무거운짐으로아시오。 그런데힘을오로지함은튼튼하고빠른수레를탐으로아시오。 工夫이나, 일이어나, 무엇이어나, 크기를바라거든, 다이수레를타고얼른바라는곳에다달읍시다。

二四 運命과努力

바람은마음업시불며, 물은생각업시흐른다。 풀이싹트며꽃이피는것도역시그러타。 저못에서뛰는고기, 하날에나는새, 골을닷는김생에이르러서는, 모다무슨마음인지잇는듯하면서도, 대개는自然그대로生活하야, 不足이잇드라도自覺하지못하고, 딸아서그生活을改善하랴고努力하지도안는다。

그런데사람은現狀에滿足하지안코, 努力하고努力하야現在의生活狀態를좀더向上改善하랴한다。 卽사람은스사로運

命을開拓하라고自强不息한다。

그러나사람의現在는過去의努力의總和요、將來는또過去와現在의努力多寡에依하야서만決定된다고는할수업다。 富貴한집에태여나서、一生에榮華를누리는사람도잇고、貧賤한집에태여나서、어릴때부터辛酸을격는이도잇다。 人家가櫛比한都會에서난이도잇고、閑寂한山家에서一生을지내는이도잇다。 或은兄과누이로、或은아우와누이동생으로태여난다。 누가이것을自己가마음대로바라서되는것이라하랴。 그밖에體質의强弱과才能의厚薄이、대개는天賦의것이고、自己의努力이나希望의結果가아님은말할것도업다。 天變·地異等不時의事變을맛나災殃을받는것은、人智로豫測키어려

우며、人力으로豫防키어려운것이니、自己의行爲의果報라고는할수업다。

무릇人間事에는、自己意志로左右할수잇는것과그러치못할것이잇다。 後者를運命또는天命이라한다。 우에말한것과같은것은、무엇이나다運命이다。 이것은아모리부러워하며아모리뉘우치드라도、엇지할수업는것임으로、조은고비가돌아오는이는幸運이고、낫븐고비가돌아오는이는不運이라고達觀할수밖에업다。 그러치마는무슨일이나다運命이라고생각하야、自己의決心으로能히左右할만한일까지도、그대로運命에맡겨두고、努力하지안아서는아니된다。 스사로부른바가아니고제대로돌아오는것을運命이라할지라도、決心

과努力如何에依하야、禍福어느것으로든지만들수잇는것이
적지안타。 또順境에잇는이도、安分하야行實을삼가지아니
하면災殃을부르게되며、逆境에빠진이라도、發憤興起하면禍
를福으로돌리는實例가만타。 그리하야智德이떠여나고意
志가强한이는、順境에잇슬지라도그것에滿足하지아니하며、
또逆境을돌려幸福으로만들지마는、智德이不足하고意志가
薄弱한이는이와反對다。 그럼으로사람은각각智德을涵養
하고意志를鍛鍊하며、全力을다하고最善을다하야야한다。
하날은스사로돕는이를돕는다。 好運은好運의價値에該當
한사람에게로돌아온다。

그러타할지라도、세상에뜻과갇치안되는일이十常八九인

하날은스사로돕는이를돕는다 西諺에 "God helps those who help themselves." 라하엿다

것은、人生의實狀이다。 努力하야도오히려엇지못하는것은、
天命에돌리고安心하는것이올타。 努力하지도안코、運命을
하날에맛기는것은글타。 모름즉이最善의努力을다하고、고
요히天命에安心할것이다。 人生의眞味는진실로여긔에잇
는것이다。

二五 道德과法律

法律을遵守함은國民의重大한義務니、法律의命하는바는
道德도이것을命하고、法律의禁하는바는道德도이것을禁함
은勿論이다。 그러나法律은、다만國利·民福을增進하고安寧·
秩序를保全하기爲하야、國家의權力으로써干涉하야할事

項을規定함에지나지아니한것이니,道德에比하면그範圍가훨신더狹小하다.

餘財를가진者가公共을爲하야適當한義捐을함과갓흔것은,法律은이것을命하지아니하나,道德은이것을善行이라하야奬勵한다. 集會訪問等에約束의時刻을어김과갓흔것은,道德上으로보면나무랠바나,法律은이것을禁하지아니한다. 이런것은다만그一例에지나지아니하나,吾人의日常行爲는法律의支配를밧는것보다도,道德心의發動에서나온것이만타. 그럼으로다만法律의命하는바를行하고,法律의禁하는바를行하지아니할뿐으로는,圓滿한人格이라이르지못할것은明白한일이다.

法律은,債權者에對하야債務者가約束한期限에이르러,그債務를履行하지아니한때에는,法廷에提訴하야財產差押의處分을請求할權利를賦與하얏스나,道德上으로보면,이權利를行使함은不得已한最後의手段임에지나지아니하나니,債務者의事情을살피지아니하고,法律의賦與한權利라하야즉시이것을行使함은,人情에어그러진일이라하야擯斥을밧는다. 그럼으로法律의容認하는바를,道德은언제든지반다시容許하지아니하는일이잇다. 法律上으로가진權利를어듸까지든지主張하야,自身에對한他人의義務를어듸까지든지强要함은,人道에背馳되지아니한것으로생각하는것은큰誤解다. 그러타할지라도,權利에對한義務를가진者는,勿論그것을履行하야야할지니、그것을게을리하는것은、道德의容許하는바가아니다。 道德은언제든지반다시法律의賦與한權利의行使를容許하지안는다하드라도、法律의命한義務는반다시履行할것을命하는것으로理解하야야한다。

要컨대法律의命하는바는반다시履行할것이오、法律의禁하는바는決코行하지말것이다。 그러나法律의容認하는바를行할與否에對하야는、반다시道德上의愼重한考慮를要할것이다。 또法律은、사람의하야야할行爲의一部를보임에지나지아니한것이니、사람의行하야야할일은法律의規定한外에도、無限히存在함을理解하야야한다。

黃泉 地下의샘、저승、來世

塡補(전보) 補充

二六 保險

사람은언제엇더한災難에걸릴는지모른다。 多額의費用을던저新築한家屋이、火災때문에한줌기연기로化하는일이잇고、壯健한사람이하롯밤동안에黃泉의길을떠나는일이잇다。 그밖에船舶의難破로말미암아破産한船主、運送途中에貨物을紛失하야큰損害를입은商人、이러한悲慘한災害의實例가얼마든지잇는것이다。

일로말미암아보면、우리들의生活은참으로여러가지의危險에威脅을받는것이라고아니할수업다。 그리하야災害로부터나는損害를塡補하는方途를講究하야、그것으로써이不安을除去하랴는것이즉保險이다。 一個人에게는致命的大

損害라도、이것을多數한사람이分擔하면、한사람의負擔은極히輕微하게되는것이다。 그럼으로여러사람이同一한目的아래한團體를지어、그中에한사람이災害를받는때는、서로協力하야救濟하랴는것이保險의趣旨니、다른사람도救濟하고、다른사람에게도救濟를받고자하는相互扶助의아름다운精神에근본된것이다。

保險事業은、이것을經營하는者곳保險者와保險에加入하라는者곳保險契約者가、미리契約을締結하야、保險者는保險契約者로부터保險料로서一定한契約金을年賦或은月賦로領受하고、契約期間中에保險事故가發生하는때는、約束의金額을被保險者또는保險金受取人에게支拂하는組織으로된

것이다。

保險에는여러가지가잇스나、그主要한것은火災保險運送保險·海上保險·生命保險等이다。

火災保險은、家屋이나物品等이火災에燒失된때에、그損害를塡補하는保險이다。

運送保險은、陸上及湖川·港灣等의貨物運送에關한保險이니、運送中의貨物이火災·水難·盜難等에걸린때에、그損害를塡補하는것이다。 海上保險은、特히海上事故에局限된것이니、船舶과그積荷에對한損害를塡補하는것이다。

生命保險에는、終身保險·生存保險·養老保險의三種이잇다。被保險者가死亡한때에、保險金을支拂하는것이終身保險、被

保險者가一定한年齡에達한때에、保險金을支拂하는것이生存保險이다。 敎育保險·結婚保險等은後者에屬한다。 養老保險은、終身保險과生存保險을混合한것이니、被保險者가一定한年齡에達한때에、또는그안에死亡한때에、保險金을支拂하는것이다。

이러한保險事業은、保險會社에서經營하는것이나、政府에서도簡易生命保險과健康保險을經營하고잇다。

簡易生命保險은、保險金額을四百五十圓以下二十圓以上으로하야郵便局에서取扱하나니、그手續이매우輕便하다。

朝鮮에도朝鮮簡易生命保險이라는것이잇서、各地의郵便局所에서取扱하고잇다。

健康保險은、工場과鑛山에서勞働하는사람들에對한特別한保險이니、그사람들에게疾病·負傷·分娩·死亡等이잇는때에는、醫療를加하고또는手當金을給與하는것이다。

保險으로말미암아損害가塡補됨은、다만保險契約者自身이安心을얻을뿐아니라、他人에게對하야取引上信用을增進하게된다。 그리하야現今의文明各國에서는、諸般의取引이保險을背景삼아行하야지게되엿다。

二七 活潑

게으름은時間의좀이오、活力의곰팡이로다。 게으름을갓가이하는生涯는、不知不識間에썩은나무무너지듯이滅亡하나니라。

게으름을떠나첫걸음으로밟을것은부지런의첫머리는活潑이니라。

活潑은時間의눈이오、活力의날개로다。 活潑이잇는곳에時間의散失이업고、活潑이잇는곳에힘의虛費가업나니라。

活潑히하는일에는、맛이잇고興이잇고편됨이잇고이김을볼수잇나니라。

活潑한사람에게는항상時間이밀리고、게으른사람에게는항상일이밀리나니라。

活潑한이에게는늘남은힘이잇고、게으른이에게는늘아족못한일이잇나니라。

活潑한이는무엇이든지할일은먼저하야노코쉬기를뒤에하겟다는主義로되、게으른이는언제든지좀더놀다가일은나종에하겟다는버릇이잇나니라。

活潑한이는일이업스면일을찾고、일을맛나면곳着手하고、무엇이든지남하기를기다리지안코自己가하야가나니、항상自己가할것을먼저다하야노코、오히려남의일까지돕나니라、먼저自己를부려남을섬김으로、남으로하야금나를尊敬하게하는人物은、다이러한活潑을가젓나니라。

活潑한이의얼골에는웃음이잇고、집에는즐거움이잇고、게으른이의얼골에는찡그림이잇고、집에는걱정이잇나니라。

生水를길어쓰지아니하면썩고、길어쓰면쓸수록新生水가

솟아나는것과갈치、活力도안쓰면줄고、쓸수록新活力이發生하나니라。 이로말미암아볼진대、活潑한者에게健康과長壽가잇고、게으른者에게疾病과短命이잇슬것이니라。

여긔에이른바活潑은、特別히豪氣로운것이나驍勇한것을가르침이아니라、오직恒心的으로日常事를活潑한精神과動作으로하기를뜻함이니라。 實例를들것갈으면、잠을깰때에자리에서일어나기를、飮食이量에適當할때에食卓에서물러나기를、쉬는時間이다할때에일터로나가기를、앉었다가서기와섯다가動하기를、더운데를떠나찬데로向하기와便한것을노코어려운것을잡기를、娛樂을그치고勞役하기를、허물을깨달을때에고치기를、邪念과妄想이날때에물리치기를뭇는이

가잇슬때에대답하기와물을일이잇슬때에뭇기를、모든善을行하기와모든惡을避하기를、오직活潑히한다는것이니라。

二八 社會의秩序

個人의生活에、秩序가必要하고그秩序를維持하기爲하야規律이잇서야할것과갈치、社會에도역시그러타。 아니、그얼골과갈치마음도서로다른個人의集團인社會에잇서서는、더욱秩序와規範이尊重되여야할것이다。 만일우리들의社會生活에잇서서、規範이不完全하거나또는尊重되지아니한다면、各個人間의行爲에여러가지混亂·衝突을일으켜、드듸여그社會의破滅을誘致하게될것이다。

엿더한野蠻人의社會라도,반다시다그社會의秩序를維持하는規範이잇다。 例를들면,男女의職務에一定한區別을둔다든가,酋長의命令에는絶對로服從한다든가하는것이自然히定하야저서,個人間의衝突을緩和하게된다。 이것이곳風俗이다。 그런데人口가增加하야社會가複雜하게되고人智가發達하면,風俗만으로는充分히秩序를維持하기가極히어렵게된다。 그럼으로國家가組織되면,반다시一定한規則을制定하야,强制的으로이것에服從시켜秩序를維持한다。 이것이곳法律이다。 그러나法律은到底히個人의모든行爲를規定할수가업슴으로,特殊한行爲에만局限하야規定한것이오,그우에또그性質이他律的强制的임으로,이것뿐으로는個

酋長(추장)

人은도로혀免而無恥하게될것이다。 여기에서最後로道德的規範이必要하게된다。 道德은人格的自律的인點에잇서서가장必要한規範이나,만일이것이업다면,風俗이나法律도圓滿히行하야질수가업다。 이風俗·法律·道德세가지는社會生活의規範으로서가장貴重한것이나,社會의價値는이세規範의運用如何에依하야判定되는것이다。

그럼으로各個人은이規範을어듸까지든지尊重하지아니하면아니된다。 그러나그것은,다만남의指斥을免하고또는法律에抵觸되지아니하기爲하야서가아니라,道德的으로自進하야이規範을尊重하야야할것이다。 그런데세상에는風俗에違反된行動을하고서恬然한이도잇고,法을犯하고서붓

免而無恥 (論語「道之以政,齊之以刑,民免而無恥」)

恬然(념연)

그러운줄을모르는이도잇다。 이런것은다唾棄할일이다。 우리自身으로서는、어듸까지든지自律的으로이러한規範을尊重하야、社會의秩序를維持하도록努力하야야할것이다。

人生으로서가장價値잇고가장愉快한生活은、이러한規範을尊重하는데잇다。 참된自由를要求하랴면、當然히이러한規範아래法則的生活을하야야할지니、法則을떠난自由는참된自由가아니라、肆意며放縱이다。 肆意와放縱은、社會人으로서의生活을破壞하는것이다。 이러한사람은깨끗이人間社會를물러갈밖에는업다。 우리들의個人生活에잇서서도、肆意와放縱은身體的으로健康을損傷하고、精神的으로墮落하게한다。 하물며多數人의集團生活에잇서서、規範이必要

한것은말할것도업는바다。 참으로社會는規範과生命을함께하는것이다。

그러나이러한規範도、元來永久不變하는것이아니다。 더욱風俗과같은것은、時代의進運에딸아變化하야가는것이니、만일時勢에適合하지안는것이잇스면、차차改善하야나아가야한다。 그러나그改善은어듸까지든지愼重히생각하야漸進的으로行하지아니하면、도로혀風俗을破壞하고社會의秩序를紊亂케하는것이다。

二 漢文之部

張思叔 名은繹 北宋 徽宗時人

一 張思叔座右銘

張思叔의座右銘에曰、凡語를必忠信하며、凡行을必篤敬하며、飮食을必愼
節하며、字畫을必楷正하며、容貌를必端莊하며、衣冠을必肅整하며、步履는必安詳하며、
居處는必正靜하며、作事를必謀始하며、出言을必顧行하며、常德을必固持하며、然
諾은必重應하며、見善如己出하며、見惡如己病이니、凡此十四者를、我皆
未深省이라。書此當坐隅하야、朝夕視爲警하노라。

(小學「嘉言」)

二 愼言語

病從口入云云 太平御覽에 있는 文句

口是禍門云云 馮道의 詩에 「口是禍之門, 舌是斬身刀. 閉口深藏舌, 安身處處牢」라 있다

三緘 입을 三重으로 封하였다는 것. 孔子家語 觀周篇에 「孔子觀周, 入太廟, 有金人焉, 三緘其口, 而銘其背曰, 古之愼言人也」라 있다

守口如甁 癸辛雜識에 「守口如甁, 防意如城」이라 있다

諺에曰, 病從口入하며, 禍從口出이라하고, 又曰, 口是禍門이오, 舌是斬刀라하니, 此ㅣ皆至戒也니라. 人所取禍ㅣ非一道ㅣ나, 而唯此ㅣ最酷이라. 故로 周廟金人이 三緘其口는, 聖人이 垂戒萬世之意也라. 言語를 可不愼乎아. 多言則支煩하야, 聽者ㅣ不悅하고, 且所言이, 安知無妄發於其中乎아. 故로 莫如少言이라. 言少而首尾不失이 可也니, 若不思輕出하면, 亦多爲害者矣라. 守口如甁은, 蓋戒人無言也니라.

(增補山林經濟)

三 安宅·正路

孟子ㅣ曰, 自暴者는 不可與有言也오, 自棄者는 不可與有爲也니, 言非禮義를, 謂之自暴也오, 吾身不能居仁由義를, 謂之自棄也니라. 仁은 人之安宅也오, 義는 人之正路也라. 曠安宅而弗居하며, 舍正路而不由하나니, 哀哉라.

(孟子「離婁」上)

金生 新羅聖德王時人

四 金生

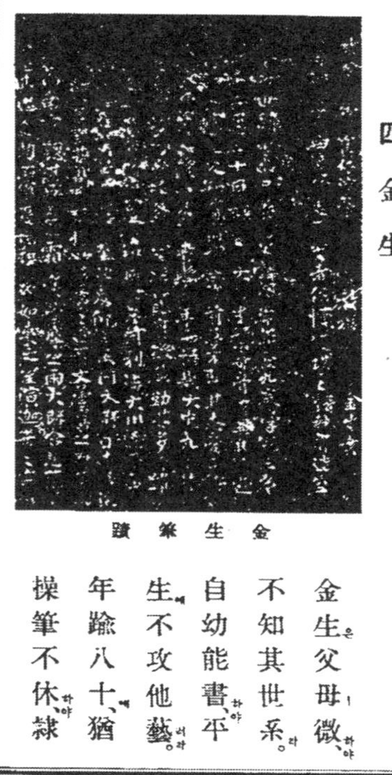

金生筆蹟

金生은 父母ㅣ微하야, 不知其世系라. 自幼能書하야, 平生에 不攻他藝러라. 年踰八十에, 猶操筆不休하야, 隸

崇寧 北宋徽宗時年號
學士 官名
洪灌 字는 無黨、號는 ... 高麗人. 睿宗時에 官이 左僕射에 이르고, 仁宗四年에 ... 死
汴京 北宋의 都城, 今河南開封
翰林待詔 唐宋의 官名
王右軍 晋人, 名은 羲之, 字는 逸少, 官이 右軍將軍會稽內史였음으로 세상에서 王右軍이라 부르다

書行草ㅣ皆入神이라。至今往往有眞蹟하야學者ㅣ傳寶之하니라。崇寧中에學士洪灌이隨使入宋하야館於汴京이러니時翰林待詔楊球와李革이奉帝勅至館하야書圖簇이어늘洪灌이以金生行草一卷으로示之한대二人이大駭曰,不圖今日에得見王右軍手書로다。洪灌이曰,非是라。此乃新羅人金生所書也라한대二人이笑曰,天下에除右軍하고焉有妙筆如此哉아。洪灌이屢言之호대終不信하더라。

(三國史記)

五 釣魚

凡釣魚ㅣ閒趣ㅣ極多하니自古로隱處之士ㅣ未有不寓心取適於此者矣라。湖上溪畔에須擇幽靜閒僻之處하야依柳傍巖하야以竊

灰(회) 消滅
蕩槳(탕장) 상앗대를 흔듬이다
數(수) 技術

笠竹竿으로垂餌獨坐하면則世念이都灰하고至樂이在中하야自疑有畫中身分矣로다。凡海上釣魚ㅣ不如江上之淸閒也니一葉小舟를只令一童蕩槳하야隨波上下하야月中雨裏에垂釣得魚하고罷釣歸時에長吹洞簫하면則蓼岸蘆渚에白鷗ㅣ飛起하니頓無半點塵俗之情矣로다。

(增補山林經濟)

六 專心致志

孟子ㅣ曰,今夫奕之爲數ㅣ小數也나不專心致志면則不得也니奕秋는通國之善奕者也라。使奕秋로誨二人奕이어든其一人은專心致志하야惟奕秋之爲聽하고一人은雖聽之나一心에以爲有鴻鵠이將

援(원) 끌어당기다 繳(작) 노를 살에 매여 쏘다 射(석) 쏘아 마쳐 잡다 (射說히「쏘다」로 새길 때에는 사) 告子 孟子章句名 貝原益軒 名은 篤信, 字는 子誠, 益軒은 그 號. 明曆·正德間의 儒, 正德四年歿

至어든 思援弓繳而射之하면 雖與之俱學이라도 弗若之矣니 爲是其智ㅣ 弗若與아 曰 非然也니라

(孟子「告子」上)

七 戒怠惰

貝原益軒

貝原益軒

怠惰는 乃衆人之通病이오 精勤은 是衆人之良藥이라 故로 志士는 常惜時하고 愚者는 常廢時하나니라 夫人은 勤則百事ㅣ 咸成하며 而百福이 生焉하고 惰則百事ㅣ 咸廢하며 而百禍ㅣ 至焉하나니 何也오 衆人이 惰則不能爲良士하고 臣子ㅣ 惰則不能爲忠孝하고 進修ㅣ 惰則不

人生在勤云云 蘇綽行錄에「人生在勤, 勤則不匱, 戶樞不蠹, 流水不腐」, 此其理也」라 하엿다 初學知要 益軒의 著. 經·傳·子·史 中에서 가장 要切한 字句를 抄出하야 編著한 것 李廷龜 字는 聖徵, 號는 月沙, 延安人. 明宗十九年生, 仁祖時 官이 左議政에 至하다. 年이 七十三으로 歿, 諡는 文忠

能成德業하고 習讀이 惰則不能進才學이니 豈止如是而已哉아 農夫ㅣ 惰則不能有秋하고 工商이 惰則不能免饑寒이라 故로 古人이 云호대 人生은 在勤이니 勤則不匱라하니라 是以로 君子는 日夕進德而不怠하고 良民은 晝夜務業而不息하나니라

(初學知要)

李廷龜筆跡

八 江村曉起

李廷龜

曉起天欲曙。
開戶村墟白。
犖鷄初下塒。

鳥雀鳴繞屋。 瓜疇長新蔓。 闔閭夜露足。

光風捲林靄。 樹色如膏沐。 小婢汲淸泉。

烹茶仍盥濯。 案上南華經。 整冠聊一讀。

(月沙集)

九 力農桑

凡人家ㅣ致大富는固在天命이어니와雖日夜求望이라도萬事ㅣ無容易可得之理나至於僅免飢寒하야는惟在於人力이라故로一家ㅣ戮力하야勤於農桑하면則衣食이自足하야無飢寒之苦어니와一家ㅣ怠惰하야不作本業하고充腹掩體之事를只望他人之救助하면洞里之中에雖有慈悲之心者라도不過一二次相資而已니又安能逐日如此乎아是故로

膏沐 머리 짜고 머리 감는 것

南華經 莊子의 別稱, 唐天寶元年에 莊子를 南華眞人이라 追號하고, 그 著書를 南華眞經이라 하였다. 莊子를 읽음은 이 經이라 하며 비웃음이 이에 비롯하다

月沙集 李廷龜의 詩文集

顚連溝壑하야不保其父母妻子는此ㅣ皆天必厭於怠惰漢之理也라須知農桑이爲命脈所關하야刻意作力하고切戒怠惰니라

(增補山林經濟)

一〇 陶侃運甓

陶侃이爲廣州刺史하야在州無事어든輒朝運百甓於齋外하고莫運於齋內하더니人이問其故한대答曰吾ㅣ方致力中原하노니過爾優逸이면恐不堪事라하니其勵志勤力이皆此類也러라侃의性이聰敏하야勤於吏職하며恭而近禮하며愛好人倫하더라終日斂膝危坐하야閫外多事하야千緖萬端이로대罔有遺漏하며遠近書疏를莫不手答호대筆翰이如流하야未嘗壅滯하며引接疏遠호대門無停客하더라常語人曰大禹는聖人이라도乃惜寸陰하니至於衆

陶侃 字는 士行, 晉 元帝 時人

廣州 今 廣東·廣西 二省

刺史(자사) 地方長官

莫(모) 暮로 通用

優逸(우일) 국전하고 편안하다

大禹 夏의 開國君, 大는 尊稱

琵琶湖 滋賀縣近江의中央에잇는湖水

搴(건) 걷어쥐다

洞庭 支那湖南省에잇는湖水

岳陽樓 支那湖南省岳陽縣에잇는樓、아래로洞庭湖를바라보게되엿다

粉壁麗譙(분벽려초) 희게바른壁이아름다운門樓

人(은)當惜分陰(이니)。豈可逸遊荒醉(하야)。生無益於時(하며)。死無聞於後(리오)。是(는)自棄也(니라)。

(小學「善行」)

一一 琵琶湖風景

申維翰

九月十三日、壬午、微雨(라)。早發(하다)。隔簾而聽秋雨(하니)。乍有淸趣(러라)。行六七里(에)。人以琵琶湖(로)告(어늘)。搴簾眺望(하니)。爽朗闊大(하야)。不見涯岸(하고)。遙山(이)抱流(하야)。曲曲成灣(하고)。遠近漁艇(이)出沒於黃蘆枯竹之間(하고)。落霞飛鶩(이)與波上下(하더라)。是其周回(ㅣ)四百里(라)。殆與洞庭(으로)爭驅(하)。吾未知岳陽樓中所見(이)孰與此短長耳(러라)。本以狀若琵琶故(로)得名(하고)。又以地屬近江州故(로)一名(은)近湖(러라)。湖之邊(에)有粉

膳所城 慶長六年에德川氏가關西諸侯에게命하야役한것인대、그壯麗한一樓는琵琶湖上의一美觀이엇다

南龍翼 字는雲卿、號는壺谷、仁祖六年生、肅宗十八年卒、文官

殺(쇄) 주름잡힌비단

壺谷集 南龍翼의詩文集

陳寔 後漢桓帝時人

壁麗譙、聳而出者(하니)名曰膳所城(이러라)。

(海遊錄)

過琵琶湖憩眞珠觀　南龍翼

石門疏雨釀輕寒。　風定長湖縠浪殘。
沙鳥破眠驚彩棹。　渚煙分影護朱欄。
如非妙手詩何就。　縱有良工畫亦難。
最是眞珠奇絕處。　遠山千疊雪中看。

(壺谷集)

一二 梁上君子

陳寔(은)字(는)仲弓(이니)。出於單微(하야)。自爲兒童(으로)。雖在戲弄(이나)。爲等類所歸(러라)。少作縣吏(하야)。有志好學(하야)。坐立誦讀(이러니)。縣令(이)試與語奇之(하야)。聽

太學 國都에設立한最高級의學校
太丘 縣名, 今河南省永城縣西北
儉 貧乏
陰 가만이
拂 衣冠을바로하다
稽顙(계상) 이마를땅에대고敬禮하다
後漢書 范曄(字는蔚宗, 南北朝宋文帝時人)의著

受業太學後(하고에)除太丘長(하니)修德淸靜(이라)百姓(이)以安(하더라)時(에)歲荒民儉(하야)有盜(ㅣ)夜入其室(하야)止於梁上(이어늘)寔(이)陰見(하고)乃起自整拂(하고)呼命子孫(하야)正色訓之曰(하야)夫人(은)不可不自勉(이니)不善之人(이)未必本惡(이라)習以性成(하야)遂至於此(하나니)梁上君子者(ㅣ)是矣(러라)盜(ㅣ)大驚(하야)自投於地(하야)稽顙歸罪(어늘)寔(이)徐譬之曰(하야)視君狀貌(하니)不似惡人(이로다)宜深剋己反善(하라하더니)自是(로)一縣(에)無復盜竊(이러라)

(後漢書 列傳)

一三 生財大道

貝原益軒

財者(는)國家之所資用(이오)而民命之所繫也(라)故(로)財竭則自給(이)不足(하나니)況贍貧窮、行禮義、勵廉恥、賞有功、行兵防敵、凡國

大學 元來禮記中의一篇이든것을宋의司馬光이分離하고朱熹가章句를지어四書의一에加한것, 孔子의門人曾子의作이라함
生財有大道 大學傳之十章에「生財有大道, 生之者衆, 食之者寡, 爲之者疾, 用之者舒, 則財恒足矣」라하엿다
愼思錄 益軒著, 道學을記述한것
釋息影庵 高麗忠肅王時名僧

家百事(ㅣ)不可得擧行乎(아)故(로)治國家之道(ㅣ)以理財爲要(니라)然(이나)足財之道(는)在乎務本而節用(이니)務本者(는)在敎稼穡(하며)勸種植(하며)惜民力(하며)賑貧乏而已(오)非貪求侵奪之謂也(니라)節用者(는)在量入爲出(하며)裁制冗費(하며)禁止奢華而已(오)非吝嗇刻薄之謂也(니라)大學之書(의)生財有大道之一節(은)是(ㅣ)理財之大畧也(라)如小人之貪求侵奪與吝嗇刻薄(은)是生財之小道也(니라)

(愼思錄)

一四 菊坡說

釋息影庵

丙寅菊節(에)與復庵休公(으로)在後庭看菊(할새)休(ㅣ)曰吾友潚山全卿(이)居城中頗愛菊(하야)因名其居爲菊坡(하니)全卿(은)賢君子(로다하야늘)吾曰

旁達(방달) 널리 이르러 미치다

陽數 陰陽論上에 奇數는 陽數、偶數는 陰數. 秋季、九月은 陽數인 九가 [illegible]

東文選 新羅로부터 朝鮮初期까지의 大家의 詩文을 모은 것. 正編·續編이 있는데 正編은 成宗九年에 徐居正 等이 撰하고, 續編은 中宗때 申用漑 等이 編撰하였다. [illegible]

君子之於物에 必有合於己者而后에 取之하나니 吾聞、全卿之所愛者ㅣ 菊이라하니 知全卿之果賢也로다 夫菊之爲花ㅣ 其色이 黃하니 吾ㅣ 知全卿之道ㅣ 中正而不頗也오 菊之臭ㅣ 馨하니 吾ㅣ 知全卿之德이 旁達而難掩也오 菊之開ㅣ 不于春夏하고 必於秋季하니 吾ㅣ 知全卿之出이 應陽數而爲君子人也로다 夫君子ㅣ 不遊于毒草之傍하고 不息乎惡木之下하나니 然則全卿之所遊息이 非菊坡而何오 休ㅣ 曰子ㅣ 知言이라하고 命書之하더라

(東文選)

一五 橘中仙

申維翰

十月二十四日、癸亥、雲陰蔽天이라 四野不稼를 已盡收하고 皺耕

割肪(할방) 기름을 베어 놓은 것. 土는 [illegible]

赤坂、岡崎 兩者다 日本 三河에 있는 地名、東海道의 驛路

涂(도) 塗로 同、道

孝經 孝道를 說述한 經書

諫爭 孝經第十五章

者ㅣ 土深沒膝하고 四隅方正하야 若割肪하니 國俗에 治田이 槪如此러라 午飯赤坂하고 夕次岡崎하다 見涂塗市肆하니 賣柑者ㅣ 如山丘러라 文人韻僧이 來接歡에 必以竹籠貯柑置坐上하야 爲佐飮之具하니 靑葉交錯하야 可愛러라 余ㅣ 啗之하야 或盡一筐하고 所謂詩多使柑이러라 時時自笑謂호대 中詩ㅣ 皆得秋香하니 如蜜蜂이 製花爲蜜耳로다한대 人言、公詩ㅣ 當似橘中仙이로다하고 亦笑하더라

(海遊錄)

一六 格言六則

人有過失에 不喜人規는 如護疾而忌醫니라

(小學「嘉言」)

士有爭友면 身不離於令名이니라

(孝經「諫爭」)

入官 孔子家語第二十一章

說苑(설원) 劉向의 撰
說叢 說苑篇名
李奎報 字는 春卿, 號는 白雲居士, 高麗明宗때 二十二年에 登科, 官至門下侍郞平章事 …
因循(인순)
榱桷(최각) 서까래
棟梁(동량) 기둥과 대들보

水至清則無魚하고, 人至察則無徒니라. (孔子家語「入官」)

不入虎穴이면 不得虎子니라. (後漢書「列傳」)

心誠求之면 雖不中이라도 不遠矣니라. (大學「傳之九章」)

出舌不當이면 駟馬라도 不能追也니라. (說苑「說叢」)

一七 理屋說

李奎報

家有頹廡하야 不堪支者ㅣ 凡三間이라. 予ㅣ 不得已하야 悉繕理之할새 先是에 其二間이 爲霖雨所漏하야 寖久에 予ㅣ 知之코도 因循莫理러니 一間이 爲一雨所潤하야 亟令換瓦하고 及是繕理也라. 其漏ㅣ 寖久者는 榱桷棟梁이 皆朽腐하야 不可用이라 故로 其費ㅣ 煩하고 其經一雨者는 屋材ㅣ 皆完固하야 可

省(생) 減少
東國李相國集 李奎報의 詩文集
李詹 …
孟子曰云云 孟子盡心章下에 있는 文句
存 마음이 外物에 달리지 아니함을 이름

復用이라 故로 其費ㅣ 省이라. 予ㅣ 於是에 謂之曰, 其在人身에 亦爾니, 知非而不遽改하면 則其敗己ㅣ 不啻若木之朽腐不用이오 過勿憚改하면 則未害復爲善人이니 不啻若屋材ㅣ 可復用이니라. (東國李相國集)

一八 淸心說

李詹

心可淸乎아. 曰, 可라. 有要乎아. 曰, 有라. 請問焉하노라. 曰, 要在無欲이니라. 孟子ㅣ 曰, 養心이 莫善於寡欲이니 其爲人也ㅣ 寡欲이면 雖有不存焉者ㅣ라도 寡矣라하니라. 余ㅣ 謂淸心은 不止於寡而存耳니 蓋寡焉以至者ㅣ 無하니라 無欲則靜虛動直이니 靜虛則明通하고 動直則公溥하고 明通則存養이 密하고 公溥則省察이 精이라. 古之聖賢이 雖由性至나 亦必以淸心으로 致之하니라.

內臣 宮內近臣、宮중에있는臣

玄妙(현묘) 深妙함

希覬(희기) 希望

茅塞(모색) 慾心이마음을덮는것、또는마음이가려짐

造詣(조예) 學問또는技藝에깊이通한것

踐履(천리) 몸소하는것、實行하는것、

淸之之要ㅣ大槪如此하니存乎其人而已니라 臣姜公이素無學이나而以淸心으로爲心하니玆可尙已라故로說以勉之라 (東文選)

一九 學問

李珥

人生斯世에非學問이면無以爲人이니所謂學問者는亦非異常別件物事也라只是爲父當慈하며爲子當孝하며爲臣當忠하며爲夫婦當別하며爲兄弟當友하며爲少者當敬長하며爲朋友當有信이니皆於日用動靜之間에隨事各得其當而已오非馳心玄妙하야希覬奇效者也니라但不學之人은心地ㅣ茅塞하야識見이茫昧라故로必須讀書窮理하야以明當行之路然後에造詣ㅣ得正하고而踐履ㅣ得中矣리라

擊蒙要訣 李珥가初學을爲하야編著한것

告子 支那戰國時人

湍水(단수) 湍流가빙빙도는물

決 물길을트다

今人은不知學問이在於日用하고而妄意高遠難行이라故로推與別人하야自安暴棄하니豈不可哀也哉아 (擊蒙要訣)

二〇 人無有不善

告子ㅣ曰性은猶湍水也라決諸東方則東流하고決諸西方則西流하나니人性之無分於善不善也ㅣ猶水之無分於東西也니라孟子ㅣ曰水ㅣ信無分於東西어니와無分於上下乎아人性之善也ㅣ猶水之就下也니人無有不善하며水無有不下니라今夫水를搏而躍之면可使過顙이오激而行之면可使在山이어니와是ㅣ豈水之性哉아其勢則然也니人之可使爲不善이其性이亦猶是也니라 (孟子「告子」上)

魯 周代侯國名
桓公 魯國王
宥坐之器 宥는右와同、坐右에두고경계삼는그릇
子路 姓은仲、名은由、孔子의門人
三恕 孔子家語第九章

二一 孔子觀欹器

孔子，觀於魯桓公之廟，有欹器焉。夫子，問於守廟者曰，此謂何器。對曰，此，蓋爲宥坐之器。孔子，曰，吾，聞，宥坐之器，虛則欹，中則正，滿則覆，明君，以爲至誡，故，常置之於坐側。顧謂弟子曰，試注水焉。乃注之水，中則正，滿則覆。夫子，喟然歎曰，嗚呼，夫物，惡有滿而不覆者哉。子路，進曰，敢問，持滿，有道乎。子，曰，聰明睿智，守之以愚，功被天下，守之以讓，勇力振世，守之以怯，富有四海，守之以謙，此，所謂損之又損之之道也。

(孔子家語「三恕」)

金而精 李滉의門人
沈潛(침잠) 물밑에잠기는것、轉하야學問을沈着히하야새기는것
對越 天地神明에對하는것、越은於
潛德幽光 세상에알려지지않은숨은덕행과빛

二二 金而精潛齋說 李滉

潛，有以知言者，如沈潛文義，潛心玩理之類，是也。有以行言者，如潛心對越，潛德幽光之類，是也。揭號自警，豈不信哉。況凡齋室等號，或以所樂寓意，或以所短自規。今公，既有感發於此，非他人所能與於其間也。但恐一時感發，雖有此好意思，或時異事遷，忽然而忘之，因循怠廢，則徒爲墻壁標榜，而無益於實得也。勉旃勉旃，公到我今日之年，尚有二十五六年工夫，苟能下帷發憤，潛心大業，何患無成。

(退溪集)

二三 水利

李瀷

利莫大於水利니 生民之命은 懸於衣食하고 衣食은 繫乎水旱이라 天之所爲는 民不能奈何나 其在人力엔 猶有可致之道라 夫有雨澤之水하며 有井泉之水하며 有川溪之水하니 雨澤時溢을 恨不能儲以待也며 井泉恆溺을 恨不能挈而上也며 川澤流下를 恨不能決而分也로다 苟使無用之物로 歸之有用이면 斯民이 豈有飢寒之患哉리오 國初에 築堤儲水하야 今遺址ㅣ 處處皆有나 而淤塞廢壞하야 不復修治하야 悉爲豪民墾畝也니라 如金堤之碧骨堤는 捌自新羅訖解王時하야 太宗時에 重修之하야 分爲五渠하야 漑田萬頃이라 柳磻溪馨遠이 云호대 若堅修碧骨等數三堤면 則蘆嶺以上은 無凶歉矣이라하니라

碧骨堤 全羅北道金堤郡에 잇는 大貯水池. 訖解王 新羅第十六世王. 太宗 李朝第三世王. 柳磻溪 名은 馨遠, 字는 德夫, 磻溪는 號. 文化人. 光海君十四年生, 顯宗十四年歿. 若堅修碧骨等云云 磻溪隨錄卷三 田制後錄上에 ……

今時則都廢而不擧하니 國貧民竭이 不亦宜乎아 (星湖僿說)

二四 柳玭戒子弟書

柳玭이 嘗著書하야 戒其子弟曰 壞名災己하며 辱先喪家ㅣ 其失이 尤大者ㅣ 五니 宜深誌之니라 其一은 自求安逸하며 靡甘澹泊하야 苟利於己어든 不恤人言이니라 其二는 不知儒術하며 不悅古道하야 懵前經而不恥하고 論當世而解頤하야 身既寡知로 惡人有學이니라 其三은 勝己者를 厭之하고 佞己者를 悅之하야 惟樂戲談하고 莫思古道하야 聞人之善하고 嫉之하며 聞人之惡하고 揚之하야 浸漬頗僻하야 銷刻德義하면 簪裾徒在ㄴ들 廝養何殊리오 其四는 崇好優遊하며 耽嗜麯糵하야 以啣杯로 爲高致하고 以勤事로 爲俗流하나니

柳玭(류빈) 唐僖宗時人. 靡(미). 恤(휼). 懵(몽) 無知하다. 解頤(해이) 턱을 느추다, 웃는 것. 樂(요). 浸漬(침지) 잠겨젖다. 頗僻(파벽). 銷刻(소각). 簪裾(잠거) 衣冠. 廝養(사양) 奴僕. 麯糵(국얼) 酒.

名宦(명환) 이름난 벼슬아치
一資半級 一階半級、微官
鮮 적다(少)
右族 古人이 右를 숭상하였으므로 右族은 귀족
頑率奢傲(완솔사오) 頑愚輕率奢侈傲慢
刻骨 銘心

之易荒이라、覺已難悔니라。其五는、怠於名宦하야、匿近權要하야、一資半級을、雖或得之라도、衆怒羣猜하야、鮮有存者니라。余ㅣ見、名門右族이、莫不由祖先의 忠孝勤儉하야、以成立之하고。莫不由子孫의 頑率奢傲하야、以覆墜之하나니。成立之難은 如升天하고、覆墜之易는 如燎毛라。言之痛心하니、爾宜刻骨이니라。 (小學「嘉言」)

寄精舍學徒　李珥

心如盤水最難持。墮塹投坑在霎時。
爲報僉賢操守固。世紛叢重卓無移。 (栗谷全書)

二五 格言七則

衛靈公 論語第十五篇
舒(서) 緩、徐
敬身 小學內篇目名
繼善 明心寶鑑篇名

人之易其言也는 無責耳矣니라。 (孟子「離婁」上)

和氣는 致祥하고 乖氣는 致災니라。 (後漢書「列傳」)

自知者는 不怨人하고 知命者는 不怨天이니라。 (荀子「榮辱」)

衆惡之라도 必察焉하고 衆好之라도 必察焉이니라。 (論語「衛靈公」)

生之者ㅣ衆하고 食之者ㅣ寡하며 爲之者ㅣ疾하고 用之者ㅣ舒하면 則財恆足矣리라。 (大學「傳之十章」)

敬勝怠者는 吉하고 怠勝敬者는 滅하며 義勝欲者는 從하고 欲勝義者는 凶이니라。 (小學「敬身」)

一日行善이면 福雖未至나 禍自遠矣오。一日行惡이면 禍雖未至나 福自遠矣니라。 (明心寶鑑「繼善」)

二六 甘藷取種

趙曮

馬島中에有草根可食者하니名曰甘藷라或謂孝子麻오島之方音은古貴爲麻니라其形이或如山藥하고或如菁根하고如瓜如芋하야不一其狀하고其葉이如山藥之葉호대而稍大而厚하야微有赤色하고其蔓이亦大於山藥之蔓하고其味ㅣ比山藥而稍堅實하야有眞氣하고或似半煨之栗味하니生可食也오灸可食也오烹可食也오和穀而作糜粥도可也오拌淸而爲正果도可也오或作餅하고或和飯하야而無不可하니可謂救荒之好材料也로다此物은聞自南京流入日本하야日本陸地諸島에間多有之호대而馬島ㅣ尤盛云하더라昨年에初到佐須奈浦하야見甘藷하고求得數斗하야出送釜山鎭하야使之取種하고今於回路에

趙曮 [illegible]
馬島 對馬島
山藥 俗名 마
糜粥(미죽) 미음
淸 蜂蜜、꿀
正果 [illegible]
南京 江蘇省 江寧府、別稱 金陵
佐須奈浦 [illegible]

又此求得하야將授於萊州校吏輩오라行中諸人이亦有得去者하니此物이果能皆生하야廣布於我國이면與文絹之爲인則豈不大助於東民耶아

(海槎日記)

萊州 慶尙南道 東萊[illegible]
校吏 [illegible]
文絹 [illegible]

中等教育 朝鮮語及漢文讀本 卷二 終

昭和八年十二月十二日翻刻印刷
昭和八年十二月十五日翻刻發行

中等鮮漢文二
定價金五十七錢

著作權所有

著作兼發行者 朝鮮總督府

翻刻發行兼印刷者 京城府元町三丁目一番地 朝鮮書籍印刷株式會社
代表者 井上主計

發行所 京城府元町三丁目一番地 朝鮮書籍印刷株式會社

中等教育朝鮮語及漢文讀本 卷三

朝鮮總督府

緒 言

一、本書는주장으로高等普通學校朝鮮語及漢文科의敎授에充用키爲하야編纂한것이라.

二、本書는全部를五卷으로하야、各學年에一卷식을配當하다.

三、本書는敎授上便宜를圖키爲하야、朝鮮語와漢文의兩部에分하야編纂한것이라.

四、諺文綴字法은昭和五年二月에改正한諺文綴字法에據하다.

五、漢文은音訓熟字로부터短文文章의順序로하다.

六、漢文의懸吐는低學年에는仔細히하고、學年이놉아짐을딸아簡略히하다.

七、難字句固有名詞引用語句中特히必要하다고認定한것은上欄에揭

出하야略解하다。

昭和九年十二月

朝鮮總督府

中等教育 朝鮮語及漢文讀本 卷三 目次

一 朝鮮語의部

二 漢文之部

中等教育 朝鮮語及漢文讀本 卷三

一 朝鮮語의部

一 自重心

自重하는마음은自己를尊重하는마음이다. 自己의生에對하야, 人間으로서의意義와價値를確信하지안으면, 自重心은일어나지안는다. 自重心이업는사람은, 언제엇더한行動을하야, 自身을그르치고, 남을苦롭게할는지모른다.

自重이라는것은, 驕慢이나矜誇가아니다. 驕慢이라든가矜誇라는것은, 自己의能力을眞價以上으로남에게보이고자하는것이거나, 或은自己의能力을過信하는것이니, 自知의明

이업는所致다。 그럼으로自重하는사람은、自己의實力을알지안으면안된다。 自己를안다는것은、참으로重大한일이다。

그러나다만實力의有無만이自重과自侮와의나누어지는根據가되는것은아니다。 勿論學力도잇고、體力도잇고、그우에金力權力도잇고門閥도조타면、그만큼일하는힘도만을것이니、크게自重함즉한일이지마는、자칫하면、自慢心을일으켜他人을蔑視하게된다。 自重이라는것은人間으로서自己를尊重하야야할것을알고、行하야야할正다운일에自己의할수잇는힘을쓰는것을항상覺悟하고잇는것이다。 그럼으로참으로自重하는사람은、남보다優秀한여러가지힘을가젓고、條件을가초앗다하드라도、決코自慢하지안는다。 또權力金力도업고、門閥도조치못하고、體力이强하지못하고、學問과才能이뛰여나지못한다하드라도、自暴自棄에빠지거나自卑自侮하는일은업다。 다만人間으로서는、한사람이라도쓸모업는사람이되여서는안된다는것을생각하고、이세상에서自己의하야야할任務를믿고、自己의할수잇는善事를行하야、사람된길을것고、사람된任務를完全히하랴고한다。 진실로尊敬할만한사람이다。 이와갈치自重力行하는사람은、素質이나境遇에得意揚揚하는사람보다도、스사로힘을내고鍛鍊하야、훌륭한人物로서大成하게되는것이다。

이러케생각하야보면、우리들의경계할바는、自慢驕慢과함께自暴自棄또는自卑自侮다。「自大而不修其所以大、不大矣」라는말도잇고、「人必自侮然後人侮之」라는敎訓도잇다。 試驗의失敗라든가、事業의不成功이라든가、所願이容納되지못하

自大而不修其所以大云云 / 人必自侮云云

附和雷同(부화뢰동) 一定한意見이업시,是非를不問하고,輕輕히他人의說에贊成하는것

얏다든가하야,남을怨望하고,세상을恨歎하야,自暴自棄하거나,또는自己는벌서쓸데업는사람이라고斷念하야,自己를업수이여기고,卑劣한行動을하거나,或은悲觀함과갈은것은,스사로輕蔑히여김의甚한일이다。 이런사람은,人間은다제각금엇더한使命을이세상에가지고잇는것을忘却한사람이다。

또個中에는남의稱讚에滿足하고,或은衆人의勢力에꼴려,附和雷同하야輕率한行動을하는사람도잇나니,이것도自己를알지못하고,自己를尊重하지안는사람의하는짓이다。 自重하는사람은責任觀念이强한사람이다。 남의말에딸려,衆人가운데숨어서,無責任한行動을하는일은업다。 그리고이것은現代의社會에잇서서特히경계하야야할바다。

사람으로서自己를尊重하야야할必要는이와갈거니와,自己는홀로의自己라고생각하면,아모리하야도그마음이일어나기가어려운것이다。 홀로라고생각하면,죽거나살거나,活動하거나아니하거나,제自由라고도생각할수잇슬것이다。 그러나自己의몸은祖上父母로부터밧어,子孫에게매인몸이오,自己의마음은他人社會에게길려저서,他人社會에影響을끼치는마음이라는것을생각하면,肉體的으로나精神的으로나自己의사는것은同時에家族과社會의사는것이오,自己의삼가는것은,天下萬人의삼가는基本이된다는것을믿을수가잇다。 이러케깨달으면,自重自愛하지안으면아니될것은當然한일이다。

二 四月의 風情

四月은아름다운것의잘아울린늣김을주는달이다。 봄빛은天地에넘치고,봄꽃이라는꽃은모다웃는다。 하찬은풀끝에도조고마한꽃이피여,봄볕에무르녹아잇다。 누구의얼골이나다悠然하야,平和스럽게보인다。 그러나그가운데平和스러운動搖라고나할만한것이일어난다。 그것은微風이한창핀꽃을흔드는듯한微動이오,까닭업시가슴속에일어나는不安이다。 그리하야집안에가만이들어앉어서,생각에만잠겨잇슬수가업다。

郊外에나가봄풀을밟는感覺에는,特殊한맛이잇다。 저물녁에풀밭을거니노라면,촉촉하고폭신폭신한것이신발속에깨달아지고,발톱끝에늣겨질때,그것이몸속으로새여들어오는感覺은,情깊은외로움이다。 周圍에는사람이라고는하나

도업다。 다만어린풀과自己뿐이다。 한거름또한거름,저문긔운이다닥처올때,홀로라는感覺에짝하야오는慰安을깨닷는다。

情깊은외로움의感覺을말하야보자。 周圍는어슬어슬하건마는,봄풀벌판은다하지안는다。 풀은더욱더욱젓어서,발을들기가거북한듯하다。 걸을수업서서그자리에걱구러지면,自己도풀이되여버릴듯하다。 몸을움즉일수업게되면,풀이될것은當然하다。 움즉일수잇는대로거닐다가,움즉일수업게되면,풀이될뿐이다。 매우고요한늣김이난다。 사람의가슴속이圓滿하게되여,한껏고요하야저버리면,그때는죽음이다。 풀우에걱구러저풀이되고,그풀을또누구나가밟아,그사람이또풀이된다。 또밟고,또풀이된다。 이제自己가밟고

잇는풀은、누가걱구러저서된것인가하고、限업시생각을달리면、그끝은엉클어저버린다。

한창핀꽃그늘은、一種의特殊한늣김을준다。 낫이라는늣김이유달리鮮明하다。 쨍쨍나려쪼이는日光을담뿍받으면서、갓득핀꽃이깟닥도하지안는모양을、그그늘속에서서보고잇는마음은、悠然하다는것보다도、봄의孤寂을늣긴다。 꽃이지기시작하면、그런늣김은업서지지마는、필대로다피여、할일을다이루엇다는모양을나타내는허우룩한늣김은、不安의情을짝하야온다。 아침의꽃그늘、저물녁의꽃그늘、밤의꽃그늘에는、이러한特殊한늣김이업다。 四月의日光에휩싸여잇는왼것의美麗와安穩을사랑하면서도、마음속에는이不安의情을씻어버릴수가업다。

허우룩 섭섭하고섭섭한모양

봄의孤寂을落花에서보고表示한思想은、佛敎의無常에근본된것이지마는、나는됩데落花는아름다운것이라고보고십다。 펄펄空中에서춤추고、따에흘어지는가볍고가냘픈모양은、아름답게는보일망정、외롭다고는생각되지안는다。 또바람도불지안는데、셀수잇슬만치나붓가는모양에서는、고요하다는늣김은받을지언정、외롭다는氣分은나지안는다。

다피여버려서、그뒤에는떨어질것뿐이라고생각하는쓰라림은、뼈에사모친다。 가벼운旋律을깨닷고、顚動을늣기게하는落花의모양은、그대로、音樂美다。 조곰들석거리는늣김은잇지마는、그것은마음의表面을흘러감에지나지안는다。 나는떨어지는꽃보기를조와한다。 고요한봄날에、꽃이펄펄날리는輕快感속에서、다른무엇을찾어내기를즐기지안는다。

旋律 선률 [illegible]

꽃펴어저버린나무그늘은, 고요하고속편안한늣김을일으킨다。 나는晩春처럼, 마음가라앉은때는업다고생각한다。 또四月末頃의自然처럼, 사람의마음속에情깁은安息을주는때는업다고생각한다。

三 풀밭

봄날풀밭에누어서,
눈감고조용이들으면,
어듸선가美妙한音樂이,
하나도아니오여럿이,
數千數萬의숨소리가,
귀를막어도울려오는

仙女의合唱소리가,
四面으로서일어나서,
내神經을震動합니다。
그것은無數한生命이,
검은흙속에서때를세는,
神秘의仙調입니다,
시방그조용한속에잇는힘을
나는들읍니다, 봅읍니다, 만짐니다,
太陽과空氣가그힘으로
내靈魂을떠밉니다,

四 丁抹과農村

丁抹 Denmark.

統計 同一範圍內에屬한事物의現象을모아、數字計算에依하야그狀態를表示한것

社會政策 現在의社會組織에對한社會問題를解決하라고施行하는政策

丁抹은지금으로부터一世紀前까지는、매우貧弱한나라엿고、더욱히그農村에는悲慘한貧民이만은나라엿다。 그러튼나라가百餘年後의今日은、農業에잇서서全歐羅巴에覇를일캇게된情勢에까지이르럿다。 이것은全혀農民自身의自覺에근본된것이다。 그리하야今日에잇서서는、丁抹은農民이支配하는國家라는일갈음을받는만큼、農民이큰勢力을가지고잇다。 丁抹의國民敎育狀態를그統計에依하야보건대、歐洲諸國中에가장良好한成績을나타내고잇다。 그리하야國民의거의全部가普通程度의讀書力을가저、知識이平等하게普及되엿다。

貧富의程度를보아도、다른나라와같은懸隔한差異가업다。 歐洲諸國에잇서서는、所謂社會政策이라는것이잇지마는、丁

퍼―센트 Per cent.

抹에는그런것이적고、또實際로그러한政策을施行할必要가업다。 또近世의歐米諸國을通하야、社會의大問題가된都市와農村과의關係도、丁抹에서는잘調和되여、그弊害가아조적다。

統計의보이는바에依하면、今日의歐洲文明國은人口의過半數以上이都市의住民이지마는、丁抹은都市의住民은三十八퍼―센트고、六十二퍼―센트는農村의住民이다。 이와갈치知識程度도不均하고、貧富의差도懸隔하지아니하야、中流社會가勢力을잡고잇다。 都市와農村과의均衡이잘維持되고、또農業國임으로하야서、農民은政治上社會上中心이된다。

그럼으로農業이發展한것은、조곰도怪異하게여길것이업다。 그러나이러케까지됨에는、엇더한原因이업슬수업다。

中央集權 — 政務施行을中央政府의權力을集中시키는것、地方分權의對

前述한바와같치지금으로부터百餘年前까지는、農業狀態가매우不振하야、가장貧窮한農民이만키는丁抹이라고까지이르든것이、今日에이르러이러케發達한것은、果然무슨까닭인가。 그것은勿論、一朝一夕에된일이아니고、오랫동안官民이一致協力하야、惡戰苦鬪한結果다。 더욱히農業에從事하는農民自身의굳은決心으로말미암아、드듸여今日이잇게된것이다。 自主의觀念이强하고、自活의觀念이이에짝한까닭이다。 單純히政府의奬勵表彰만이이러케만든것이아니라、一面에잇서서農民의自覺이必要한것이니、地方의有力者先覺者가熱烈히鼓舞奬勵하고、農民自身도또한奮鬪努力한結果다。

都市集中의弊를除去하자면、中央集權을避하고、地方分權

産業組合 — [illegible]

을行하야야한다、 그것은다만權力뿐만아니라、經濟上思想上으로말하드라도、地方分權을行하야야한다。 이러케하랴면、地方에産業組合을組織하야、그組合員各自가共同으로事業을企劃하야、그事業으로말미암아各自의地位를向上하도록하야야할것이다。 이産業組合이今日의丁抹에잇서서、良好한成績을걷우고잇는것은顯著한事實이다、

또土地의改良과農村의發展을圖謀함에는、그土地에愛着心을가지고、거긔에永住한다는觀念을가지게하는것이必要하다。 各自가다自己의土地를耕作하도록하지아니하면아니된다。 他人의土地를耕作하야、그土地의收穫의一部分을얻는다면、土地의改良이나農村의發展은到底히不可能한것이니、엇더케든지自己의土地라는觀念을가지게하지아니하면아니된다。 그럼으로丁抹에서는地方有力者가小作人保護法이라할는지、農民勤勉法이라할는지、小作人土地獲得法이라할는지、何如튼農民으로하야금地主가되게하는方法을計劃하고、政府도또한이를容認하얏다。 卽一定한條件을가춘사람에게는、土地를주어地主가되게하는政策을세웟다。 여긔에는여러가지條件과規定이잇스나、結局은勤勉하고農業에功勞가잇는小作人으로하야금、土地所有者가되기를奬勵하얏다。 엇더한사람을勤勉者라하고、農業功勞者로볼것인가에對하야는、各町村에委員會를設置하야、그委員會의審査에依하야決定한다。 그럼으로一般農民은다勤勉하야、農事改良에一身을바치고잇다。 將來에이土地는自己의所有가된다는것을생각하고、여러가지로改良에힘쓴다。 그리하

曾國藩 淸의政治家·儒學者、字는伯涵、號는滌生

야土地는차차改良되고、農民의大多數는土地의所有者가되여、丁抹의農業者라하면、대개는土地所有權을가지고잇는狀態에이르럿다。

그럼으로그들에게는、다른곳으로移住하라는希望도업고、都市에나가서大事業을成就하라는野心도업다。 그들의理想은富豪도아니오、偉人도아니오、善良한農民이다。 그들의一生은農業家로서한學徒니、한平生農事研究에힘쓰고、農事改良에從事한다。 이리하야비로소地方의農業도發展하고、다른事業도進步한다。 일즉이曾國藩은그子弟에게、「나는너이들이高位高官에올라、權勢를천단하기를바라지안코、차라리鄕黨의善人이되기를바란다」고、경계하얏다。 丁抹의農民이한平生農業研究의한學徒가되고、善良한農民이되기를理

想으로삼고잇는것과比較하야、吟味하야볼만한至言이다。
이러한理想을가지고나아가지아니하면、國家는完全한發達을이루지못할것이다。 地方의先覺者·名士들은이러한實例에비추어、一鄕一黨을爲하야農村發展에盡瘁하야야할것이다。

盡瘁(진최) 마음을다하고힘을다하야수고함、盡力함

五 때를앗기

이세상에잇서만은일을하고자하는이는、먼저때를앗겨야합니다。 터전이업스면집을지을수업고、길이업스면걸음을걸을수업스니、대개바탕이업스면아모것도엇지지아니하는까닭이외다。 일은집인데때는터전이며、일은걸음인데때는길이외다。 이것아니면지을수업고、이것아니면걸을수업

는것처럼、때아니면일이또한업는것이외다。

때는끝업는옛적으로부터、끝업는이다음동안에서잇는기동이외다。 그런데이른바일한다함은、사람이이기동의어느한귀통이에달려서、무슨자국을내는것이외다。 자국이란것은아모것도업는데는내지못하는것이니、때업스면일도업다함은이까닭에하는말이외다

사람의목숨은極히짧은것이니、사람에잇서서만더할수업는보배가될뿐아니라、이天地間의造化로볼지라도、매우뜻이만코값이비싼것이외다。 그런데목숨이이러틋貴重하기는、여러가지일을하는밑천이되는까닭이니、일아니하는목숨은값업는븬것이외다。

여러분이목숨이란것을무엇으로아시나잇가。 생각할것업

시때란것이외다。 곳無窮無盡한때속으로서、얼마만한동안을빌어다가、몸에맨것이외다。 밧구어말하면、이몸이때기동에매여달려잇는동안을이름이외다。 이로써보면、때는곳목숨이라한말이거짓아님을아오리다。

미천을잘놀리는장사는利를만이얻으며、더전을잘벼르는지위는집을종요롭게지을것이외다。 한가지때를가지고여러사람이사는데、엇더한이는함이잇고、엇더한이는업스며、한가지일을가지고여러사람이하는데、엇더한이는종요롭게이루고、엇더한이는이루지못함은、다때를잘놀리고못놀림과、잘벼르고못벼름에말미암음이외다。

엇더한사람은말하기를、때는金이라하얏습니다마는、우리는이말처럼때의본금을깎는것이업다하며、이말한사람처럼

가멸다 富

때의참貴여움을모르는사람이업다하겟습니다。 아모리만은金을가진들、아모리적은때라도살수잇습닛가。 어느때어느곳에아모리가멸은사람이라도、그가진財物을가지고、얼마나저의목숨을늘엿다는말을들엇습닛가。 金이사람의慾心앞에는큰힘이잇슬지모르되、때앞에는아모것도아니어늘、엇더케생각하면때를金에견주엇습닛가。 더욱이만하면누구든지때의貴함을깨달으리라고믿엇습닛가。 옷으운일이외다。

때는목숨이외다。 사람이란것은목숨잇는고기덩어리외다。 일이란것은고기덩어리가목숨의힘을가지고꿈적거림이외다。 金아니라아모것을가저도、아모러케도할수업는값업는우엇이외다。

때는한번가면돌아오지아니하니、作別하기를앗길것이외다。 가면서議論업고、갈때에通奇업고、간뒤에자최업스니、그오고가는동안을注意할것이외다。 때에緊한사람이아니라、사람에緊한때니、그는암만나를푸대접할지라도、나는어듸까지든지그를붓들고노치아니하야야할것이외다。

엇더한것을때를앗긴다합닛가。 아모리작은때라도、크게씀이외다。 아모런부스럭이때라도、뭉치로씀이외다。 하는일잇시때를씀이외다。 쓸데잇는일함으로때를씀이외다。 뜻잇는일에매임으로때를씀이외다。 까닭업는때는조곰도쓰지아니하며、必要잇는데는얼마든지씀이외다。

사람의목숨은조각조각때가모여된것이니、한조각한조각때를쓰게쓰고못쓰게씀은、곳제한몸한목숨을쓰게하고못쓰

게함이외다。 그럼으로조각때를버림은한목숨을버림이오、조각때를앗김은한목숨을앗김이외다。 하는일업시나、쓸데업는일하면서나、泥然하게때를보냄은、제손으로제목숨을한도막식자르는셈이외다。 그한토막목숨에는應當아모것도업슬것이오、만일무엇이잇다하면、베으름으로서얻는붓그럼이오리다。

함이잇고자하는우리동모여、때를앗깁시다。 터전잇시집을지읍시다。 길잇시걸음을걸읍시다。 때가목숨인줄을이로써보입시다。 그리하야내손으로내목숨을깍는사람이되지맙시다。

六 安心寺로부터上院庵까지

安心寺・上院庵 [illegible]

天堂으로가는길은云云 新約全書馬太福音第七章第十四節에잇는말

아침에일쯕일어나, 房門을열고앞山卓旗峯의新鮮한翠色을바라보며, 나는혼자無限한期待와疑問으로, 오날부터探險할山內光景을생각해봅니다. 山이얼마나雄深한고, 山이雄深하드라도, 몸弱한내게는어려운일이겟건마는, 도로혀머릿속에그려본만큼雄深치안을가보아, 山을걱정합니다. 이것도생각하면, 分모르고덤비는사람의욕심이지오. 水石은또한엇더한고. 부대이山이智異의壯嚴에, 金剛의奇秀를兼하얏거라, 하는욕심이간절합니다. 생각하면, 이것도아름다운욕심이지오. 나는이런것을생각하다가, 문득한가지일에미치니, 걱정이더럭납니다. 그것은山으로들어간뒤에는, 宿食이큰困難이라는것입니다. 나는아모리생각하야도, 그한가지에만은兩眉間이그냥잇지를아니합니다. 그러나「天堂

白玉京 [illegible]

冥府殿 [illegible]

蘭若

으로가는길은좁고險하니……」라는말을생각합니다. 몇百의車馬를달릴수잇는長安大道를願할여긔가아니어늘, 엇지써險한길을걱정할것이며, 白玉京에一刻을섯슬망정, 그淸涼味를얻으랴하는몸이, 엇지써몇날의어려운宿食을꺼리릿가.

午前八時, 朝飯이끝난뒤에, 山속을잘아는稽晟和尙은밤동안에생각하야꾸민探險路程記를내여줍니다. 그리고住持老師가나서며, 親히우리의指路人이되겟다고합니다. 우리는住持老師의뒤를딸아, 冥府殿뒷받길로하야, 西北쪽으로向하얏습니다. 길을딸아或은오르나리고, 或은구비돌아, 그러나조고마한艱難도업시, 마장쯤되는곳에이르니, 앞으로探密菴安邸菴을바라보고앉은암전한蘭若한집이잇습니다. 이르되安心寺의安心寺야말로, 이山最古의절입니다. 高麗

探密禪師 金海人, 姓은金

成道 佛道의眞理를會得하는것

光宗十九年에,探密禪師란이가이山에들어와서,처음으로이절을刱建한것입니다。 보니,後日의改修를여러번입은것은毋論이나,柱楹은檀木의古材그대로라,古雅한맛을일어버리지는아니하얏습니다。 고개를들어첨아를보니,古怪한筆法으로쓴安心寺의額이잇습니다。 나는그額을처다보며,한歎息을發하얏습니다。

그스님이세상이얼마나어지러워,
깊은山맑은물에이절을세우시고,
온이름다버려두고安心寺라하든고。

安心이업는곳에,事業도업스며成道도업습니다。 이러케생각하다가봄에,佛壇우에앉은觀世音像도,다른데서보다慰勞撫苦의德을더가진듯이보입니다。

浮屠 ...

懶翁 ...

西山 ...

虛白 ...

指空 ...

安心寺와西浮屠

安心寺의東左側을돌아나가니,莊肅한浮屠場이잇습니다。 이를西浮屠라합니다。 左端첫머리에따로떨어저,高麗懶翁和尙의浮屠가잇고,右面하야西山虛白等의浮屠가잇고,前後左右에四十四座의石鐘과,李穡의撰인指空懶翁合 碑와,李廷龜의撰인淸虛堂碑立비못하야,二十・基의

碑石이森立하얏슴은,衰退한李朝佛敎界에서나마,歷代禪門의繁榮을엿보기에넉넉합니다。 들으니,三月三日과秋分의날에는浮屠祭를行하야,佛子의寂魂을조상한다합니다。

安心寺의石鐘을지나,東으로뚤린길을딸아山기슭을돌아나니,시내가잇습니다。 바위로뛰여오르고,바위를뛰여나리고하야,시내右側의길을잡아오르다가는,다시그시내를도로건너,左側의길로들어가니,벌서谿谷行의잔자미를보는것같습니다。 왼편으로올려다보이는絶壁우에는,키작은소나무발치異鳥聲의樂堂이되여잇고,다시건너쪽바른편山언덕멀리로는,푸른하날이靑紙가되여,奇峯白雲을그리는書室이되여잇습니다。 이것이果然凡常치아니하야,고대열려지는洞天이잇스니,이르되臥龍洞,或은金剛水石의面目과같다하야,

西關 平安南北道의稱

木蓮 [illegible]

金剛洞이라고도합니다。 이곳을臥龍洞이라함은,臥龍瀑이잇는까닭이니,瀑布는크지아니하나,우으로올라나려다봄에,굼틀거려흐르는양이,臥龍의이름을바로얻엇습니다。 그물이고여,한小潭을이루고,潭이넘처溪流를지은곳에,數十人이앉을만한盤石이잇서,봄철에는西關사람들의진달래꽃花煎터가된다합니다。

臥龍瀑우으로올라,숲사이길로들어서니,바람은한點도업고,땅에서는더운김이치처금시로등에서땀이나며,얼골이확확다는것은,地獄을聯想케합니다 步步히들리든버꾸기소리도한마듸들리지안코,다만하나木蓮의흰꽃이,地獄衆生의불타는눈에, 滴冷을던저줄뿐입니다 이런길을얼맛동안지나가노라니,문득솔발치끝나며,시원한 陣風이우리를반

鐥 俗字、복자、술·기름等을되는金屬製의그릇

겨안아줍니다。 눈을들어右便對壁을바라보니、큰瀑布하나가걸렷습니다。「그러면그러치、이涼風이까닭이업지안치」하고、나는중얼거리며、瀑布의이름을물으니、臺下瀑이라고도하고、鐥瀑이라고도한다합니다。 臺下라함은、우리가가는이앏길저瀑布우에、引虎臺란것이잇는까닭이오、鐥이라함은、瀑布形狀이복자모양으로되엿기때문에얻은이름입니다。

우리는이복자瀑布를돌아右路로들어가니、또다시갑갑한樹林속이됩니다。 그러나이번에는새소리로써물소리를대신할수가잇습니다。 한참만에우리는路傍에선한木牌를보앗습니다。 오른쪽에는「瀑布景路」라썻고、왼쪽에는「上院行路」라썻습니다。 우리는먼저瀑布를보기爲하야、右路로접어나려갓습니다。 左路로가드라도、引虎臺우에서瀑布를볼수업

道場 佛道를修行하는道場[illegible]

玄賓居士 西山大師의弟子[illegible]

습이아니지마는、瀑布구경은이右路로나려가、臺아래서올려다봄이제일조키때문입니다。 溪邊언덕까지나려가니、果然對壁에瀑布둘이雙으로걸렷습니다。 右瀑은일러散珠瀑이라하니、근원을法王峯南麓에둔百尺大瀑이오、左瀑은가론龍淵瀑이라하니、여긔서는안보이나、그우에上院庵덜미를짚은天紳瀑의下流로서、三百尺長瀑입니다。 傳說에依하면、龍이저웃물에살드니、道場이不淨하다는협의로、玄賓居士에게쫓김을받어、이리로나려오다가、龍淵瀑꼭대기에구멍을파고들어갓다고합니다。 펑뚤린돌구멍이십상이버니와、흐르는瀑布水도굼틀거리는龍으로보이고、또한그傳說을좇아생각함에、물소리도惟順한龍의울음소리같어서、가엽슨情이일어납니다。

阿彌陀佛 [illegible]

나무아미타불 [illegible]

옴으리다라ㅅ바하 [illegible]

白龍이굼틀거려오르는듯나리놋다。

나리고못오르니소에돌며우는구야、

넘치여시내되고는다시울어예더라、

우리는散珠龍淵의瀑布소리를떠나고십지아니하나、다시돌아가引虎臺우에서바라보기로하고、발길을돌렷습니다、아까나려온木牌선곳에까지기여올라와、本길로바로들어서、한구비를돌아가니、石逕이시작됩니다。 險峻하지는아니하나、그러타고平坦하지도아니한一大盤石우으로오르게되자、石角우으로올라서니、큰바위가우리의얼골을가로막는데、거긔感謝하게도엇던前人이이길에鐵索을매여두엇습니다。 石에「阿彌陀佛」四字를크게사겻고、그右便에는「나무아미타불」이라、또그左便에는「옴으리다라ㅅ바하」라、사겨잇습니다。 어려운고비를치르고올라선行人에게시원한慰勞를주는듯합니다。 그러나바윗길을왼쪽으로돌아오르니、또다시危巖의길이잇는데、또鐵索을걸어두엇습니다。 마치危와慰가숨박꼭질하는人生의行路와같습니다。 이險路를타고오르니、인하야斷崖側立한石臺가됩니다。 이것이引虎臺입니다。

龍蛇飛騰 [illegible]

引虎臺를버리고、上院庵을向하고나려갑니다。 羅漢窟앞을지나바윗길을지나서니、거긔가곳天紳瀑이떨어저溪水를이룬곳입니다。 溪石의面에는、이루셀수업는만은刻字들이잇습니다。 그中에먼저눈에뜨이는것은「龍淵」과「神仙窟宅」「雲霞洞天」입니다。 書體가차도눈에익어、楊蓬萊의筆蹟임을알겟습니다。 나는金剛山萬瀑洞口에서、그의「蓬萊楓岳元化洞天」이란刻字를보고、龍蛇飛騰의歎을發하과함께、그의山水愛

의心境을稱讚한바잇섯드니、오날이곳에와서、갈은讚歎을또한번禁하지못합니다.

고개를들어洞府를바라보니、眼界가번쩍열립니다、 주충주충한바위들은、꽁무니뒤에서고대한바탕춤을출듯이長短을기다리고、웃둑웃둑한峯嶽들은、얼골앞에둘러서서、부르면대답하고말

上院庵

煩惱번뇌 [illegible]

法界淸涼夏亦秋 [illegible]

蝀龍窟 [illegible]

려올듯이귀를기울이고잇습니다、 발앞에는꽐꽐이물이오、멀리들으면야단스러운飛泉의소리、이갈치보이는것、들리는것이、다生動을자랑합니다。 美의極致를이룬形相動作聲響、이속에섯스니、아모意識도업시、아모努力도업시、煩惱가끈어짐을알겟습니다、

인하야庵子에올라서니、本殿에는觀世音을、七星閣에는羅漢을安置하얏습니다、 이곳은觀音道場으로서、古來로靈域의稱이잇서、祈禱客이끈치지아니한다합니다、 法堂앞마루에앉엇스니、法界淸涼夏亦秋의걸맛쫌은아는것갈습니다、

七 蝀龍窟

球場까지왓다가、天下의奇勝蝀龍窟을그대로지나칠수업

記錄 蝀龍窟의東쪽龍門山龍門寺의緣起文을가르처
寶藏王 高句麗最後의王
寂照禪師 寶藏王의때,十三歲에出家하야義湘法師에게法을받엇다
鳳命 임금의命令.

다하야,솜갈치疲勞한몸을끌고,雨中에나섯다。 蝀龍窟을嚮理하는球場普通學校長과折衝한結果,異例의便宜를얻어,引導者兩人과함께,蝀龍窟入口에到着하니,때는午後六時엿다。

이蝀龍窟은決코近年에와서비로소發見된것이아니오,그由來는자못오래다。 記錄에남은것만으로도,「高句麗寶藏王二十六年에,新羅가大軍을들어高句麗를짓처들어오자,寶藏王은大驚失色하야,寂照禪師를불러,佛像·經典및幣物을부탁하되,『戰亂이危急하니,먼저避身하야이佛像을神林에奉安하고,香供을끈치말라』고吩咐하얏다。 鳳命을받은禪師는,數名의僧侶와갈치佛像을모시고避亂하든途次,神林鬱蒼한妙香山의支脈,龍門山下에이르자,山水가明麗함을보고,避世의好適地라하야,四方을巡探하다가,谷口에서一大石窟을發見하

秋芳洞 山口縣美禰郡秋吉村에잇다
맘모스洞 Mammoth Cave 아메리카合衆國켄터키(Kentucky)州에잇다

고,들어가보랴는刹那에,문득紅霓가洞窟속에서일어나하날에뻐치며,五色玲瓏한神龍이무지개를딸아나려와,禪師를擁護함에,禪師는一行을돌아보며,『이窟이야말로,부처님의奉安所로하날이주신靈地다』고하야,蝀龍窟이라命名하고,窟內에들어가,戰亂이鎭定되기까지一年남아를避亂하다가,나종에紀念삼아,同窟에서東方約二十里되는龍門山에庵을지어,龍門寺를創建한것이라고잇다。 寶藏王이라면高句麗末葉의王으로서,비단新羅뿐이아니라,唐과도干戈가끈치지안아,境宇가자못擾亂하얏스니,모섯든佛像을名僧에게부탁한것도無怪한노릇이리라。

아모런지世界에鐘乳洞이만치마는,그中에有名한것으로山口縣의秋芳洞,米國의맘모스洞窟을치든것인데,한번朝鮮

亦壯亦秀 西山大師가 朝鮮의 四山을 評하되 「金剛은 秀而不壯、智異는 壯而不秀、九月은 不秀不壯、妙香은 亦壯亦秀」라 하얏다.

天慳地祕(천간지비) 하날이 앗기고 따이 숨긴 것、세상에 稀貴한 것.

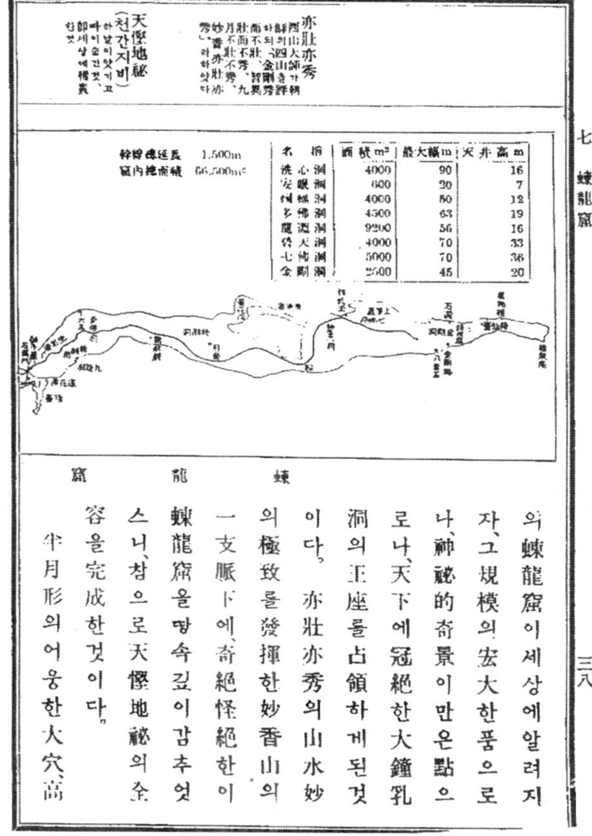

名 稱	面 積 m²	最大幅 m	天井高 m
洗心洞	4000	90	16
安眠洞	600	20	7
伽藍洞	4000	80	12
多佛洞	4500	63	19
龍淵洞	9200	56	16
侍天洞	4000	70	33
七佛洞	5000	70	36
金剛洞	2500	45	20

蝀龍窟

의蝀龍窟이세상에알려지자、그規模의宏大한품으로나、神祕的奇景이만은點으로나、天下에冠絶한大鐘乳洞의王座를占領하게된것이다。 亦壯亦秀의山水妙의極致를發揮한妙香山의一支脈下에奇絶怪絶한이蝀龍窟을땅속깊이감추엇스니、참으로天慳地祕의全容을完成한것이다。

半月形의어웅한大穴高

業孽(업얼)

平面圖

는五尺이나될가、廣은十尺이넘을듯한것이、흉물스러운아가리를우리앞에벌리고잇다。 어둑컴컴한속으로부터무럭무럭떠오르는김이、벌서業孽을삶아내는地獄의큰가마솥을聯想케하는데、한거름을들어서니、이세상것이아닌陰濕한기운이선뜻하게몸과마음을휩싸며、그야말로外界와는幽明이서로갈려버린다。

奈落 地獄의 뜻. 冥府 幽冥의 뜻.

발은질척질척하는泥土에서 맛글어지는데, 굵은鐵絲로여러겹꼬아노은鐵索을부여잡아, 간신히몸을支撑하면서, 한거름두거름行進하는사이에, 두引導人은솜뭉치에石油를덤벙적서, 횃불을켜든다. 검을검을한火光에, 군데군데물고인누른길바닥이들어난다. 黃泉길이란이를두고이름인가하얏다.

한四十間통이나걸어왓스리라, 문득우리압에는여러길되는낭떠러지가가로막혓다. 손이시린쇠사다리를부여잡고나려가노라니, 果然無底奈落의冥府로떨어지는듯. 사다리가끝난곳을洗心洞이라이르는데, 上下左右가窟속답지안케훨신열리며, 여긔서부터鐘乳洞의特異한光景이展開된다.

돌이자란다. 덤덤하고단단하고딱딱한그돌, 生이업고動이업는그돌, 그돌이연한풀과갈치자라난다. 눈처럼싹처럼

트고돋는다. 꽃과갈치피여나고, 젓과갈치흐른다. 이것이벌서奇가아니냐. 그나그뿐이냐, 이生動하는돌은, 밑으로부터우으로生長하는地上의法則을깨트리고, 우에서부터밑으로거구로자라난다. 이것이벌서怪가아니냐.

이자라면서부터벌서奇와怪를一身에具備한돌들이, 하나이아니오둘이아니오, 萬으로億으로, 天井과地上에뿌리를박고, 妙相과異趣를가추가추부리며林立倒生한양은, 果然形容에絶하고想像에絶한特異한光景이다. 無數한鹿角과象牙의숲을곤두세운듯한밑으로, 明滅한火光을딸아지나가노라면, 모퉁이모퉁이구비구비에驚異와感歎과戰慄과恍惚이나를기다린다.

絶好의避亂地安眠洞, 下樹叢林을이룬寶鈴洞, 奇岩과秀峰

이倒懸한듯한鍾乳洞、數十名을느러세울만한廣闊한練兵場、간신히容身할만한狹窄한石溪門、層層粘土의蝙蝠洞의숨갓븐재를넘고、까마아득한天井의끝간데를모를碧天洞을나려가니、一行의足跡과節音이뫼아리를지어、遠雷가우는듯。

뫼아리 山彦

武士塔

亦壯亦秀한成佛嶺、多奇多怪한多佛洞、十大王武士塔의의젓한佛座와人形들、駱駝巖·獅子巖의宛然한物相과鬼面들、絶壁

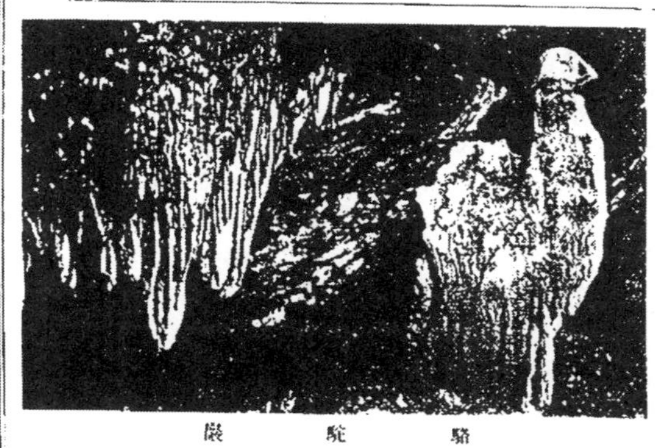

駱駝巖

과石盤이龜裂한구멍에蒼海와通햇다는深淵、小舟를저어건느는大池、奔流와急湍이내리질르면서넘치는石瀑布、萬條白浪이올이올이가닥가닥이구비치며끈친銀波庭、千朵琦花가滿發한채飄零을모르는藤花洞。 石片으로八音石을두들김에、높고낮고맑고쉬고、연연하게끽끽하게구슬프게청섬맞게알외는妙音、天來의音譜를秘藏한듯하다

金剛世界 [illegible]

蜿蜒十餘里,神韻과鬼氣가 서리고며도는데,妙와巧와精의極致를發揮한一大彫刻의總綜合이오集大成이다。이 彫刻이야말로果然生動한다。그것은靜한채動하고,流轉하면서固定한別世界다。千變萬化하며常住永存하는金剛世界다。

이暗昏한怪世界의太陽格이오生命源의구실을하는것은水氣리라。含水量의微妙

藤 花 洞

뉴안스 Nuance 佛語 [illegible]

한差異를딸아,暗中의明과昏中의光이濃淡各樣의뉴안스를 배풀어낸다。 或은透明或은暗澹或은輝煌或은朦朧玲瓏하게寶玉과갈치반짝이고,陰鬱하게死灰와갈치슬어진다。으늑한月光이煙波에부서지며,晦夜에星影이꿈꾸는듯。 이明暗으로짜낸綾羅자락속으로그욱히수며,가만가만한幽音을내는듯마는듯하다가,문득침침하고괴괴한空氣를뚤코,한방울두방울뚝뚝떨어지는落水聲,이單音이야말로,生命創造의歡聲이오凱歌리라。

奇怪한石造冥府의巡禮를마치고,娑婆世界에나오니,해는어느덧에떨어지고,밤이깊엇다。 그사이에이러케時間이갓는가。 瑤池의 刹那가地上의累千年이라는荒唐無稽한古談도,허풍만아닌듯싶엇다。

歸去來 돌아가자는 뜻、來는 助辭、陶淵明의 歸去來辭에 「歸去來兮、田園將蕪、胡不歸」라 하엿다

하다 만타、크다

八 古時調六首

歸去來歸去來하되말뿐이오간이업싀。
田園이將蕪하니아니가고엇지할고。
草堂에淸風明月은나며들며기다린다。

田園에봄이드니이몸이일이하다。
꽃남근뉘옴기며藥밭은뉘갈소냐。
아이야대베여오너라삿갓먼저겨르리라。

시내흐르는골에바위지어草堂삼고、
달아래밭을갈고구름속에누엇스니、
乾坤이날다려이르기를함께늙자하더라。

전나귀 蹇驢

蓼 여귀 또 蘋 빈 이르는 翱翔 [illegible]

오려고개숙고열무우살젓는데、
낙시에고기물고게조차나리놋다、
아마도農家興趣는이뿐인가하노라、

田園에남은興을전나귀에모도실고、
溪山의은길로興치며돌아와서、
아이야琴書다스려라남은해를보내리라、

우술부슬雨滿空이오울긋붉읏楓葉紅이로다、
다리걷은簑笠翁이긴호미둘러메고、
紅蓼岸白蘋洲際에與白鷗로翱翔翱翔

夕陽中騎牛笛童이頌農功을하더라。

九 公衆과衛生

社會는個人의集合體다。 貴重한個人이서로의지하야成立한것이다。 그럼으로個人은社會를爲하야、社會는個人을爲하야、서로扶掖하야그福利를企圖하지아니하면아니된다。 그런데세상에는、往往히自己의福利를꾀함에孜孜하야、조곰도他人의不幸災害에빠짐을顧慮하지안는徒輩가적지안타。 엇지慨歎할바가아니랴。

社會公衆의健康을保全함을公衆衛生이라한다。 各人이公德을尊重하야、公衆에對한衛生의法則을履行한다면、구태여法規의制裁力으로써、嚴重히警戒할必要가업다。 그러나

衛生思想이缺乏한者는、自己의衛生도嚴守하지못하야、자칫하면、節度를넘고嗜欲에左右되거든、하물며公德心에비추어自他의災害를물리치랴함에리오。 여기에잇서서여러가지衛生에關한法令을發布하야、汚穢物의除却을비롯하야飮食物의精選等에이르도록、巨細의取締를嚴重히할必要가잇다。 이러한諸法令은少數者에게는多少의煩縛이업지아니하나、大多數의利益安寧을保持함에는不得已한일이다。 그러나民衆의自衛觀念이發達하지못한以上에는、許多한法規가잇다하드라도、그警戒의效力은極히薄弱할것이다。

傳染病은自衛觀念이不足한細民에게만타。 또細民은그두려운줄을알면서도、自己의生計에汲汲하기때문에、防衛手段을다하기어려운바가잇다。 或은無智함으로써荒唐無稽

罪障 [illegible]

한妄說을盲信하고、迷信의結果로厄막이祈禱를信賴하야、貴重한生命을神佛의加護에一任함과같은것은、다만病毒의豫防撲滅의妨害가될뿐아니라、급기야法令에違反되여施政의困難을誘致하는일이잇다。 이러한不學無識한細民에게法令을理解시키고、淫祠邪敎의妄誕함을辨別시켜、그蒙昧를啓發함은、또한先覺者의任務의一端이라할것이다。

傳染病은普通病과달라서、一時에流行하고一時에終熄하는것이만타。 그럼으로蒙昧한人民은、傳染病을神佛이社會에내린罰이라고생각하고、罪障의消滅을祈願하면、그流行이차차衰退하야、祈願의效能이炳然히나타나는줄로믿는다、今日의學理로推究하야보면、神佛에祈願함으로써傳染病의毒力을물리칠수업슴은勿論이다。 그러나만일民衆의厄病

코레라 Cholera
티푸스 Typhus
파라티푸스 Paratyphus
디프테리아 Diphtheria
페스트 Pest
디스토마 Distoma
마라리아 Malaria

祓除法에、平日의無節制한習慣을버리고、飮食을삼가며、沐浴齋戒하야身體를깨끗이하며、祭式을執行하라고土地家屋을淸潔케하는일이잇다면、偶然히消毒的淸潔法에適合하야、그때문에病勢가頓挫함은別로奇異할것도업다、

傳染病의種類는매우만아서、이제그數를決定하기가어렵다、 웨그러냐하면、이전에는非傳染性으로보든것도、차차그性質을詳細히硏究하야、傳染病으로認定하게되는것이만음으로써다。 朝鮮傳染病豫防令에列擧한것은、코레라、赤痢、疫痢를包含함腸티푸스、파라티푸스、疱瘡、發疹티푸스、猩紅熱、디프테리아、流行性腦脊髓膜炎、페스트等이다。 이런것을法定傳染病이라하는데、醫學家의所謂急性傳染病이다。 이밧게도流行病及地方病에屬한것으로、肺디스토마、마라리아、十二

指腸蟲·再歸熱·癩·痲疹等이잇다、

文部省의發布한學校傳染病豫防規程에는、法定傳染病外에百日咳·痲疹·流行性感冒·流行性耳下腺炎·風疹·水痘·肺、喉頭其他機關의開放結核·癩·토라홈其他의傳染性眼炎·疥癬·其他의傳染性皮膚病等을添加하얏다。 그것은學齡兒童에게는이러한病이特히만코、한病兒로말미암아그病이全校에蔓延하고、또通學兒童은그病을學校에서家庭으로옴겨、傳染의媒介를짓는일이적지아니한까닭이다。

토라홈 Trachom.

傳染病中에는國家生産의要衝에當하고잇는勞働者間에流行하는것이만음으로、一朝에蔓延流行함에미처서는、國家의生産力을減殺함이매우크다。 그뿐아니라、輸出品같은것도、生産地의傳染病流行을理由로하야、輸入을拒絶하는일이

만타。 이와갈치傳染病은國家經濟上에미치는影響이莫大한것이다。

傳染病을豫防하는方法은、오랫동안의經驗에依하야、病者를隔離함을제일로알앗다。 그리하야病者의身體는勿論이고、그排泄物은모다病毒을包含한것이니、눈으로볼수도업고코로맡을수도업는微小한汚穢物이라도、그것이附著한衣服·什器等에接觸하면、곳그病毒에感染된다。 그럼으로完全히隔離의實效를들고자하면、患者와健康者와의交通을遮斷하야야한다。 이전에는傳染病毒의性質을알지못하얏기때문에다만그存在를假想하야、患者의排泄物中에包含되엿다고만믿엇다 그러나今日에잇서서는、病理學의進步에依하야、病毒이微小한細菌이라는것을確知함에이르럿슬뿐아니라、

다시한거름나아가各細菌의性狀强弱까지도詳細히알게되엿슴으로、이전부터豫防의方法으로襲用하야오든隔離法外에、消毒法·免疫法等을使用함에이르럿다。

傳染病이流行할때에、土地家屋의淸潔法에對하야、當該吏員의嚴促을받는것은、自己의平素의怠慢에對하야叱責을받는것과다름이업다。 진실로公德心이잇는者는平素에相當한淸潔法을게을리하지안는다。 그러나蒙昧한무리는表面으로는掃除함네하고、汚穢物을完全히除却하지못함으로、그所在地는문득病毒의汚染한바되여、차차周圍가그災厄을무릅쓰게되는일이만타。 또特別히自己의攝生에힘써야할時期임에도不拘하고、病魔를擊退한다일캇고暴飮하며、或은함부로病家를訪問하야交通遮斷命令을어기며、或은健康診斷

을꺼리며、或은故意로病者를隱蔽하며、或은弔慰를이름하야、死者의家庭에서宿食함과같은것은極히危險한일이니、엇지삼갈바가아니랴。

一〇 九龍淵

毘盧峯東谷溪水가次第로左右傍溪를껴가지고、이어東流하다가、다시月出彩霞두山連峯의北流하는溪水까지合하야흐르는물을、巖窟좀못미처서건넛다。 건느면서溪谷의下口를바라보니、兩岸巖崖가널죽이열렷는데、그골넘어로는蒼茫한먼하날만이보인다。 이溪流는지금萬山놉은우에서曲折하는것이라、여기서도下界를생각하야보면아득하다。 溪流를긴느자、곳巖窟로올라가는峭崖가잇고、巖窟을지나서、엇질

앗질한巖壁의꼽을꼽을한층대를얼마쯤나려가면,왼쪽으로부터急한비바람의몰려오는소리가나며,樹林성긘데로좇아,半空에허여케길린무엇이웃몸만을은은이들어낸다。 나려갈수록急한소리가비바람의比도아니고,半空에걸렷든허연것이半空이아니라곳天上이오,길린것이아니라곳굼틀거리며나려닷는것이다。 그러나아즉도正面으로보이는것은아니다。 꼽을꼽을한石磵가끝나고,大盤石우으로나려가면,이제는正面이다。 참으로어마어마한大瀑이다。

參差(참치) 가지런하지안은모양

金剛山이全石이로되,參差하야삐쭉삐쭉하거나,起伏하야울퉁불퉁하거나,흩어젓거나,싸엿거나하야,直立한全石이적고,或全石이直立한데가잇슬지라도,楓柏이틈틈이나서이를가렷슴으로,面勢가보이지아니하며,或露立하얏슬지라도,그

마구리

리壯하게高廣함을보지못할러니,여긔와보니,蒼黑한石壁이南北을건너막어,이끝에서저끝까지가기約千間쯤이나되고,

九龍淵

石壁이라면대개불쑥나왓다움쑥들어갓다하건마는,이石壁은巖石이自然히끝치나서,마구리갈치된것이아니라,斷處의내리빼친石脈이끝업시나가랴고作斷하든것이,여긔와서劈斷된것이라,그럼으로서와갈치깟쯘께낸듯이嶄截하며,

金冠 朝服입을때쓰는冠

높이로말하면대개數百尺以上이니까마아득한하날우라,처다보기전에는石壁중턱만이보이고,그위는볼수가업다。 正中으로江河갈은大瀑이나린다。

瀑水의바로넘는거긔는左로도빗으듬이낫아들어오고,右로도빗으듬이낫아들어와,自然히瀑門이되고,門께서그러케된것이壁面에까지그모양으로나려오다가,차차左로右로부터얼려드는低勢가더하야지드니,그아래는瀑道어름이더욱더욱넓히패이며나려와,下半壁은적이숙은것갈치되엿다。패이되넓어가며패여온지라,맨밑에와서는,後壁이半둥근두름이되여,바라봄애金冠의前梁을때고뒷두레만을노은것갈다。 石壁의直立한것이끝나자,앞으로내여밀어,그대로돌바닥이되고,瀑布받는곳은正圓한大石湫가패엿다。 큰물이絕

壁을當한바에,絕壁이곳直立한石面입으로,洪波巨浪이듸굴듸굴구는데,이急함으로도뒤쫓아오는물을미처엇지할수업습인지,뒤로엎이며앞으로엎이며차며솟으며하야오다가,石壁의패여나림이甚한데미처는,虛空으로떨어진다。 大湫의시커먼무놀은洶湧하야그칠때가업고,噴沫이數百步밖까지뛰여나온다。

이물은果然어듸서오는것인가 瀑布로서의左편巖崖를攀緣하야올라가보면,八折하야오는源瀑이잇는데,바라다나보앗지,逼視할수는업다 아까巖窟저쪽에서바라보든溪谷넘어가곳이八折하는어귀요,아홉번재꺾이는것이곳이大瀑이다。 그밑치이른바九龍淵이다。 石湫에서넘치는물이빗으듬한石溝로좇아,다시小湫를이루어가지고,다시흘러나려간다. 이아래가水簾瀑이다.

二 望軍臺

한참다리를쉬여다시望軍臺를向하고올라가니, 하날이아니보이는灌木林中이라, 이슬을헤치고물먹은푹은落葉을밟아, 숨이턱에다코全身이땀에젖을만한때에, 숲을벗어나니, 올퉁볼퉁하고뾰족뾰족한바위峯이라, 흙한줌을볼수가업는바위와바위의틈바구니, 비가올때에는물이나려오는길인듯한, 한사람이겨우지나갈만한좁은틈으로, 一條鐵索이걸은뱀모양으로느러젓는데, 고개를뒤로번젹제켜우러러봄에, 鐵索의끗간데를모르겟습니다. 어느름에벌서부리纛家는벌서그鐵索에매여달려, 中턱쯤올라가며불너리니, 마치흥그런사람

이空中에달린듯합니다.

여기까지왓다가, 이光景에四肢가저려서, 돌아서는사람도잇다합니다. 鐵川細倫이먼저鐵索을잡고성큼성큼띄여오르는것이매우수월하게보이는데, 귀운을얻어, 우리도그의뒤를딸앗습니다. 쇠줄에한손을옴겨잡고는, 바위에한발을옴겨노코하야, 四, 五步를올라서는, 팔구비로이마에땀을씻으며바위에기대여쉬고, 쉬고는또그모양으로올라가고, 或발드딜자리를찾노라고떨리는발을누게버린모양으로내둘러도보고, 그러다가는무릎을밟아, 바위에부치기도하고, 이러케오르노라면, 或 只十步이되만한平地를맛나, 쉬기다가무거운엉덩이를노코, 쉬유한숨을쉬며, 이러하야겨우六十餘尺의쇠줄을二十餘分이나걸려다기여올라, 발을맘케대고오래간만에

사람다운直立의姿勢를取하면「에구살앗다」하는歎聲과함께,半空에오른듯이眼界가넓어집니다. 四五個의大巖이或은눕고或은서서,望軍臺의絕頂을이루엇습니다. 누은바위의배와,앉은바위의엇개와,바위와바위의틈바구니에빈틈업시올라서면,二十餘名쯤은容納할듯합니다. 그中에第一키큰바위의머리에오르면,그것은望軍臺의最高處니,寶月和尙이먼저기여올라우리를부르나,올라갈勇氣가업습니다.

세길도못되는바위끝三十里두곤어려워라。

三十里길을다올라서세길두고못보단말가。

세길은세길이라마는못오름을어이료。

거긔를오르지아니하야도,內金剛의全景이一眸에모입니다. 一眸라기보다도,발로圓의中心을삼아몸을한바퀴돌리

望軍臺

면이라함이더욱適當할가합니다. 먼저西北間을向하고서면,바위하나업고잔듸같은풀로덮인듯한穹窿形의凌虛峯,거긔서北을向하고눈자위를돌리면永郞峯,또돌리면峨峨라고밖에形容할수업는白玉峯이金剛·萬二千峯의主峯이오最高峯인毘盧峯,이러케凌虛永郞毘盧의三峯이·直線의脈을이루어,金剛의北方城壁을지어,그以北의山과

바람이敢히衆香城中을엿보지못하게하얏습니다. 毘盧와永郞의中間쯤하야, 嶙嵫의劍戟을버린듯이둘러선一局이衆香城이니, 金剛山中에가장神祕하고幽邃한곳이라, 白雲과飛鳥밧게는그속을엿볼수가업스니, 金剛山의法堂이라할만한곳이외다.

毘盧峯에서눈을東으로돌리면, 끝치뾰족한見狄峯이잇스니, 그中에十字架틀이고선것이日出峯, 꼭대기에蓋子가얹은듯한것이月出峯, 거긔서正北으로눈을돌리면, 말듯이東南을向하야길게뻗은것이무제, 그러다가東南에웃뚝솟아西天을向하고번쩍고개를든것이白馬峯, 白馬峯의뒤밑에서부터內南으로달아난것이十王峯·非人峯·使者峯, 거긔서다시눈을西으로돌리면, 碧綠下에翠山이夢幻같치夕陽의斜光線을望아, 눈앞으로모여드는듯합니다.

이러케內金剛의北·東·南三面이거의正方形의三邊과갓치둘러막히고, 西편한쪽이툭터젓습니다. 西편이터젓다함은그편이平野라함이아니오, 金剛과非金剛과를區別하는城壁갓은峯巒이엽다함이외다.

이러한속에몇千·몇萬인지모르는, 劍戟도갓고생촉도갓은峯들이, 雙六말버린듯이빈틈업시들어섯습니다. 望軍臺에서四面을바라보면, 마치林立한劍戟을보는듯합니다. 千地라고는하나도아니보이고, 上下四方이 왼통뾰족뾰족한峯頭로찻습니다. 참말偉觀이오奇觀이외다.

金剛의모든峯들은키큰놈은허리까지, 조작은놈은가슴까지, 더작은놈은무릅까지밧게松柏林의힘을아니나고, 그남

안치모니 Antimony. 靑色을띤銀白色의結晶質金屬

아지는全혀끌치뾰족한흰바위로되엿스며、그바위끝은開闢以來몇千萬年의風雨에아로사겨저서、或은사람모양、或은김생모양、或은劍戟모양、或은새모양의가지各色의物象으로되엿스니、金剛山의諸峯의模型을만들랴거든、圓錐形을만들고、그가운데쯤이나가슴께까지森林을그리고、게서부터無數한縱線을가진안치모니形의巖石을만들고、最後에그圓錐의끝에무슨奇怪한物象을만들어안칠것이외다。 大小無數의이러한圓錐形을만들어、그頂點이無數한曲線을그리도록疊疊히버려노으면、그것이內金剛이될것이외다。 海拔二千尺에서六千尺에이르는동안의모든種類의높이를가진峯들이、數千이나三十里平方에버려잇다하면、그奇觀을想像할것이아닙닛가。 게다가그峯頭의巖石은白金色의돌옷에덮여、모다

朝宗 諸侯가天子께拜謁하는것、여러지는向하야오는뜻、또隷屬하는뜻。書經에「江漢朝宗于海」라하엿다

白玉과같습니다。 그리고그峯들의布置가決코되는대로가아니오、여러種類의深邃와複雜을가진溪谷을形成하도록되엿스며、各溪谷은左右로키차례로비늘달듯이느러선無數한峯으로되여、저보다더큰溪谷으로朝宗합니다。 여긔서나려다보면、長安寺에서안무재까지三十里를西北東으로縱貫한大溪谷과、長安寺에서望軍臺까지三十里를西南東으로縱貫한大溪谷이잇고、이二大溪谷을向하고、內圓通洞이라는二十里長谷、毘盧峯가는二十里長谷을머리로、大小無數한溪谷이거의平行으로朝宗합니다。 그래서얼른보면錯雜한듯하되、仔細히보면系統과秩序가잇고、더仔細히보면無數한小統一을合하야、보다큰몇統一을만들고、또그것이合하야內金剛全體가一大統一을이루엇습니다。 이複雜과統一의調和가金

剛의美의主要素인가합니다。

實로望軍臺는、內金剛의偉觀과美觀을가장完全히보이게하기爲하야만들어노은瞻望臺외다。 만일內金剛을만들어노코、望軍臺를缺하얏든들、그偉觀과美觀은헛된것이되엿슬것이외다。 內金剛을彫刻할때에、天翁이앉어指揮하든곳도望軍臺요、彫刻이끝난뒤에仙官仙女를다리고落成宴을베픈곳도望軍臺요、때때로仙女들이金剛山구경을나려올곳도望軍臺일것이외다。

金剛山큰彫刻을千劫만에이루든날、
玉皇의寶座를어느곳에定하릿가。
望軍臺白玉峯頭야그곳인가하노라。

玉皇이降臨커라仙官仙女다리시고、
金剛山第一峯에翫月宴을베푸시다、
醉하야回駕를잊으시니望軍臺이되시다、

望軍臺絶頂에서고앉고누은바위를보고、이러케狂想함도한자미가아닙닛가

一二 超人의境界

平地에서山上으로가면、우리의心機는一轉하야、別世界에들어간듯한늣김이난다 이것은첫재로는、우리의生存感覺에變化가생긴까닭이다 山上에서는氣壓과溫度가낮고、空氣가新鮮하기때문에、肺臟과皮膚의作用이갑작히彈力性을더하게되나니、이러한變化로말미암아、有機感覺이顯著히變

羽化登仙 몸에깃이도처하날에날아올라가서仙人이된듯한늣김을이름、蘇軾의前赤壁賦에「飄飄乎如遺世獨立、羽化而登仙」이라잇다

化하야、마음이輕快하게되여、羽化登仙이라고나形容할수잇는늣김이나서、身體的生存의狀態가平地에잇슬때와는아조달라진다。 또한편으로는、山上에서는우리의聽覺과視覺에부되치는바가平地와는判異하기때문에、훨신더山을영검스럽게한다。

우리가싯글어운噪音을듯고잇는以上에는、俗世界에잇다는늣김을떠날수가업다。 그런데높은山에오르고보면、平地에서귀에익도록듯든소리는、도모지들리지안는다。 音響의滅却은사람으로하야금超人間的늣김이나게한다。 鳥獸의소리、風雨의소리와같은것도、山上에서들을때는、雜音이充滿한地上에서듯는것과는全혀趣味가다르다。 그러나鳥獸風雨의소리뿐아니라、무슨소리든지듯고잇는동안은、吾人은아

水平線 靜水面과平行또地平面에잇는直線

立體畫家 二十世紀初頭에佛蘭西畫壇에서起한立體派의畫家

즉俗界를떠날수가업다。 아모音響도들리지안는山上의風光을볼때、山은더욱더욱靈異하게된다。

視覺에비치는山景致가一種의別世界를이루는것은、視線의角度가平地에서景致를바라볼적과顯著히다른까닭이다。平地의風景은주장으로눈과同一水平線을上下하야展開된다。 곳우리는항상風景의水平相을바라보지마는、山上에서는우리눈에비치는風景은、주장으로仰望相이되거나、俯瞰相이되여、景物의配置와形狀이平地에서보는것과달라、全體의景致가異相을나타내여、엇전지異常하게늣겨진다、 近來畫家中에、風景의俯瞰相을그리고、或은仰望相을그리는이가차차만아저가고、또西洋의立體畫家들은、景物의 相을同時에그리고、잇던때는逆轉相까지너어서그리랴고한다、 이러한

畫面이新奇하게보이는것은、山上의風光이別世界로보이는것과꼭같은理致다。 飛行機우에서본風景이珍奇한것은、極端의俯瞰相을보기때문이다。

一三 初秋

하날우에는뭇별밤마다총총해가고、
따우에는나뭇닢소리업시흩어지니、
아아、이제는벌서가을、풀숲과풀숲엔、
긴긴밤을어새우는버레소리요란하다。

보아라、저책상머리에비친달그림자、
사람을끌업는幻想의나라로이끌고、
뜰앞오동나무에바람이우수수、
오동잎새따우에시름업시지나니、

오오、가을은凋落과感傷의시절、
그러나동모야、가을은또진실로고요한생각의시절。
책상머리에등불을밝히고、
단정히앉어새精神가다듬을때아니냐。

寂寞한뜰앞에홀로거닐면서、
자리잡지못하는마음가라안치고、
고요히귀를기울인때동모야、
저작은버레의우는소리까지들리리니、

꿈속갈치지낸옛닐을랑날려버리고、
오직나아가자、앏날爲하야배움의길로。
이밤에그대、마음의귀를기울이고、
또마음의등불을밝혀서。

一四 華溪에서해떠오름을봄

華溪 北漢山의東麓華溪寺잇는山谷

새벽에華溪의골로서나려오니、풀끝의이슬이짚신발코를적신다。議政府들과金谷벌을두엽에차고、龍門連峯검푸른뭉치가치맛자락을버린듯한데、뫼부리의거죽테는날카로운칼로싹벤듯하야、구름이라도지나면베여질듯도하고、가는붓으로살작그은美人의눈섭에견줄만도하다。

그우를덮엇든灰色帳幕이조곰조곰거치드니、오래지아니하야털하나끼일틈업시、거긔착드러붙어、한幅깁이펄처널리는데、밝애지고붉어지고붉으레하야、갈수록짙고멀수록얇되、얼업시고른것은造化의물붓질솜씨를자랑하는듯、

흰구름은灰色구름을이웃하야잇고、푸른하날이틈틈이내여다보이는데、번한긔운은灰色구름에서새고、환한빛온흰구름에서나오며、떨기떨기이리저리떠노는것은、어느대단한손님이나맞으랴고서성서성하는듯。

땅바닥온하날과짜고、뫼부리는구름과겨러、한껏잠잠하고괴괴한가운데、우슨긔투한것을받들어다가、밤동안魔王이차지하얏든、쓸쓸하고쌀쌀한누리를단번에돌려차랴하는듯、

마을집의닭은오시오、하고、해에서통긔하며、개는어서어서하고、東天을바라보고짖는듯、

볕발이다으락끈이락부챗살이되며,조곰식펴지드니,사북이그중큰뫼부리에박히는듯하자,뭉수레하니수멀수멀하는둥그스롬한것이솔며시올라온다。 귀만보이다가,弧가漸漸넓어저서半圓이되여,다시오믈아들어둥글게되도록,동안이야얼마되리오마는,생각에는한참이다。 둥글둥글한덩어리가琉璃항아리가되고金쟁반이되엿다가,갓갑게가면비처보일듯한거울한둘레가되는데,둥근가에는五色실이뒤섞여된빳빳한줄이쪽둘렷다。 뫼부리까지오르는동안은,더듸기도하고거추장도스럽다가,게를좀멸어지드니,받드는이도업고비는이도업시,우적우적中天을바라고떠오른다。

붉은김도간곳업고,멸기구름도거처지고,검푸르기만하든먼山도,줄기와부리며등성이와골짝이가,숨지못하고들어나

쇠귀

는데,나의서잇는쪽뫼와들은이미환한빛테덮엿스며,돌아다보니,내등뒤에는九尺長身에눈도코도아모것도업는將軍하나가,내발에발을대고드러누엇다。

마올집굴뚝에서는실煙氣가나기비롯하며,물길러가는안악네가이집저집에서나온다。 딸랑딸랑하는소리는,쇠귀로서나오는말바리리라。

一五 月世界

달世界에는불도업고空氣도업다。 우리가거기를가랴할지라도,勿論갈수는업지마는,서령간다손치드라도,물과空氣가업슴으로,暫時라도生活할수가업슬것이다。 그러나우리가달世界에가서,얼맛동안生活한다고假定하면,여러가지與

常한일을볼수가잇슬것이다。

달世界에는놉은곳과낫은곳은잇스나、바다도업고湖水도업고내도업다。 우리世界에서光彩잇게보이는곳은山이다。

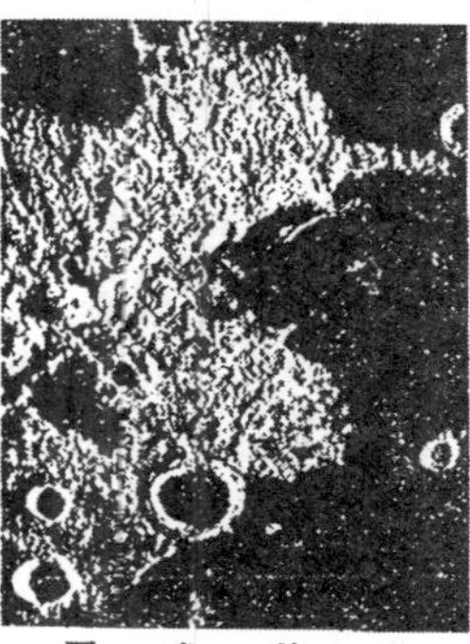

달의表面

그山은다옛적의火山인데、絕頂에는큰구멍이가잇다。 孤立한놉은山도잇스나、大槪는山嶽이連하야잇다。 地球에서조곰검으스름하게보이는것은、俗談에로끼가藥방아를찟는다는곳이다。 거긔는낫은곳임으로、옛사람들은그곳을바다로알앗섯다。

地球에는空氣가잇서서、太陽의光線이四面八方으로反射

함으로、日光이비치지아니하는그늘이라도、純全히暗黑한곳은업지마는、달世界에는空氣가업서서、日光이비치는곳은明朗하지마는、日光이비치지안는곳은全然暗黑世界다。 山그늘갈은데는、日蝕하는때보다도더어두울것이다。

달은地球와마찬가지로自體가廻轉하는것임으로、거긔에도晝夜의박귐이잇다。 그러나달의廻轉은地球의그것보다훨신느려서、달世界의一晝夜는、우리地球의二十九晝夜半、즉一朔가량이나된다。 그럼으로달世界에서는、半朔동안은낫이繼續하고、半朔동안은밤이繼續한다。 아모리忍耐性이强한사람이라도、到底히견딀수업슬것이다。

그뿐아니라、낫더위와밤치위의差가極히甚할것이다。 半朔동안이나間斷업시日光이나려쪼임으로、그炎熱은참으로견되기어려울것이다。 우리世界에는空氣가太陽의熱을吸收하야、더워지면바람이되여、寒冷한곳으로그熱을뽑아내지마는、달世界에는空氣가업슴으로、사람이만일日光의直射하는곳에섯스면、必然코燒死를免하지못할것이다。 이와反對로밤이되면、낫동안에받은熱을放散할뿐이고、또그熱의放散을遮斷하는空氣가업슴으로、급작히冷却하야저서、그것이半朔동안이나繼續할것이니、밝을녁쯤되면、그寒冷은무엇이라고形言할수업슬만큼될것이다。 그럼으로달世界에서는、冬寒夏暑보다도夜寒晝暑의變化가매우甚할것이다。 겨울衣服여름衣服이아니라、밤옷낫옷아침옷저녁옷等의여러가지特殊한衣服이잇서야할것이다。

달은地球에屬한것이니、相距가그닥지멀지안타。 그럼으

로달世界에서보이는하날과地球에서보이는하날이、別로큰差異가업스나、다만달世界에서는낫에도星辰이보인다。 그것은空氣가업는까닭이다。 그뿐아니라、雨天과曇天이업슴으로、언제든지별을觀測할수가잇다。

滿月의月面

달의直徑은地球直徑의十一分之三가량이다。 달世界에서太陽을보면、크기가우리世界에서보이는것과다름이업스나、地球는太陽의四倍가량으로크게보인다。 그럼으로달世界에서가장壯觀으로보이는것은、地球일것이다。 달은

地球보다작을뿐만아니라、그質이輕粗함으로、그表面에잇는물건을自體의中心에끌어들이는힘이매우弱하야、地球의二十三分之四가량이다。 그럼으로무게가二十三貫되는물건을달世界에가지고간다면、四貫쯤밧에되지안을것이다。 사람의몸똥이도달世界에가고보면、우리世界와는判異하야、高跳廣跳가容易하게될것이다。 그러나空氣가업는까닭으로、비록羽翼이잇드라도、鳥類처럼날아다닐수는업슬것이다。

一六 丁若鏞

丁若鏞 字는美庸、號는俟庵、茶山이니 英祖三十八年生、正宗二年[illegible]官이承旨[illegible]文度

朝鮮에서、政治·經濟·農·醫·地·歷等을通하야、古今에드믄大學者를求한다면、丁茶山을第一指로꼽을것이다。 그에對하야더욱敬服할點은、舊來의積弊를打破하고、日新하야가는世界

南人 朝鮮朋黨의一、別稱南人

生員考試 小科試驗의科業

重熙堂 [illegible]

奎章閣 [illegible]

思潮에順應하야、社會를改善하랴든것이다。 다시말하면、그眼界가항상大局에잇섯든것이다。 當時一部의人士들은、그를南人이라하야謀害하랴하얏스나、그의本志는偏黨的色彩를超越하야、國家大計에著眼하얏섯다。

이제그의一生을一瞥하야보자。 七歲때의詠山詩「小山蔽大山。遠近地不同」의句는、그의父親으로하야금、그의數理의머리가非凡함에놀라게하얏스며、二十二歲때의生員考試에는、正祖大王께서그의나이어리나學問이贍富함을歎賞하섯다。 어느날重熙堂에入侍할지음에、正祖께서그의博學을사랑하사、아즉閱讀하지아니한書籍을下賜하시랴고、奎章閣印書中에서重要한冊이름을거의다下問하섯는데、한가지도빠짐업시다讀破하얏는지라、事實대로대답을올림에、입금은다시놀라섯다한다。 대개이것은舊例에成均館考試에及第한사람에게는、奎章閣印書를特賜하는것인데、茶山은매양壯元이엿슴으로、그册을거의다엇어본것이엿다。 茶山의博學은元來頭腦가明晳한所致라하지마는、平素의堅固한立志와不斷의勤勉이업고야엇지엇을바랴。

그의草澤에서일어나、何等의蹉跌이업시一躍人臣의高位에達한것이、一部의偏頗한人士들에게猜忌를받게되엿다、때마침淸人周文謨가蘇州로부터들어와서、天主敎를傳道하니、믿는사람이만아감에딸아、茶山도여러가지西洋에關한書籍을閱讀하얏슴으로、西敎에浸染하얏다는指目을받게되엿스나、이또한그의本懷가아니엿다。 즉그의뜻은新學의思想을參酌하야、社會國家를敎化善導하랴함이엿다。 그러나當

成均館考試 大科의科擧
壯元 甲科第一位로科擧에及第한사람을이름、鄕壯元
草澤 山村僻地、草野와같다

時의社會가政界에는黨論의反目이私利에汲汲하며、鄕里에는守舊頑固의思想이뿌리깊어、新學을말하는사람을邪黨凶賊이라고擯斥함에야엇지하랴。

丁若鏞筆蹟

高官의地位로一朝에奸黨의讒言을입어、谷山府使로貶職되고、그뒤에復職되엿다가、다시康津으로流配를當하야、春風秋雨十八年동안을、陋屋弊窓에서辛酸한歲月을보냇섯다。 그러나조곰도남을원망하는빛을보이지안코、항상君恩을생각하얏다。

미서水石이佳麗한尹氏의園亭을빌어、朝夕으로逍遙自適

葛巾野服 (葛베로만든頭巾과、野人의衣服、隱者의衣冠을 이름)

하야餘年을보내랴고하얏나니、茶山이라는그의號도、이곳에서얻은것이라한다。

거긔잇는여러햇동안을거의著書에沒頭하얏나니、모다政治의龜鑑이오、經濟의要訣이다。 經濟의疑難處를辨論한것으로經說이잇고、獄案의疑義를列擧하야、法義를解釋한것으로欽欽新書가잇고、政治의革新을論한것으로經世遺表가잇고、治民의指針으로牧民心書가잇다。 그밧게醫書로는麻科會通、地歷書로는水經考、疆域考等이잇스며、또諺文으로俚歌여러百篇을지어、世俗을傷憫하는뜻을부첫다。 著書가全部四百七十餘卷、文集으로與猶堂集이잇다。

末年에知己의辯明으로蒙宥하야、故鄕인廣州에돌아간뒤로는、世上일을잇어버리고、葛巾野服으로山水사이에서閒雲

閒雲野鶴을 벗삼다 (隱者의悠遊自適하는生涯)

所幹事 (處理할일、볼일)

野鶴을벗삼다가、七十五歲로한세상을마첫다。 그의一生이야말로、참으로波瀾重疊한것이엿다。

一七 書簡文

書簡文은談話의代用이다。 서로막힌千里遠程을往復하야意思를通하야주고、咫尺之間에잇서서도所幹事를告하야줌이적지안타。 한조각조의로서、우리를代理하야談判하야주고、去來하야준다。 그뿐아니라、쏘처나오는情懷를、誠意의祝賀를、눈물의弔慰를傳하야줌도書簡文이오、보지못하는아릿다운自然거칠어운世事를알려줌도書簡文이다。 書簡文은참으로緊切한通信機關이다。

그러나書簡文은그妙를얻지못하면、充分하게談話의代用

千里猶對面 書狀으로써隙遠함이巧妙하다는뜻、唐書「房玄齡傳」에「高祖曰、房玄齡機識、實足委任、每爲吾兒陳事、千里之外、猶對面語」라하엿다

莫逆(막역) 서로마음에거슬리지안코親密함을이름

이되지못하고、自己를代理하지못한다。 아모리아름다운글귀와조은말을珠玉갈치느러노앗슬지라도、그것은죽은文字요、決코산意味잇는通信은되지못할것이다。 그럼으로우리는모름즉이이利器를鍊磨하야、그妙를얻도록努力하야야할것이다。 이와갈치되면、所謂「千里猶對面」의境地에이름은勿論이오、그것을지나처서、서로對面하야談話하는것보다도오히려雅趣가잇슴을깨닷게될것이다。

書簡文을그構成形式으로나누어본다면、正式과略式의두가지가잇다。 略式은대개極親한벗이나莫逆의儕輩間에恒用되는것이니、正式에가초는前文末文을省略하고、다만簡單한時令이나安否로써첫머리를삼아가지고、要件만을자상히쓰는方式이다。 或은日字나署名까지도省略하는때가잇다。

이것은空處한修飾이적은西洋書簡文方式이들어온今日에잇서서、게다가또實質을目標삼는現代에잇서서는、顯著하게만이使用된다。 그러나舊慣을저버리지못할境遇가아즉도만타。 在來의生活形式을그대로墨守하고잇는社會層은勿論이오、이層을相對로하는때는、正式을밟은書簡文이使用된다。

書簡文은主部와餘部로大別할수잇나니、主部는書簡文의主體、즉첫머리로부터끝까지文章으로된部分을指稱하고、餘部라함은日字、署名、受信人氏名、追記等과갈치、이部分이업서도通信文에는何等支障이생기지안는、그러나書簡文으로서는具備하자아니하지못할部分이다。 直接對話에서例를들면、主部는對話者間의談話內容全部요、餘部는이때에는全혀

省略되는部分이라고볼수잇다。

主部는다시前文本文末文으로三分된다。 書簡의첫머리에쓰는冒頭·時令·問安等語句는이것을前文이라하나니、書簡文主部의一部分이되지마는、그前文自體가書簡作成의主要目的이아닌限에잇서서、업서도無妨할修飾에不過한部分이다。 主部中에도가장本體되는、그것이업스면書簡文의다른部分은한空虛한文字의羅列이되고말、實로重要한部分이잇다。 이것이本文이다。 이本文이잇슴으로해서、前文末文으로더부러書簡文의主部를形成하고、主部로하야금그意義를保持하게하는것이다。 그럼으로書簡文의前末兩部分이다그러치마는、特히本文에記載할要件에잇서서는、無用한浮虛와修飾을避하고、荒唐無稽한語句를使用하지아니하야、受信

人으로하야금誤解와疑訝를일으키게하는일이업도록、簡明히表現하기에努力하야야할것이다。

끝으로末文은一見함에必要가업슬듯하지마는、前文으로더부러禮敬의뜻을表하는것으로서、正式文에잇서서또한업지못할部分이다。 直接對面하야談話할때에비겨보면、前文은對面時의첫人事와갈고、末文은談話가끈치고別辭를말함과갈다。 이것이업시는談話가成立되지아니하고、이것이업시는書簡文이作成되지아니함은아니지마는、禮를숭상하는이로서는、度外視할수업는重要한表現이라아니할수업다。

一八 事業人

勤勉함을要한다 規則的으로事務에勉勵하야、아모리繁

忙하드라도,게을리하지아니하고,몸을앗기지아니하고,活動함을이름이다。 心身의安逸을貪하고,空想에빠지고,空論을즐기고,萬事에믿자리가무겁고,姑息에흘러,今日에하야야할일도明日로밀우어서는,事務가停滯하야,事業이이루어지지안는다。

果斷잇슴을要한다。 頭腦가明確하야判斷力이强하고,利害得失을識別하고,臨機應變하야判斷을躊躇하지아니함을이름이다。 機會는곳왓다가,금시에떠나자최를감춘다。 優柔不斷하야,쓸데업시저어하고,의혹하고,狐疑하고,躊躇하야,決心斷行할수업서서는,모처럼好機會를맛날지라도,그機會를捕捉할수업서,事業이이루어지지안는다。

常識이豐富함을要한다。 널리世事에通曉하야,事物의道

迂闊(우활) 迂遠疎闊
껌새채다 눈치채다
從容自若 [illegible]
바듸 [illegible]

理를辨別하고,是非를分明히하고,處事가得當함을이름이다。 常識이不充分하다면,迂闊하게되고,偏屈하게되여,判斷을그르치고,應用을그르처,事業이이루어지지안는다。

機敏함을要한다。 서령하나를듯고열을알기까지는못된다하드라도,萬事에깨달음이빠르고,껌새챔이싸서,항상機先을制함을이름이다。 遲鈍하다면,萬事가남에게뒤떨어저,事業이이루어지지안는다。

膽力잇슴을要한다。 怯내지안코,두려워하지안코,大事에臨하야놀라지안코,危急한지음에從容自若할餘裕가잇슴을이름이다。 바듸가적고,용이적어,恐怖心이항상가슴에찬다면,氣象이萎靡하야,到底히大事를決斷할수업고,畏縮하고因循하야,思索을일삼아,事業이이루어지지안는다。

區區한情實 些少한私情

確實함을要한다。 굳게信을지키고,然諾을重히여겨,言行이一致하고,主義가一貫하야,남으로하야금信賴하게함을이룸이다。 輕薄하야事物에忠實하지아니하고,約束을어기고,誠心이업시함부로小策略을휘둘러서는,信用이제절로失墜되여,事業이이루어지지안는다。

質素함을要한다。 物慾을抑制하야,스사로받들기를薄하게하고,萬事에濫費를節制함을이룸이다。 奢侈에빠진다면,쓰면쓸수록金錢이不足하야,結局은苦痛끝에不正한手段을行하게되고,弊害가百出하야,事業이이루어지지안는다。

意志가强함을要한다。 한번決心한것은어듸까지든지斷行하야,區區한情實에拘束되지아니함을이룸이다。 決行의勇氣가업고,障碍를저어하고,失敗에뜻이꺾여서는,到底히競

爭에견듸지못하야,事業이이루어지지안는다。

一九 會社와銀行

하잘것업는힘이라도,한데모으면莫大한힘이된다。 百圓이나千圓의金員으로는,大規模의事業을經營할수업지마는,多數人의零碎한所持金을모아十萬百萬이되면,鑛山汽車汽船電燈電車等아모리큰事業을일으키드라도,決코어려울것이업다。 이러케하야事業을일으켜,그營業으로말미암아얻는利益金을出資人에게配當한다。 이것이곳會社라는것이다。 會社에는合名會社·合資會社·株式會社·株式合資會社의區別이잇다。

合名會社는資本을醵出하야,業務를經營하는會社니,各社

員은會社의負債에對하야、無限責任을진다。 곳會社가그負債를다辨償하지못할때는、各社員의私有財產을기울여서、辨償하지아니하면아니된다。

合資會社는無限責任社員과有限責任社員과로組織된會社다。 無限責任社員은合名會社의境遇와全然同一한責任을가지고、會社의業務를行한다。 그러나有限責任社員의責任은自己가出資한金額에만限하고、그以上의責任은지지안는다。 그대신에會社의業務를行할權利도가지지못한다。

株式會社는總資本額를若干數의株로나누어、그株를갈라맡아出資한사람들로成立된會社다。 그出資人을株主라하고、株主임을證明하는證書를株券이라한다。 이會社의役員은株主中에서選擧하야、業務의主宰監督을시키는것이다。

이會社는有限責任이니、설사會社가破產하드라도、株主의私有財產에까지그累를끼치는일이업다。

株式合資會社는株式會社와合資會社를混合한組織이니、無限責任社員과株主로成立된다。 會社의業務는無限責任社員이맡아본다。

銀行은金錢의融通을하는機關이니、會社組織도잇고、個人經營도잇다。 前述한바와갈치金錢이잇서도、百圓이나千圓으로는큰事業을일으키지못하는사람도잇고、또金錢이만이잇드라도、事業이업서서、그것을利用하지못하는사람도잇다。 여기에잇서서銀行의必要가생기는것이니、곳遊金을가진사람은銀行에맡겨利子를얻고、資金의必要가잇는사람은銀行에서빌어쓰게된다。 그럼으로銀行의任務는、資金의餘裕가잇는데서 가저다가 缺乏한 데 돌려, 需要·供給을 媒介함에 잇다.

銀行의 預金에는, 當座預金·定期預金·特別當座預金·貯蓄預金等의 種類가 잇다. 當座預金은 金錢을 銀行에 맛겨두고, 必要에 딸아 小切手를 發行하야, 돌려낼 수 잇는 方法인데, 商人 또는 金錢出納이 頻繁한 사람에게는, 極히 便利한 預金이다. 그러나 便利한 만콤, 다른 預金에 比하야 利息이 헐한 缺點도 잇다.

定期預金은 最初에 六個月이라든지, 一個年이라든지, 어느 期間을 定하야, 一定한 金錢을 預置하는 方法이다. 이 預金은 다른 預金에 比하야 利息이 비싸기는 하나, 期間內에 마음대로 돌려낼 수가 업는 不便이 잇다. 特別當座預金은 銀行에 딸아, 小口當座預金이라, 或은 別口當座預金이라 부르는 곳도 잇다. 이 預金은 언제든지 自由로 맛기고 찻을 수가 잇스나, 小切手를 쓰지 못하는 것과, 맛기고 찻는 金錢에 制限이 잇는 것이 不便하다. 貯蓄預金은 零碎한 資金을 蓄積하는 것이 目的이니, 一回 一錢 以上이라든가 十錢 以上이라든가 하는 僅少한 金額을 取扱한다. 그 外에는 特別當座預金과 거의 갓다.

가령 銀行에서 預金者에게 年利 四分을 준다 하면, 銀行은 이 預金을 年利 八分으로 運用하야, 四分의 利益을 엇는다. 그럼으로 銀行預金의 利子는 普通利子보다 훨신 헐한 것이다. 또 比較的 確實鞏固한 銀行일수록, 預金하는 사람이 만음으로, 預金의 利子가 헐한 것이 普通이니, 이것도 需要·供給의 關係에서 일어나는 일이다.

二〇 色彩

최ㅣ써ㅣ Jeoffrey Chaucer (西紀1340—1400)英國의詩人

色彩는美術에잇서서極히重要한地位를차지한것이오、머구나繪畫에는업지못할要素다。水墨畫或은鉛筆畫와갈치色彩를쓰지아니하는것도잇지마는、繪畫의大部分은色彩를베푼것이다。그럼으로色彩의性質·關係·結果等을硏究함은、畫家의게을리할수업는일이다。그밧에建築·器具·服裝밋여러가지裝飾品이、하나도色彩의調和를要하지아니하는것은업다。

主要한色彩中에서赤色과黑色과는正反對니、赤色은快活의늣김이잇고、黑色은陰鬱의늣김이잇다。旭日이막떠오를때、그빛이븕어金線이亂射하고、海雲이모다朱로물든다。宇宙萬物이夜氣로말미암아淨潔하게된뒤에、赫赫한東天의曙光을바라볼때는、快活한늣김이제절로일어난다。詩人최ㅣ

夕陽이방아찌라 해가바야흐로지다는때의形容 [illegible]

써ㅣ는「東天이다웃는다」라는句로써、이러한曙光을形容하얏다。이것은快活한늣김을天地에부처서、寫象한것이다。복숭아꽃·진달래꽃이赤色의꽃송이가서로엉겨滿發한때도、同一한結果가생긴다。晩秋의草木이점점누른빛을띌적에、千山의紅葉이一時에타올라、하날까지도불사르랴는듯하다。이것이一年中에最後로얻을수잇는快活의늣김이다。이것을하로에견주어보면、夕陽이西山에방아찌여、烈火와갈치이글이글하야、歸雲을태우는모양과갈다。

紅色은赤色보다더사랑스럽다。淡紅色은보다더훨신사랑스럽다。벗꽃이爛漫하야구름갈치보임도、淡紅色이아니엿든들、사랑스러운맛이덜릴것이다。희면서도純白이아니며、븕으면서도純紅이아닌淡紅色을살작띈點에서、사랑스러운맛이만타。 紅色과反對로、赤黑色은이미赤色의階段을지나처、陰鬱한편에갓갑다。 사람에譬喩하면、赤色은中年과같고、赤黑色은晩年과같고、紅色은青年과같고、淺紅色은幼年과같다。 그사이에제절로聯想作用이일어나는것은、決코否定할수업다。

黑色은赤色과反對로、陰鬱의觀念을惹起한다。 深山幽谷을지나다가、해가이미저물어하날이점점어두어지면、제절로不快한늣김이날것이다。 黑色은또悲哀의記號로서喪章에쓰는일도잇다。 대개悲哀는陰鬱의程度의놉은것인까닭이다。 또黑色은人目을쏘는듯한鮮明한色彩가아님으로、眞實의意味도잇다、 禮服에黑色을씀은이까닭이다。 要컨대黑色은五色中에서、가장裝飾的效力이업는것이지마는、다른色

彩와對照를이루어、그빛갈을顯著하게들어나게하는價値가잇다。

青色은深遠悠久味가잇다。 이것은어듸서오는가、 하날을우러러보면、長空이蒼蒼하야다함이업고、바다를굽어보면、積水가渺渺하야碧色이다。 또曠野를바라보고遠山을바라보면、草木은、色을이루어、眼界가다青色이다。 더욱松葉의綠色은耐久의意味를가젓다、 이와같치宇宙의現象을觀察하야보면青色에深遠悠久한意味를附與하는傾向이잇슴을免할수업다 그러나青色에深淺의區別이잇다、 淺青은淺薄未熟한맛이잇다、 青黃色은衰弱의象徵이니、자못淒涼味를띄듯하다、

黃色은淡遠味가잇다 野外에핀배추꽃빛같은것에그려

한맛이잇다。 夕陽黃葉의景致에서헐신더그러함을늣긴다。 또荒村籬落믿에외로이피여잇는黃菊은,세상을떠나淡遠한趣味가잇다。 黃金에光澤이빈쩍거리는것은,淡遠이라는것보다도차라리高遠한맛이잇다。

白色은淸淨潔白味가잇다。 눈갓치흰매화쏫은高士의淸節에비길수가잇다。 예로부터淸廉한선비가往往히매화쏫을사랑한다。 그志趣가서로갓은點이잇는까닭이다。 눈이갓게녀,구름이흩어지고,달이天心에놉하,寒光이매화쏫테초롤적에,가장淸淨潔白한늣김을자아내녀,사람으로하야곰塵俗을超脫한氣分을가지게한다。 또月夜의梨花,寒江의蘆花,冬嶺의白雪갓은것은,모다潔白의意味가잇다。 神道의儀式에는흔이白色의禮服을입는다。 이것은淸淨潔白을숭상하는까닭이다。 白色이光澤을띄면淒涼味가난다。 白服으로사람을흠겨보는것은,별서充分한淒涼味가잇다。 劍鋩에서리가어리고,달빗이어름과갓은것은,다淒涼味를띄엿다。

紫色은快活을深遠케하야노은듯한맛이잇다。 그밧에여러가지間色에도,제각금特殊한意味가잇슬것이다。 西洋에서各種의꽃테意味를부처,所謂花詞를이룬것은,주장으로色彩에근본된觀察일것이다。

花詞 Language of flowers.

二一 설음

우리가저森羅한宇宙萬有의實相을靜觀할진대,그千變萬化의가운데,한가지不變不易의것이脈脈히貫通하며,歷歷히通作함을알지니,往古의東西哲人은이 貫通作의무엇을,或

理 Logos

은道라하며,或은理라하얏도다。 이제吾人으로하야금그一
元的原理를命名케할진대,살음이라하겟도다。 웨그러나하
면,이宇宙는要컨대一個의活物이라,日月이서로번갈아廻轉
하고,星辰이各各제길로循環하며,河海는널리흐르고,山嶽은
놉이솟앗스며,雲霧는홋날리고,雨雪은나려쏘니,萬有가다進
行中의萬有요,萬相이다活動中의萬相이로다。 그럼으로宇
宙가開闢한以來로,그星辰갈치큰것이나,微塵갈치작은것이
나,하나도그太初의原形을그대로死守한것이업도다。 이는
다一刻을쉬지안코活動하며,一秒를그치지안코進行하는때
문이니,活動의外에物이업스며,進行의外에物이업도다。 이
永遠한活動과恒久한進行이,곳宇宙의살음이며進行이로다,
이산宇宙,進化하는宇宙의가운데,가장그살음의活潑한것이

이른바生物이오,生物가운데도가장그살음이靈妙한것이動
物이오,動物가운데서그進化의程度가最高하며,그살음의作
用이가장靈貴한것이곳우리人生이로다。
따뜻한봄에는싹이나고꼿이피며,서늘한가을에는열음이
익고잎이떨어지니,이는草木의살음이오,새는펄펄空中에날
고,범은훨훨山中에달으니,이는禽獸의살음이로다。 草木의
一發·落과禽獸의·飛·躍이,모다그自由스러운살음을求
함이아님이업거늘,하물며最靈한精神과自由의意志를가진
우리人類의·動·靜이야,어느것이그살음의自由發展을要
求치아니함이잇스리오。 人生은그肢體를떠나서이세상에
떨어지자마자,그四肢를뻗고소리를가다듬어,그貴重한生命
의自由發展을絕叫하는도다。 이生命의自由發展은,곳로人

生의本質的要求니、이것이업고는人生은다만偶像이오、空殼이될뿐인저。

二二 壽命의長短

非命橫死를免한動物은얼마나살수잇는것인가하면、그期間은種類를따아거의一定하다。 이것을壽命이라한다。 壽命이란것은곳各種生物의出生으로부터死亡까지의年數를가르치는것인데、身體가큰놈은成長하기에품과時間이걸림으로、身體가작은놈보다壽命이自然길다。 이를테면、코끼리와고래는쥐나모르모트에比하면훨신長壽한다。 그러나壽命은반다시몸피에比例하는것이아니다。 개는二十年만에老衰하지마는、개보다작은까마귀는百年以上이나산다。 말은三四十年만에죽는데、두꺼비는五十餘年이나산다。 그러면壽命이란것은무엇을根據로하야작정되느냐하면、엇더한動物이든지、子孫을遺存할만한가망이서기前에죽으면、그種族이문득斷絕할것임으로、반다시얼마고삿기를나키에足할만한壽命이必要하고、또無限量으로삿기를낫는다면、그대로엄지가죽드라도種族이存續할가망이確立하지마는、원악少數의삿기를낫는놈은、이것을保護하고養育하야、競爭場裏에安心하고내노을수잇도록成長시킨뒤가아니면、엄지는죽을수가업다。 實際로各種動物의壽命을調査하야보면、다이러한根據에依하야작정되여잇다。

모르모트 Marmot. 英 齧類의김생

生物의壽命에對하야、예로부터여러가지學說이잇고、그中에는매우널리俗間에알려진것도잇다。 一例를들것갈으면、

엇더한動物이든지、그壽命은成長에要하는時間의五倍가된다는說갈은것이다。 그러나이것은조곰도根據가업는말이다。 身體의發育이끝나고、모든器官이發達하야、삿기를나케된때를普通成長이끝난것으로보지마는、二三普通動物에對하야、그壽命과이期間과를比較하야보면、대번에이러한說은取할價値가업다는것을알수잇다。 이를테면、누에는發育하기시작한뒤로約一個月이면成長이끝나고알을낫는데、그뒤로四個月을사느냐하면、잘해야나흘밖에못산다。 하로사리의幼蟲은二年동안이나물가운데서成長하지마는、날개가나서날기곳하면、겨우몇時間이못가서죽어버리지、決코十年의壽命을保全하지못한다。 아메리카의有名한十七年매아미와갈은것은、幼蟲은十七年동안이나땅속에서成長하야、成蟲이되여서알을나면、數日만에죽으니、이것도五倍說대로한다면、八十五歲까지살지안으면안될것이다。 또다른類로例를들것갈으면、鷄은二年만에成長이끝나지마는、그壽命은十年은커녕百年以上이나산다。 까마귀와갈은것도삿기는數個月만에成長이끝나지마는、壽命은역시百年에達한다。 鳥類는대개壽命이매우길어서、成長期間의몇十倍식되는것이普通이다。 또魚類와갈은것은알을나면서도대고發育함으로、成長의끝을언제라고斷定할수업다。 그럼으로各種動物에서實例를들어比較하야보면、成長에要하는年數와壽命의年數와의比例는、種類를딸아제각금다른것이니、決코一定한比率로말할性質의것이아닌것이明白하다。

、다만如何한境遇에든지、種族이存續할가망이기의確立한

때에、엄지의목숨이끝난다는것만은、例外업는事實갈어보인다。 먼저말한例에서보면、누에는암나비가제각금數百날의알을나노키만하면、그냥내버려두어도自己種族이絶滅할걱정은업다는듯이、거의알쓸기를마치는同時에壽命이다한다。 이와反對로鳥類는대개運動이敏活한만큼、多量의滋養分을要하나니、每日먹은食物中에서、自己自身을기를滋養分을除한남아지의滋養分이貯蓄되여서、알을만드는材料가되는것임으로、매우食物이豐富하야야알을만이날수가잇는것이다。 그러나鳥類의알은全動物中에서가장만은滋養分을가지고잇고、또가장큰것임으로、알을만이나키는到底히어려운노릇이다。 닭과갈치사람의飼育을받어、항상豐富한메이를먹는것은、一年에百個以上의알을나치마는、野生鳥類는食物이充

分히잇슬때도잇고、甚히缺乏한時期도잇고、또競爭者도잇고함으로、一年에낫는알의數도極히적은것이普通이니、열날만낫는다면아조多產하는편이다。 커다란새는대개一年에한個或은두個밧게나치못한다。 그리고鳥類의알은자칫하면깨여지기쉬운것이라、삿기도되기前에破損되는境遇도決코적지아니할것이다。 그러고보면、鳥類는相當한長壽를하지아니하면、種族을維持할가망이서지아니한다。 一年에알을하나밧게나치못한다면、百年을가드라도겨우百個를낫는데不過할것이다。 이것을암만소중하게保護養育하드라도、非命橫死하는것도잇슬터인즉、決코必要업시壽命이길理는업는것이다 다른動物에比하야鳥類의壽命이特히긴것은、아마이런事情이잇는까닭일것이다

要컨대動物의壽命의長短은、種族이繼續할가망이서게된때로爲限한것이니、若干數의삿기를죄다나키까지살아야될것은勿論이다。 그리하야삿기의總數를몃번에고나누어낫는놈은、마지막삿기를날때까지목숨이붙어잇서야한다。 또삿기를나서내던저두는動物은、마지막삿기를낫는同時에、업지의목숨이끈쳐도상관업지마는、삿기를保護하고養育하는種類는、마지막삿기를난뒤에도、오히려이것을保護養育할동안은살아야할必要가잇다。 곳마지막배를난뒤의업지의壽命은、삿기가업지의保護養育을받을必要가잇는동안까지는繼續되여야할것이다。

以上에말한것은無論大體에對한理論이기는하나、多數를平均하야생각한다면、어느種類에나드러맞어、決코例外가업다。 사람도「人生七十古來稀」라하야、七十乃至七十五歲가壽命의限度니、이것은二十五年동안에成長하야가지고、쉰살에막내동이를본다면、그에가자라서사람한목노릇을하게될지음에、어버이의壽命이끝나는셈이되여、먼저말한理論과아조符節을마춘듯하다。 人間의壽命도다른動物의壽命과같치、一定한理法을딸아、몃千萬年前옛적으로부터今日까지오는동안에、自然히種族을維持하기에가장有利하게定하야진것이다。

人生七十古來稀 杜甫의曲江詩句

符節을마추다 조금도틀림업시드러맞음을이름。 [illegible]

二三 早春

나는 一年中모든季節을사랑한다 빛과生命에넘치는여름이나、고요히맑아지며가라앉어가는가을이나、自然의生命

쉴러ㅣ Johann Christoph Friedrich von Schiller. (西紀 1759—1805) 獨逸의 劇詩人

梅雨 매화의열매익을時節의비、黃梅雨、梅霖

의무덤인눈속에잠든겨울이나、豐盛하거나、寂寞하거나、고요하거나、슬프거나、울적하거나、快活하거나、차넘치거나간에、나는一年의모든季節을사랑한다。 그리하야허트러진마음을걷우어잡고、自然에對할적마다、나는「大地는아름답다。 그러나人間임은또한깃브다」고、한쉴러ㅣ의말을깊이깊이想起한다。

그러나이러케말하는것은、나의쉽사리同化하기어려운季節과、내비위에제일잘맛는季節과의區別이잇는것을否定하는意味는아니다。 梅雨의아름다움과겨울의아름다움을늣기자면、나로서는心身이特히强健하고調節된狀態가必要하다。 내마음이感傷的으로되기쉬운때에는、잎사귀그늘에서익어가는매화의아름다움보다도、灰色하날과살에부듸치는

凜凜(름름) 凜烈、寒氣가 써늘한모양

濕潤한기운의실증에依하야、쌀랑쌀랑한서리아침의凜凜한것보다도、벌거숭이가된흙과나무회초리를흔드는바람소리와의峻烈함에依하야、내마음은쉽사리헤젖겨저버린다。

이와反對로一年中에가장내마음과節調를같치하는것은、봄이가물가물움즉이기시작할때、미지근해진細流기슭에、파릇파릇한것이겨우돋아나올때다、 그때自然의生命의營爲는、아즉도절반이나大地밑에서進行되여、속에들어찬힘이서숨서숨하면서、수줍어하면서、그러면서도間斷업는伸張을繼續하야간다、 生命의걸음은아즉全力을다하야急進하지안코、前途의遙遠함을豫想하면서、고요하고느릿느릿한前進을開始한다。

밖으로들이나는것보다도、안에들어차는것을사랑하는나

自己의境域에잇다 — 外界의狀態가自己의心的狀態와一致한때를이름

는、너무急調의進步에견되지못하는나는、그리고또안에서자라나는힘을自覺하지안코는、사는보람을늣길수업는나는、一年中에이季節에서、가장自己의境域에잇다는것을늣긴다。

그래서나는개인날이면、혼자들을가고、언덕을가고、細流기슭을가고、봄빛얏은雜木숲울속을가면서、뺨에싸늘한바람과등에다스한햇빛을마음껏맛본다。

나는또이른봄을當하야、特히어렷슬적을回想한다。 흙속에꺼머케얼엇든눈도어느덧녹아서、따뜻한日光을빨아들이는大地의面이나날이넓어저갈때、오래간만에새신발을신고、外出하는깃븜에넘치면서、길거리로흘러가는눈색잇물을가로타고、팽이를돌리든때의일、눈믿에서싹을내미는식대죽순의빨간머리와、머우의새파란머리를찾어다니든깃븜、먼山의

눈울바라보면서、눈색잇물이푸르죽죽하게세차게흘러가는山골시내기슭에주저앉어서、人生을생각하든少年적일、생각하면、이러한人生의早春도、내게는벌서過去의일이되고말엇다。

얼마안가서복송아꽃이피고、벗꽃이피고、아지랑이가흘러간다。 그리고꽃이지면、自然은또한나의特別히사랑하는第二의季節、自然의힘이모든나무의회초리우에、다시들어차면서、수줍어하면서、죽죽뻗어가는晩春初夏의季節에들어간다。

菽水之供 [illegible] 環堵 [illegible] 子貢 [illegible] 范蠡 [illegible]

二 漢文之部

一 治財用

古之君子는憂道오不憂貧이라故로無所垂訓於養生之事하야而今之士子는憂道之心이不及於古之君子하고而恥於養生之心이反有過焉者하야貧困至死라도而猶不肯作衣食之謀하야父母菽水之供이時亦有缺하며妻兒는飢寒이到骨하고婢僕은泣涕辭去하야環堵가蕭然하야不蔽風雨하야沒齒受窮하니不見一快樂世界하고甚則不免於溝壑之辱하니豈不哀哉아昔者에子貢范蠡는皆賢人君子로되而猶且貨殖不已하야名留後世而後世에不以此譏斥焉하니蓋貨

知人謂之智 自知謂之明 老子卷二에「知人者智、自知者明。勝人者有力、自勝者強」이라 했다

殖而不悖於道理、則何鄙之有乎。若或專心利慾、每以益己害人爲能事者、是賊也。無足道者矣。(增補山林經濟)

二 自知最難

貝原益軒

古語云、知人謂之智、自知謂之明。是言自知最難也。然知人亦甚難。蓋依其知愚奸直邪正、隱于其心曲、而不易察也。若夫自知者、是吾之心曲所獨知。其是非曲直、誠可易明。却爲最難者何耶。蓋衆人私意蔽固、往往自是自足。以不知爲知之、以未能爲既能。是以自知爲最難。世有自夸之人。是愚之甚者也。何則、自夸者不能自

知其愚者非大愚 莊子外篇 天地에

詭隨

溫溫恭人維德之基

柔亦不茹剛亦不吐

知、不能自知者、無照察之明而然也。莊子曰、知其愚者、非大愚。此言却是。(愼思錄)

三 忠厚氣節

李珥

尙忠、謂忠厚與氣節、相爲表裏。無自守之節、而以模稜爲忠厚、不可也。無根本之德、而以矯激爲氣節、不可也。世俗淆薄、實德日喪。非詭隨阿人、則必矯亢尙氣。中行之士、誠難得見矣。詩曰、溫溫恭人、維德之基。又曰、柔亦不茹、剛亦不吐。必溫恭和粹、植本深厚、然後乃能根立正義、臨大節而不可奪矣。卑諂鄙夫、固不足道。名爲學

問之士、而挾才挾賢、輕人侮物者、其害不可勝言。得少爲足、悻悻自好者、豈能眞有氣節哉。近日士子之病、如此。良由禮學不明、虛驕成習故也。必須講明禮學、以盡尊上敬長之道。苟如是、則忠厚氣節、兩得之矣。(栗谷全書)

四 買櫝還珠之弊

伊川先生、謂方道輔曰、聖人之道、坦如大路。學者、病不得其門耳。得其門、無遠之不可到也。求入其門、不由於經乎。今之治經者、亦衆矣。然而買櫝還珠之弊、人人皆是。經、所以載道也。誦其言辭、解其訓詁、而不及道、乃無

用之糟粕耳。覬足下由經以求道、勉之又勉、異日見卓爾有立於前、然後不知手之舞、足之蹈、不加勉而不能自止矣。(近思錄)

五 君子亦有惡

子貢、問曰、君子亦有惡乎。子曰、有惡。惡稱人之惡者、惡居下流而訕上者、惡勇而無禮者、惡果敢而窒者。曰、賜也、亦有惡乎。惡徼以爲知者、惡不孫以爲勇者、惡訐以爲直者。(論語陽貨)

穿踰(천유) 구멍을뚫고담을넘어盜竊질하는것

爾汝(이여) 너卽사람을輕하게부르는稱號

餂(첨) 혀로끌어들이며、卽남의뜻을探求하는뜻

芸(운) 耘으로通、論語「微子」에「植其杖、而芸之」라있다

六 仁義

孟子曰、人皆有所不忍하니、達之於其所忍이면仁也오、人皆有所不爲하니、達之於其所爲면義也니라、人能充無欲害人之心이면、而仁을不可勝用也며、人能充無穿踰之心이면、而義를不可勝用也니라、人能充無受爾汝之實이면、無所往而不爲義也니라、士未可以言而言이면、是는以言餂之也오、可以言而不言이면、是는以不言餂之也니是皆穿踰之類也니라

(孟子「盡心」下)

七 芸齋記

朱熹

友人徐元聘이、有田舍一區하야、旁治軒牕하니、明潔可喜라、暇日에與

孟子言 孟子「盡心」下에있는말

肆(사) 베풀다

不類人之務 梁之味

紹興 宋高宗時年號

新安

子弟講學其間、而問名於熹어늘、熹ㅣ故爲農知田이라、意嘗謂、孟子ㅣ言、人病은舍其田、而芸人之田이니、所求於人者ㅣ重이오、而所以自任者ㅣ輕은、最爲善喩라하니、今徐君이課其子弟、而學於田間이라、姑以芸名齋하노니、使學者로、卽事而思之하면、則內外之分이定하고、而力之所肆ㅣ、不於人之田矣리라、霜露ㅣ既繁에、實而食之하면、所以不願人之膏粱之味也로다、徐君이以熹言爲然이라、故로書以遺之云하노라、紹興二十六年閏月五日癸卯에、新安朱熹는書하노라

(晦庵文集)

八 農詩

迎陽

姜希孟

李紳 字는公垂、號는短李、唐人

孫必大 字는而遠、號는蒼齋、仁祖時人

山頭日初上。綠秧齊葉平如掌。迎陽下田理荒穢。嘉穀日日長。

憫農 李紳

鋤禾日當午。汗滴田中土。誰知盤中飧。粒粒皆辛苦。

田家 孫必大

日暮罷鋤歸。稚子迎門語。東家不愼牛。乾盡溪邊黍。

九 格言七則

韓非子 韓非(戰國時韓의諸公子)著

淮南子 前漢淮南王劉安撰

五代史 [illegible]

千丈之隄、以螻蟻之穴潰。百尺之室、以突隙之煙焚。(韓非子「喩老」)

行善之人、如春園之草。不見其長、日有所增。行惡之人、如磨刀之石。不見其損、日有所虧。(明心寶鑑「繼善」)

有陰德者、必有陽報。有隱行者、必有昭名。(淮南子「人間訓」)

豹死留皮。人死留名。(五代史「王彦章傳」)

膽欲大而心欲小。智欲圓而行欲方。(小學「嘉言」)

敖不可長。欲不可從。志不可滿。樂不可極。(小學「敬身」)

不患無位、患所以立。不患莫己知、求爲可知也。(論語「里仁」)

一〇 送金右軍奉使關東序

李奎報

金蘭叢石 金蘭은通川古號, 叢石은通川郡北方海中에선數十石柱
三日浦 高城郡北方에 있는 浦口, 新羅時에 四仙이 여기서 놀아 三日 동안 돌아가지 않았으므로 이 이름이 생겼다
翼嶺洛山 翼嶺은 襄陽古號, 洛山은 襄陽郡東北方에 있는 五峯山의 異稱
蓬萊方丈 仙人이 산다는 三神山, 瀛洲와 합하여 三神山이라 부른다
驂(참) 三頭馬車의 副馬
悒悒 답답하다
足下 相對者에 對한 敬稱
龍節 使臣의 一種

叢石亭

予聞山水之奇秀,關東爲最。若金蘭之叢石,高城之三日浦,翼嶺之洛山,則雖未覩蓬萊方丈,想不能過此也。僕嘗以爲苟得一見,雖死無恨,但塵驂未鞭,千里悠然,空悒悒東望而已。今足下杖龍節,耀皇華,振輕裝而言邁,跨逸駕之如飛。軒軒若傅翰兩腋,飛出

皇華 使臣을 稱頌하는 것, 詩經小雅 「皇皇者華」로부터 나온 말
言 語助辭
逸駕 빠른 수레
軒軒(헌헌) 得意의 모양
傅翰(부한) 羽翰, 날개를 붙이다
歆艷(흠염) 부러워하다
揭 걷어올리다
淫 過甚하다

六合之外,而令人歆艷之不已也。登高揭袖,手酌送行。此別不久,何必多淫涕耶。想足下每遇一山一水,不得不思我也。如不能緘清濤封紫翠以寄之,尙可詩以收拾,因風有寄,使東海山水,森列我眼界足矣。何必親賞也。兮子賦詩,予以序冠之。(東國李相國集)

三日浦

李大成（李賢輔의 子、名은 文樑）

蹍蹚（칭착、俗칭락）절뚝거리다、
凌雲臺 慶尙北道安東郡陶山書院의 右麓
縹緲（표묘）아득히 넓은 모양
夷猶 머뭇거리다
看竹不問主人 世說（宋의 臨川王劉義慶의 撰）에「王徽之字子猷、吳中士大夫家有美竹、欲觀之、便出坐輿造竹下、諷嘯良久、主人洒掃請坐、不顧而去」라 [illegible] 王子猷[illegible]
葛仙 慶尙北道安東郡陶山面丹川洞에 있는 峯
佇（저）

一一 答李大成

李滉

日者抽身孤往，玩山尋水，秋興滿目，野菊明香，令人意適，忘倦，不知蹇驢之蹍蹚也。凌雲臺，淸絶縹緲，異境可愛，半日夷猶，招其旁近諸人，則必不能任意脫去，歸途狼狽，老病何堪。玆致看竹不問主人，如有怪者，以是告之，幸甚。葛仙之遊，寤寐佇思，念後雖遲，當依示，但又聞安東兩官，近欲來訪，不知定在何日，恐或連作掣肘也。若不禁興發，則或又作孤往，亦未可知耳。（退溪集）

一二 將臺記

朴趾源

念（념）二十日의 略
掣肘（체주）남의 팔을 잡아당김、곧 自由를 妨害하는 뜻
朴趾源 字는 仲美、號는 燕巖、潘南人、英祖十三年生、純祖五年歿。[illegible]
萬里長城 [illegible]
山海關 [illegible]
堞（첩）[illegible]

不見萬里長城，不識中國之大，不見山海關，不識中國之制度，不見關外將臺，不識將帥之威尊矣。未及山海關一里，東向有一座方城，高十餘丈，周數百步，一面皆七堞，堞下爲圭竇，可藏數十人，圭竇共二十四，城之下穴，穿四圭竇，以藏兵器，下爲隧道，以通長城之內，譯輩皆稱汗所築，非也。或稱吳王臺，吳三桂守關時，從地道不時發此臺，出號砲，則關內數萬兵，一時吶喊，聲動天地，關外諸墩戍兵，皆響應，數時間，號令遍千里矣。與一行諸人，憑堞縱目，長城北走，滄溟南盈，東臨大野，西瞰關內，周覽之雄，無如此臺。關內數萬戶，街市樓臺，歷

汗 蒙古地方의 酋長의 稱號、指揮者는 主君의 矣
吳三桂 遼東人、字는 長白、明末崇禎年間에 武擧에 登하여 遼東總兵이 되고 平西伯의 封을 받어 山海關에 鎭하야 淸을 막더니、明이 滅亡하자 淸朝에 降服하았다가 후에 다시 淸에 叛하았다
昌黎縣 直隸省津海道에 屬한 地名
岌嶪(급업) 險하고 높다、張衡의 西京賦에 「狀嵬峨以岌嶪」이라 이다
祟(수) 빌미、神禍
熱河日記 朴趾源의 正祖四年 進賀淸使 隨行中의 日記

歷如觀掌紋하야 無所隱蔽하고 海上一峯이 尖秀揷霄者는 昌黎縣文筆峯也러라 眺望良久에 欲下而無敢先下者하고 輒級이 岌嶪하야 俯視에 莫不戰掉라 下隸扶擁이나 無回旋之地하야 勢甚狼狽러니 余從西級下하야 立於平地하야 仰視臺上하니 諸人이 皆兢兢하야 莫知所爲러라 蓋上臺時에 拾級而登이라 故로 不知其危러니 欲還下則一擧目而臨不測하니 所以生眩이라 其祟는 在目也로다 仕宦者亦若是也니 方其推遷也에 一階半級을 恐後於人하야 或擠排爭先하다가 及致身崇高에 惴心孤危하야 進無一步하고 退有千仞하야 望絶攀援하고 欲下不能하니 千古皆然이로다

(熱河日記)

白巖寺 長城白羊寺古號
三重大匡 高麗時正一品官의 稱
三峯 鄭道傳의 號、字는 宗之、高麗末의 人、李朝開國에 功이 있어 奉化伯에 封되었다

一三 長城縣白巖寺雙溪樓記

李穡

三重大匡雲菴澄公淸叟、因絶磵倫公하야 請名其樓하고 且以三峯鄭氏記로 相示하니 寺之故를 詳矣나 而溪之爲溪와 樓之爲樓를 皆略之而不書는 蓋難乎命其名矣라 於是에 從絶磵訊之하니 寺在二水間而水合于寺之南하고 水之源이 東近而西遠이라 故로 其勢、有大小焉이나 然이나 合而爲淵然後에 出山而去러라 寺四面이 山皆高峻하야 夏日蒸溽에 無所納涼이라 是以로 據二水合流之處有樓焉하니 跨左水、俯右水하고 樓影水光이 上下相涵하야 實爲勝覽矣러니 庚戌夏에 水大至하야 右堤隳하고 樓因以壞어늘 淸叟曰、斯樓는 吾師所起也니 如此可乎아 吾師、師師相傳하야 凡五代에 所以留意山門者、

剋日考工　剋日을定하야竣功하다

漫漶(만환)　文字·圖畫等의磨滅하야分明치못한모양

杏村　李嵒의號、字는古云、高麗忠宣王時登科、官은門下侍中에이르다

至矣。樓今亡。責將誰歸。乃剋日考工。復其舊。腐者堅。漫漶者鮮明。於是足以自慰矣。然吾之心。惟恐一毫或墜吾師之心者。吾之徒。未必知也。吾之徒。踵吾而住是寺者。或不知吾之心。則山門之事。不可保矣。獨樓乎哉。像設之塵埃。棟宇之風雨。爲人所睽也。必矣。是以一樓之興復。雖不足書。必求能言者筆之。所以圖不朽也。所以戒吾徒也。幸無讓。予嘗師事杏村侍中公。與子姪遊。師其季也。重違其請。因絕磵言。名之曰雙溪樓。予老矣。明月滿樓。無由一宿其中矣。恨不少年爲客耳。其師弟子之相承。載在寺籍。故不書。

(牧隱集)

一四　西原鄉約立議

李珥

鄉約。古也。同井之人。守望相助。疾病相救。出入相扶。且使子弟。受敎於家塾黨庠州序。以惇孝悌之義。三代之治隆俗美。良由是焉。世衰道微。政荒民散。敎替於上。俗敗於下。吁可悲哉。余以迂儒。叨守大邑。不閑政務。固多疵累。唯是化民成俗之志。惓惓不已。玆與鄉中父老。商議導迪之方。鄉人皆以爲莫如申明鄉約。蓋此邑。自李使君增榮。始申鄉約。厥後。李公遂因而損益之。規模可觀。第恨李公還朝。鄉人意沮。竟爲文具。余承二侯之躅。遂採前規。參以呂氏鄉約。煩者簡之。疎者密之。更爲條

草偃(초언) 爲政者가率先하야善을行하면百姓이感化된다는뜻「論語」에「君子之德風이오小人之德草ㅣ라草尙之風이면必偃」이라잇다
風水 地術의別稱、地相을보는法
世宗 李朝第四世王
集賢殿 經籍・典故・進講等에關한事務를맡은官衙、世宗二年에設置하고世祖二年에廢하고弘文館을두엇다
校理 集賢殿官名、集賢殿廢止後는弘文館에置

約。雖不敢自謂得中、而勸懲之術、庶幾無大滲漏矣。既而竊思、邑主ㅣ無躬行之實、則無以令契長、契長ㅣ非正直之士、則無以糾鄉人、鄉人之趨善去惡、繫於契長、契長之觀感激勵、繫於邑主、余ㅣ當敷求善言、自勗不懈、契長有司ㅣ亦宜體我之意、先自修飭、以起鄉人、鄉人若無疾視之意、以致草偃、則西原之俗、其丕變乎。嗚呼、懋戒哉。

(栗谷全書)

一五 風水弊害

世宗二十六年、時有風水者、請塞宮城北路、城內造假山、以補地脈、集賢殿校理魚孝瞻、上疏曰、地理之說、三

魚孝瞻 [illegible]
地理之說 [illegible]
三代 [illegible]
周公 [illegible]
筮卜(서복) [illegible]
卜其宅兆而安厝之 [illegible]
唐太宗 [illegible]
拘忌 [illegible]

代以前無有、故儀禮周公之制也、唯筮宅卜日而已、孔子ㅣ亦曰、卜其宅兆而安厝之、兩漢以降、始有其術、各立吉凶禍福之說、惑世誣民、唐太宗以陰陽雜書、訛僞既甚、拘忌亦多、命呂才刊正削去、才ㅣ皆爲之叙、其叙葬曰、古之葬者ㅣ皆於國都之北、兆域有常處、是不擇地也、今以妖巫妄言、遂於擗踊之際、擇地選時、以希富貴、才之言、既如此、則雖至唐時、實爲巫史業、至宋、司馬溫公葬論、云、世俗信葬師之說、既擇年月日時、又擇山水形勢、正使實能致人禍福、亦豈忍使其親暴露而自求其利邪。然孝子之心、慮患深遠、故必求土厚水深之地而葬

之。程子葬說曰、卜其宅兆、卜其地之美惡也。非陰陽家所謂禍福者也。而拘忌者或以擇地之方位、決日之吉凶。不亦泥乎。以此觀之、地理禍福之說、盛宋名儒、亦皆不取也。此皆載在經籍、歷歷可考。固殿下之所洞覽也。臣敢誣哉。然則其禍福之說、用之塚地、猶云不可。而又用之都邑之地、則又未見其可也。夫運祚之脩短、國家之禍福、皆係於天命人心之去留。固無關預於地理也。

(朝野會通)

一六 知恥銘

李彦迪

君子之道、貴乎知恥。內省不疚、無惡於志。始自屋漏、達

呂才 唐太宗時太常博士

刊正(간정) 刊定、文書의不必要한部分을削除하고틀린데를벌하는것

瓣踊(벽용) 가슴을치고뛰어서뛰게우는것

巫史 神事를行하는사람、禮記에「祝巫史非禮也」라있다

朝野會通 李太祖誕生으로부터英祖元年까지의年譜、史歷을編次한것

李彦迪 初名은迪、字는復古、號는晦齋、紫溪、王의叫、宗九年에文科에及第하여官이贊成에이르다。諡는文元、明宗廟에配享하고文廟에從祀하다

于天地。戒懼謹獨、俯仰無愧。卓然中立、惟道是依。不幸有過、在於隱微。白中一點、雖若無累、其心忸怩。甚於撻市。如或無妄、身遭患厄、齋夷之箴、朝市之戮、甘受無愆。浩氣充塞、世不我容。知我者天。安土樂天、其中泰然。小人心事、一切反是。不恥不仁、不畏不義。惟利是競、惟惡是肆。有靦面目、略無愧恥。羞惡之心、本於天性。一存一喪、斯判狂聖。其機如此、故不自省。毫釐之差、天壤以謬。無恥之恥、庶無大咎。

(晦齋集)

一七 文益漸

[illegible]

江城縣 慶尙南道丹城
古號
德興君 名은譞, 忠宣王의庶子
交趾 今安南北部東京
成均司成 成均館의一職
禑朝
漆室之憂
宋尤庵

初名은益瞻이오字는日新이오號는三憂堂이니江城縣人이라性이慈詳剛直하고孝誠이至極하야雖祁寒盛暑라도定省을無廢러라就李稼亭學하야與其子牧隱으로相善하고年三十에與鄭圃隱으로同榜登科하니行誼文章이著於世間이러라奉使如元하야德興君事로累被元帝威嚇호대剛直不屈하야竄謫三年이러가自交趾로赦還歸國하니當時學者ㅣ無不稱奬이러라爲成均司成하야學理講論에究明微奧하니東方理學에實有功焉이러라時適麗末禑朝라邪臣이擅命하고僧尼ㅣ橫行하야大勢已非라無力可救하야乞骸歸鄕하야閉門深坐하야以聖學不傳으로爲漆室之憂하고論道講義로爲己任이러니太祖登位에累徵不起하고年七十而卒하니라東方에初無木綿이러니益漸이謫居交趾에見木綿而知其利하고欲取其核하야試種於本土하나

碍他防禁不得하고潛匿數三介核於筆管以來하야屬其舅鄭天益種之러니初不曉栽養之法하야僅辛一莖在러라三年繼培하야遂大蕃衍하니綿絮適宜하야人民利便이自公始하니라其他彈綿製絲紡織에機械發明이皆出於文氏族黨의潛心硏究러라李退溪ㅣ曰公有行誼하고又以學問으로著於世하니宋尤庵이曰程朱歿後에惟我東邦이文成公安裕와忠宣公文益漸二賢이能得其傳하야吾道ㅣ燦然復明이라하고李栗谷詩에曰神農은敎民耕하고后稷은敎民稼ㅣ라忠宣이衣我民하니豐功이倍前哲이로다하더라

(朝鮮古今名賢傳)

一八 訓民正音序

鄭麟趾

鄭麟趾 … 三才 … 枘鑿(예착) 之鉏鋙(조어) …

有天地自然之聲하면則必有天地自然之文하나니所以古人이因聲制字하야以通萬物之情하고以載三才之道而後世에不能易也라然이나四方風土區別하고聲氣亦隨而異焉하나니蓋外國之語는有其聲而無其字라假中國之字하야以通其用하니是猶枘鑿之鉏鋙也라豈能達而無礙乎아要皆各隨所處而安이오不可強之使同也라吾東方禮樂文物이侔擬中夏나但方言俚語는不與之同하야學書者는患

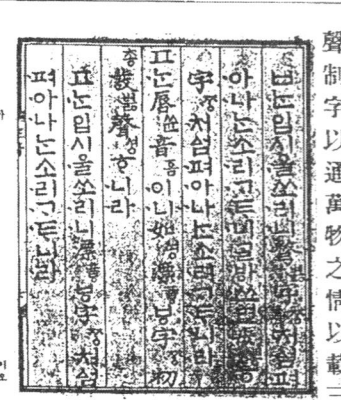

ㅂ는입시울쏘리니彆字처섬펴아나는소리ᄀᆞᄐᆞ니라 並書ᄒᆞ면步字처섬펴아나는소리ᄀᆞᄐᆞ니라 ㅍ는脣音이니如漂字初發聲ᄒᆞ니라 ㅍ는입시울쏘리니漂字처섬펴아나는소리ᄀᆞᄐᆞ니라

訓民正音原本

其旨趣之難曉하고治獄者는病其曲折之難通이라新羅薛聰이始作吏讀하야官府民間에至今行之나然이나皆假字而用하니或澁或窒하야非但鄙陋無稽而已라至於言語之間하얀則不能達其萬一焉이러니癸亥冬에我殿下께서創制正音二十八字하시고略揭例義以示之하시니名之曰訓民正音이라하시다象形而字倣古篆하시고因聲而音協七調하니三極之義와二氣之妙가莫不該括이라以二十八字而轉換無窮하고簡而要하고精而通이라故로智者는不崇朝而通하고愚者는可浹旬而學이라以是解書면可以知其義오以是聽訟이면可以得其情이라字韻則淸濁之能辨하고樂歌則律呂之克諧라無所用而不備하고無所往而不達하야雖風聲鶴唳와鷄鳴狗吠라도皆可得而書

中夏 … 薛聰 … 吏讀(리두) … 七調 … 崇朝(숭조) … 浹旬 … 律呂(률려) …

天縱 하날이 許諾하다
祖述 본받어 紹述하다
開物成務 사람의 아즉 알지 못한 것을 開發하야 사람의 하랴는 것을 成就함을 이름
東國文獻備考 英祖四十六年에 洪鳳漢等에 命하야 纂集한 것
兪秋潭 名은 瑒, 字는 伯圭, 秋潭은 그 號
林羅山 名은 信勝, 字는 子信, 羅山은 그 號, 德川時代의 儒
播 播磨國, 今 兵庫縣所管
城代 德川時代의 職名

矣。遂命臣等，詳加解釋，以諭諸人，庶使觀者不師而自悟。若其淵源精義之妙，則非臣等之所能發揮也。恭惟我殿下天縱之聖，制度施爲，超越百王。正音之作，無所祖述而成於自然，豈以其至理之無所不在，而非人爲之私也。夫東方有國，不爲不久，而開物成務之大智，蓋有待於今日也歟。

(東國文獻備考「樂考」)

一九 答朝鮮國信使兪秋潭 林羅山

去冬自舟中所賜之一封，自播之城代，及臘晦而達于余之家塾。披而熏誦，則長牋之鐵鉤，兩律之玉韻，倒江

熏誦(훈송)
牋(전)
鐵鉤(철구)
倒江之筆
懸河之辯
圭復
不辱君命

之筆，足以悅目，懸河之辯，足以娛耳，圭復不措，可謂千里面談也。何幸加之，想像邇日出赤間，經藍島，過壹岐，達馬島，歸帆無恙，行人安穩，所祝在玆。釜山漸近，王都不遠。古所謂不辱君命者乎。其欣榮豈惟青草茂木云乎哉。歸入高堂，衣晝錦者，蓋在此乎。方今歲初，官事無臨，在私亦頗繁，言不盡意，覼縷借茂源口以爲筆語而已。緬想不已，臨風悵然，恐恐不宣。

(羅山先生文集)

二〇 格言八則

君子矜而不爭，群而不黨。

(論語衛靈公)

晝錦(주금) 漢書項籍傳에 「富貴不歸故鄕、如衣繡夜行」이라 한 것을 反對로 말한 것. 北史毛遐傳에 「以衣錦榮鄕」이라 있다.
靡盬(무고) 王室의 일은 堅固치 아니함이 없으니、王事에 盡力하라는 말. 詩經「唐風鴇羽」에 「王事靡盬」라 있다.
覶縷(라루) 자세한 것
緬想(면상) 遠地에 있는 사람을 사모하는 것
岑樓(잠루) 高樓
巖牆(암장) 허물어지기 쉬운 담
言志後錄 佐藤坦著、坦은 修身學을 主로 한 成道의 學者、明의 …… 朱子學派의 儒者 (2519)

賢者는 狎而敬之하고、畏而愛之하며、愛而知其惡하고、憎而知其善하며、積而能散하며、安安而能遷하나니라. (小學「敬身」)

在上不驕하면 高而不危하고、制節謹度하면 滿而不溢이니라. (後漢書「本紀」)

同言而信하면 則信在言前하고、同令而行이면 則誠在令外니라. (後漢書「列傳」)

不揣其本而齊其末이면 方寸之木을 可使高於岑樓니라. (孟子「告子」下)

知命者는 不立乎巖牆之下하나니 盡其道而死者는 正命也니라. (孟子「盡心」上)

運財有道하니 在不欺人이오 不欺人은 在不自欺니라. (言志後錄)

行其田野하야 視其耕耘하고 計其農事하면 而飢飽之國을 可知也오 行其山澤하야 觀其桑麻하고 計其六畜之產하면 而貧富之國을 可知也니라. (管子「八觀」)

舜 帝舜有虞氏、五帝의 一人 ……
傅說(부열) ……
膠鬲 ……
百里奚 ……
拂 ……
恒 ……
衡 ……
法家拂士 ……

二一 生於憂患死於安樂

孟子曰、舜은 發於畎畝之中하고 傅說은 擧於版築之間하고 膠鬲은 擧於魚鹽之中하고 管夷吾는 擧於士하고 孫叔敖는 擧於海하고 百里奚는 擧於市하니라. 故로 天將降大任於是人也신댄 必先苦其心志하며 勞其筋骨하며 餓其體膚하며 空乏其身하야 行拂亂其所爲하나니 所以動心忍性하야 曾益其所不能이니라. 人恒過然後에 能改하며 困於心하며 衡於慮而後에 作하며 徵於色하며 發於聲而後에 喩니라. 入則無法家拂士하고 出則無敵國外患者는 國恒亡이니라. 然後에 知生於憂患而死於安樂也니라. (孟子「告子」下)

二二 哀公問政

哀公 周代魯君、姓姬、名은蔣

方策 方은木版、策은竹簡、古代에 조희가 업서 숭으로 方과 策에 記錄하얏다、方冊이라고도 함

蒲盧 蒲盧는 蘆、政治를 行하기가 부들과 갈대의 쌀리 자라는 것과 갓치 쉽다는 譬喩

殺(쇄) 降、減

等 級、等級

達道·達德 天下古今에 共通한 道와 德

中庸 孔子의 孫子思(名은 伋)의 作、中庸은 元來 禮記의 一篇

哀公問政。子曰、文武之政、布在方策。其人存則其政擧、其人亡則其政息。人道敏政、地道敏樹。夫政也者蒲盧也。故爲政在人。取人以身、脩身以道、脩道以仁。仁者人也、親親爲大。義者宜也、尊賢爲大。親親之殺、尊賢之等、禮所生也。在下位、不獲乎上、民不可得而治矣。故君子、不可以不修身。思修身、不可以不事親。思事親、不可以不知人。思知人、不可以不知天。天下之達道五、所以行之者三。曰、君臣也、父子也、夫婦也、昆弟也、朋友之交也、五者、天下之達道也。知仁勇三者、天下之達德也。所以行之者一也。或生而知之、或學而知之、或困而知之。及其知之一也。或安而行之、或利而行之、或勉強而行之。及其成功一也。

(中庸第二十章)

范質 字는 文素、後周時進士、宋太祖 때 宰相、魯國公에 封하얏다

從子 姪子、姪

遷秩(천질) 陞品

怡怡(이이) 和悅의 모양

造次 急遽苟且

相鼠 詩經鄘風篇名

茅鴟 逸詩

周孔 周公과 孔子

名敎 人倫의 敎

二三 范魯公質曉從子

范魯公質爲宰相、從子杲嘗求奏遷秩。質作詩曉之。其略曰、戒爾學立身、莫若先孝悌。怡怡奉親長、不敢生驕易。戰戰復兢兢、造次必於是。戒爾學干祿、莫若勤道藝。嘗聞諸格言、學而優則仕。不患人不知、惟患學不至。戒爾遠恥辱、恭則近乎禮。自卑而尊人、先彼而後己。相鼠與茅鴟、宜鑑詩人刺。戒爾勿放曠、放曠非端士。周孔垂

名教齊梁尚淸議南朝稱八達千載穢靑史戒爾勿嗜酒狂藥非佳味能移謹厚性化爲凶險類古今傾敗者歷歷皆可記戒爾勿多言多言衆所忌苟不愼樞機災厄從此始是非毁譽間適足爲身累擧世重交遊擬結金蘭契忿怨容易生風波當時起所以君子心汪汪淡如水擧世好承奉昂昂增意氣不知承奉者以爾爲玩戲所以古人疾籧篨與戚施擧世重遊俠俗呼爲氣義爲人赴急難往往陷囚繫所以馬援書殷勤戒諸子擧世賤淸素奉身好華侈肥馬衣輕裘揚揚過閭里雖得市童憐還爲識者鄙我本羇旅臣遭逢堯舜理位重才

不充戚戚懷憂畏深淵與薄冰蹈之惟恐墜爾曹當憫我勿使增罪戾閉門斂蹤跡縮首避名勢勢位難久居畢竟何足恃物盛則必衰有隆還有替速成不堅牢亟走多顚躓灼灼園中花早發還先萎遲遲澗畔松鬱鬱含晩翠賦命有疾徐靑雲難力致寄語謝諸郞躁進徒爲耳

(小學「嘉言」)

中等教育 朝鮮語及漢文讀本 卷三 終

昭和十年三月二十八日翻刻印刷
昭和十年三月三十一日翻刻發行

中等鮮漢文三	改
定價金五十七錢	

著作權所有

著作兼發行者 朝鮮總督府

翻刻發行者兼印刷者 京城府元町三丁目一番地
朝鮮書籍印刷株式會社
代表者 井上主計

發行所 京城府元町三丁目一番地
朝鮮書籍印刷株式會社

中等教育朝鮮語及漢文讀本 卷四

朝鮮總督府

緖言

一、本書는주장으로高等普通學校朝鮮語及漢文科의敎授에充用키爲하야編纂한것이라。

二、本書는全部를五卷으로하야、各學年에一卷식을配當하다。

三、本書는敎授上便宜를圖키爲하야朝鮮語와漢文의兩部에分하야編纂한것이라。

四、諺文綴字法은昭和五年二月에改正한諺文綴字法에據하다。

五、漢文은音訓熟字로부터短文、文章의順序로하다。

六、漢文의懸吐는低學年에는仔細히하고、學年이놉아짐을딸아簡略히하다。

七、難字、句讀、固有名詞、引用語句中特히必要하다고認定한것은、上欄에摘

出하야略解하다。

昭和十年十一月

朝鮮總督府

中等教育 朝鮮語及漢文讀本 卷四 目次

一 朝鮮語의部

二 漢文之部

目次

目次

中等教育 朝鮮語及漢文讀本 卷四

一 朝鮮語의部

一 職業에사는길

雲泥의差 동떨어지게다름을이름、天壤之間·霄壤之別等과갓다

사람들은職業으로산다고말하지마는、나는職業에사는길을高調하고십다。 職業으로사는生活方法과내가말하는職業에사는길과는雲泥의差가잇다。 그러면職業에사는길이라는것은、엇더한生活方法인가。 職業으로써生活의手段을삼지안코、職業그것自體中에自己를實現하는것이다。 밧구어말하면、職業에沒頭함에依하야、自己의能力이發揮되고、人格이向上되고、그것이同時에깁은喜悅이되고樂이되는것이다。 그喜悅과樂은、遊戲나娛樂의境遇와같은皮相的인것이 아니다。 저藝術家가心魂을털어너어創作에從事하는때와 같치、엇더한職業에든지、自己自身을살리는길은잇슬것이다。 精農·名工이라울리고、名人·巨匠의일갈음을받는사람들에는、 이러한사람이만타。 그들은그職業을物質的으로사는方便 으로보지아니한다。 全人格을거긔에털어너코、거긔서살고 잇다。 남의毁譽도귀에들어오지안코、報酬의多寡도介意하 지안코、그職業에沒頭함에서、사는보람을늣기는사람은、幸福 스러운사람이라아니할수업다。

職業에全人格을털어너을수잇게되자면、그職業이自己의 性質·才能에適合하야、그것이苦役이되지안코、悅樂을늣기는 그러한것이아니면아니된다。 다시말하면、職業가운데서津

苛責(가책) 苛酷한詰責、甚한나무람

津한趣味를깨닷는그러한것이아니면아니된다。

職業에서찻어낸趣味와자미는、遊戲나娛樂의그것과는스 사로다르다。 決코자미뿐이아니라、勞苦를짝하는것이普通 이다。 그러나그勞苦를겻되고、정성것活動하는가운데、興味 가제절로일어나는것이다。 샘처럼파면팔수록、津津하게趣 味가솟아나오는것이다。 여긔에藝術境과비슷한三昧의天 地가열려진다。

職業에살자면、이와같치그가운데서趣味를찻어내지아니 하면아니되지마는、아모리自己의性質·才能에適合하고、趣味 를깨닷는것이라도、그것이良心의苛責을받는職業이라면、全 人格을거긔에털어너을생각이나지안을것이다。 全人格을 바치고도、조곰도뉘우침이업다고생각하게되자면、職業의人

無賴(무뢰) 이[illegible]수업다는뜻으로부터放蕩의意味로쓰인다、史記高祖本紀에「臣無賴、不能治産業」이라잇다。

生에잇서서의意義와、自己의職業이社會에對하야엇더한關係、엇더한貢獻이잇는가를明確히알아야한다。 職業에貴賤이업다는것은항다반쓰는말이기는하나、그것은正當한職業에限하야쓸말이다。 道德上으로보아서正當하지못한職業、卽社會에害毒을끼치는賤한職業、排斥하야야할職業이적지안타。 放蕩無賴의徒輩에게快樂을供給하는따위의商業에從事하는大商人보다도、陋巷에서군고구마를파는小商人이훨신더高貴한職業에從事하고잇는것이다。 이點에서보면、農業이얼마나高貴한職業인가는贅言을不要할것이다。 그런데세상사람들은職業을徹頭徹尾、利를圖謀하는方便、俸給報酬를얻는手段으로만看做한다。 그럼으로이目的을爲하야는、手段인職業은무엇이거나가리지안는다。 다만收入이

滔滔(도도) 물이세차게흘르는모양

만은것을貴한職業인듯이생각한다。 이리하야사람들은滔滔하게서로이끌고職業으로사는사람이되여버리고、職業에사는사람은極히少數다。

이러케말하드라도、職業으로부터利得報酬의觀念을全然排除하라는것은아니다。 다만이것만을目的하고、앗가운一生을方便때문에헛되이보내는것이잘못이라는것을、指摘하고자하는것이다。

대개職業의意義에는、私的方面과公的方面의두가지性質이잇다。 사람은職業에서生活資를얻어、그것으로生存、發展을保障한다。 그와同時에職業은道德的義務로서、社會에貢獻하는公的性質을가춘것이다。 사람들은자칫하면、職業의私的意義만을보고、그公的性質을忘却한다。

社會連帶 [illegible]

百丈禪師 [illegible]

엇더한職業이든지、一面에公的意義를가젓다는것은、社會와個人과의關係、더욱現代의發達한分業的依存의社會生活과社會連帶의思想을想起함에依하야、넉넉히깨달으리라。 진실로職業은이點에잇서서、社會衆生에의報恩的行爲라일러도조은것이다。 딸아서無職遊食의生活이罪惡이라는것은말할것도업다。「一日不作、一日不食」이라는百丈禪師의말은、千古의金言이다。

이리하야職業에公的社會的意義가嚴存한것을一分會得하면、職業에對하야嚴肅한態度를가지지아니할수업슬것이다。 다만生活의方便、利得의手段으로생각하는것은、神聖한職業에의冒瀆이다。

생각건대、成人의日常道德의大部分은、職業을通하야行하

蒼生 [illegible]

行色 [illegible]

敎民火食 [illegible]

歷山 [illegible]

八條 [illegible]

야지는것이다。 忠이어니、孝어니、其他百般의道德이다忠實한職業的活動가운데實現되는것이다。 사람의사람된所以는、여긔에가장잘發揮되는것이다。 職業에살고자하는者는、職業에이러한道德的性質이잇는것을明確히認識하지아니하면아니된다。

二 擊壤歌

四海蒼生農夫들아、一生辛苦원망마라。 士農工商생긴後에、貴重할손農事로다。 萬民之行色이오、天下之大本이라。 敎民火食하온後에、農事밧게또잇는가。 神農氏의갈은밧에、后稷의뿌린種子、歷山에갈든밭은、舜임금의遺風이오、敎民八條펴칠적에、井田之法지엇도다。 繼延傳播數千年

[illegible]

井田法 [illegible]

春分 二十四節氣의一、三月二十一日頃

누역 도롱이(蓑)

柴門(시문) 사리짝문

허대 外貌、風采

에、林林葱葱百姓들아、昨夜에부든바람、尺雪이다녹앗다、우리農夫재내여라、春分時節이때로다。 뒷東山에살구꽃은가지가지봄빗이오、압못에菖蒲잎은、層層히엄돋앗다。長長夏日긴긴날에、해는어이쉬이가노。 앞南山에비저온다、누역삿갓가초아라。 밤이오면장간쉬고、장을깨면일이로다。 綠楊芳草저문날에、夕陽風이건듯부니、호미메고입장고에、달을띄고것는걸음。 洞里로돌아오니、柴門에개쫓는다。 빗조은黃삽사리、허대조은靑삽사리、帶月荷鋤歸에、너는무삼나를미워、쟁쟁짖는네소리가、사람의精神을놀래는고。

三 音樂

試驗삼아一曲의歌謠를들어보라。 그것으로부터얻는感興에두가지要素가잇는것을發見하리라。 하나는그歌謠의意義가우리의마음을움죽이는것이오、다른하나는그聲音의高低·緩急·抑揚·强弱등을어말하자면、그曲節이、우리의情을刺衝하는것이다、

그러나歌謠를이룬言語의意義는、文字로적어서눈으로보고잘理解할수가잇다。 그것이音樂的要素가아님은勿論이다。 그럼으로歌謠의音樂됨은、오로지聲音의曲節에잇는것이明白하다。 그리고曲節은言語로부터그意義를除去하야버린聲音에잇다。 이와갈치言語를이루지아니한聲音은、곳또한器樂의成立되는基礎다。

우리는본대聲音그것에一種의快美를늣긴다。 이것은마

치色彩그것을보고깃버하는것과갓다。 그러나우리는또이感覺的快美感보다도一步를나아가、그聲音에무슨表象이잇는것을늣긴다。 或은놉이채고、或은낫게가라앉고、或은悠揚하야길고、或은急迫하야짧고하는것이、무엇이나우리의心情과서로應하지안는것은업다。 우리는이것을일러情을품은聲音이라하자。 이聲音은사람마다同一軌라、서로扞格함이업기때문에、우리는他人의聲音을듯고、문득感應하야조곰도틀림이업다。 이러한關係를멀우어、모든聲音에미칠수가잇다。 蟲音·鳥語라든가、松籟·濤聲이라든가、或은金石이서로치고風絃이서로운다든가하는自然界의聲音을듯고서、울고웃고하는것은、다이와꼭갓은理致다。 그것은言語를이루지안은聲音에、우리의心情의表徵이잇는때문이다。 器樂의根本

同一軌

扞格(한격)

原理는여긔에잇다。

器樂은이러한聲音의純粹한것을골라뽑아、樂音이라는것을定하야、絲竹管絃을빌어서이것을내며、藝術에必須한形式을附與하야複合構成한것이다。 그資料인聲音과그것을構成하는形式과는、다우리의情生活에應하야그表徵아님이업다。 月夜에부는一管의젓대소리로부터、씸포니의大総樂에이르기까지、이것을듯고、或은玄然히눈물을흘리고、或은藹然히웃깃을여미고、或은心神이朗徹하야멀리塵寰을벗어나、문득天地와冥合하는늣김이일어나고、或은煩悶·懊惱의생각이나서、나와樂이融合化一하야、樂聲이들어와내心情이되는지、내心情이化하야樂聲이되여나가는지를의심하게되는것은、그根源이여긔에잇다。 要컨대、器樂의樂聲은사람의音聲이

씸포니 Symphony. 交響樂

다。 人心의가장깊은곳에잠겨잇는神祕한琴線의움즉이는反響이다。

그러나言語를이루지안은聲音은、特殊한意義를가지지안앗기때문에、器樂의表象하는感情은、一般的抽象的임을免할수업다。 가령여긔에悲哀의情을부친一曲이잇다하자。 우리는그것을듯고、潸泣嗚咽함을禁할수업슬것이다。 樂曲의效果는이것으로足하다。 그러나그悲哀는무슨까닭으로나는가、엇더한모양의悲哀인가는알수가업다。 歡喜平靜苦悶이다이와같다。 器樂의表象하는바는、特殊한사람의特殊한境遇의特殊한感情은아니다。 만일이러한感情의表象을바란다면、言語에求하지아니하면아니된다。 詩歌에求하지아니하면아니된다。

이내、氤氳한긔은、[illegible]한긔혼

다시또다른方面으로보자。 사람의感情은環境에딸아나타나고、自然界의現象에應하야變化한다。 春和景明하야바람은따뜻하게불고、먼山에이내끼고、시냇물은졸졸흐르고、岸柳는綠色이다。 사람이이光景에對하면、마음이죽펴여、雙肩이胡蝶의날개로化하야、翩翩히저배추꽃테회롱하는듯하다。 器樂은이心神暢快한늣김을나타낼수잇스리라。 그러나그이내끼모양、시냇물흐르는모양、또는春風이柳絲를솔솔빗질하는모양은옮길수업다。 이러한敍述은、또한言語에求하지아니하면아니된다。 詩歌에求하지아니하면아니된다。

여긔에잇서서聲樂이잇다。 聲樂은言語를이룬人聲即歌詞에、旋律잇는曲節을부친것이니、詩歌와音樂을結合한것이다。

四 自然과人生

自然의悠久함과天地의廣大함을생각하면、人生이얼마나 짧고작은것인가를알것이다。 사람의一生은勿論이어니와、人類의歷史도、地球의生成과星辰의世界에견주어보면、어림도업는歲月이다。 멀고먼蒼空을바라보고는、그渺漠함에놀라고、萬物의細微한部分에들어가서、그限이업슴을알고는、人知의淺薄함을생각하야、不可思議한늣김이난다。 그러나이不可思議한自然界에生을의탁하고잇는人間이、조곰식神祕의자물쇠를열어、차차自然界의法則을究明하고豫知하야、人間生活에自然을利用함이더욱더욱만아가는것을보면、人力의偉大함을생각하지아니할수업다。 실상인즉、天地의廣大한줄을알고、自然의悠久한줄을살펴、不可思議한늣김을가지

魚腹에장사하다 물에빠지죽는것을이름、屈原懷沙賦에「寧赴常流而葬乎江魚腹中耳」라잇다

는것은、그만큼人知의優越한것을證明함이다。 愚者에게는疑問이업나니、知者라야이러한神祕感을가질수잇는것이다。 그럼으로우리의知識을더함은、도로혀自然의神祕를더하게되나니、知者가더욱謙遜하는道理도首肯될것이다。 또偉大한科學者가大自然에對하야、一種의敬虔한마음을가지는心境도理解될것이다。 진실로自然과人生과는、서로떠나지못할關係가內在하얏다。

또人情으로써自然을헤아리건대、自然의鐵則은人情을돌아보지안는다。 貴賤에나老少에아랑곳업다。 不意에風波를일으켜、千里의孤客을魚腹에장사하고、一瞬間에大廈高樓를震倒하야、幾萬의生靈을犧牲한다。 아모리哀願하고懇請하드라도、冷然하야듯지안는다。 참으로冷酷無情한自然이

花朝·月夕 — 春朝·秋夜、陰二月十五日을花朝、八月十五日을月夕이라한다

라고밖에생각되지안는다。 그런데그自然은다른한편에잇서서는、或은七色의虹橋를半空에걸치고、或은千紫萬紅으로曠野를彩色하고、或은花朝에或은月夕에、自然의情趣에美感을주는것은、天地가有情하다고밖에생각되지안는다。 그러면自然을無情하다할가、有情하다할가。 본대自然은사람이아니다。 다만有情한사람을둘러싸고、各自의생각에맏겨둔다。 그럼으로冷酷하게보면곳冷酷하고、溫和하게보면곳溫和하다。 사람의感情의움즉이는方向에딸아서、自然도或은嚴酷하고或은仁慈하다。 여긔에도自然과人生과는떠나지못할關係가잇다。

以上은人知·人情上으로부터自然과人生을對立시켜서考察한것이어니와、다시見地를밧구어생각하야보면、사람도또

五官 — 聽·視·味·嗅·觸의五感을맡은器官。耳·目·口·鼻·皮膚

한自然의아들이다。 大自然사이에生을享受하야、다른모든生物과함께地上에나타난人間은、스사로自然을表徵하고잇는것이라고할수잇슬것이다。 마음이라는것은사람에잇서서貴한것이지마는、사람이自然의아들이라하면、사람의마음은自然의마음을反映하얏다고할수잇슬것이다。 人知·人情은우리의特質이지마는、실상은元來自然에內在하얏든것이、人間에顯現한것이라고할수잇슬것이다。 그러면우리의마음을通하야、自然의深奧한마음을살필수잇다고할수잇슬것이다。 이러케생각하야보면、그自然이라는것은、單純히우리의五官으로써아는外界의自然이아니다。 안으로마음으로보는自然이다。 그리하야自然에서神性을보고、잎사귀에어린이슬빛과들에핀꽃향긔까지에서도、尊貴한무엇을늣기랴

하날에반짝이는云云 [illegible]

는사람도잇다。

아모러튼、自然과人生과는、밖으로나안으로나一連一體다。自然의理法과人間의理法과는、반다시서로通하는바가잇슬것은틀림업다。 하날에반짝이는星辰의世界와마음속에비치는道德의法則에、無限한嚴肅을늣긴哲學者가잇섯든것도、決코까닭업는일이아니다。 理致대로하면、사람이하날을이길수가잇는것도、실상인즉사람이發見한理法과天地에가초아잇는理法과는、둘이아닌때문이다。 人間의意志가自然界를征服하고利用하는것도、自然의法則을遵重하야、그것에服從하는때문이다。 自然을愛重히여기는이가아니고는、決코自然을잘利用할수가업다。 山川草木의愛護者는、即그利用者다。 自然에對한人間의意志의自由는、말하자면、天意即自

生活은戰爭이다 第十七世紀英國哲學者홉스의말

然을理解함으로말미암아얻을수가잇다。

五 競爭과科學

요새는世界의平和라는말이자조唱道된다。 世界大戰의慘害를目前에본사람들이、戰爭이絶無한平和로운世界를希望하고憧憬함은、決코까닭업는일이아니다。 그러나今日까지의歷史를거울삼고、現在의狀態를觀察하야보면、人類生活에絶對的平和의時代가오리라고는到底히생각할수업다。 「生活은戰爭이다」고한옛사람의말과갈치、무릇살고잇는以上에는、엇더한形式으로든지나타나는戰爭을避하지못할것이다。 許多한國家가對立하야、各自의發展에努力하고잇는限에는、그사이에利害의衝突을免하지못할것이明白한일이다。

砲火를사피다 戰爭을시작한다는뜻、砲火는大砲를發射하는때에일어나는불

甲의膨脹이乙의存在를危地에빠지게한다든가、丙의發展이丁의進路를막는다든가하는境遇에는、到底히그대로는잇슬수업서、談判에談判을거듭하야도、結局圓滿妥協이되지못하는以上에는、엇잿든戰爭外에는取할手段이업게된다。 딸아서엇던國家든지、한편으로는熱心으로平和를唱道하고、힘을다하야戰爭을避할手段을講究하면서、그와同時에다른한편으로는、萬一의境遇를念慮하야、軍備의充實을決코疎忽히하지안는다。 설사戰爭까지에는이르지안는다하드라도、다른國家의無理한要求를拒絶하자면、항상相當한軍備가必要할것은當然한일이다。

요새세상에戰爭을시작하랴면、非常한決心을要하는까닭에、容易하게砲火를사피기까지에는이르지안는다하드라도、

그동안에國家의競爭은決코休息된것이아니다。 平和時代에는、또所謂平和의戰爭이盛行하야、그것에敗北한國家는實로悲慘한狀態에빠지게된다。 平和의戰爭이라는것은、即世界市場을相對로하는殖産工業의競爭이니、이競爭에잇서서는、優良品을싸게파는편이勝利를獲得할것은無論이다。 交通이열리지안은時代에는、各國家는自己의必要한물건을自己가만들어、남과는關係업시生活할수잇섯지마는、文明이進步하야運輸가便利하게되여、世界의구석구석까지가다이웃갈치된今日에잇서서는、鎖國은到底히不可能하다。 他國과貿易하는以上에는、실으나조으나平和의戰爭에參加하지안을수업다。 이리하야實戰의有無에不拘하고、國家間에競爭이斷絶되지안을것이니、이競爭의勝敗는주장으로科學의進

步如何에달린것이다。

最近의世界大戰은、이미거의科學戰爭이라고할만하지마는、今後의戰爭에는보다더科學의應用이盛行하야、戰爭의勝敗는實로科學應用의最後의僅少한優劣의差異에依하야定하야지리라고생각된다。 終局의勝敗가여러가지複雜한理由에依하야決定됨은無論이나、一律로論斷할수는업지만는、다른事情이大概同一한境遇에는、一步라도먼저科學이進步한편이반다시勝利를엇을것은의심할餘地가업다。 飛行機든지潛航艇이든지毒瓦斯든지爆彈이든지、敵軍보다優秀한것을가지면、無論그만큼勝算이만타。 머구나優良한武器를製造하는것은、決코一朝一夕에될일이아니라、平素부터充分히研究를싸치안으면안될것이오、그러자면、그基礎가되는科

學의進步가무엇보다도必要하다。 科學研究에뒤진國家는、언제든지남의新發見新發明을겨우흉내냄에不過하기때문에、언제까지든지남보다압서서進步할수가업서、永久히남의뒤에딸아갈수밧게업슬터이니、이러코야一朝有事한때에臨하야、자못걱정스러운일이아니냐。

설사最新式의武器를外國에서輸入한다하드라도、그것이破損된때에는、이와同等이나或은同等以上으로製造할만한技術이업다면、完全한修繕은될수업다。 또最新의科學的知識을應用한機械는、精巧를極한것임으로、그것을操縱함에는、그만큼高度의科學的素養과科學的腦力이必要하다。 만일그러치못하고서操縱한다면、飛行機면墜落하고、潛航艇이면沈沒할것은當然한일이다。 그럼으로今後萬一의境遇를생각하면、專門科學者의研究가主極히貴重한同時에、一般國民의科學的素養의標準을놉이는것이、무엇보다도急務다。

武器를使用하는戰爭은、아모리激烈하드라도一時的이지마는、所謂平和의戰爭은、長歲月을繼續할뿐아니라、쉴새가업다。 野蠻時代에는交通이便利하지못하얏기때문에、各國民은自國에서만든衣服을입고지냇지마는、文明이進步하야國際關係가密接하게됨에딸아、嗜好도차차變해가고、새로운要求도생겨、他國의産物을輸入하지안코는、하로도지낼수업게된다。 이를테면、茶를産出하지안는나라에서도、茶가일상빠지지못할飮料가되고、羊을치지안는나라에서도、누구나다毛織衣服을입게되엿다。 이러한簡單한물건만을輸入하는것이아니다。 文明이進步하면、人間生活이複雜하게되여、일상

褊小(편소) 狹小、孟子「梁惠王」上에「齊國雖褊小、吾何愛一牛」라 잇다

쓰이는물건도大概는精巧한技巧를베픈人造品이다。 또여러가지機械가必要하다。 이러한물건과機械를製造하지못하는國家는、모다그것을他國에서輸入하지안을수업다。

文明人의生活에잇서서는、機械는한附屬物이오必需品이니、누구든지그것을안쓸수는업다。 文明의進步에딸아、需要는더욱더욱만아갈뿐이다。 그리고精巧한機械를製造함에는、考案者뿐아니라、實際로製造하는職工까지도、科學的知識을充分히가져야한다。 그럼으로一般國民의科學的素養이低劣한國家에서는、天産物을그대로헐하게輸出하고、그것에加工한物品을外國에서비싸게輸入하지안으면안될것이니、이러코는一國의經濟가成立할수업다。 더구나面積이褊小하고天産物이豐富하지못한國家에서、이러한狀態가長久히

繼續한다면、그나라는곳破産할수밖에업슬것이다。 輸出과輸入과의均衡을保存하야가자면、엇더케해서든지他國에내리지안을優秀한物品을製造하야、世界市場에내여보내야한다。 그러자면、職工까지라도相當히優秀한科學的知識을가지도록、一般의水準을놉일必要가잇다。

水準(수준) 水平, Level.

科學이進步한國民은、製造方法을여러가지로研究하야、優良品을헐하게팔수잇지마는、이와反對로科學이幼稚한國民은、技術이不足한우에、製造함에품이만이들기때문에、拙劣한物品을비싸게팔지안으면計算이맛지안음으로、그것이同時에市場에나오는境遇에、어느편이競爭에勝利를얻을것인가는、일부러論說을허비할必要도업다。

以上은다만物質方面에잇서서의科學의必要에對하야、그一端을論述한것이다。 그러나科學의效用은、決코이方面에만限한것이아니다。 科學的으로思考하는頭腦를가진것은、思想方面에도자못有效한것이니、他國民에지지아니하랴면、이方面을特別히奬勵하지아니하면아니된다。

武器其他의製造工業에直接應用되는것은、주장으로物理學과化學입으로、이것뿐이必要한듯이생각하기쉽지마는、아모리巧妙하게만든人造品일지라도、無論天産物에加工한것에不過한것이니、그材料를研究함에는、動物·植物·鑛物等의學問을等閑視할수는업다。 그러나이따위學問은、思想上에는그닥지直接影響을미치지안는다。 思想上에特히큰關係를가진것은生物學이다。

今日의社會制度는옛적부터의遺物이니、不合理로생각되

는部分이잇슬는지도모르지마는、억지로急激하게改革하고자하면、도로혀破滅을誘致할念慮가잇는것이니、時期를잘보아、徐徐히改善하야가야한다。 生物學的知識이國民一般에普及되여、그것이思想의根柢를이루게되면、不合理한制度도自然히차차改良되지안을수업슬것이다。

上述한바와갓치、國家發展에는科學의進步가무엇보다도緊要하지마는、그것이엇더한國家든지同程度로될수잇느냐하면、쉽사리그러타고는대답할수업다。 원숭이를아모리애써가르치드라도、원숭이만큼의技藝밧에는될수업는것과갈치、各國의國民은제각금科學能力의程度에差異가잇서、제절로科學이進步하는國家도잇고、아모리奬勵하야도、어느程度以上은到底히進步할수업는國家도잇슬것이다。 이를테면、

凌駕(릉가) 他를누르고그우에서는것、卽훨신더勝하다는뜻

忽諸(홀저)에부치다 疎忽히하다、等閑히하다、諸는語助辭

五倫 다섯가지人倫關係、父子에親、君臣에義、夫婦에別、長幼에序、朋友에信

黑人이급작히進步하야、科學研究에잇서서白人을凌駕하도록되리라고는到底히생각할수업다。 그러나自己의屬한國家의將來를생각하면、科學을어듸까지든지奬勵하야、그進步를꾀하야야할것이오、또研究하면研究한그만큼、效果가생길것은틀림업다。

엇더튼지、세상에競爭이存續하는限에는、그競爭場裏에서서、人事를다한뒤에天命을기다릴수밧에는업는것이니、吾人은여긔에서科學研究를一日이라도忽諸에부칠수업다는것을痛感한다。

六 五倫歌

天地間萬物中에사람이最貴하니、

六 五倫歌

玉樓 玉으로꾸민樓殿、여긔서는님군의宮殿을가르침

最貴한바는五倫이아니온가、
사람이五倫을모르면不遠禽獸하리라。

世上사람들아父母恩德아나산다、
父母곳아니면이몸이잇슬소냐、
禮로써生死葬祭에終始갈게섬겨서라。

深山에밤이드니北風이더욱차다。
玉樓高處에도이바람부는게오。
긴밤에치우신가北斗비겨바라노라。

夫婦생길적에한重케생겻스니、

七 江西三古墳

夫唱婦隨 가장이인도하면안해가딸아감이니、夫婦가和하게지내는것

擧案齊眉 夫婦가서로恭敬함을이름이니、後漢時代梁鴻의妻孟光이梁鴻을恭敬하야밥상을눈섭과가즈런히들어서바쳣다는故事에서나온말

久而敬之 朋友와사괴기를오래하야도恭敬함을이름이니、論語에孔子가晏平仲을評하야善與人交、久而敬之라하엿다

七

江西三古墳

夫唱婦隨하야一家天地和하리라。
날마다擧案齊眉를孟光같게하여라、

爭財에失性하야同氣不睦마라서라。
田地와什物은값을주면사려니와、
아모려萬金인들兄弟살데잇느냐、

벗을사괴진대有信케사괴리라。
信업시사괴며恭敬업시지낼소냐、
一生에久而敬之를始終업게하오리라、

江西三古墳 平安南道江西郡江西面三墓里에잇는高句麗의古墳、大・中・小三墓

乙支將軍墓 乙支文德將軍의墓、乙支文德은高句麗嬰陽王時大將으로、隋兵을大破한名將 [illegible]

鼎足之勢 솟의세발처럼셋이서잇는모양

乙支將軍墓를보고서、江西行自動車를타니、午後四時頃。

江西에나리는즉시로三墓로向하얏다。 右便으로烏石山、左便으로舞鶴山을끼고、田畓이질펀한平野한복판에、큰封墳이새파란잔듸를이고、鼎足之勢로웬만한山처럼불쑥솟앗다、墓라면山腹에나山麓에자리를잡는줄로想像하든눈엔、그位置부터벌서서투르다。 年前에慶州를巡歷할때、넓은들판에點點의綠峯을이룬大墳을본記憶이새로워진다。 古代엔近世와달라、大槪는峻山을避하고曠野에墓를쓴모양이다。 人口가稠密치안코土地가有餘한탓도탓이리라。 그러나그보다도雄大한規模와宏壯한裝飾을부릴대로부리자면、狹窄한山岳에서부비적거리는이보다、차라리廣闊한平野에군색치안케터를잡는것이、만은便益이잇섯스리라。 여긔에서도豪

關野博士 名은貞、東京帝國大學名譽敎授、工學博士、昭和十年七月歿

劫運(겁운) 劫數、厄運의뜻

탐탁하다 탐탁스럽다、滿足하다

壯한古人의氣風을엿본듯십엇다。

이三墓는江西邑誌에依하면、或은將軍墓、或은帝王塚이라고적혓슬뿐이오、그年代와墓主는未詳하다。 關野博士의鑑定으론、적어도一千三百五十餘年前의古塚인것이分明하다하니、그러면高句麗當年의무덤인것은틀림업는事實이리라。東都인慶州의遺蹟은比較的곱다라케남아잇서、燦爛하든當時의文物을想像이라도할수잇는것은、新羅의福이오後人의幸이라하겟스되、高句麗의遺蹟은너무나慘酷한兵火의劫運에걸려、모조리깡그리破壞되고湮滅되고말어、오늘날그때文化의片鱗이나마찻을길이아득한것은、얼마나恨할노릇이냐。曉天의星辰처럼寥寥한그古蹟가운데、이三墳이남은것은、정말우리에게는奇蹟보다더탐탁하다할것이다、 死灰에서寶

玄武 北方星名、거북으로象示하니、古來로墓의北側壁에거북을그린다

玉을發見한들,이보다더貴하고더重하다할것이냐。

우리는大塚의玄室門앞에섯다。 石柱와石楹이벌서宏壯한石殿을聯想케하는데,引導者가木門을열어제침에,선뜻한陰氣가얼골을스치며,머리끝치뻣뻣해진다。 어둑한속으로발올들여미니,四方이石壁인데,어른어른하는丹靑이形과像이分明치안은채로궁실궁실움즉여,정말龍蛇와갈치飛騰한다。

江西三墓里大墓玄室北壁玄武

눈이차차어두움에익어지자,四面의壁畫는더욱뚜렷하게

靑龍 東方星名、龍으로象示하니、古來로墓의左側壁에그린다

白虎 西方星名、범으로象示하니、古來로墓의右側壁에그린다

盤旋(반선) 서리고돌고하는것

나를대지른다。 正面엔玄武,右面엔靑龍,左面엔白虎를그린

江西三墓里大墓玄室東壁靑龍

것이라하나,나보기에는玄武고靑龍이고白虎고거의어슷비슷하야,判然한區別을지을수업는怪獸들이다。 現在의動物로形容하라면,龜와虎와蛇의混成體라고나할가。 獸形은그러하거니와,그鮮明한彩色과生動하는線。 肢體는分明히跳躍하고,尾鬣은歷歷히盤旋한다。 그朱紅빛입으로숨소리가들리는듯。

雄渾한氣魄과豪壯한風格이란,이런神筆을두고이름이리라。

더구나入口兩便에그린朱雀은、그翩翩한두나래와飄飄한꼬리가、둥실둥실石面을떠나、푸드득날아오르는듯。

한번눈을天井으로돌릴때、그精緻하고奇巧한構造와修裝에눈이어려진다。 正方形으로올라가다가、石榴한層을지나면菱形이되고、이菱形이또石榴한層을올라서자、네모를베여、모서리마다三角形한個식남기고、또한層을넘어、다시正方形을이루엇다。 한層두層、層層히좁아들며、整然한變化로、마자막엔조고마한正方形天井을完成하고만다。 層層마다、三角形마다、花草를아로사긴선을둘럿는데、그花草의모양은얼른보면다같으되、仔細히보면그花形과葉狀이壁마다다르고層마다달라、文字그대로恍惚縹渺이다。

이各種各樣의花草모양으로선을두른속에는、빈틈업시形

朱雀 南方星名、[illegible]

선두르다 물건의가장자리를꾸밈이등、緣飾

形色色의그림이가득가득실렷다。 구비치는물결우에웃뚝웃뚝솟은奇巖을타고노는이들、아침햇발이바야흐로밝고붉은빛을던질때、不老草그늘속으로넘노는노루와사슴들、鳳凰이燦爛한나래를휠신펴고너울너울날아가는데、天天히붉은天桃를따랴는仙女들、一角虎尾鹿身馬足의麒麟들、靑鳥를멍에하고雲山을훌훌날아넘는飛仙들、이모든그림이어느것하나生動하지안는것이업지마는、그中에도더욱나를恍惚케하는것은피리부는네仙女다。 蓮花의花瓣같은맨발로고이、고이구름을헤치며、虛空에둥둥뜨는그모양이여。

江西三墓의大墓玄室天井隅三角側面麒麟

同 鳳 凰

不老草 仙界의靈草

天桃 仙家의말하는天上에잇다는복숭아

그하늘하늘하는가벼운옷자락은,分明히微風에나붓긴다。 彩色잘받는조의가아니오,단단하고얼턱덜턱한돌에,무슨붓으로저러케그렷슬가。 神品이아니면鬼工이分明하다。 사람의솜씨로야生意인들할것이냐,

慶州石窟庵에서처음으로石像을보고눈긴驚異와感興이다시금새로워진다。 新羅人은돌에사기고,高句麗人은돌에그렷다, 여긔에생각나는것은,東西兩朝鮮의文明의差異다, 高句麗의遺蹟이湮滅한탓으로,新羅의끼친자최를보고,두나라가거의同時代라하야,그文化도서로비슷하얏스리라고獨斷함은,妄想이아닌가십헛다。 勿論相似한만은點을가젓섯겟지마는,그眞髓에잇서서,그들이제각기獨特한文物을가젓든것은,이江西古墳과慶州古墳의差異를보아,그片鱗을짐작할것인듯십헛다。 그러나사기고그리는方法은다를지언정,人工을뛰여넘어神工에갓가운藝術의지경은,東西가彷彿하다할것이니,더욱더욱高句麗遺物이온전히傳하야지지안은것이서럽고애닯다。 貴重한朝鮮文化의한모서리를그대로喪失한것이니,얼마나悲歎할노릇이냐,

이玄室의넓이는東西十尺三寸,南北十尺四寸五分,天井의놉이가十一尺五寸九分이니,全體의크기가요새의四間房만하다하면,그리틀리지안으리라。 四壁과天井과밑바닥을모다良質의花崗石의大材로築造한것은勿論이다。 試驗삼아四壁天井바닥의石片을세여보니,四十七枚다。 그리고바닥에는도마形의石床두個가노엿는데,길이는九尺,넓이는三尺五寸,두틔는五寸이넘는다, 棺두個를올려노앗든자리리라,

그다음에中塚을구경하얏는데,그構造와修裝은大塚과大同小異할뿐이다。 여긔는棺을올려노앗든石床이업는것으로보아,大塚의附屬室인듯하다。 그리고奇異한것은,後壁이큰돌한張으로되엿는데,밑바닥과壁이連한곳에,高一尺五寸,廣三尺의조고마한石片으로땜질을한것이다。 巨大한石材를마음대로뜻대로쓰든當時어늘,돌이不足하야군색한땜질을하얏슬理는萬無한노릇이니,저작은돌이야말로神祕의열쇠를쥔것이들림업다。 俗傳으로는,저돌을엇지엇지누르면,通路가열리고,그通路로는三墳을自由自在로往來할수잇게되엿슬뿐만아니라,그밑바닥이덜걱열리며,이外部의玄室外에정말內部의玄室이따로잇고,黃金비를과奇貨珍寶가祕藏된것이라고한다。 비록荒唐無稽한傳說이라하겟스나,그小

明若觀火 밝기가불을보는것갈다는뜻이니分明히알수잇다는뜻

瞳瞳 아침햇빛이번적번적하는모양

籃輿(람여) 가마의一種

石이무슨裝置를意味한것만은明若觀火의事實이로되,오늘날의發達한建築工學으로도,그수수꺽기를풀지못하고,疑問을疑問대로그대로묻어둔것은,不可思議의一이라하겟다。 大塚·中塚外에小塚도發掘해보앗스나,여긔는아모壁畫도업고,牛馬의뼈만發見되여,다시묻어버렷다한다。

三墳의巡禮를마치니,長長夏日도어느덧저물엇다。

八 白頭山登陟

六月十四日,臙脂峯으로서白頭山上에이르다。

이날일즉일어나니,하날에點雲이업고,돋는해가瞳瞳한지라,一行諸人이或은籃輿로,或은말로,或은徒步로徐行하야오르니,山이모다희고樹木이업스며,往往히綠蕪가덮엇는데,無

迤邐(이리) 빗으듬이迤하야써지다

剜缺(박결) 이지러지다

朴權 字는衡聖,肅宗三十八年에定界使가되다.官이判書에至하엿다

名한草花가或붉고或누르며,崖谷間에는堅冰이녹지아니하야,멀리봄애片雪같더라。 迤邐하야오름애,오를수록점점높되,낭떠러지와깎아지른듯한바위는볼수업슬레라。 行하기二十里에,白山三峯이面前에當立하니,오히려臙脂峯아래서본바와같더라。

東南間아래木柵을죽꽂아,十數步에뻐첫는데,顚倒하고剜缺하야,그대로잇는것이몇되지못하고,같지도아니하고아로사기지도아니한數尺小碑가서잇거늘,갓가이보니,肅宗壬辰에定界使朴權이淸使穆克登으로더부러,兩國境界를勘定하야세운定界碑러라。

定界碑

衽席之下 발下와갓다.衽席은요,柳宗元西山宴遊記에「數州之土壤,皆在衽席之下」라잇다

大澤 天池(龍王潭이라고도이름)를가르침

西는鴨綠江,東은豆滿江이라,곳分水嶺인줄알레라。

碑石오른쪽으로좇아뫼등성이를盤迴하야,올라가기約十里에頂上에다달으니,四方의모든山이다衽席之下에잇고,極目天際를一望에걷우어,目力의窮함을恨할따름이러라。 峯巒을굽어보니,或높고或낮으며,或뾰족하고或둥글어,마치波濤가溢하고雲霧가噓하야,蒼然萬里에서로이끌고와서拱手하는듯하더라。

몸을돌려兩峯사이에서니,峯아래五六百丈됨즉한곳이虛曠平爽하고,大澤이그가운데노엿더라。 周圍는四十里,물이깊고푸르러,天光으로더부러上下一色이오,澤의東南岸에正黃石山三峯이잇는데,사람의혀가입가운데잇는것같더라。 그밖에十二峯이둘러澤의城이되엿는데,仙人이盤을인듯한

纈文(힐문) 홀친 문의
綵緞(채단) 彩色無文綺
水泡石 속으로 浮石、海石、水花
北方拆開 이곳을 闔門이라 한다
태가다 금가다、버러지다

것도잇고、大鵬이부리를든듯한것도잇스며、고여바친것도잇고、솟아뻐여난것도잇더라、諸峯의內面은다깍아내린듯하야、丹·黃·粉·碧의爛然히서로비침이、마치纈文을버리고綵緞을두른듯하며、그外面은偃蹇蒼白하야、渾然한一大水泡石의凝結한것이러라。 이峯저峯으로다니며봄에、大澤이或둥근듯하고或모난듯하야、간데족족그모양이달리보이더라。

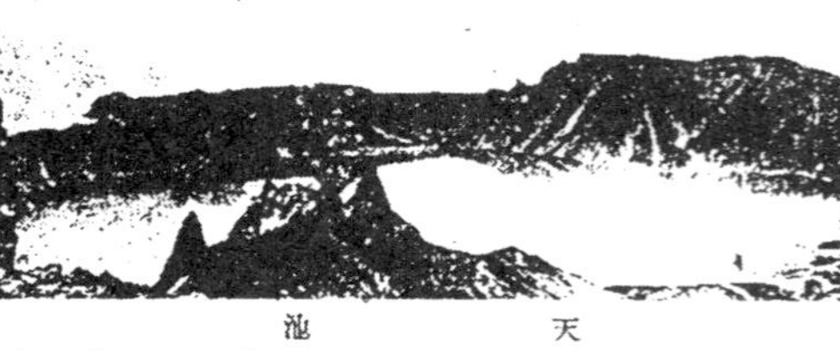

天池

東南方의조곰平坦한峯에자리를잡고、大澤을굽어보니、三面은山으로막히고、正北方이 拆開하야、물이넘어돌의태간데로좃아흘

齋戒(재계) 心身을깨끗이하고飲食을삼가는敬神의行爲
廝役(사역) 廝徒、奴隷
指南鐵 磁針

러나가더라。 이것이松花江이되여黑龍江에合流하야、바다에드나니、鴨綠江·豆滿江이여기서發源한다함은망녕된말이러라。 麋鹿이떼를지어、마시는놈도잇고、것는놈도잇고、누은놈도잇고、서서어정어정하는놈도잇스며、二三의黑熊이壁을인연하야上下하고、한雙의怪鳥가물을차고飜飛하니、그림속을보는것같더라。 一行近百人이峯을둘러섯스니、비록山水의趣味를알지못하는이라도、발이압서고몸이가으로기울음을깨닷지못할레라。 筆硯을끄내여그景槪를모뜨고、指南鐵을빼노코峯巒들의位置를긔록하고하야、縱覽하기半日에돌아갈줄을모르더라。

甲山사람으로여러번이길한이가다가로되、「예로부터이山에들어오는이가齋戒와沐浴을여러날하고廝役의隨行을禁

滾滾(곤곤) 물이 용솟음치는 모양, 여기서는 구름이 피여 오르는 形容
奚琴(해금) 胡弓, 깡깡이
翛然(소연)
中火 旅中에 점심 먹는 것
北極星 하날의 北極附近에 잇는 별, 그 位置가 거의 一定不變으로 地上에서 緯度·方位等을 測定함에 흔이 이용함
水平角 어느 線이 水平線과 이룬 角

하야도, 雲霧가 忽起하고 風雷가 交作하야 快睹치 못하얏나니, 이번과 같치 恣意觀覽함은 참 稀罕한 일이라 하더라。 正午에 대개는 다 나려가고, 數人이 뒤에 처젓다가, 深心으로서 黑雲이 일어나, 滾滾히 치미는 것을 보고, 두려워하야 나려와, 臙脂峯아래 前夜 止宿하든 곳에다 모여 잠간 쉬고, 四十里를 行하야 泉水에 이르러 止宿하다。 山은 비고 밤은 서늘한데, 月色이 물같은지라, 피리 부는 이, 奚琴 타는 이로 하야금 三四曲을 알외게 하고, 노래하는 이 이에 和하니, 翛然히 塵外에 잇는 듯한 늣김이 나더라, 泉水는 即 前日 中火하든 곳이다。 이 밤에 北極星을 測定하야 보니, 水平角이 四十二度 小强이러라,

九 白頭山갓든길에

시름업시 無心히
뇌다 뇌새겨 말하다
누리다 享有하다
뵈다 緻密하다

一 豆滿江上流 끼고 가면서

제대론 시름업시 空谷 울려 흐르련만,
솟은 바위 내민 돌에 여울하야 울제마다,
昔日恨 뇌는 듯하야 가슴 무거지드라。

二 草原의 靜寂

太古寂 인연 업서 찾을 길 업드러니,
無邊草原 예 이르러 分外淸福 누리나다,
어듸서 사슴이 울어 靜寂 더욱 깊드라。

三 神武峙 지나서

뵈인 숲 트이며 幻出天外 우리 白頭。
雄大도 雄大려냐 저어인 優美인고。
머리에 雲巾을 쓰니 神嚴마자 하드라。

어눌하다 語訥하다, 말떠듬거리다

滉漾(황양) 물이깊고넓어출렁거리는모양

가파르다 峻, 險峻가甚하다

四 定界碑

一片石말이업다못듯는체하지마라,
마음귀청울리나니마듸마듸옛羞恥를,
二百해風雨겪기로어눌할줄잇스랴,

五 大將峯우에서

山이면다山이오물이면이만물가。
九千尺솟은峯우滉漾碧潭어이업네,
들을제못믿업든것와서보고놀라랴,

六 天池가에누어서

가파른비탈나려嶒峯削壁울을하고,
쪽빛같은神潭가에팔벼개로누엇스니,
안진罪지은양하야가슴자로뛰드라。

가람 江

一〇 내소와게

벌서數十年前일이다。 내나이아죽어리고父母께서生存하야계실때,내집은시골조고마한가람가에잇섯다。

엇던장맛날,나는내情들인난지四五日된삿기더린소를,가람가에내여다매고,글방에갓섯다。 아침에는좀개이는것같드니,믿지못할것은장맛날이라,어느덧갑감하게흐려지며,처음에굵은빗방울이뚝뚝떨어지기비롯하드니,점점天地가어두어가며,소내기가두어번지나가고,連하야함박으로퍼붓듯이빗발이나려쏟아진다。 나는첨아끝에서좍좍좍드리우는락숫발과안갯속에잠긴듯한먼山의얼골을바라보면서,마음이愉快하게글을외엿다。 다른아이들도다조와서,或고개를

내여대고비를마치는이도잇고、或손도씻으며벼룻물도밧고
즐겨하얏다。

나는한참이나글을외이다가、갑작히무슨소리가들리는듯하야、깜짝놀라글을그치고귀를기울엿스나、빗소리밧에는아모소리도아니들린다。 그러나나는異常하게눈이둥글하야가지고、몸에옷삭소름이끼친다。

「올타、이것안되엿구나。」하고、나는장달음으로뒷고개를넘엇다。 베고이젹삼이살에챡드러붙고、머리에서는물이흘러눈을뜰수가업다。 나는三마장도훨신넘을가람가에다달앗다。 아아、내소는엇지되엿는가。 가람에물이붙어서、아침에소를매엿든언덕이죽벌거코결센물로둘러싸여、소선데만조고마한房안만하게남앗슬뿐이다。 비는아쥭如前히퍼붓는다。

영각: 소울음

소는어린송아지를곁에세우고엇지할줄을몰라、고개를번쩍들고한참이나영각을하드니、내가오는것을보고물끄러미나만처다본다。 아마제생각에、내가오면으레이저를살려주려니하얏나보다。 더구나방금죽게된줄도모르고、젖만먹고서잇는송아지꼴은、참아아처로워서못보겟다。 나는、누구와서소좀살려주시오。하고、울음섞인소리로외첫다。 주먹으로눈물을씻으면서암만돌아보아도、사람하나그림자도아니보인다。 나는두어번더외첫건마는、如前히아모反響도업다。 소선땅은절반이나더올라잠겻다。 내가살려주려니믿고소리를그첫든소는、아까보다더높고슬픈소리로영각을지른다。 하도異常하야보엿든지、철업는송아지도젖을노코、우두커니서서고개를갸웃갸웃한다。 내가三四年동안이나情들여기

큰소'그의사랑하는샛기'그뿐아니라'살려주려니하고믿든김
생에게 失望을주는나의변변치못함。
  나는뛰여들엇다。 나는헤엄을조곰알앗다。 내소를向하
고'弱한팔로물을헤첫다。 물이로말하면'스무길음이될등말
등한넓이를'못건늘줄이잇스랴하얏다。 그러나물결이세다。
내두팔의아무작거리는것은'물에對하야아모抵抗을주지못
하고'겨우十間쯤가지나비버건너'게서부터는물의하자는대
로하게되엿다。 휘휘물결에밀려나려가면서'소를처다보앗
다。 아마도내가물에밀린감을보앗슴인지'몸을숫아뛰며영
각을친다。 송아지는보이지안는다。 나는「조곰만힘이잇서'
소곱비만잘라주엇드면살것을……」하고생각하얏다。 나는
그저떠나려간다。 댓길을밝에잡힐듯잡힐듯하는비를가지

를암만버둥거려도잡지못하고'이제는氣力이盡하야몸을ㅂ
대로잇게하기도매우벅차다。 나는죽는구나하얏다。 어버
이께서얼마나서러워하실고하얏다。 내가업어주든누이동
생생각도하얏다。 또여긔서七里쯤나려가면'이가람이바다
에들어가는께머리니'께머리를지나면나는바다에들어가'그
넓은바다에서어듸로갈지도모르리라하얏다。 그러나나는
얼마를아니가서물구비가잇슴을생각하고'그물구비에다달
으면'물이휘이는서슬에陸地가잡히려니하얏다。 그것은잘
못생각한일이다。 여러물갈래가나들가운데다두고'前後左
右에서밀고끌고하는동안에'나는그물구비를지나첫다。 그
리고는'또한번「나는죽는구나」하고'아조精神을일헛다。
  그뒤에얼마나되엿는지알수업스나'무엇이엽구리를쿡쿡

찌르는듯하기에、겨우精神을차려번이눈을떠본즉、내가건지랴든소는물下流에잇서、그머리로나의몸을밀고、우리개는나의바른손목을물어、언덕으로끌어내랴고애를쓰는모양이다。엇던지는모르나、물넓이가꽤넓은데、얼마나이두김생이애를썻든지、그세찬물결에도나를붓잡아、언덕에서서너자되는데까지밀어다노코는、그以上더할힘이업서、코로들어가는물을푸푸내여뿜으면서、속절업시발만허우적거린다。 나는겨우차린稀微한精神을가지코도、이두김생의獻身的사랑에感激하야눈물이흘럿다。 나는이에새긔운을얻어、엇지엇지하야언덕까지헤여올랏다。 소와개는이만깃븐일이업는듯이、뒤를딸아헤여오른다。 나는힘것소와개를안어주고싶엇다。 그러나물을만이먹고氣絶하얏든몸이라、精神이들지아니하

축동 마을앞에나무를심어기른언덕

고四肢에脈이풀려、땅바닥에누은대로손을내밀어、내곁에疲困하야누은소의이마와개의목덜미를만젓다。 소와개는눈을半쯤뜨고、내가만지는대로가만이잇다。 한참이나이모양으로잇다가、나는비가이미그치고、구름장사이로볃치번쩍번쩍함과、내가누은데는개머리서三里쯤되는辛村앞입을알앗다。 또물에빠젓든사람을소길마에걱구로눕혀노코、입과코로물을吐하게하든생각이나서、나도뱃속에든물을吐하야야하리라하얏다。 배를만저본즉、果然딴딴하게불럿다。 그러나길마도업고、나를도아줄이도업스니엇지할고。 소나개를길마에代用하리라는생각도낫스나、참아再生之恩을진그들을、나로하야疲困한그들을、내가살겟다고器具로부릴수는업다하얏다。 올라가축동에걱구로누으리라하고、겨우몸을일

그루 株

千辛萬苦 無限히애쓰는모양

으켜벌레벌레가여서、축동까지나아가서걱구로누엇다。 그러나元來축동이가파른데다가풀닢이비에젓어、누으면밋글어지고누으면밋글어저、엇지할수가업다。 나는더욱괴운이지처、한참이나땅바닥에쓰러젓다。 소와개는고개를번쩍들고나의하는양을보드니、내가쓰러지는것을보고、함께일어나내겯에와서、나의벌거벗은몸을이윽히보다가、그대로거긔눕는다。 나는아모리하야서라도、뱃속에든물을뽑아야되리라하얏다。 안뽑으면죽으려니하얏다。 마침그겯에버드나무한그루가섯다。 나는올치하고、그나무밑에기여가、땅밑에난버들가지를끈어、千辛萬苦로두어자높이될큰가지에다내발하나를동여매고거구로매여달렷다。

물이나온다。 나온다。 입에서코에서。 아마도한동이는

구유 槽

넘으리라하얏다。 얼마잇노라니、차차몸이가벼워지고、精神도좀灑落하야진다。 아까잡아맬때만한수고로발을풀고、땅에나려섯다。 그러나아죽걸을수업다。 겯에서물끄러미보고누엇든소와개는、安心한듯이꼬리를두른다。 나는다시그목덜미를손으로쓰다듬엇다。 개는이윽히나를처다보다가、슬근슬근축동겯으로걸어西쪽으로올라간다。 나는워리워리하고불렷다。 그래도돌아보지도안코、차차걸음을빠르게한다。 그러나딸아갈氣力이업서、주먹으로눈물을씻엇다。

그개는소보다一年後에外家에서강아지로얻어온것이다。 平生나와동모로지내여親한분수로는、이소보다도간절하얏다。 그러드니、엇그제中伏날、그개를잡으량으로올개미를감추어들고、구유에물을주엇다。 개가大門으로들어와서구유

곁으로가랴하다가、웬일인지、고개를숙이고、한마듸컹짓고달아나간뒤로는、이내돌아오지아니하얏섯다。 아마축동사이에이틀동안이나숨엇다가「소살려주오」하는나의외침을듯고뛰여나와서、제딴에반가운나를바라보고섯다가、내가危殆하야짐을보고딸아온모양이엿다。 간뒤에생각한즉、입때껏굶온양하야、배가홀죽하고눈이움쑥들어간듯하얏다。 몃날뒤에洞里에서미친개를때려죽엿다하기로、가본즉、이웬일인가、바로그개다。 나는두주먹으로얼골을가리고「으앙」하고울면서、물매걸음으로달아낫다。 그개는褐色털이그리숯난치안은개엿다。

그소는그後에내가어버이를여이고、東西로돌아다니는동안에、엇지되엿는지알수업다。

물매걸음 쫏긴매갈치달아나는것、쏜살갈치달아나는것、줌달음

一一 山村暮景

소타고돌아오는牧童의피릿소리가、
斜陽에물든옥수수밭넘어로가늘게들리드니、
그소리그치자해떨어지고、
山村에여름밤이물갇치밀어온다。

저녁은마을의가장즐거운때일다。
머슴들은거적자리를끼고이야기벗을찾어、
어슬렁어슬렁洞口밖으로모이고、
아이들은여름저녁의부들어운깃븜을안고、
술취한곰삿기갇치날뛰고잇다。

더위에눌려웅쭉못하는나뭇닙까지도,
지금은시원한바람에웃줄거리도다。

나는물오르는풀닙을깨물며,
노래하는아이떼를지나흠벼나는蟲狀와웃깃을스치,
물길는안악네두런거리는우물가를지나,
멍든가슴을만저주는달콤한저녁을마시며,
아모생각업시薄暮의길을거닐고잇다。

차차이정저정쳠아에原始的초롱이배여걸린다。
그리고울도업는징마당에는늙은이들이,
끝업는談笑에즐거워한다。

아아,平和롭다,오직太古靜이흐를뿐이다。
욕심도업고미움도업고어제도업고래일도업는
山村은山과함께어두움에잠기려하도다。

一二 勇氣

사람이세상에잇서함이잇고자하면,먼저담력이잇서야함니다。 아모리알음이만코아모리재조가크드라도,만일담력이업스면,그는아모일도할수업스리다。

담력이업스면,새로운일을비롯하지못하며,비롯된일을잘만들지못하며,잘만든일을조이지키지못합니다。 일과담력의關係는견주어보건대,機關과汽罐같은것이니,機關업는汽罐가엇더케움즉이리잇가。 나아가리잇가。 그가고자하는곳에

무덕지다 殷富하다

다달으릿가。

날램이란것을널리말하면、무엇이든지얼른달겨들고、굳이 지켜가는힘이라할터이나、참날램은오직조은일파올은일에 만나타나는힘을가르침이외다。

세상일의만음이소의털같사외다。 그러함으로날램을무 덕지게가저야합니다。 무슨일함의어려움이맨손끝으로시 우쇠를뚤음같사외다。 그러함으로날랜긔운을달구고달구 어、그끌을열쌔게하야야、뚤코나가는것입니다。 또사람은어 느때어느곳에서、무슨일이얼마만큼생길것을모르고지냅니 다。 그러함으로늘날램을몸에가둑하게하야야、때와일을딸 아부릴수잇습니다。

朝鮮에예로부터큰날램을들어낸이가만으니、그어른들의

날램이각각그세상史記를꽃밭갈치아름답게하얏습니다。 그어른들의이름은、或이름난將帥와或큰일한英雄으로、아모 때까지든지한결갈치우리들에게기림을받옵니다。

그러나날램은쌈하는마당이나큰일에만들어나는것이아 니라、아모때아모일에라도들어나는것이니、우리들이참날램 을가젓기만하면、날마다지내는적은일에도、큰날램을부려볼 機會가만이잇는것이외다。

올음을함이큰날램이외다。 글음을아니함이또한큰날램 이외다。 올은일에몸과목숨을버리되실타아니함은、가장기 릴만한날램이외다。 그대신글은일에는눈과마음을두기만 하야도、이것이가장날램업는일이외다。

옛날날램잇는이는、다올은일하랴하는마음은채쭉질을하

> 千萬사람이 云云 孟子「公孫丑」上에「自反而縮(스스로反省하여옳으면)、雖千萬人、吾往矣」라 잇는 말을 이끌어 쓴 것이다

고,굳은일에가는손은갈질을하든사람들이외다。

굳은일을아니하랴면,큰날램이잇서야합니다。 굳은일이버롯된것을떼는데는,더욱큰날램이잇서야합니다。 속으로굳은마음뿌리를빼여버리는날램은,밖으로큰對敵을물리치는날램보다덜하지아니하외다。

사람은弱한것이외다。 날램을가진뒤에굳세여집니다。 일은어려운것이외다。 날램앞에만쉬워집니다。 모든사람과일이다간조련한것이외다。 오직날램을들어내는사람과날램을들어낸일이,웃둑하게그우에솟아납니다。

무엇이든지하랴하면,날램이잇서야합니다。 아모든지이기랴하면,날램이잇서야합니다。 千萬사람이앞에잇슬지라도,내가가랴하면,날램이잇서야합니다。 모든사람이다버리

> 해여진옷 云云 「論語」子罕에「衣敝縕袍、與衣狐貉者立、而不恥者、其由也與」라 잇는 말을 이끌어 쓴 것이다

는일을혼자하랴하면,날램이잇서야합니다。 모든사람이다그러치아니하다하는마당에서도,나혼자그러타하랴하면,날램이잇서야합니다。 해여진옷과떨어진신으로,훌륭한옷입은이틈에섞여,봇그러워하지아니하랴하면,날램이잇서야합니다。 내속에잇는말을아모의앞에서라도堂堂히베풀랴하면,날램이잇서야합니다。 아는것을안다하고,모르는것을모른다하랴하면,날램이잇서야합니다。 할일을하고,아니할일을아니하랴하면,날램이잇서야합니다。 구차한속에서,내지키는바를지키고,비웃음과못견듸게구는믿에서,내하는바를하랴하면,날램이잇서야합니다。 忿함을견듸고辱됨을참아서,다른날크게됨을기다리랴하면,날램이잇서야합니다。 너머지면일어나고,부서지면주어모아서,마지막되기까지가랴

하면、날램이잇서야합니다。 크고조은일을하야、크고조은사람이되랴하면、반다시날램이잇서야합니다。

이세상모든것이다날램잇는이의차지외다。 우리들은날램을기르고싸코、그리하야부립시다。 날램이、이이름으로우리를부르게합시다。

一三 義氣論

사람에게가장貴한것은義氣다。 사람에게놉고낫은區別이잇슬것이라하면、그것은오직義氣로써나누일것이다。

義氣란무엇인가。 義를보고는목숨을앗기지아니하는긔운이다。——하물며安樂이랴、돈이랴、名譽랴——義氣잇는사람은自己의목숨을自己의것으로알지아니하고、오직義를爲

목숨은새털보다도云云 司馬遷의「人固有一死、或重於泰山、或輕於鴻毛、用之所趨異也」라잇다

하야쓸날을기다린다。 그러다가義가自己를부를때에、그는목숨을들고깃브게힘잇게뛰여나가는것이、마치시속사람들이黃金을보고뛰여나가는것과갈다。 이러한때에、그에게는그의목숨은새털보다도더가볍고、오직義만이泰山갈치重한것이다。 그歷史에이러한사람들을만이가진백성은尊貴한백성이다。 그들은반다시世界人類에게尊敬을받을것이오、또그러함이맛당한것이다。 그러나義氣란반다시목숨을버리는큰일에만나타나는것이아니오、날마다일어나는조고마한일에도나타나는것이다。 진실로義氣잇는사람일진대、그사람의一動一靜이모다義氣일것이다。 이러하고야비로소참으로義氣잇는사람이라할것이니、만일한번크게義氣를쓴다고自稱하고、平常時에는義氣에어그러지는일을한다하면、

그는참으로義氣잇는사람이아니다。 呼吸이어느때에나쉬임이업는것과갈치、義氣도어느때에나쉬임이업슬것이다。

길을가다가、늙은이와어린이가무거운짐에눌림을볼때에、그것을도아주는것도義氣다。 길가운데行人에게妨害되는물건이노인것을볼때에、그것을치우는것도義氣요、늦은가을찬물흐르는개천에、行人의발이젓지아니하도록징검다리를놋는것도義氣요、電車나汽車에서늙은이나어린이에게、자리를사양하는것도義氣다。

엇지그뿐이랴。 혼자房에앉어서게으른생각이날때에、스사로깨우치는것도義氣요、마음속에조치못한생각이일어날때에、嚴肅한人格의威嚴으로그것을누르는것도義氣요내마음이或은돈에或은이름에或은安樂에或은모든義롭지못한

밖으로서云云 王陽明이南方의賊을征伐할때에書를與하야曰「破山中賊은易하고破心中賊은難이라」하얏다。
君子는云云 中庸에「君子愼其獨」이라하얏고、朱子가註하야「獨者는人所不知而己所獨知之地也、…君子於此尤加謹焉」이라하얏다。
파울 基督敎初代傳道者、小亞細亞太生人。
아아나는괴로운사람이로다 新約全書로마書第七章二十四節에잇는말。

일에끌리랴할때에、嚴正한良心의채쭉으로自己의마음을때려、땅속으로들어가랴는人格의威嚴과價値를끌어올리는것도義氣다。 아니、이것이야말로가장큰義氣요、또가장근본되는義氣다。 옛사람의말에、「밖으로서들어오는盜賊은막기쉽거니와、안으로서나오는盜賊은물리치기어렵다」고하얏것니와、自己마음속에일어나는不義를누르지못하고엇더케天下에잇는不義를누를가보냐。 君子는홀로아는바를더욱삼간다함은、이것을이름이다。

진실로우리마음속에는、하로에도몃十番식義와不義의싸이일어난다。 파울은이것을恨歎하야、「아아、나는피로운사람이로다」하얏다。 마음속에義와不義의戰爭이일어날때에、우리는웬일인지、흔이는不義의편을들고、잘한대야第三者가되

七十而從心所欲不踰矩 論語「爲政」에잇는말
나는마침내이겻도다 新約全書요한第十六章第三十三節에잇는말

여,傍觀의態度를取하지마는,義의편을들어당장에不義의巢窟을무질러버리지를못한다。 이것이義氣가不足한까닭이다。 이리하야一勝一敗,或一勝二敗의形勢로,날마다時刻마다,이괴로운戰爭이繼續되고反復되는동안에,或은아조不義의天下를만들어버리고,或은끈임업는戰爭에몸과마음이다疲困하야,엇지할줄모르는精神업는사람이되여버리고,그中에極히小數의사람이能히마침내不義의뿌리를빼여버리고,義의임금으로하야금自己의온마음의天下를다스리게한다。 여긔에人生의가장悲慘한敗戰과,또가장榮光스러운勝戰이잇다。 孔子가「七十而從心所欲,不踰矩」라함이,이完全한勝利를이름이다。 이러한말을하는그의깃븜을우리는想像할것이니,人生이맛볼수잇는모든깃븜中에「나는마침내이겻도다」

하는깃븜보다더한깃븜이또잇슬가。 아니,아니,決코決코업슬것이다。

人生의一生은戰爭의一生이다。 날마다싸워야하고,時時刻刻으로싸워야하고,또싸워서는이겨야한다。 열번이기다가도한번지면,그는진사람이다。 진사람은곳죽은사람이다。 우리는肉體的으로살기爲하야,항상氣候,風土와온갓김생과또는온갓病菌과싸워이기지아니하면아니될것과갈치,우리는精神的으로살기爲하야,안과밖에잇는모든罪惡으로더부러싸우고,또싸워서는반다시이기지아니하면아니된다。 이러케생각할때에,파울과함께「아아,나는괴로운사람이로다。하야,人生을詛呪하고도싶거니와,한거름더내켜생각하면,우리는이러케싸우는속에,人生의微妙한滋味를볼수잇는것이오,

더욱히싸워서이길때마다、우리에게는凱旋의깃븜이잇스며、마지막으로싸워이길때에、우리는人生으로서의가장놉고가장큰깃븜을맛볼것을생각할때에는、우리에게는限업는깃븜과希望이잇는것이다。 예수가十字架에달려서「다이루엇다」한것이、이最後의凱旋歌가아니냐。 그런데이러한이김을주는것이무엇이냐、곳義氣다。

다이루엇다 新約全書요한第十九章第三十節에잇는말

이모양으로나하나가싸워이기는것이큰일이다。 진실로사람에게는、이보다더큰일이업다할만한큰일이다。 이것이오직그사람한사람에게만큰일이아니라、진실로全人類의큰일이다。 대개그사람하나가完全해짐으로、全人類가그만큼놉아지기때문이다。「하나님이完全하심과갈치、너이도完全하라。」이러케예수가우리에게가르쳣다。 진실로人類는아즉

하나님이云云 新約全書마태第五章第四十八節에잇는말

完全에서너무멀다。 그들은不義속에서、서로미워하고猜忌하고驕慢하고다투고凌蔑하고죽인다。 언제나그들이完全하게될고。 그날이오랴면、한사람식한사람식完全한사람이늘어가야한다。 그럼으로내가나하나를完全하게하는것은、人類를爲하야가장큰事業이되는것이다。

그러나나하나를完全하게한다는것은、決코내가홀로어느곳에숨어서되는것이아니다。 옛날朝鮮선비들은、아모쪼록세상과交涉을끈어서、自己가不義를行할機會를업시하기로힘을썻스나、이것은잘못이다。

不幸히아즉도우리人生에게는、싸워이겨야할不義가만타。그것을그대로내버려두면、人類가滅亡하고、그것을싸워이겨야만、人類의子孫이平和와幸福의生活을할수잇는그러한不

義가甚히만타。 그러나우리는이때문에落望할것이아니오、도로혀불같고바람같은義氣를發할것이다。 우리는歷史의進化를믿는다。 人類를예로부터점점조은方向으로끌고오는힘이、오직예로부터싸워나려온여러義로운사람——義氣잇는사람의피인것을믿는다。 우리人生에게조곰이라도福이잇느냐、稱讚할것이잇느냐、만일그런것이잇다하면、그것은모다이러한義人들의德이다。

一四 가을의讚美

너이들、가을의自然을기리라。

하날에는藍光이잇다。 따에는信賴가잇다。 사람에게는法悅이잇다。 明朗한碧空、劃然히天半에떠잇는먼山의얼골、

潑剌(발랄) 물고기의뛰는 모양、活潑

들끝에멀리流浪하는微風의속살거림、놉이솟은나무가지에는一片白雲이無心히오락가락하고、明鏡같은深淵에는셀수업는물고기가潑剌하게游泳한다。 가을의自然은幽玄한神祕의世界를展開한다。

無邊無際한저쪽으로뻐친廣大한空間이여。 無始로부터無終에連續한悠久한時間이여。 그것은저달빛이고요히빛나는곳、저縹緲한銀河가가는끝도모르게흘러가는곳、거긔에太初以來의수수꺽기를감추고、永久히仲秋의하날에不可思議한景象을顯示한다。

閑寂·玄妙·深沈·幽邃、가을은冥想의相이다。 그러면무릎을꿀고、가을의自然에敬虔한禮拜의至情을바칠진저。

너이들、가을의人生을기리라。

가을은成熟의姿態다。 들에나가보라。 들에는萬頃의벼논에黃金의물결이구비치지안는가。 밭에가보라。 山에가보라。 귀여운菜蔬가엇더케살젓는가。 감은붉고、유자는노라코、뭇나무의회초리는휘느러저、서로웃지안는가。

勞作은報酬되엿다。 滿足은왓다。 울면서씨를뿌리든農夫는、시방웃으면서收穫한다。 엇지다만農夫뿐이리오。 무릇勤勞업는곳에收穫이업다。 저山비탈로섶을지고나려오는樵童의幸福을안보느냐。 또저溪流를저어가는筏夫의歡喜를안보느냐。 무엇이勤勞로얻은報酬아닌것이잇느냐。 섶우에는한송이들菊花가꼬첫다。 筏木에꼬친한가지신나무는、深碧한물에照映한다 人事의美는結局勤勞속에서나온다。 그러면또무릎을꿀고、成熟한가을의人生에滿腔의歡賞을드릴진저。

가을은現實의充足된形象이다。

自然은가을이되면、生生發育의걸음을멈추고、人生의勞作도가을이되면、그報酬를걷운다。 여긔에큰現實의充足이잇다。

그러나가을의깃븜은、봄의깃븜이아니다。 봄에는希望이잇섯다。 포동포동한젊음이잇섯다。 一向精進의純潔한勇氣가잇섯다。 가을이되면、希望은充足되고、포동포동하든것은야위여지고、精進의걸음은스사로停滯한다。 봄은욱죽이며잇섯다。 가을은고요하다。 애닯음은이속에서나온다。

고요하다、가을빛이여。 저녁놀이갈래갈래사라지고、헐근덕거리는가을바람이자최를감춘곳、먼바다에서구슬픈소리가들려온다。 脚下의巖角을대지르는물결거품에、길을일은 아름다운幻影의갈곳은그어듸인고。 蒼茫히저물어가는現實의姿態의믿음성업슴이여。 가을의悲哀는結局이現實의充足속에서나온다。

充足의悲哀、現實의充足은頃刻間의喜悅이니、여긔에超現實에對한深刻한憧憬이용솟음친다。――人類生存의根柢를掀撼하면서솟아나오는얼마나힘센憧憬이냐――여긔에잇서서가을의形象은한것空明한저쪽을向하야、야위여가는色界의萬象으로부터、다만한가지悟道를求하랴는風趣를內藏하게된다。 여긔에悲哀가잇다。 저긔에새로운生命이잇다。 現實과超現實과는、가장鮮明하게사람의意識속에對比되여온다。

밀물 滿潮

營營한人生勞作의背後에는、神韻縹緲한冥想의國土가잇다。 거긔는哲學과詩와宗敎와、그리고實로高貴한祈禱의國土다。

아아、가을을讚美하라、 하날의藍光은悠久한生命의表象이다。 信賴는現實의悲哀를超脫하는唯一의길이다。 그러면無限한法悅은、너이의生存을들어大歡喜의밀물에잠그고말리라。 바라건대、그成熟의姿態에서刹那의享樂을찾지말어다고。

들끝을넘어서저녁鐘소리가구비처울려온다。 農夫는무릎을꿀고合掌한다。 아니다、모든人子여、다갈치무릎꿀고合掌할지어다。 그것은實로가을을讚美하는尊貴한祈禱입으로。

시름하다 근심한다

一五 古時調六首

梧桐성긘비에秋風이乍起하니、
갓득이시름한데蟋蟀聲은무삼일고。
江湖에消息이엇던지기러기알가하노라。

山村에밤이드니먼뎃개짖어운다。
柴扉를열고보니하날이차고달이로다、
저개야空山잠긴달을짖어무삼하리오。

菊花야너는어이三月春風실여한다。
성긴울찬비뒤에차라리얼지언정、
반드시翠花로더부러한봄말랴하노라。

禁醉鶴翎 禁苑黃·醉楊妃·七色(又는三色)鶴翎、다 국화의이름

風霜이섞어친날에草木이성기엿다。
흰것이누른것이禁醉鶴翎취둘렷다。
어지버淵明愛菊이날파엇더하드니。

白鷗야부럽고나네야무삼일잇스리。
江湖로떠다니니어대어대景조트니。
날더러仔細히일러든너와함께놀리라。

蘆花깊은곳에落霞를빗기띄고、
三三五五로섞여노는저白鷗야、
우리도江湖舊盟를찾어보랴하노라。

一六 百濟의美術

南朝鮮一隅에偏在하야、北으로雄剛한高句麗와接하고、東으로强靭한新羅와鄰하야、崎嶇한生活을하든百濟는일즉이西海의航路가터저、文物의發展이남달리炫煌하얏스나、國破한지이미千三百餘年이라、蹂躪의남아지는오직荒凉한廢墟뿐이오、遺物이적음도、그建國運命과갈치崎嶇한末路라아니할수업다。

그러나三國史記가傳하는辰斯王의宮室의壯麗、毗有王의樓閣臺榭의華麗、東城王의臨流閣의壯麗、武王의王興寺의壯麗、義慈王의太子宮、望海亭의侈麗等、實로他邦에서볼수업는建築의豪奢가놀라웟스니、新羅도皇龍寺塔建立에臨하야는、百濟의建築家阿非知를爲始하야、數百人의工匠을招致하지

崎嶇(긔구) 山길의險한모양、轉困難
辰斯王 百濟第十六代王
毗有王 百濟第二十代王
東城王 百濟第二十四代王
臨流閣 三國史記東城王二十二年條에그記事가잇다
武王 百濟第三十代王
王興寺 三國史記法王二年條、武王三十五年條에그記事가잇다
義慈王 百濟第三十一代(最終)王
太子宮・望海亭 三國史記義慈王十五年條에그記事가잇다
阿非知 三國遺事皇龍寺九層塔條에그記事가잇다

안을수업섯고、日本書紀에는太良未太・文賈古子等、寺工의姓名이남아잇는데、當代의佛刹을좃들어百濟伽藍이라稱한만큼、百濟工匠의建築이아니면、建物로알지안을지경이엿다。世界最古의木造建物이라는奈良의法隆寺도、百濟의피가얽히고석인作品이다。 그러나鳥鵲이翩飛하는百濟本土에는、兩基의塔婆가오직남아잇슬뿐이다。 그하나는扶餘塔이오、다른하나는益山塔이다。

扶餘塔은비록形式이簡單한五重塔에지나지안으나、그構成에잇서서、그美的價値에잇서서、內外人의共讚하는作品이다。 이塔婆는木造塔婆를그대로飜案한最古의石塔이니、基壇이單層으로얄은것、四個隅柱가壁面에서突出한것、屋板石이넓게突出한것이、다木造塔의形式이다。 그러나壁面을板

日本書紀 日本紀라고도함、舍人親王・太安麻呂等의奉勅撰、元正天皇養老四年成、神代로부터持統天皇까지의事蹟을漢文으로編年體로記述한것
太良未太・文賈古子 百濟의寺工으로崇峻天皇元年에渡去
扶餘塔 扶餘平濟塔을이름
屋板石 板石으로만든屋蓋

花檐(화첨) 花卉를彫刻한처마

栱檐枋楣 기둥머리·첨아·모리·인중방、扶餘塔에는이러한部分이獨立하야잇지안코꿀한게로되엿다

石으로짜고、花檐을角石으로받들고、屋板石을四隅로엇마처간것은、石塔婆로서의最初의手法이다。 構成은이와갈치簡單하나、各層의收縮率이큰닭으로、絶對의安定感이發揮되엿고、귀모를모다俐去한까닭에、溫雅한中에도屋板石의緊張으로말미암아、內在迫力이굳세게表現되엿고、栱檐枋楣가簡闊한까닭에、寬大한風度가보이고、屋石이平薄한까닭에、明朗한輕快美가떠도나、巧智에흐르면서도、끝끝내强剛하게버틔든百濟心이、그대로表現되엿다하겟다。 實로百濟의藝術을、혼자서代表하고잇는듯한傑作이다。 그

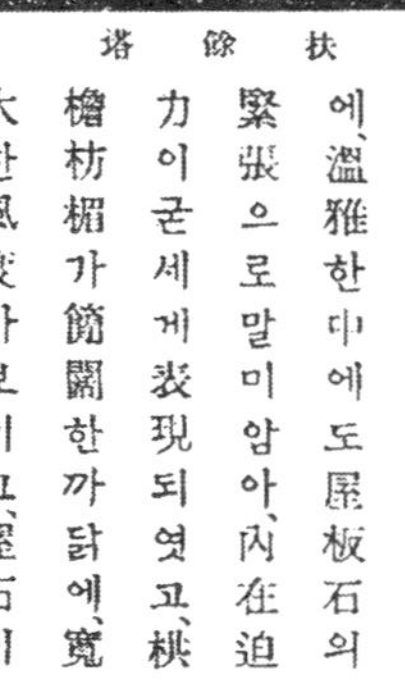

扶餘塔

러나이러한百濟의名作도、그運命은崎嶇하얏다。 그것은百濟의滅亡을永遠히記念하랴는、大唐平百濟國碑銘이라는한개의烙印이、第一塔身에굳세게남아잇서、한때는唐兵의所造로喧傳되엿스나、時代는이러한暗雲을불어버리고、지금엔堂堂한百濟人의造塔으로一般의定論이돌게된것이다。

또다른意味에서갈은運命에處한것은、益山龍華山下彌勒寺址에잇는崔嵬한石塔이니、基壇一邊長二十八尺方形의大塔으로、본대는九層이거나七層이엿슬것이로되、現今엔六層、그나마三面이다헐어저잇다。 이에對하야는、일즉이東國輿地勝覽에「有石塔極大、高數丈、東方石塔之最」라特書하고서도、毁落의記錄이업슴으로보아、李朝中葉까지도完存하얏든듯하다。 元來巨塔인만큼、다른塔婆에서와갈치高度의基壇이

업스나、塔身各面을三區로分割한石柱에礎石이노엿슴과、上促下寬의柱身이壁面에서突出하얏슴은、扶餘塔과합께木造建築의意態를그대로飜案한것이며、各面中央에通門이잇서、塔內中心에서十字形으로交錯하고、그中心에心柱石이經營된것도、木造塔婆와조곰도다름이업스며、屋石의平薄한伸張도、木造塔婆와다름이업다。 이와갈치徹頭徹尾、木塔形式을飜案하얏스나、한가지花檐形式이、磚塔에서由來하얏다고하는層級方限이使用되여잇는탓에、區區한推測과荒誕한傳說이어울어저서、一部의人士는百濟塔인것을의심하지마는、武王代建立이라는傳說만은可히依憑할만한것이라하겟다。

百濟의美術은한갓建築美術뿐이아니라、繪畫美術도매우發達하얏나니、聖王十九年에南梁에서工匠·畫師를召來하기

心柱石 塔內中心을꿴 돌기둥
磚塔(전탑) 벽돌로만든塔
層級方限 層을이룬바침
聖王 百濟第二十六代王
南梁 支那南北朝時代의南朝梁

八十年前에、因斯羅我라는百濟의畫工이이미內地에건너가、畫道를開拓하얏고、그後에도國寶를이룬聖德太子肖像의筆者로傳하는阿佐太子의渡去、歷史上名畫工으로喧傳되는河成·白加等의渡去를비롯하야、法隆寺의壁畫、玉蟲廚子의漆畫等、上古의名畫는모다百濟畫工의所作으로傳하야지는만큼、百濟의繪畫美術은絢爛한發達을이루엇스나、이또한百濟古地에는、斷簡尺幅조차남아잇지안코、오직扶餘陵山里古墳壁畫에서、그一貌를推想할수잇슴에지나지안케된것은、遺恨의하나라아니할수업다。 그나마完全히保存되지못하고、天井의蓮花雲文圖와西壁의白虎圖一部

扶餘陵山里第二號墳天井壁畫
蓮花雲文圖

因斯羅我 百濟의畫工으로 推古天皇十八年에渡去
阿佐太子 百濟의王子로 推古天皇五年에渡去
河成 通稱百濟河成이라하니 古代의畫家、仁壽三年歿
白加 崇峻天皇元年에渡去
法隆寺 奈良縣生駒郡法隆寺村에잇는 法相宗의大本山의一
玉蟲廚子 法隆寺金堂에安置한宮殿形
絢爛(현란) 눈이어리도록아름다운것

磬牙(오아) 떠떠하다

玉蟲廚子의變相圖 玉蟲廚子의基壇四面에그린그림

가剝落을거듭하야、그자최만어림댈뿐이다。 그러나濃淡의暈彩와朱黃의淡彩로써、雅潤한蓮花와雲氣를流麗하게그려내고、月象寶輪을象徵的으로、西方白虎를寫實的으로그려내엿다。 時代的特色으로磬牙한偉風이흘러잇스나、高句麗의壁畫보다도流麗하고雅潤하고飄逸하고纖細하고明朗한것은、곳百濟의特色이라할것이니、玉蟲廚子의變相圖와諧趣가酷似함을、오직奇緣으로만돌리기가앗가운듯하다。

이와갈치流麗하고雅潤하고飄逸하고纖細하고、明朗하고、더욱巧智까지흐르는情緖는、高句麗·新羅에서볼수업는特色으로서、建築·繪畫에뿐아니라、彫刻美術에더욱히顯著하게表現되여잇스니、다른美術作品과갈치內地에流傳된作品을비롯하야、寥寥하나마朝鮮에서發見된二三作品에서、그特色을

伏蓮單座 花瓣이아래로엎어진單式蓮花座

엿볼수잇다。 여긔에彫刻이라하나、그것은勿論佛像에限한것이다。 當代佛像의特徵으로서는、伏蓮單座우에선立像이만코、衣帶가腹部中央에서斜十字形으로交錯하고、衣紋이硬直하야、裾端이之字形으로形式化되고、直立한體軀에兩臂가直角的으로屈曲하고、顏面이矩長形을이루고、兩眼은杏實形을이루어、微頭微尾、硬直한謹嚴味가흐르는中에、유독口邊에微笑를띄운데서、겨우慈悲스러운表情을가지고잇다。

窺岩里出土金銅觀音立像

그러나百濟의佛像은이러한公式的形式을具備한中에도、溫雅한情緖와流麗한趣態가흘러잇스니、口邊의古拙한微笑以外에眼眸의笑態는、다른造形에서볼수업는特徵이고、長身修

南史 … 救苦觀世音菩薩像 … 百濟觀音像 … 扁隆 … 瓦當 … 佶倔 …

軀에서흐르는淸瘦한氣分도、百濟人의特徵으로、南史에「其人形長、衣服潔淨」이라하야서그러한지는疑問이나、百濟工匠의所作으로傳하는國寶인救苦觀世音菩薩像이라든지、百濟觀音像等의體軀의修長比率이、다른어느佛像보다도顯著하다른것은、新羅佛像의扁隆한것과好個의對照를이루고잇다。

扶餘出土瓦當

이러한百濟의氣分은、瓦當破片에도잘나타나잇서、高句麗의瓦當紋儀가佶倔하고硬直하며、新羅의瓦當紋儀가鈍重하고淳厚함에比하야、百濟의瓦當紋儀는明朗하고雅潤하다。

元來百濟의工藝는高度로發達하얏나니、

幡蓋(번개) … 威德王(百濟第二十七代王) 鑪盤 … 將德白昧淳 … 麻奈父奴·陽貴文·陵貴文·昔麻帝彌 … 唐兵 … 通典 …

聖王三年에內地에傳한幡蓋는、그壯嚴함이記錄되지안앗스나、正史에特히그目錄이실려잇는것만보드라도、普通것이아니엿슴을알겟고、威德王三十五年에鑪盤博士로서將德白昧淳의渡去、瓦博士로서麻奈父奴陽貴文·陵貴文·昔麻帝彌의渡去等、百濟의工藝美術이널리傳播된것을알겟다。

武王時에李唐에보낸鐵甲彫斧明光鎧五文鎧等은、特히有名한것으로서、나종에唐兵이高句麗를破한것은、實로百濟로부터傳한이러한武器를使用한때문이엿다。

通典에「百濟有三島、生黃漆、六月刺取瀋、色若金、其光奪人目」이라한것은、金工藝와아울러髹漆工藝의發達까지提示한것이나、오늘날그러한遺物은거의다사라지고、百濟王陵에서發見되엿다는水炎紋透彫의寶冠金銅飾具가잇서、淸雅하고幽

透彫(투조)
藝術은云云 … Art is long, but life is short.
搖籃時代

玄한맛을百濟가아니면뉘能히發揮할수잇스랴하는듯이,無言의情思를내뿜고잇다. 實로百濟는亡하얏스나,百濟의情魂만은碎金斷石에도永遠히살아잇스니,藝術은永遠하나,人生은짧다,란말을,이에서도證得할수잇다.

一七 有史以前의歷史

現代文明의發達史를研究하자면,위선原始人種에關하야,그知識程度및生活狀態如何를알아야한다. 그것은마치한偉人의사람됨을仔細히알자면,그幼年時代에遡及하야,그成長發達의經路를研究하야야할것과같다. 대개原始人種은人類의搖籃時代에該當함으로써다.

그러나이時代에는文字記錄의徵憑할만한것이업슴으로,

그狀態를알자면,다른方法으로攷究하지아니하면아니된다. 進化論者의說을좇으면,現在의文明人도有史以前에는,現在의野蠻人과같은生活을한번은經過하얏다한다. 그럼으로이러한野蠻人의生活狀態및習慣等을研究하면,바로文明人의搖籃時代의眞相을밀우어알수잇슬것이다. 또原始時代의人類는만은遺蹟遺物을後世에남겻다. 이를테면,일상使用하든武器,家具의裝飾品및穴居의자최,墳墓等과같은것이그것이다. 이런것을研究하야보면,工作的技能과知識程度를알수잇슬것이다.

人類가地球上에나타난것은果然어느때쯤이엿슬가. 이제그것을仔細히알길이업다. 다만氣候와地形이現代와매우다른時代에잇서서,現今에는벌서絕滅된動物과함께棲息

化石 過去世界地質時代에棲息하든生物(즉古生物)의遺骸及遺跡이岩石(거의다水成岩)中에남아잇는것

髑髏(촉루) 頭骨

하얏든것을推知할수잇슬뿐이다。 웨그러냐하면、原始人種의遺物은化石時代의動物의遺骨과倂存함으로써다。 이런것은地中에깊이埋沒된泥灰·粘土等으로덮여잇서、空氣에接觸되지아니함으로、永久히原形을保存할수잇는것이니、今後로도道路·邸宅의改築、또는鐵道의開鑿等으로말미암아發見될것이다。 歐羅巴에서이런遺物을發掘하야、原始人種을研究하기는、六七十年以來의일이다。

遺蹟遺物에依하야歷史를研究하는것을考古學이라한다。考古學者는髑髏에依하야、原始人種의容貌·體格을알고、遺蹟·遺物에依하야、生活狀態를研究하야現今의野蠻人과大差업슴을斷定한다。

有史時代는比較的짧고、그前에幾千年幾萬年間을經過하

大數 概略의數

베젤 Vézère. 佛蘭西西南部지방 드河의支流

맘모스 Mammoth. 前世界의巨象

얏는지、지금은거의그大數조차알수업다。 考古學者는、그使用하든武器·家具의材料에依하야、대강四時代로나눈다。 粗製石器時代·磨製石器時代·靑銅器時代밋鐵器時代가곳그것이다。 이四時代는그길이가한결갈지아니하야、粗製石器時代같은것은、鐵器時代의十倍以上이나되리라고한다。 또各時代는반다시劃然히區別할수업나니、마치近世에잇서서蒸氣時代와電氣時代가서로錯綜한것과같다。

粗製石器時代는가장오랜것으로서、그遺物은砂礫中또는河岸의巖窟에서發見되나니、佛蘭西의베젤河岸에가장만타。 石器와함께河馬·穴熊·맘모스·馴鹿·大鹿等과같은、現今에이미그地方에絕滅된動物의뼈는發見되지마는、鹿·牛·馬等의뼈는發見되지안는다。

컬럼버스 (Columbus.) (西紀一四五一—一五〇六) 伊太利人、新大陸發見者

이時代에는漁獵을일삼고,穴居하야粗製石器를使用하고,개와馴鹿外에는家畜이업고,陶器를만드는方法을알지못하고,未來를생각하야葬式을하는일이업섯든듯하다。 이時代의末葉에불이發明되여,人智가급작히進步하야,生活狀態를一變하얏다。 그中에도부억은家族生活,祭壇은宗敎生活,鎔鑛爐는工業生活의中心이되엿다。 弓矢는이時代에벌서狩獵밋戰爭에쓰는重要한武器엿다。

磨製石器時代의人類도石器를使用하얏스나,조곰더精巧하게磨製한것을썻다。 컬럼버스의新大陸發見時代의土人은,꼭이時代에屬하얏다。 이時代에는陶器를만들고,土地를耕作하고,野獸를길들이고,家屋을짓고,土壘를싸코,실을뽑아베짤줄을알앗다。 또死者를副葬品과함께埋葬하얏나니,이

바비로니야 (Babylonia) 서아시아洲으로主로는유프라테스·티그리스兩河의사이에끼여잇든옛나라

漂泊(표박) 定處업시떠돌아다니는것

것은未來의生活을밋엇든表徵이다。 이時代의人類는野獸를人間에接近시켜,人間의援助者를만들게되엿다。 動物의馴養은歷史上新時期를形成하얏나니,일로부터狩獵은牧畜으로化하야,狩獵時代는지나가고,牧畜時代가새로닥처왓다。 穀物中에가장重要한大麥·小麥은,처음에바비로니야의平野에播種耕作되여,차차歐羅巴·亞細亞에퍼젓다。 이리하야狩獵者·牧畜者로서의漂泊人은,인제는土著人이되고,市街는建設되고,物質的及非物質的貯藏物을保存하야,相續者에게傳함에이르럿다。 人類는여긔에서비로소政治的生活에들어가,部落은市가되고,市는차차結合하야小國家가되고,더나아가大國家가되엿다。 이것이古來로어느나라사람이든지,農耕術을가장重要한것으로생각하고,播種과耕作을神의敎訓

鉾 矛의古字、세오창

호ㅣ머ㅣ Homer. 西紀前九百年頃의希臘의古詩人

神의恩寵에돌린까닭이다。

青銅器時代에는、金屬의鎔解術을發見함에미처서、위선武器를만들기에努力하얏다。 金屬中에銅은採掘이가장容易하고、또鎔鑛에高度의熱을要하지아니함으로、銅器는맨먼저製出되엿든것이다。 그런데銅은휘이기가쉬워、武器에쓰기어려움으로、銅에錫을너어靑銅을만들게되엿다。 이時代에는武器로서刀·槍·斧·鉾等、日用器具로서小刀·槌·釘·釣針等이잇섯다。 또耳環·腕環·留針等의裝飾品에도、靑銅을만이使用하얏다。

鐵器時代에는、鐵의製出法을알게됨에미처、곳鐵을武器에使用하얏다。 호ㅣ머ㅣ時代에는、鐵은劍을製作함에쓰는貴重한金屬으로使用되엿고、銅은다른目的에使用되엿다。 鐵

埃及 Egypt. 아프리카大陸東北端에잇는나라

希臘 Greece. 헬랏、歐洲東南端에잇는나라

니그로 Negroes. 아프리카洲의土着의黑人

로만든斧·刀·劍·楯等은、石材또는木材의棺中에잇는髑髏와함께存在하고、또古戰場및沼澤밑에서發見된다。

무릇人類는이四時代의順序로發達함이原則이지마는、모든나라사람이同時에同時代에잇섯든것이아니다。 이를테면、埃及人이벌서鐵器를使用하든때에、希臘人은靑銅器時代에屬하얏고、丁抹人은아즉도石器時代에잇섯다。 또모든나라사람은반다시이四時代를모다經過하는것도아니다。 이를테면、亞弗利加의니그로는歐羅巴人과接觸함에미처、石器時代로부터一躍하야鐵器時代에들어갓다。

有史以前의歷史的研究는、아즉도매우幼稚하야、原始人種의生活狀態를、偶然히發見된遺物에依하야推測함에지나지안는다。 지금까지發見된遺物은無數하지마는、吾人의알고

자하는것에對하야는、매우僅少한材料를供給함에不過하다

一八 人類의未來

歷史는反復한다는말이잇다。 이것은아마도때의古今을不問하고、同一한原因이잇스면、반다시同一한結果가일어난다는것을이름일것이다。 그럼으로엇더한것의將來를論함에當하야、旣往의歷史中에생긴事件의過程을살펴서、參考하고比較함은極히必要하다。 이제人類의未來를論함에잇서서도、먼저人類以前에이地球上에서全盛을極하든各種動物이、結局엇더한運命을當하얏든가、또무슨까닭으로그러한運命에遭遇하얏든가를、詳細히硏究하야參考하야보아야한다

人類以前에地球上에서全盛을極하고잇든動物의例를들

古生代 地質時代를五時代로나누어始原代·太古代·古生代·中生代·新生代라하나니그第三
中生代 地質時代의第四
第三紀 地質時代의第五新生代의前半을이름

면、古生代의魚類、兩棲類、中生代의爬蟲類、第三紀의獸類等이다。 이런動物들은제각금그時代에잇서서는、今日의人類와갈치絶對로優勢한地位를차지하야、그것을對敵할만한動物은따로업섯다。

이와갈치所向에無敵이라할만한形勢이든이런動物들이、엇지하야곳衰亡에이르럿든가는、깊이硏究하야볼만한問題다。 이問題에對하야는、古生物學의書籍에도別로論述이업고、生物學者間에도아모學說도업는터이다。 普通은、다만그動物들보다훨신優勢한動物이나타낫기때문에、生存競爭에敗滅된것이라고簡單히생각한다。 그러나이問題는決코그러케簡單하게解決될것이아니오、다시깊은硏究를要한다、첫재에이미優勢한地位를占領하얏다는것은、生存競爭上그

動物에偏히有利한點이니,설사對等한競爭者가나타낫다고想像하드라도,決코그러케容易하게敗亡되엿스리라고는생각되지안는다。 한種類의動物이絕對로優勢한地位를차지한以上은,循餘一切의動物이그것에比하야,모다劣等의地位에서잇섯슬것은勿論인데,지금까지劣者의地位에잇든것가운데서,어느한種類가突然히急速度로進步하야,지금까지絕對로優勢이든것을,즉시全滅시킨다는것은,容易하게잇슬수업는일이다。 山이河水가되고河水가山이되여,天地라도뒤엎올듯한大變動이地球의表面에일어난때면모르거니와,이러한天變·地異가업는以上은,그當時의劣者가운데서,그當時의最優勢者를즉시滅亡시길만한勢力을가진것이나타난다고는믿어지지안는다. 그러면一時는全盛을極하든動物種

屬이,엇지하야즉시滅亡하얏느냐하면,그動物種屬自身안에,스사로滅亡할原因이생겨서,그것이안으로부터움즉이는것과,밖으로부터攻擊하는敵의힘이서로合하야,드듸여그것을滅亡시킨것이다。

이러케一時는絕對의優勢를保持하든動物種屬을,안으로부터움즉여서滅亡시킨原因은무엇이냐하면,반다시애초에그種屬을急히勃興시킨原因과同一한것이다。 이것은얼른생각하면,매우異常하게들릴는지모르지마는,조곰詳細히研究하야보면,그理由가明白히될것이다。

무릇온갓일이一利가잇스면,반다시一害가잇슴을免하기어렵다。 남의傳記같은것을읽어보드라도,同一한性質이그사람의長處인同時에,또한短處인境遇가往往히잇슴을보나니,動物의가진여러가지性質에도,이와꼭갈은것이잇다. 엇던動物은몸똥이가크고筋肉이굳세기때문에,다른種屬을克服하고,엇던動物은武器가날카롭기때문에,다른種屬을征服하고,其他여러가지다른方面에잇서서,다른動物보다優勢한바가잇기때문에,優勢한地位에達할수잇섯든것일것이다.

그러나가령몸똥이가크고힘이세기때문에,다른놈을征服한動物에對하야생각하면,몸똥이가크고힘이세다는것은,確實히生存競爭上다른動物을征服하기에有利하기는하나,그러나또한生活上多量의食物을要하고,成長하기까지에長歲月을要하고,繁殖이더듸고,動作이敏捷하지못하고그밧게여러가지不利한것이必然的으로隨伴하는것이니,一定한限度를넘으면,몸피가巨大한것은,도로혀生存競爭上不利한條件이

될것이다. 또어금니와뿔이크고날카로운것은,그것으로敵을征服함에는,無論極히有利한特質이되기는하지마는,어금니와뿔만이單獨으로發達할수잇는것이아니라,그것을실은頭骨,顎骨,그것을運用하는筋肉,그筋肉을기르는血管이,다갈치發達하야야하기때문에,어금니와뿔이크면그만큼그動物의負擔이무거워저서,生存競爭에는도로혀不適當한것이되는것이다.

무릇엇던特質을가초앗기때문에,모든다른種屬을征服하야,絶對優勢의地位를차지한動物은,뒤에는다시그特質로써相互間에競爭하지아니할수업는것이니,筋力으로天下를엇은種屬은,뒤에는自己種屬內에서相互間에筋力으로다투고,어금니로優勢를가진種屬은,어금니로싸우기때문에,더몸피

가巨大하고어금니가굳센놈이아니면生存할수업는것이다、
이리하야처음에는그種屬으로하야금、다른動物보다優越하
게하든特質은、어듸까지든지際限업시發達하지안코는마지
아니할것이지마는、먼저말한바와갈치、처음에는生存競爭에
有利한特質이라도、어느程度를지나면、도로혀生存競爭에不
利한것이되고、또身體가一定한生活方法에適合하도록專門
的으로유달리變化하면、다른方面에는그만큼不適當한것이
되지아니할수업다。 딸아서그만큼融通할수업는것이되여、
드듸여不利한地位에빠저、차차다른種屬에게滅亡됨에이르
는것이다。

어느구석에서사는지알지도못할微微한生活을營爲하고
잇는놈은、도로혀古生代로부터今日까지繼續하야、가늘고길

게生存함에反하야、一時에急速히全盛하야、잠간동안은絕對
優勢를保有하고잇든動物이、모조리다음代에는滅亡하야업
서진것은、여긔에말한原因에依한것이라고생각하지안코는、
到底히說明할수가업는것이다。

이와갈치化石學上의例示한바에依하면、一時는地球의表
面에優勢한地位를차지하고잇든動物種屬은、다처음에는그
種屬으로하야금、優勢한地位에到達하게하든그特質이、어느
덧도로혀禍根을지어、그때문에모조리滅亡하얏나니、그러면
人類는果然엇더한가。 人類만은다른動物과全然달라、人類
로하야금今日의優勢한地位에到達하게한腦와손의힘에依
하야、言語와器械를使用하야、今後로도永久無限하게、더욱더
욱繁榮하야갈것인가。 或은다른動物과同一한法則에딸아、

파라보라線 Parabola. 拋物線

일즉이는人類로하야금다른動物을征服하게하고、文明人으로하야금野蠻人을征服하게한腦와손의活動이어느덧도로혀禍根을지어、人類로하야금、마치空中을向하야던진돌이떨어질때와같은파라보라線을그려、刻刻마다速力을더하야、滅亡의運命에向하야나아가게하지는아니할것인가。

一九 古時調四首

古人도날못보고나도古人못보오니、
古人은못보아도예던길앒에잇네。
예던길앒에잇거던아니예고엇지하리。

잘가노라닷지말며못가노라쉬지말라。

南容 姓은南宮、名은适、一名縚、字는子容、魯人、孔子의弟子。
三復白圭 論語「先進」에잇는말이니、南容이詩經大雅抑篇에잇는「白圭之玷、尙可磨也、斯言之玷、不可爲也」의詩句를三反復하야再三玩味하얏다。

二〇 道德과經濟

부대굿지말고寸陰을앗겻스라。
가다가中止곳하면아니감만못하니라。

白圭에잇는흠은갈아내면업스려니、
사람의말허물은갈아서업슬손가。
南容이이러함으로三復白圭하도다。

듯는말보는일을事理에비겨보아、
올으면할지라도글으면말을것이、
平生에말삼울가리면是非될줄잇스랴。

經濟는人類의慾望을滿足시키기爲하야、財貨를生産하고利用하는活動이다。 人類는여러가지慾望을가지고、항상그것을滿足시키랴고努力하고잇다。 人類의慾望은極히簡單한것에서、차차複雜한것으로나아간다。 이와同時에人智의發達에딸아、慾望을滿足시키는方法도차차巧妙하게되는것이니、一定한努力과費用으로써、될수잇는대로큰慾望을滿足시키는것이、經濟의進步다。

財貨의生産과利用은、人類의生活에업지못할要素인것은明白하다。 그리고人類의生命을가장尊貴하게하고、그것을社會的存在로서存續發展시키는것이、道德의目的이다。 이目的에딸아、여러가지價値를만들어내는것이、人類의活動務力임으로、經濟的活動은、當然히人類의道德的活動의一部分

이아니면아니된다。 웨그러냐하면、財貨의生産과利用에依하야、生命에有用하게하는것이經濟인데、그것은生命의要求에딸아만들어낸價値의一部分인까닭이다。

그런데目的과手段을轉倒하야、經濟를人生活動의主要目的인듯이생각하는것은큰誤解다。 어듸까지든지人生을爲한經濟요、決코經濟를爲한人生이아니다。 딸아서經濟를蔑賤히여기는것이잘못인同時에、그것을過重視하는것도올치못하다。 아모리만은物質的價値를만들어내는方法이잇다할지라도、그것이自己또는他人의人格을無視하거나、他人의生存에害를끼치거나한다면、이것은道德上으로非難하지안을수업다。 그럼으로남을합부로부리는것은올치못하다。 또남을속여서、自己의利慾을圖謀하는것은勿論낫브다。 만일人格의尊重을忘却한다면、元來는物質을만들어내여서、人生의利用에바치랴든活動이、도로혀物質로하야곰人生을支配하게하는結果에빠지고말것이다。

또人間相互의信用은、産業組織을完全하게하고、活動을圓滿하게함에、가장必要한것이다。 가령商業上去來에잇서서、조의한쪽을累萬의金額에代用하야、經濟上運轉을敏活하게할수잇는것은、全然信用의힘이다。 製品을商標로信用하는것도역시그러타。

要컨대、慾望의滿足을追求하는것은自然이다。 그러나그것이人類共同生活의根本에어그러저、社會의正義에背反되고、人類愛의精神에거슬림에이르러서는、惡이되는것이다。 우리는물건을自己의利用에바처서、生活의豐富와文化의進步를자랑할수잇지마는、물건에게부림을받어서、經濟를人生의最大目的으로생각하게된다면、人格의尊嚴은喪失되고、道德과經濟는齟齬하게되고마는것이다。 우리는經濟活動에對하야、人生生活의全體的活動가운데正當한位置를주어、그活動을圓滿하게하지안으면아니된다。 이러케하야비로소經濟活動은、人格의實現、文化의發達에貢獻하야、人類一般의幸을爲하야、協力할수가잇게되는것이다。 이것이經濟의道德化다。

二一 多量生産과分業制度

人類의要求하는모든物資를廉價로生産하고、또品質이優良一定한물건을製造함에는、多量生産主義의産業에依하지

> 產業革命 十八世紀末葉으로브터十九世紀에걸쳐서機械・動力等의發明에依하야 [illegible] 産業革命이라 [illegible] 엿다

안으면아니된다。 그리고그한要素는分業制度다。 歐米의產業이今日과갈치大發展을보게된것은、이分業制度를巧妙하게應用한것이、確實히그한原因이다。 產業革命을일으킨大工業組織의二大要素는、科學의應用과分業制度다。 前者는生產方法의改良改善이오、後者는生產組織의改良改善이다。 資本은多量生產組織에必要한것이기는하나、產業은決코資本만으로成立하는것이아니다。 아모리大資本을들일지라도、方法과組織이拙劣하면、產業은萎靡不振을免할수업다。

分業制度가生產을增加하는理由는、대강다음의三要點에歸着한다。 첫재는作業에要하는時間의浪費를덜고、또短時間內에多量의同一品을製造할수가잇다。 部分部分의作業

은、分業에依하야單純化되기때문에、容易하게機械力을應用할수가잇고、또作業場內의組織、設備를充實하게할수가잇다。 만일同一人의作業이、한가지일로부터다른일로옴겨간다면、그사이에機械를밧구어야할터이니、時間浪費를免할수업다、 둘재는作業이簡單하기때문에、別로頭腦를쓰지안코도빨리熟練하게된다。 딸아서生產量이均一하게되고、그質이優秀하게된다。 셋재는適材를適所에쓰기에多大한便宜가잇다。 特히最近에發達한能率增進의應用이容易하게되기때문에、만일地方的事項을考察에너코보면、사람에對한適材適所라는말을、地方地方에應하야쓸수가잇다。 이를테면、冬期가길어서、그동안은野外勞働에適當하지못한地方에는、손이만이걸리는一部의作業을주고、交通이便利하고動力이比較的低

廉한地方에는、多量의原料를要하고、또生產品의分量이만은作業을주고、그밖에原料의配給等에、地理的考察을加味하야、여러가지分業을案出할수가잇다。 이理致를다시擴大하야가면、全世界人類의要求하는모든分業을行한다는理想을가지게된다。 그리하야이理想이實現되면、世界는永久의平和를즐길수가잇슬것이다。

二二 理想

大抵우리사람의生活은、理想의生活이다。 이理想이잇슴으로因하야、사람이萬物의靈長이되여、最貴한地位에서萬物을支配하는것이다。 그러면대저理想이란무엇인가。 現狀보다優越完全한狀態를未來에想像하는것이니、이想像은아

모理由업시、無意識的으로일어난것이아니오、理由를가존有意的想像이다 다시말하면、사람의理性으로써想像할수잇는完全의狀態며、最高至完의目的이다。 그것은제절로唯一無二의絕對性을가젓스며、이미唯一無二의絕對性을가진지라、제절로統一的作用을가젓다。 우리사람의日常의모든有意的行動과人格的活動은、모다반다시個個의작은當面의目的을가젓나니、이個個의當面의目的을가진無數의活動은、그人格者의품은大理想의아래統一되여서、비로소前後가連絡하며左右가相應하는全人格의活動을이루는것이다。 우리사람에게는、이統一的作用의根據인理想이잇슴으로하야、連綿한發達이잇스며、不斷의向上이잇나니、이連綿한發達과不斷의向上이잇는곳에、곳사람의生活이잇스며、사람의價値가

잇는것이다。 要컨대、人生이란不斷의前進인데、理想은이不斷의前進을引導하는星光이다。 그럼으로生命의內的衝動이旺盛한곳에는、반다시理想의引導하야가는燈火가輝煌하고、이와反對로그生命의前進的衝動이萎靡한곳에는、반다시理想의引導하야가는燈火가耿滅함을불지니、이제얼른쉽게老年人과少年人의境遇를比較하야보면、더욱理想과人生의相卽不離의關係를明察할수잇슬것이다。

人生의戰場에서、元氣를銷盡하고疲勞를늣기며、다만氣息이奄奄하야、無事乾坤의속에서餘生을보내는老年人의生活은、오로지追憶의生活이오、回顧의生活임에反하야、生活의意志가强烈하고生存의氣運이旺盛한少年人의生活은、항상理想의生活이오、憧憬의生活이다。 老年人에게는前途가업고、

다만深久한過去가잇슬뿐이라、그現在와將來는그에게何等의興味와歡喜를주지못함에反하야、그深久한過去의事事物物은、모다그의少壯時代의心膽과感官을、興奮과快樂으로써刺戟衝動하든記念的片影이다。 딸아서將來는一顧할價値도업스며、現在는다만苦痛과倦怠가잇슬뿐임에對하야、過去는全的으로美化優化하야진다。 그리하야입을열면、문득少時의자랑이오、손을치면、문득現在의嗟歎이다。 맨손으로범잡든이야기、혼자벗섭나르든이야기들은、모다老年人의追憶生活의發表다。 그는西山落日을바라보고、長歎流涕할心境은가젓스되、東天旭日을바라보고、心臟의鼓動을늣길만한生氣를가지지못하얏다。 이와反對로、少年人은가진것이다만遙遠한將來다。 그遙遠한將來에는、光明과希望과力이充滿

永劫(極히 긴 時間、刹那의 對)

하얏다。 그는항상將來를計劃하며、前途를經綸한다。 그는追憶的感想을모르고、아는것은다만理想的熱狂이다。 理想은實로生氣가活潑하고前途가茫洋한少年의生命이다。 希望으로써그의勇氣를鼓舞하며、光明으로써그의前進을誘導하는것은、少年의理想이다。

　理想은甚히親切하다。 一段의우에서나를부르거늘、내나아가接하랴함애、문득또一段의우에잇서、또나를誘導한다。 뉘가가로되「理想은明日과갈다」고。 實로名言이라하겟다。 우리가進進無已하며作作不倦하야、或空前의大業을이루며、或永劫의敎訓을드리움은、모다이親近한듯한、그러나高遠한理想의선물이다。 만약理想이업슬것갈으면、人生을指導하며支配하는것은、곳本能的衝動뿐일터이니、그러코야人生이

何等의意義와價値로써、저禽獸와區別되여、萬物의靈長이됨을엇으리오。 사람의써사람된바와禽獸의써禽獸된바가、오로지이高貴한理想이잇고업슴에말미암는다하야도過言이아니다。 動物에게는、目的이라든지理想이라든지의有意的目標를세움이업고、다만本能的衝動의自然的所與에依하야、動作하며生活하는故로、그에게는自然的進化는잇슬지언정、文化의創造性과價値의絶對性이업다。 우리사람에게는理想이잇슴으로하야、獨特한文化가創造되며、文明이建設되며、高貴한生活이營爲되며、無限한價値가發揮되는것이다。 理想은實로文化發展의原動力이며、人類向上의羅針盤이다。 아아、理想의人生에對한意義의重且大함이여。

소크라테스 Sokrates (西紀前470―399) 希臘의哲學者

甘露 단이슬、道家에서말하는長生藥 (宋張君房雲笈七籤) 下天生甘露 地生醴泉 民食之乃得長生 이라잇다

二三 聖者소크라테스

大聖소크라테스의一生은毒杯를기울인最後의瞬間을얻어、거의人界를超越한崇嚴한樂音을發한다。

소크라테스가毒杯를기울이게된事情및悲壯한臨終의狀況은周知의事實이니、이제여기에다시反復할必要도업슬것이다。 그것은참으로言語에絶한悲哀엿다。 그러나그自身으로서는、甘露의玉杯를머금고、봄저녁에잠든듯한、달콤하고愉快한場面이엿스리라。

그自身에는罪가업다。 그러나罪는잇섯다。 罪라는觀念에는區別이잇다。 內的方面으로말하면、그가到達한心境이當代人의그것에比較하야、훨신高遠雄深한것이엿기는하지마는、그러타고그일自體에무슨罪가잇슬턱이업다。 또그의

嚬蹙(빈축) 눈살을찌푸리고얼굴을찡그리는것、嚬蹙은싫어하는것、당치못하게여기는것

信念이當代人의그것에比較하야、훨신純潔崇大한것이엿기는하지마는、그러타고그일自體가또한罪를構成한것도아니엿다。 그點에잇서서그는罪를超越한偉大한哲人이엿다。

그罪는外的方面의觀察을基礎로하야成立시킨것이다。 그것도全民衆이有罪로觀察하야判定한것이아니다。 그의思想을靑年에게有益한것으로생각한사람들도잇섯다。 靑年에게害毒을끼치는것으로본사람들도잇섯다。 社會人心을指導하는光明이라하야、우러러본사람도잇섯다。 安寧秩序를紊亂케하는것이라하야、嚬蹙한사람도잇섯다。 그리하야그를敬慕하고그를讚美하고그를崇拜하고그를渴仰하는사람들의判斷은、當時의權威가되지못하고、그와反對되는사람들의判斷이、그에게國家市民의罪人이라는이름을주고말

襟懷(금회) 胸中의생각、抱懷

엇다。 그러나欣然히이에服從한곳에、그의哲人다운襟懷가 보인다。

그는이判斷이國法에依한形式을밟아決定되엿기때문에、이에服從하얏다。 그는判斷그것自體를承認하야、이에服從한것은아니엿다。 그는實로國法에服從한것이엿다。 國法에服從하는것은、國家生活속에서棲息하는者로서의가장高尙한絶對的義務다。 그는몸으로써絶對服從을體現한것이엿다。

소크라테스

그는判決에不服을부르짓지아니하얏다。 그는脫走를勸한親友에對하야、천천이그글은바를訓戒하얏다。 그는悲歎

에잠긴弟子를慰安하고督勵하야、眞理의探求가얼마나高尙한것인가를指示하얏다。 그는無限한安心을가지고、두려운毒杯를기울엿다。 가슴을누르고苦痛을참는것은、죽어가는그가아니라、도로혀살아잇는友人、門弟엿다。 毒液은그의全身을돌아구비첫다。 그는室內를左로右로거닐면서、오히려從容히說敎하얏다。 그가너머진때、夕陽은새빨가케비처、千古에드믄聖者의臨終을아름답게물들엿다。 그의崇高한靈魂은웃으면서天界로사라젓다。 그리하야그의生命은、오래오래人類가잇는限에는、이세상에存在할것이다。

聖者소크라테스의臨終은、人類의죽음中에서가장壯麗한것의하나다。

過去數千載에뻐친東西의史乘에는、聖者로尊敬할사람이

蠢動(준동) 버러지가굼실거리듯이어지럽게떠들고움직이는것

決코적지안타。 그들은다人類의자랑이다。 荒野에핀꽃이다。 闇黑을照破하는光明이다。 希望을鼓舞하는理想의體現이다。 만일歷史속에서그들의存在를抹殺하야버린다면, 人生은沙漠보다도寂寥할것이다。 거기에는民衆의蠢動을볼뿐이다。 거기에는低調의呻吟을들을뿐이다。 擧世가平板하야、드듸여아모奇峭한趣意도업서、왼통한결같은灰色으로덮여지고말것이다。

二四 新羅의金鐵工藝

新羅는千年의古國이오、더욱히三國을統一한國家엿든만큼、남달리豐富한遺物과文獻을남기고、美術工藝도朝鮮美術史上에黃金時代를이룬만큼、優秀한作品이적지안으나、그全

般을이곳에總括할수업슨즉、그中에가장代表的部門의作品으로、金冠·金帶·金銅履·金耳環等、他國에서보기드믄珍品과、朝鮮鐘이라는特殊한形式을낸銅鐘의一部를들어볼가한다。

元來新羅는、辰韓代부터도金鐵工藝가남달리發展하얏스니、後漢書에「國出鐵、濊倭馬韓、並從市之」라特書한것은、다른곳에업는特色이어니와、日本書紀에「西方有國、金銀爲本、目之炎耀、種種珍寶、多在其國」이라한것은、新羅를金銀國으로써일갈은例다。 曠古의金石倂用期의遺物이라는金鐵工藝도、擧皆新羅의古地인慶尙地方에서만이出土됨으로보아、일즉부터金鐵工藝가發達하얏슴을알겟거니와、더욱히近者에海外에까지新羅의美術이喧揚되는것은、만은古墳에서發掘되는新羅의金鐵工藝로말미암아서다。 그種類에는金冠·金帶·金銅

腕釧(완천) 팔고리, 팔찌
鞍橋 안장의앞등다리
鐎斗(초두) 세발달린남비, 酒器의一種
刁斗(조두) 국자, 酒器의一種
써클렏 Circlet. 頭環
互生法則 植物葉序의形式의一種, 對生·輪生의對

履·金佩·耳環·腕釧·指環·佩劍·馬具·鞍橋·鐎斗·刁斗·銙盒·壺·尊·其他 雜多한것이잇스나, 우리에게가장興味를일으키는것은金冠이다。

慶州金冠塚出土金製寶冠

慶州의金冠塚·金鈴塚·瑞鳳塚·梁山의夫婦塚·其他多數한古墳에서出土된金冠形式은, 大槪外冠·內冠의二部로區分되엿나니, 外冠은써클렏이라는純金테두리우에, 五個의立梁이配置되엿다。 前面의三梁은重疊한出字形을이루엇고, 左右二梁은植物의葉序와갈치, 互生法則에依하야잇다。 內冠은高句麗古墳壁畫에서볼수

寶相花紋 忍冬·蓮花等이매우圖案化되어그本相을일케된花紋을이름
心葉形 心臟形
디아뎀 Diadem. 王冠
코로나 Corona. 古代希臘·羅馬에서殊勳者에게授與한花冠

잇는弁冠種類로서량귀에長大한羽翼이뻗어잇다。 이만한機構를全部純金製金板으로만들엇는데, 金板에는點線으로輪廓을그리고, 弁冠에는魚鱗紋을처내고, 羽翼에는寶相花紋을透彫하고, 그우에純金製心葉形小金佩와溫潤한色澤의勾玉을全面에꿰달고, 다시이金佩와玉으로冠纓을만들엇다。 瑞鳳塚의金冠같은것은, 外冠에特히鳳凰을오려사긴金佩가附加되여잇는데서더욱有名하다。 이러한金冠形式은東方諸國에流行한디아뎀이라는冠帽形式과西歐諸國에서流行한코로나라는冠帽形式과의合作形式으로, 佛敎文化의東漸으로말미암아, 東西兩洋의藝術形式이融合된것이니, 現在이形式의完全한遺態는, 오직新羅의이遺物에서證得할수잇는데서, 藝術價値以外에文化價値까지도가지고잇는寶物이라

한다。

이金冠과同時의遺物로가장滋味잇는것은、腰帶裝飾이다。이것도金冠과갈치黃金製·銀製·銅製等各種이잇고、그形式도多少의相違가잇스나、大概는銙帶와佩飾의二部로써形成되엿다。銙板은忍冬草紋儀를透彫한四角形金板과心葉形金板의二部로되여、前者는銙身을이루고、後者는懸垂狀을이루어、銙身이서로連結되여、銙帶를形成하얏다。

慶州金冠塚出土帶金具及佩飾金具

天子의銙帶의鍋銙數는、隋

銙帶(과대) 띠돈이모여서된띠

忍冬草 겨우사리. 蔓木에寄生하는蔓草

鍋銙(전과) 形類한띠돈

代에는九環이엿고、唐代에는十三環이엿스나、新羅의現遺物에는四十環이잇는것이잇고、三國遺事에는、眞平王의銙帶는鍋銙六十二라하얏스니、中國의銙帶보다더繁華스러운造形이엿슴을알겟다。　銙帶에달려잇는懸垂佩飾에도、金冠塚의遺物갈은것은、十七連의佩飾이달려잇는데、漢代耳杯形金板이連珠가되여、끝에는透彫圭玉形佩物·魚形佩物·杏葉形佩物·筐形佩物·印籠形佩物·甁子形佩物·勾玉·琉璃球、其他雜多한形式의佩物이달려잇서、그燦爛하고繁縟한修飾은、東亞古墳發見의腰帶中가장美麗한遺物이라한다。

다음에滋味잇는造形으로、金銅製의신이잇다。　金冠塚에서發掘된것에는、梅花形金板을金銅履에無數히단것과、金銅板履面에ㅗ丅紋儀를透彫한것이잇고、其他古墳에서發見된

三國遺事 新羅·高句麗·百濟의遺事를蒐錄한것、高麗忠烈王時名僧一然撰

眞平王 新羅第二十六代王

耳杯 귀달린잔、酒器의一種

繁縟(번욕) 번거롭다

履面에도小銅板을瓔珞갈치매여단것이만으나、그中에傑作으로볼것은、飾履塚에서發見된것이니、二重의縄珠形紋儀로輪廓과龜甲紋을내고、輪廓에는佛像背光에서흔이보는水炎紋을陽鑄하얏스며、龜甲欄에는瑞獸、祥禽을滿鏤하고、閑閑히八瓣蓮花紋을按排하얏다。 儀式用飾履이지마는、他邦에서볼수업는珍奇한作品이다。

이外에도新羅의金鐵工藝로서有名한것에耳環이잇스니、이耳環에는필리그라나라고하는金鏤手法이盛用되여、特殊한趣態를낸데서有名하다。 이手法의起源은、바다의자개形態에서緣由한것이라고傳하나알수업는일이고、五千年前埃及의遺物에서도發見되엿다고하는만큼、일즉이盛用된金工手法이니、樂浪의黃金帶鉸가北朝鮮의代表的遺例이엿스나、

필리그라나 Filigrana. 金이나銀이나銅의細線으로만든裝飾細工

樂浪의黃金帶鉸 平安南道大同郡大同江面第九號墳出土의純金製革帶고리

南朝鮮의新羅古墳에서珍貴한作品이多數發見된것은、또한新羅의자랑이라아니할수업다。 그中에도慶州普門里古墳에서發見된純金耳環은、굵은金環에純金微粒으로龜甲形과三瓣花紋儀를滿鏤하얏스며、細環이달리고、다시杏葉形瓔珞이上下層으로줄줄이달려잇서、繁縟한手法과燦爛한形態는、世界耳環中最古最美의作品이라한다。

이와갈치新羅의金鐵工藝는、純金作品이極히發達하얏스나、그工藝的手法은、大概截金工藝로서、平板한架構性이勝하얏스며、統一期로부터는、다시立體的彫刻手法이盛用되여、그遺物은비록散逸되여만치못하나、若干의經筐、舍利盒과裝飾金具가遺存하야、統一以後의金工手法의一貌를자랑하고잇다。

截金工藝 金屬을오려서긴工藝

上院寺 江原道平昌郡五臺山에잇는절
奉德寺 慶州에잇든절
龍鈕(룡뉴) 龍頭의모양으로된손잡이
甬(용) 鐘頂, 쇠두꼭지

끝으로新羅의金銅工藝의特殊한作品으로,우리는新羅鐘을자랑한다。 지금가장高古한遺物로上院寺鐘이잇고,가장優秀한作品으로奉德寺鐘이잇슴은,누구나아는바다。 그特色을들자면,中國鐘의龍鈕가朝鮮鐘에서는다시甬이附加되여잇슴이第一特色이오,中國鐘의乳區가鐘體의半以上을占하고잇스나朝鮮鐘의乳區는鐘體全長의四分一밖에안되며,中國鐘에서는多數한縱橫線이鐘體를區分하고잇스나,朝鮮鐘은이것을모다업새고,流麗한寶相花紋을陽鑄한橫帶로,鐘上과鐘口緣邊과乳區緣

奉德寺鐘

奏樂天部 奏樂하는天界의部神
撞座(당좌) 치는자리

邊에만돌리고,鐘體에奏樂天部를雙雙히陽鑄하고,寶相花撞座를兩面에按排하야,淸雅한中에華麗한趣態를내고잇다。 더욱히鐘의形態가中國鐘과같치威力的脹勢를보이지안코,內地의鐘과같치幾何學的形態를가지지안코,端雅하고溫嚴한氣品이잇슴은,世界어느鐘을가저오드라도,이와雌雄을겨누지못할것이다。 中國의文物을한결같치模倣만하랴든過去의先進들도,오직藝術心만은남의것과밧구지못하얏다。 이것이藝術의尊貴한點이다。 그러고그것을單的으로證明하는것이,곳이朝鮮鐘이다。 그中에도代表的作品인奉德寺鐘에,「圓空神體」라는銘文의一句가잇스니,이는곳鐘이物이아니고,神的存在의崇高함을表現한金音이라하겟다。

星山 별뫼、全羅南道昌平에잇다、臨南의鄕第잇든곳

瑞石 光州無等山頂의瑞石臺를이름

天孫雲錦 天孫은織女星의一名、雲錦은[illegible]

헌사하다 [illegible]、好奇하다、好事하다

靑門故事 靑門은長安城、東南門인데、邵平이靑門外에서오이를심어사람들이그외를靑門瓜라일칼엇다

二五 星山別曲

엇던지날손이、星山에머믈면서、棲霞堂·息影亭、主人아내말듯소。人生世間에、조은일하건마는、엇지한江山을、가지록나이여겨、寂寞山中에、들고아니나시는고。松根을다시쓸고、竹床에자리보아、저근덧올라앉아、엇던고다시보니、天邊에떳는구름、瑞石을집을삼아、나는듯드는양이、主人과엇더한고。滄溪흰물결이、亭子앏에둘럿스니、天孫雲錦을、뉘라서베여내여、잇는듯펴치는듯、헌사토헌사할사。山中에冊曆업서、四時를모르더니、눈아래헤친景이、철철이절로나니、듯거니보거니、일마다仙間이라。梅窓아적볏에、香氣에잠을깨니、山翁의하올일이、곳업도아니하다。울밋陽地편에、외씨를삐혀두고、매거니도드거니、빗김에달화내니、靑門故

배야신다 꼭맞게신다

羲皇 太昊伏羲氏를이름、여기서는그時代사람의事를잇고安逸하게지냄을[illegible]

이미차다 이마에、[illegible]

濂溪 宋時周敦頤의號

太極 宇宙의根本原理、周敦頤가太極圖說을지엇다

太乙眞人 仙人

玉字 水經註에「金闕玉字之貲、天帝之遺讖也」라잇다

事를、이제도잇다할다。芒鞋를배야신고、竹杖을흗더지니、桃花핀시냇길이、芳草洲에이엇세라。닷봇근明鏡中、절로그린石屛風、그림자벗을삼고、새와로함께가니、桃源은여긔로다、武陵은어데메오。南風이건듯불어、綠陰을헤처내니、節아는꾀꼬리는、어대로서오돗던고。羲皇벼개우에、풋잠을얼풋깨니、空中젓은欄干、물우에떠잇고야。麻衣를이미차고、葛巾을기우쓰고、구부락비기락、보는것이고기로다。하롯밤빗긔운에、紅白蓮이섞여피니、바람긔업서서、萬山이香氣로다。濂溪를마조보아、太極을뭇잡는듯。太乙眞人이、玉字를헤엿는듯。鸕鶿巖건너보며、紫微灘곁에두고、長松을遮日삼아、石徑에앉아하니、人間六月이、여긔는三秋로다。淸江에떳는오리、白沙에옮아앉아、白鷗를벗을삼고、잠

湖洲水晶宮 「明一統志」에「水晶宮在紹川府西湖上」이라하엿다
廣寒殿 月中에잇다는宮殿、廣寒府、廣寒宮
어위줄겨우다 興을이기지못하다
蘇仙赤壁 宋의蘇軾이赤壁에서놀앗다
파하다 稱讚하다、歎服하다
謫仙(적선) 天上界로부터人間에귀양온仙人、詩人李太白을美稱하야謫仙이라이른다
朔風 北風

깰줄모르나니、無心코閑暇함이、主人파엇더한고。 梧桐서릿달이、四更에돋아오니、千巖萬壑이、낫인들그러할가。 湖洲水晶宮을、뉘라서옴겨온고。 銀河를건너뛰여廣寒殿에올랏는듯、 짝맞은늙은솔란、釣臺에세여두고、그아래배를띄워、갈대로더저두니、紅蓼花白蘋洲에、어느사이지나관대、環碧堂龍의소이、배압에다앗나니。 淸江綠草邊에、소먹이는아이들이、어위를겨워、短笛을빗기부니、물아래잠긴龍이、잠깨여일어날듯、냇기에나온鶴이、제깃을버리고、半空에소소뜰듯、 蘇仙赤壁은、秋七月이조타호대、八月十五夜를、모다엇지과하는고。 纖雲이四捲하고、물결이채잔적에、하날에돋은달이、솔우에올랏스니、잡다가빠진줄이、謫仙이헌사할사。 空山에싸인잎을、朔風이건우불어、떼구름거느리고、눈

가리얼다 가려얼다、여얼다、全面에얼어붙다
瓊瑤 美玉
黃卷 書籍의異稱、古人은書籍에黃紙를썻슴으로이름
일락배락 興敗
箕山에늙은고불 堯時에箕山에隱遁한巢父・許由를가르침、고불은老의뜻
조장 志操와行狀
며흐다 險하다
어도록 얼마쯤
거후르다 기울여쏟다
하리다 減、消
시욹 絃

조차몰아오니、天公이호사로와、玉으로꽃을지어、萬樹千林을、꾸며곰낼세이고。 앞여을가리얼어、獨木橋빗겻는대、막대멘늙은중이、어느절로간단말고。 山翁의이富貴를、남더러헌사마오。 瓊瑤窟隱世界를、찾을이잇슬세라。 山中에벗이업서、黃卷을싸아두고、萬古人物을、거스리혜여하니、聖賢은커니와、豪傑도하도할사。 하날삼기실제、곳無心할가마는、엇지한時運이、일락배락하얏는고。 모를일도하거니와、애닯음도그지업다。 箕山에늙은고불、귀는엇지싯돗던고。 一瓢를떨친後에、조장이더욱놉다。 人心이낫같아야、보도록새롭거늘、世事는구름이라、머흐도머흘시고。 엇그제빚은술이、어도록익엇나니。 잡거니밀거니、슬카장거후르니、마음에매친시름、저그나하리나다。 거문고시욹엿어、

風入松 樂曲名

瑤臺 月의異稱、仙人의사는臺

風入松이야고야。 손인동主人인동、다잇어버렷세라。 長空에 떳는鶴이、이골의眞仙이라。 瑤臺月下에、행여아니맛나산가。 손이서主人다려이르되、그대귄가하노라。

二六 修辭論

대범글월은이를두가지로大別할수잇다。 그一은論議니、무릇解說·辯解·批評·諷論等은이에屬한것이오、그二는敍事니、무릇記實·紀行·傳記等은이에屬한것이다。 歐洲의修辭學은、이를記實·敍事·說明·論議四者에區分하지마는、記實은敍事에갓갑고、說明은論議에갓가운故로、이또한以上兩者의區分에不過한것이다。

自然·人事·時節·歷史·地理等에關聯하야、自己의感情을펌이

錦心繡口 아름다운思想과아름다운말、詩文의才操잇슴을이름

範疇(범주) 形式、類型

잇나니、이는敍事를먼저하야、論議에미칠것이라할것이오、祝賀·弔祭·歡迎·送別·報告·付託·勸懲等에關聯하야、自己의意思를表現함이잇나니、이는論議를爲主하야、敍事에미칠것이라할것이다。 그리고或은詩、或은歌로써、自己의意思와感情을觸處融通케함이잇나니、이는或敍事도잇고或論議도잇서、이를一定한範疇로써말하기어렵다。

대개글월은이를언뜻보면、甚히困難하고複雜한듯하지마는、다시생각하면、무릇宇宙間에起滅消長하는森羅萬象은글월아닌것이업슬지니、一花의開와一葉의落이이것이글월이오、一擧手一投足이이또한글월이다。 우리가만일錦心繡口를가젓다하면、自然의投影을映射하기무엇이어려우랴。 그러나人文은時代를딸아變遷하야、簡單으로부터複雜에미치

龍飛御天歌

나니、글월도自然히그範疇가만아지고、形式이錯雜하게된다。 그리고朝鮮의글월로말하면、千有餘年以來로、漢文만을模倣함에不過하얏나니、漢文이朝鮮의精神生活乃至文化藝術에對하야、貢獻이잇고업는것은別問題로할지라도、오날에이르러서는、漢文模倣만을글월의能事라하지못할것이오、別로範疇를樹立하야야할것이다。

글월의外形은字句요、內容은思想이다。 卽思想이안에充實하야、字句에依하야밖으로表現된다。 그럼으로우리가字句의佳麗함을꾀할진대、먼저그思想을佳麗케하야야할것이다。 세상에는字句의글월이업는것이아니로되、거긔에는百世에不朽할大文章이적음은、思想이字句의主人이되지못한結果라할것이다。 龍飛御天歌에는「불휘기픈남간바라매아

世宗二十七年에權踶、鄭麟趾、安止等이太祖의遠祖四代와太祖、太宗의六代事蹟을歌頌한것을撰進한것이니、그第二章에引用한것은、그漢文解니「다」다「根深之木、風亦不扤、有灼其華、有實其蕡。源遠之水、旱亦不竭、流斯爲川、于海必達」

杜詩 唐時杜甫(字는子美、號는少陵)의韋左丞丈二十二韻

니뮐쌔、곶됴코여름하나니、 새미기픈므른가마래아니그츨쌔、내히이러바라래가나니。」라하얏다。 뿌리업는樹木이忽然히焦枯하며、源頭업는샘이忽然히涸渴할것과같치、思想의뿌리와源頭가업슬진대、그엇지文章의꽃이빛나리오。 그럼으로萬古不易의大文章은、반다시萬古不易의大思想으로부터흘러나온다할것이다。

그런데作文의要訣은、多讀多作多思라한다。 이를다시좀더仔細히말하면、多讀이라함은古今名家의文章을만이讀破함을이름이니、杜詩에이른바「讀書破萬卷。下筆如有神」이라함이다。 多作이라함은自己가스사로切磋琢磨하야、手法의熟練을圖謀함일지오、多思라함은事物의理數에着意하야、自己의思考를集中함일것이다。 우리가古今名家의文章을閱讀

糟粕(조박) 재강、前人의 남긴찌꺼

明鏡止水 明鏡과靜水、마음의本體의瑩明함의譬喩

靈臺 마음을이름

하면、詞藻의精彩를더하는同時에、思想의涵養도또한可히期必할것이다。 그러나前人의文章은우리의思想全部를統御하기는不可能할지니、이는無他라、前人의文章은卽前人의糟粕에不過한까닭이다。 우리는前人의文章에依하야、思想上또는形式上針路를定함은可하지마는、文章의極致는반다시前人을追隨함에잇지아니하고、自家의獨創에잇다할것이니、自家의獨創으로自家의本領을發揮한뒤에、文章은비로소生命이잇고光輝가나타난다。 그리고모든事物에는是非得失과原因結果의差異가잇거늘、만일이에對한明鏡止水의心界가업다하면、그엇지錯雜紛糾한事理를批判하리오。 그럼으로우리의靈臺는반다시瑩然洞徹하야야할것이다。 文章이多思를要한다함은이때문이다。 盲人이千里를걸어도、그얻

風檣·陣馬 돛에바람을박고航海하며健馬가陣頭에달리는것과갓다는말、全唐詩三卷에잇는말

九流 아홉가지學派、漢藝文志에儒家者流·道家者流·陰陽家者流·法家者流·名家者流·墨家者流·縱橫家者流·雜家者流·農家者流

는것이업는것은、그觀察力이缺乏함이니、우리가만일事物에對하야理解性과感受性이업다하면、이는靑盲관이와같다할것이다。 山川을遊歷함에、또는奇獸異草와風檣陣馬를對함에、우리의思想이多少의變化를惹起함은、우리의靈臺가外物에接觸하야感應함에지나지아니한것이다。 그럼으로우리가思想을涵養함은、無神經者가아니되고、美에는美感、醜에는醜感、是에는是感、非에는非感을發顯하게함이다。 이러할진대、우리의見聞이만으면만을수록、思想이깊고넓어질것이다。 이같치하야말지아니하면、一擧手一投足은모다文章으로化하야질것이다。

세상에는座談으로는懸河의辯을吐할지라도、一行의文을草하지못하며、博識으로는九流를貫穿하되、一句의詩를題하

科 웅덩이、坎、孟子「離婁下」에「原泉混混、不舍晝夜、盈科而後進、放乎四海、有本者如是」라잇다

汩汩(골골) 물길소리의形容

孫子 名은武、戰國時齊人、兵法을鬼谷子에게배웟다

지못하는이가잇나니、이는思想과手法이統一되지못한까닭이라하겟다。 그럼으로文章은心과手의統一이必要한것이다。 글월은샘물이흘러、海洋에到達함과같으니、源泉이科에盈溢한뒤에、그混混한餘勢가晝夜를不捨하고、滔滔汩汩하며、瀰瀰乎鉏하며、或澎湃하야나리며、或曲折하야돌며、或激합애湍이되고、或渟합애潭이되고、或길어河川이되여、最後에는海洋에到達하야、그涯岸을아지못한다。 글월이또한이러한境涯가업지못할것이다。

孫子는이르되、「善用兵者、譬之率然。率然者常山之蛇也。夫常山之蛇者、擊其首則尾至、擊其尾則首至、擊其中則首尾俱至」라하얏나니、글월도이러하야、그心은手에應하고、그手는心에應하야統一的開闔과呼應이업지못할것이다。 글월은百萬의

貔貅(비휴) 猛獸名、轉하야軍隊를이름

疆場(강장) 邊境

銜枚無言 枚는저갈같은것의兩端에노를맨것인데、이것을입에물리고머리뒤로돌어매면말을할수가업다、兵法에「銜枚而無言」이라잇다

文星 文運을맡은별、或文曲星이라고도한다、여기서는文의光彩를이름

文陣 文의組織을이름

貔貅가一將의統率한바되여、百里疆場에남과같으니、師旅로부터大中小隊에이르기까지、命令에살며命令에죽으며、銜枚無言하고、赴湯蹈火한다。 部署가一定합애、萬人의行動은곳一人과같으리니、글월은또한이러한文勢를가지지아니치못할것이다。 그런뒤에文星이燦爛하고、文陣이整然하야、不朽의大文章을이룰것이다。

여긔에心이라함은思想을말함이오、手라함은字句篇章을이름이다。 글월은思想과字句篇章이각각獨立하야成立하는것이아니다。 그러고思想은識見이높으면그만큼높고、字句篇章은手法이圓熟하면그만큼圓滑하게되는것이다。 流水에譬하면、思想은源泉이오、字句篇章은波浪이며、軍隊에譬하면、思想은主將이오、字句篇章은士卒이다。 主將업는士卒

이업는同時에、源泉업는波浪이업슬것이다。

二七 文學과人生

文學이란무엇인가。 文學은人生의縮圖다。 바다처럼넓은人生가운대나타난百般의姿相을、대야처럼좁은表面우에꼭그대로描寫한것이文學이다。

그러면人生이란무엇인가。 저大空에빗겨잇는구름처럼、잇는가보면사라지고、사라젓는가보면일어나고、峯인가보면巒、龍인가보면범、문득淡하고문득濃하야、變幻出沒이거의端倪할수업는것이다。 한떨기구름도적잔이우리의感興을일으키거니、하물며그보다도더奇妙하고더變化만은이人生의波瀾動搖가、엇지우리의感興을惹起하지안코말것일가。 變幻出沒이無窮한것이人生의姿相이다。 이것이人生인가하고보면、문득그모양을變하고、그것이眞相인줄알고보면、문득자최를감춘다。 凡夫는容易하게그것을把握할수업고、凡眼은아모리하야도그眞相을認識할수업다。 그러나把握하기가困難하면困難할수록、認識하기가어려우면어려울수록、그것을把握하고십고認識하고십은것은、사람의常情이다。 그런데詩人은、그靈妙한筆法과銳敏한眼光으로人生의眞相을꼭붓들어다가、世人의眼前에展示한다。 이것이文學이다。 世人은、自己의熱望의目的物이眼前에나타낫슴으로、깃버날뛴다。 사람의視線은거긔에끌려서、얼마든지보아도실증을모른다。

나는文學은人生의縮圖라하얏다。 그大體의意味는前述

端倪(단예)할수업다 本末始終을헤아릴수업다는뜻、韓愈의送高閑上人序에「變動猶鬼神、不可端倪」라잇다

> 廣業 寺崎廣業、東京美術學校敎授、帝室技藝員、大正八年歿
>
> 瀟湘八景 瀟湘은洞庭湖의南에잇는二川의名이니、그附近의絶佳한風光을八景이라하야、平沙落雁·遠浦歸帆·山市晴嵐·江天暮雪·洞庭秋月·瀟湘夜雨·煙寺晩鐘·漁村夕照의八景이니라

한바어니와、아즉도여기에한가지疑問이남아잇다。 그것은 다름이아니라、그縮圖란것은엇더한意味인가하는것이다。 廣業의그린瀟湘八景은、저揚子江邊의大觀의縮圖다。 또그 근방에서파는寫眞도、역시같은大觀의縮圖다。 寫眞은實際 그대로라、一木一石이조곰도實際와다름이업시나타나잇지 마는、廣業의그린것은그러치안타。 精密하게보면、實際로는 업는나무가서잇고、實際로잇는바위가빠젓슬지도모르리라。 그러나兩者가다같치그아름다운大觀의縮圖임에잇서서는 同一하다。 文學은人生의縮圖라한다。 그縮圖는저廣業的 縮圖의意味인가、寫眞的縮圖의意味인가。 이것이다음問題 다。

이問題에는一刀兩斷으로대답할수가잇다。 무릇文學이

라이르는것일진대、반다시廣業的縮圖요、또한그래야만될것 이다。 만은縮圖라는點으로보면、寫眞이훨신精巧한縮圖리 라。 그러나다시다른點으로생각하야보면、그러치안은것이 分明하다。 무릇물건에는要點이잇다。 그要點을把握하기 만하면、그餘他의것은다들어낼必要도업고、아니、차라리다들 어내지안는것이조타。 實際의물건에는더러운곳도잇고、추 잡한곳도잇고、또는極히不完全한곳도잇다。 必要以上으로 이러한것을모조리들어낼것같으면、도로혀우리의感興을損 傷하고、우리의想像을破壞하야、모처럼저江邊의美를發揮하 고자하든努力도失敗에돌아가고말것이다。 그럼으로다만 江邊의美觀의緊要한곳을至極히鮮明하게그리고、그餘他의 것은모다보는사람의想像에맡겨두는편이、그美觀을참되게

菩提樹(보제수) 印度迦耶山의 기슭에잇는나무이름

發揮하는것이니,美를發揮하는것으로말하면,廣業的縮圖야말로眞正한縮圖다。 그리하야人生百般의姿相을붓들어다가,우리의美的感興의對象을삼아,美的趣味를滿足시키고자하는文學이,반다시廣業的縮圖요,또한그래야만될것은,絮說할必要도업다。

文學이란무엇인가。 文學은人生의救濟다。 무릇우리에게苦惱가잇는것은,「我」라는것이잇기때문이다。「我」가잇슴으로해서,속절업는希望을일으키고,無限한欲望을품게되는것이다。「我」가잇슴으로해서,名聞의奴隸가되고,黃金의婢僕이되는것이다。「我」가잇슴으로해서,憎惡도잇고怨恨도잇는것이다。 名聞의奴隸가되고黃金의婢僕이되고憎惡,怨恨의불꽃레탐으로해서,이世上에苦惱가잇는것이다。 菩提樹下에

聖人 釋尊을이름

易行道(이행도) 念佛의功으로언는彌陀如來의願力에依하야부처가되는他力本願、自力의修行으로佛果를얻는難行道에比하야매우容易함으로이름

서大悟徹底한聖人도「我」를一切苦의根本이라하얏다。 만일우리로서이我執을떠나고妄見을벗어날수가잇다면,우리의意志는얼마나편안하고,우리의感情은얼마나安穩할것인가。 그러면우리로하야금이我執을떠나고妄見을벗어나게하는易行道는무엇인가。 그것은文學에依함만갈음이업는것이다。 우리가아름다운詩歌를吟詠하고,戲曲·小說을玩味할적에는,全然히別天地에들어가,一切의我執妄見은사라지고,읽어가는自己와읽혀지는作品이하나로融合하야差別이업시되고,다만헤아릴수업는歡喜의지경에잇는듯한늣김이나는것이다。 그것은다만一時의救濟가아니라,永久히우리의生涯에影響을미치는것이다。 元來文學뿐만아니라,무슨藝術이나다우리를靈化하는힘을가젓기는하나,音樂이나繪畫는

比較的、專門的技術的이여서、누구나다그힘에의지하야救濟를받을수는업다。 그러나文學에는比較的그要素가적어서、적어도文字를解得하는사람이면、누구든지그救濟의힘에의지할수가잇다。 이것이文學은解脫의易行道라한까닭이다。

대범우리人間을救濟하는힘을가진것이세가지가잇다。 첫재는지금論述한文學의힘、둘재는道德의힘、셋재는宗敎의힘이다。 文學은、感情에依하야直觀的으로救濟의任務를다하랴하고、道德은、意志에依하야漸進的으로救濟하랴하고、宗敎는、그中間에서、半面은感情에依하야半面은意志에依하야救濟하랴는것이다。 이세가지는이와갈치、그出發은서로다르지마는、結局到達하고자하는目的은同一하다。 이러케생각하면、그어느길에依하야救濟를希求하거나그사람의自由

鬩爭(혁정) 싸우고다투다

니、구태여自己와갈은者에黨與하고、다른者를排斥할必要가조곰도업는것이明白하다。 그런데世人은往往히이것을잇고、所謂文藝派와所謂道學派가서로鬩爭하는愚態를演出하고잇지는아니한가。

이러케말하면、或은果然文學으로만、또는道德이나宗敎로만、全人格의救濟가可能하겟느냐고、反問할이가잇슬는지도모른다。 나는그것이반다시可能하다고믿는다。 참된美는또한반다시善을兼備하고、참된善은또한반다시美를包含한것이다。 善을兼備하지안은美가업고、美를包含하지안은善이업다。 이것은우리가몸소經驗하는바다。 그럼으로참된美의文學에依하야救濟되는것은、人格全體의救濟요、참된善의道德이나宗敎에依하야救濟되는것도、역시人格全體의救

濟다。

二 漢文之部

一 學問求放心

陸九淵

陸九淵 宋人、字는子靜、號는象山、諡는文安、그의學問은朱熹와對立하얏다

擧天下從事於其間、而莫知其說은、理無是也나、而至於有是하야는ㅣ、是豈可以不論其故哉아。學問也者는、是ㅣ擧天下之所從事於其間者也라。然이나于其所以學問者而觀之컨대、則汗雜茫昧하야、駁乎無以議爲也라。古者에學問之道ㅣ、於是、而有莫知其說者矣로다。仁은人心也이니、心之在人이、是ㅣ人之所以爲人、而與禽獸草木으로異焉者也라。可放而不求哉아。古人之求放心이、不啻如饑之於食과、渴之於飮과、焦之待救와、溺之待援、固其宜也로다。

緣飾 外樣을 꾸미는 것.「漢書」公孫弘傳에「緣飾以儒術」이라 있다 學問之道云云 孟子「告子」上에 있는 말 藐(막) 남의 가르침을 法으로 하지 않음. 「詩經」大雅 抑에「聽我藐藐」이라 있다 象山集 陸九淵의 詩文集 由 孔子弟子 子路. 字는 仲 女 汝로 同

學問之道、蓋於是乎在。下愚之人、忽視玩聽、不爲動心。而其所謂學問者、乃轉爲浮文緣飾之具。甚至於假之以快其遂私縱欲之心、扇之以熾其傷善敗類之焰。豈不甚可歎哉。學問之道、無他。求其放心而已矣。孟子斯言、誰爲聽之不藐者。

（象山集）

二 六言六蔽

子曰、由也、女聞六言六蔽矣乎。對曰、未也。居、吾語女。好仁不好學、其蔽也愚。好知不好學、其蔽也蕩。好信不好學、其蔽也賊。好直不好學、其蔽也絞。好勇不好學、其蔽也亂。好剛不好學、其蔽也狂。

（論語「陽貨」）

洪鈞 天. 造化(鈞은 陶器를 만드는 轆轤니 造物者의 뜻) 交泰 서로 通하다. 易 泰卦象傳에「天地交泰」라 있다 熙熙(희희)·融融(융융) 和暢의 뜻 春臺 老子에「衆人熙熙、如享太牢、如登春臺」라 있다

三 春軒記

李穀

客造春軒、有問名軒意者。主人不答。客復進曰、氣播洪鈞、陽升交泰、物意得以發生、人心隨而舒暢。羣卉花妍、百鳥聲樂。其光熙熙、其景融融。故取其如登春臺、如立春風者歟。曰、否。元者天地生物之始、春者天地生物之時。仁者天地生物之心。其名雖殊、而理則一。故取其疲癃殘疾、得其養、昆蟲草木、遂其生、皆由此理者歟。曰、否。無已則溫乎。夏暑雨、冬祁寒、而秋慄冽。宜於人者、非春

浴沂風詠: 沐浴하고 바람 쐬고 노래하는 것、論語「先進」에「浴乎沂、風乎舞雩、詠而歸」라 있다
稼亭集: 李穀의 詩文集
軍: 宋代行政上區劃、路의 다음의 區劃
磽确(교학): 돌자갈이 많고 단단한 땅、墝埆과 같다

之溫乎아 客之所云은 吾豈敢當哉리오 客이 笑而退어늘 余方在座라가 曰、有其德而不自居는 惟君子爲然이니 余知主人胸次悠然하야 凡持己接物에 積中發外者ㅣ 無非和氣也라 蓋浴沂風詠之流乎ㄴ지 其所取ㅣ 豈止於溫而已耶아 客之問이 何晩也오 遂索筆而書其語於壁하노라

(稼亭集)

四 勸農文

朱熹

竊惟컨대 民生之本은 在食足하고 食之本은 在農하나니 此는 自然之理也오 若夫農之爲務、用力勤、趨事速者는 所得이 多하고 不用力、不及時者는 所得이 少하나니 此ㅣ 亦自然之理也로다 本軍田地磽确하야 土肉厚處、

柘(자): 뫼뽕나무
轉: 더욱더욱
官物: 年貢租稅
阡陌(천맥): 밭두둑길

不及三五寸하니 設使人戶、及時用力하야 以治農事라도 猶恐所收ㅣ 不及他處어늘 而土風習俗이 大率懶惰하야 耕犂種蒔ㅣ 旣不及時하고 耘耨培糞을 又不盡力하며 陂塘灌漑之利를 廢而不修하고 桑柘麻苧之功을 忽而不務하니 此ㅣ 所以營生足食之計ㅣ 大抵疎略이라 是以로 田疇愈見瘦瘠하고 收拾轉見稀少하고 加以官物重大로 別無資助之術하니 一有水旱이면 必至流移하야 下失祖考傳付之業하고 上虧國家經常之賦하니 使民至此면 則長民之吏와 勸農之官이 亦安得不任其責哉리오 當職이 久在田園하야 習知農事라 到官日久에 目睹斯弊하고 恨以符印有守하야 不得朝夕出入阡陌하야 與諸父兄으로 率其子弟하야 從事於耘耡耒耜之間하고 使其婦子로 含哺鼓

腹하야 無復饑凍流移之患하야 庶幾有以上副聖天子愛養元元하소 夙夜焦勞惻怛之意로다 昨去冬에 當印榜하야 勸諭管內人戶하야 其於農畝桑蠶之業과 孝弟忠信之方에 詳備悉至하니 諒已聞知이러니와 然이나 近以春初로 出按外郊道傍之田에 猶有未破土者하니 是는 父兄子弟ㅣ 猶未體當職之意하야 而不能勤力以趨時也로다 念以教訓未明하야 未忍遽行咎責이요 今以中春으로 擧行舊典하야 奉宣聖天子德意하고 仍以舊榜幷星子知縣王文林種桑等法으로 再行印給하노니 凡我父兄及汝子弟ㅣ 其敬聽之哉어다 試以其說하야 隨事推行於朝夕之閒이면 必有功效하리라 當職이 自今以往으로 更當時出郊野하야 巡行察視하야 有不如教면 罰亦必行하리라 先此勸諭하노니 各宜知悉하라

(晦庵文集)

元元 백성, 蒼生

星子 支那江西省北部에 있는 縣名, 通稱南康이라 한다

五 田家四時

金克己

草箔游魚躍。楊堤候鳥翔。耕皐菖葉秀。
饁畝蕨芽香。喚雨鳩飛屋。含泥燕入樑。
晩來茅舍下。高臥等羲皇。

柳郊陰正密。桑壟葉初稀。雉爲哺雛瘦、
蠶臨成簇肥。薰風驚麥隴。涷雨暗苔磯。
寂寞無軒騎。溪頭晝掩扉。

搰搰田家苦。秋來得暫閑。鴈霜楓葉塢。

涷雨 소나기

軒騎(헌기) 貴人의 車馬

搰搰(골골) 힘쓰는 모양, 「莊子」「天地」에 「搰搰然用力甚多」라 있다

伐嚴斧: 險한 바위 비탈에서 나무를 베는 도끼.

乘屋綯: 詩經 豳風 七月에 「晝爾于茅, 宵爾索綯, 亟其乘屋, 其始播百穀」이라 있다.

登皐: 陶淵明 歸去來辭에 「登東皐以舒嘯, 臨淸流而賦詩」라 있다.

白鹿洞書院: 支那 江西省 星子縣에 있는 朱熹의 講學하든 書院.

父子有親云云: 孟子 「滕文公」 上에 있는 말.

契(설): 舜의 臣.

司徒: 敎育을 맡은 官名.

疊雨菊花濕。　　牧笛穿烟去

莫辭收拾早。　　梨栗滿空山。

世事長相續。　　終年未釋勞。

荊戶厭風號。　　霜曉伐巖斧。

佇看春事起。　　舒嘯便登皐。

樵歌帶月還。

板簷愁雪壓。

月宵乘屋綯。

（東文選）

六　白鹿洞書院揭示

朱熹

父子有親。君臣有義。夫婦有別。長幼有序。朋友有信。

右五敎之目。堯舜使契爲司徒、敬敷五敎、卽此是也。學者學此而已。而其所以學之之序、亦有五焉。其別如左。

博學之云云: 中庸 第二十章에 있는 말.

言忠信行篤敬: 論語 「衛靈公」에 있는 말.

懲忿窒慾: 易經 損卦에 있는 말.

遷善: 孟子 「盡心」 上에 있는 말.

改過: 書經에 「改過不吝」이라 있다.

正其義云云: 前漢書 董仲舒의 本傳에 있다.

己所不欲勿施於人: 論語 「顏淵」에 있는 말.

行有不得反求諸己: 孟子 「離婁」 上에 「行有不得者, 皆反求諸己」라 있다.

博學之。審問之。愼思之。明辨之。篤行之。

右爲學之序。學問思辨四者、所以窮理也。若夫篤行之事、則自修身、以至于處事接物、亦各有要。其別如左。

言忠信、行篤敬。懲忿窒慾、遷善改過。

右修身之要。

正其義、不謀其利。明其道、不計其功。

右處事之要。

己所不欲、勿施於人。行有不得、反求諸己。

持循 遵行、遵奉、

右接物之要。

熹竊觀、古昔聖賢所以教人爲學之意、莫非使之講明義理、以修其身、然後推以及人。非徒欲其務記覽、爲詞章、以釣聲名、取利祿而已也。今人之爲學者、旣反是矣。然聖賢所以教人之法、具存於經。有志之士、固當熟讀深思而問辨之。苟知其理之當然、而責其身以必然、則夫規矩禁防之具、豈待他人設之、而後有所持循哉。近世於學有規、其待學者、爲已淺矣。而其爲法、又未必古人之意也。故今不復以施於此堂。而特取凡聖賢所以教人爲

洪良浩 初名은良漢、字는漢師、號는耳溪、官은判中樞府事에이르다、景宗四年生、純祖二年歿。
墳衍(분연) 丘陵과平地
廣斥(광척) 넓은干潟
瑞 黃海道瑞興郡을가르침
稍餼(초희) 俸米

學之大端、條列如右、而揭之楣間。諸君其相與講明遵守、而責之於身焉、則夫思慮云爲之際、其所以戒愼而恐懼者、必有嚴於彼者矣。其有不然、而或出於此言之所棄、則彼所謂規者、必將取之。固不得而略也。諸君其亦念之哉。

(晦庵文集)

七 映波樓重修記

洪良浩

海之西、皆墳衍廣斥。而獨瑞之爲州、環山而臨水。映波之樓、當客館之前、有淸曠之觀。然州居直西之衝、往來車、蓋殺相摩也。爲吏者、疲於送迎、困於稍餼、未知有山

鹽州 黃海道延安郡古號

厖(방) 亂雜

觀水有術必觀其瀾 孟子「盡心」上에 잇는 말

南池 臥龍池라고도 하고、俗稱南大池、延安郡南에 잇다

水樓臺之樂焉。故是樓也、頹之久、無或修者。德水李士秀、自鹽州移是邑、不半歲而樓已新。蓋翼然而高、奐然而明矣。夫映者、明之交於物也。水之性、內明。故受物之映。天之映以虛、山之映以翠、日月之映以光、樓臺之映以麗、草木之菁蔚、羽毛之文章、各以其形交焉。然波定則其映也專、波撓則其映也散。專則眞、散則變。眞與變、而盡物之情矣。心猶水也。政猶映也。心正則政平、心煩則政厖。孟子曰觀水有術、必觀其瀾。其斯之謂歟。士秀、在鹽州、嘗濬南池、治湖亭。余時按是道、爲文以美之。今又走書而告樓成。非有得於觀水者、何其好之篤如是

耳溪集 洪良浩의 詩文集

李仲久 名은 湛、號는 靜存。中宗朝에 登科하야 官이 提學에 이르다

武夷九曲 武夷山은 支那 福建省에 잇는 山名이니 山中에 九曲의 勝景이 잇다

三十六洞天 神仙이 사는 名山勝境을 三十六洞天이라 한다

隱屛 武夷山中의 峰名이니 朱子의 隱居地

也。夫爲邑者、其志在興利修弊、其樂在山水樓臺。是可以知其政焉。是可以知其人矣。

(耳溪集)

八 李仲久家藏武夷九曲圖跋

李滉

三十六洞天、無則已、有則武夷當爲之第一。故其中古多靈異之跡。天生我朱子、不得有爲於天下、卒至卷懷棲遯於大隱屛下。使夫靈仙窟宅之地、變而爲鄒魯道義之鄕。天意固有所未可知也。而彼一時天下之不幸、豈不爲玆山之幸也耶。又豈不爲百世斯文之大幸也耶。世傳武夷圖多矣。余昔在京師、求得數本、倩名畫摹

鄒·魯 鄒는 魯國內의 國名이니 孟子의 出生地、魯는 孔子의 出生地
幔亭峯 武夷第一曲溪邊의 峯
石門塢 武夷九曲밖에 둘러싸아 門을 만든 곳
躋攀 堂에 올라가는 것
仁智堂 武夷山안에 西南向으로 된 堂
隱求 仁智堂의 左室
觀善 石門塢안에 잇는 齋
嘉靖 明世宗의 年號
初吉 朔日
韓愈 字는 退之、唐人、唐宋八大家의 一人、宋의 中에 追封하야 昌黎伯이라 하다

來。由其元本疎略하야、傳亦不盡이러니。吾友李君仲久、近寄一本來하니。滿目雲煙이、精妙曲盡하야。耳邊에怳若聞櫂歌矣라。噫라、吾與吾友、獨不得同其時하야、買舟幔亭峯下하야、鼓棹於石門塢前하고、獲躋仁智堂하야、日侍講道之餘에、退而與諸門人으로、詠歌周旋於隱求觀善之間하야、以庶幾萬一也로다。李君이要余書櫂歌於逐曲之上이어늘。旣書하고、因識所感於卷末而歸之하노라。嘉靖甲子二月初吉에、眞城李滉은謹跋하노라。

(退溪集)

九 雜說

韓愈

世有伯樂、然後에有千里馬하니。千里馬는常有로되、而伯樂은不常有이니

伯樂 옛적에 말의 相을 잘 보든 사람의 이름
祗(지) 但
駢死(변사) 머리를 나란히 하고 죽는다는 말이니、凡馬와 함께 죽는다는 뜻
槽櫪(조력) 말구유와 마판
古文眞寶 宋代 黃堅의 編、元代 林以正의 校
周敦頤 字는 茂叔

故로雖有名馬나、祗辱於奴隸人之手하야、駢死於槽櫪之間하고、不以千里稱也로다。馬之千里者는、一食에或盡粟一石하나니。食馬者ㅣ不知其能千里而食也라。是馬也ㅣ、雖有千里之能이라도、食不飽하고、力不足하야、才美不外見하며。且欲與常馬等이라도、不可得이어니、安求其能千里也리오。策之不以其道하고、食之不能盡其材하고、鳴之不能通其意하고。執策而臨之曰하야、天下에無良馬라하니。嗚呼라、其眞無馬耶아。其眞不識馬耶아。

(古文眞寶)

一〇 愛蓮說

周敦頤

水陸草木之花ㅣ、可愛者ㅣ甚蕃이나。晉陶淵明이獨愛菊하고。自李唐

二一 陋室銘

濂溪는 元公、太極圖說의 著者니 宋理學의 開祖 陶淵明 名은 潛、字는 淵明、五柳先生이라 晉人 李唐 唐은 李氏王朝 隱逸 세상을 떠나 隱遯하는 것

來하고 世人이 甚愛牡丹이로되 予獨愛蓮之出淤泥而不染하고 濯清漣而不妖하고 中通外直하야 不蔓不枝하고 香遠益清하고 亭亭淨植하야 可遠觀而不可褻翫焉이로다 予謂菊은 華之隱逸者也오 牡丹은 華之富貴者也오 蓮은 華之君子者也라하노라 噫라 菊之愛는 陶後에 鮮有聞하니 蓮之愛는 同予者何人고 牡丹之愛는 宜乎衆矣로다 (古文眞寶)

濂溪愛蓮 李滉

牡丹傾世菊鳴賢。 千載無人解賞蓮。
感發特深無極老。 花中君子出天然。 (退溪集)

無極老 周敦頤를 가르침, 周敦頤의 太極圖說에 「無極而太極」이라 있음으로 이름

二一 陋室銘 劉禹錫

劉禹錫 字는 夢得、唐人

二二 舟翁說

吾德馨 書經「君陳」에 「黍稷非馨、明德惟馨」이라 있음에서 나온 말 白丁 無識人 素琴 無絃琴、宋書 陶潛傳에 「潛不解音聲、而蓄素琴一張」이라 있다 金經 佛經 絲竹 管絃樂의 總稱 案牘 官中의 文書 南陽 諸葛亮이 처음 耕하든 곳 子雲 前漢 蜀郡 揚雄의 字 何陋之有 論語「子罕」에 「子欲居九夷。或曰、陋如之何。子曰、君子居之、何陋之有」라 있다

山不在高라 有僊則名하고 水不在深이라 有龍則靈하나니 斯是陋室이 惟吾德馨이로다 苔痕은 上堦綠하고 草色은 入簾青이로다 談笑에 有鴻儒하고 往來에 無白丁이로다 可以調素琴하며 閱金經이오 無絲竹之亂耳하고 無案牘之勞形이로다 南陽諸葛廬와 西蜀子雲亭이라 孔子云 何陋之有리오하시니라 (古文眞寶)

二二 舟翁說 權近

客이 有問舟翁曰 子之居舟也ㅣ 以爲漁也ㅣ則無鉤오 以爲商也ㅣ則無貨오 以爲津之吏也ㅣ則中流而無所往來하고 泛一葉於不測하야 凌萬頃之無涯하고 風狂浪駭하야 檣傾楫摧하야 神魂이 飄慄하야 命在咫尺之間이어늘 蹈至險而冒至危하야 子乃樂是하야 長往而不

欏近 字는 可遠、號는 陽村、高麗 恭愍王 元年生、同王 十八年에 登科、太宗時에 大提學이 되고 吉昌君의 封을 받다、太宗 十八年 歿、謚는 文忠。
儆 戒、警
詎 豈
祇 適
胥淪(서륜) 淪胥로 서로 잡겨 빠지다、詩經 大雅 抑篇에 無淪胥以亡이 있다

回。하니 何說歟。아 翁이 曰、噫嘻、라 客不之思耶。아 夫人之心은 操舍無常。하야
履平陸則泰以肆、하고 處險境則慄以惶。하나니 慄以惶、이면 可儆而固
存也。오 泰以肆、면 必蕩而危亡也。라 吾寧蹈險而常儆、이언정 不欲居
泰以自荒。이로다 況吾舟也ㅣ 浮游無定形。하니 苟有偏重、이면 其勢必傾。하나니
不左不右、하고 無重無輕、하야 吾守其滿、하고 中持其衡。然後에 不敧不
側。하야 以守吾舟之平。하니 縱風浪之震蕩、이라도 詎能撓吾心之獨寧
者乎。아 且夫人世는 一巨浸也。오 人心은 一大風也。라 而吾一身之
微、ㅣ 渺然漂溺於其中。하니 猶一葉之扁舟ㅣ 泛萬里之空濛。이로다 盖
自吾之居于舟也。로 祇見一世人。하니 恃其安而不思其患、하고 肆
其欲而不圖其終。하야 以至胥命而覆沒者ㅣ 多矣。라 客何不是

陽村集 權近의 詩文集
月出山 全羅南道 靈巖、康津 사이에 있다、小金剛山이라고도 한다
金昌協 字는 仲和、號는 農巖、孝宗 二年生、肅宗 八年 文科에 壯元하야 官이 禮曹判書에 이르다、肅宗 三十四年 歿、謚는 文簡
巉巉(참참) 가파르지 좁은 듯하게 險한 모양
銜 含
窶數(루수) 또아리、盛器로 쓰는 것

之爲愴、하고 而反以危吾也耶。아 翁이 扣舷而歌之曰、渺江海兮
悠悠。하니 泛虛舟兮中流。로다 載明月兮獨往。하야 聊卒歲以優遊。로다 謝
客而去、하고 不復與言。하더라

(陽村集)

一三 登月出山九井峯記

金昌協

月出山之絕頂은 爲九井峯。이라 四隅ㅣ 皆峻厓巉巉。하고 獨西厓下에
有小穴、하야 徑僅尺許者ㅣ 上穿以達于頂。하니 凡上頂에 必自穴中
取道。라 其入穴에 必傴僂蛇行、이라야 乃入。이나 然이나 非去冠巾、이면 亦不容。하니 猶
鼠銜窶數入穴也。러라 入而乃人行矣。나 然이나 猶行穴中也。라 穴橢
而窄、하야 行者ㅣ 束身兩厓間、하니 其耳ㅣ 如屬垣者。러라 數武而穴窮、하고 穴

屬垣 詩經에「耳屬于垣」이라 하얏다. 담에 귀를 대고 엿듯는 뜻
武 一步의 半
鼓 纔로 通
度 渡로 通
農巖集 金昌協의 詩文集
司馬遷 字는 子長、前漢武帝時人
鮑叔牙 周代齊宰相
公子小白 齊襄公의 弟、襄公이 無道함으로 鮑叔을 스승삼고 莒에 出奔하얏다가 뒤에 齊桓公이 되엿다

窮而乃上出하니 如自井中者出하고 而又卽道絕匡하니 匡下者는 無地오 其隙之通人行者ㅣ 裁容一足置라 行者ㅣ 必前後代置足이라야 乃得度하니 方前足이 置匡上하고 而後足이 倚衛穴하야는 未危也오 及後足이 代前足하야 置匡上하야는 則是專以身寄匡也니 危甚矣라 然이나 度此면 卽爲絕頂이라 俯觀大海하니 如在履底하고 則又爽然矣러라 (農巖集)

一四 管仲

司馬遷

管仲夷吾者는 潁上人也라 少時에 常與鮑叔牙로 遊러니 鮑叔이 知其賢이라 管仲이 貧困하야 常欺鮑叔호되 鮑叔이 終善遇之하야 不以爲言하더라 已而오 鮑叔은 事齊公子小白하고 管仲은 事公子糾러니 及小白이 立爲桓公에

公子糾 齊襄公의 弟、管仲을 스승삼고 魯에 出奔하얏다가 뒤에 齊에서 죽엇다
一匡 한번 잘 匡正하는 뜻、「尊周室、攘夷狄」의 大義로 統一함을 이름
九合 結合의 뜻、九는 糾로 通함
召忽 管仲과 함께 公子糾를 섬기엇다

公子糾ㅣ 死하고 管仲이 囚焉이라 鮑叔이 遂進管仲이러니 管仲이 旣用에 任政於齊하야 齊桓公이 以霸하니 九合諸侯하야 一匡天下는 管仲之謀也러라 管仲이 曰 吾ㅣ 始困時에 嘗與鮑叔賈러니 分財利에 多自與호되 鮑叔이 不以我爲貪은 知我貧也오 吾ㅣ 嘗爲鮑叔謀事하야 而更窮困호되 鮑叔이 不以我爲愚는 知時有利不利也오 吾ㅣ 嘗三仕三見逐於君호되 鮑叔이 不以我爲不肖는 知我不遭時也오 吾ㅣ 嘗三戰三走호되 鮑叔이 不以我爲怯은 知我有老母也오 公子糾ㅣ 敗에 召忽이 死之하고 吾ㅣ 幽囚受辱호되 鮑叔이 不以我爲無恥는 知我不羞小節하고 而恥功名이 不顯于天下也라 生我者는 父母오 知我者는 鮑子也라하더라 鮑叔이 旣進管仲하야 以身下之하니 子孫이 世祿於齊하야 有封邑者ㅣ 十餘世에 常爲名

區區 褊小、[illegible]
服度 行하는바가 法度에 맞다
六親 父母兄弟妻子
四維 禮義廉恥
如流水之原 流水가 근원으로부터 나와서 차차 地勢의 낮은 곳으로 흘러가듯이 하다
晏子 名은 嬰、字는 平仲、周代 齊의 宰相
史記列傳 史記는 漢武帝時에 司馬遷이 太史公이 되어 黃帝로부터 漢武帝에 이르기까지의 三千餘年間의 歷史를 編次한 것이니、列傳은 忠臣孝子等 人物을 列敍한 部門

大夫하니天下ㅣ不多管仲之賢하고而多鮑叔能知人也러라管仲이既任政相齊하야以區區之齊로在海濱하야通貨積財하고富國彊兵하야與俗同好惡라故로其稱에曰倉廩實而知禮節하고衣食足而知榮辱하며上服度則六親이固하고四維ㅣ不張則國乃滅亡이라하더라下令如流水之原하야令順民心이라故로論卑而易行하고俗之所欲을因而予之하고俗之所否를因而去之러라其爲政也ㅣ善因禍而爲福하고轉敗而爲功하고貴輕重하고愼權衡하더라管仲이卒에齊國이遵其政하야常彊於諸侯러니後百餘年而有晏子焉하다

(史記列傳)

一五　翠雲亭記

安軸

安軸 字는當之、號는謹齋、高麗忠烈王八年生、忠肅王時에元에가서甲科에登하야州判官을지내고本國에와서三重大匡이되고忠穆王四年에卒하다、諡는文貞
翠雲亭 江原道蔚珍郡南에있었다
皇慶 元仁宗時年號
仙槎 蔚珍郡古號
童童 濯濯한모양
寒越 江陵郡東에있는寒松亭과平海郡에있는越松亭
泰定 元也孫帝時의年號

余ㅣ於皇慶壬子春에以單騎로遊仙槎郡할새郡之南白沙平堤에有稚松數十餘株하니童童可愛라余ㅣ顧謂同遊邑人曰하야待松之長하야構亭于此하면則可與寒越二亭으로相甲乙也리라하더라厥後에有邑人之訪余者하면則必問松之平安否也러니越泰定丙寅年閒에聞存撫使朴公이於仙槎郡에構新樓하고而風致最佳하니問其所하니卽余往者所見稚松之地也라常思欲一登斯樓하야以償吾往昔之志하고而計無得也러니今幸出鎭是方하야再登斯樓하니其淸幽勝致ㅣ不是塵熱閒所嘗見者로다大抵樓亭之作이不在高曠則在幽深하야而倦彼則思此하고倦此則思彼者는人情之常也라凡關東樓臺亭榭ㅣ皆在高曠이라故로人之遊者ㅣ目倦乎風

馹騎(일긔) 驛馬
謙齋集 安軸의詩文集
周匝(주잡) 周回

故人遠在誰同賞。馹騎催行爲小留。
舊眼稚松今已壯。登臨感念昔年遊。(謙齋集)

一六 護松說

李珥

金君說이、宅于鼎山下하고。環其宅樹以松하니。淸陰周匝이、可數百畝라。金君이指以語余하야曰、吾先人手所種也라。吾兄弟ㅣ皆家于此하야、以此松으로爲藩籬하니。見物思親하야、有不能自已者라。常恐裔遠傳泯하야、不免斧斤之加ㄹ새。欲得君數語하야、掛于家廟壁上하야、以示子孫하노라하야늘。余ㅣ笑曰、言何足尙哉아。君之子ㅣ知君之意하고、君之孫이知君之子之意하야。雖至百世之遠이라도、以意相傳이면、則終必不泯也이라。

壙 廣野
紀 十二年間
長句 五言詩에對하야七言詩를이름

濤之怒하고、身疲乎氛霧之蒸이라가。而及登斯樓하야、得淸幽之趣하면、則如走壙困獸ㅣ、入于密谷하고、還空倦鳥ㅣ、投彼茂林하야。有至樂存焉이라。此ㅣ朴公置樓之志歟인저。朴公의高情澈識이、非余庸陋之比로되。而斯樓之作이、偶與僕往昔淺見으로相合하니。則余於奇觀異境에雖曰有眼이나、可不愧也로다。因追念舊遊하니、二紀于今이오。而松之稚者ㅣ、皆已壯矣라。夫人之見松之稚하고、而又見其壯者ㅣ、能無情乎아。悲感之餘에、不忍默過하야。書以記之하고。復留長句四韻詩하야、因以餉朴公云하노라。

城南新構一層樓。栽種成陰地轉幽。
午日燒空紅不漏。夏陰籠檻翠如流。

梏亡 桎梏으로써 束縛되고 抑止되어、亡失되는 것. 孟子「告子上」에「其旦晝之所爲、有梏亡之矣」라 잇다

秦越 秦은、지금의 陝西省、越은 지금의 浙江省에 잇던 나라니 두 나라가 서로 멀리 떨어져 關係업는 것에 쓴다

秉彝(병이) 떳떳이 가진 天性、久不變의 天性

若使堂構不墜하야 興孝興悌면 則於祖先之物에 雖斷杖弊履라도

尙且寶藏而起敬이어든 況手植之里樹耶아 如或敎育이 乖方하야

心이 梏亡하면 則其視父母를 亦如秦越이어든 況閭外之植物耶아 敎之

以言이 不若敎之以身이오 傳之以文이 不若傳之以意니 言何足

尙哉아 金君이 曰 此則然矣나 但秉彝는 天得也라 充之者ㅣ 固鮮하고 絕

之者ㅣ 亦鮮하고 中人之性은 有警則發하고 無戒則昧하나니 吾欲警發中

人하야 使之不昧耳라 彼梏亡其心하야 秦越其父母者는 禽耳며 獸耳라

吾雖不敢以孝悌로 期子孫이나 亦不可以中人으로 待之耶아 子孫도

亦有心하니 何至以禽獸로 自處耶아 其亦有發乎斯言也夫인저 余ㅣ

曰 善哉라 斯言이여 以此垂訓이면 足矣로다 父歿而不忍讀其書者는 以

手澤・口澤 손때・입때. 禮記「玉藻篇」에「父沒而不能讀父之書、手澤存焉爾、母沒而杯圈不能飮焉、口澤之氣存焉爾」라 잇다

偃蓋(언개) 뚜껑 덮은 모양같이 가지가 퍼진 모양、盛한 모양

怵惕(출척) 두려워하다、슬프다

悽愴(처창) 슬프다

必世 論語에「如有王者、必世而後仁」、世는 三十年이라

其手澤之存也오 母歿而不敢飮其杯圈者는 以其口澤之

留也어든 況此偃蓋之松은 出於栽培之手하야 潤之以雨露하며 實之

以霜雪하니 閱眼而興懷에 怵惕焉、悽愴焉이라 雖一枝一葉之微라도

懍懍然猶恐有傷커든 尙可犯其條幹耶아 苟非禽獸其心者면

必知警矣리니 君其免夫인저 吾ㅣ 因此而有所感焉호니 夫祖先이 積累

辛勤하야 期以必世하야 始成家業이어늘 而子孫이 不肖하면 則敗毁之亟이

倏終歲焉이라 斯松之封植이 待數十年하야 始克成樹어늘 而斤斧之

伐이면 則一朝에 可盡矣리니 豈不類乎家業之難成而易毁也哉아

嗚呼라 斯其所以有感也夫인저

(栗谷全書)

一七 養竹記

白居易

竹似賢、何哉。竹本固、固以樹德。君子見其本、則思善建不拔者。竹性直、直以立身。君子見其性、則思中立不倚者。竹心空、空以體道。君子見其心、則思應用虛受者。竹節貞、貞以立志。君子見其節、則思砥礪名行、夷險一致者。夫如是、故君子人多樹之、爲庭實焉。貞元十九年春、居易以拔萃選及第、授校書郎、始於長安、求假居處、得常樂里故關相國私第之東亭而處之。明日、履及于亭之東南隅、見叢竹於斯。枝葉殄瘁、無聲無色。詢于關氏之老、則曰、此相國之手植者。自相國捐館、他人假居、繇

白居易(字는樂天、號는香山居士、唐人) 砥礪(지려) 琢磨의意、「砥礪名節」에忍勵라 庭實 庭中에陳列한 것 貞元 唐德宗의年號 拔萃(발췌) 唐時에考試로써選拔任官하는制度 校書郎 官名、書籍을校讎하는官職 殄瘁(진췌) 病들어亡하다 捐館(연관) 「捐館舍」의略、貴人의死亡을이름

是、筐篚者斬焉、篲帚者刈焉、刑餘之材、長無尋焉、數無百焉。又有凡草木雜生其中、菶茸薈鬱、有無竹之心焉。居易惜其嘗經長者之手、而見賤俗人之目、翦棄若是、本性猶存、乃芟翳薈、除糞壤、疏其間、封其下、不終日而畢。於是日出有清陰、風來有清聲。依依然、欣欣然、若有情於感遇也。嗟乎、竹植物也、於人何有哉。以其有似於賢、而人愛惜之、封植之、況其眞賢者乎。然則竹之於草木、猶賢之於衆庶。嗚呼、竹不能自異、惟人異之、賢不能自異、惟用賢者異之。故作養竹記、書于亭之壁、以貽其後之居斯者、亦欲以聞於今之用賢者云。(白氏長慶集)

繇 由 尋 八尺 菶茸薈鬱 繁茂한모양 依依然 戀慕하는모양 欣欣然 기뻐하는모양、草木의生氣있는모양 白氏長慶集 白居易의詩文集、長慶은唐穆宗時年號

一八 黃州竹樓記

王禹偁

黃岡之地에 多竹하니 大者는 如椽이라 竹工이 破之하야 刳去其節하야 用代陶瓦하야 比屋皆然하니 以其價廉而工省也러라 子城西北隅에 雉堞이 圮毁하야 蓁莽荒穢라 因作小樓二間하니 與月波樓로 通이라 遠呑山光하고 平挹江瀨하야 幽闃遼夐은 不可具狀이러나 夏宜急雨하니 有瀑布聲이오 冬宜密雪하니 有碎玉聲이오 宜鼓琴하니 琴調和暢이오 宜詠詩하니 詩韻淸絶이오 宜圍棋하니 子聲이 丁丁然이오 宜投壺하니 矢聲이 錚錚然이라 皆竹樓之所助也러라 公退之暇에 披鶴氅衣하고 戴華陽巾하고 手執周易一卷하고 焚香默坐하야 消遣世慮하니 江山之外에 第見風帆沙鳥와 煙雲竹樹而已러니 待其酒力醒하고 茶煙歇하야 送夕陽하고 迎素月하니 亦謫居之勝槩

王禹偁 字는 元之, 宋人
子城 黃州內小城
雉 力丈을 堵라하고 三堵를 雉라하나니, 一雉의 墻은 長三丈 高一丈
月波樓 黃州府治의 西北에 있는 樓
闃(격) 靜
夐(형) 遠
投壺(투호) 古禮의 一, 宴會에서 [illegible]
鶴氅衣(학창의) 鶴의 깃으로 짠 [illegible]
華陽巾 [illegible]

也러라 彼齊雲落星은 高則高矣오 井幹麗譙는 華則華矣나 止于貯妓女하고 藏歌舞하니 非騷人之事라 吾所不取로다 吾聞竹工하니 云竹之爲瓦는 僅十稔이오 若重覆之면 得二十稔이라하니 噫라 吾以至道乙未歲에 自翰林으로 出滁上하고 丙申에 移廣陵하고 丁酉에 又入西掖하고 戊戌歲除日에 有齊安之命하고 己亥閏三月에 到郡하니 四年之間에 奔走不暇라 未知明年에 又在何處어니 豈懼竹樓之易朽乎아 後之人이 與我同志하야 嗣而葺之하면 庶斯樓之不朽也ㄴ저 咸平二年八月十五日에 記하노라

(古文眞寶)

一九 雪喩

齋藤正謙

謫居 [illegible]
齊雲·落星 [illegible] 樓名, 井幹 [illegible]
稔(임) 年
至道 宋太宗時年號
翰林 唐·宋의 內庭供奉官
滁上 安徽省의 古縣名
廣陵 江蘇省의 古郡名
西掖 中書省
齊安 黃州府郡名
咸平 宋眞宗時年號
齋藤正謙 字는 有終, 拙堂 [illegible] 學者

廣陵之潮 七發에「將以八月之望、觀濤乎廣陵之曲江」이라 잇다

涿鹿之戰 黃帝가 涿鹿(今直隸涿鹿)에서 蚩尤와 싸와 잡앗다

曒然 흰 빗을 뜨고 보는 모양

時既嚴冬、花月之觀、已逝矣라 無物可娛目者하야 惟知閉戶擁爐耳러니 適快雪이 大至하야 意興이 復勃勃이라 推窓排簾하고 集諸友하야 置酒賞之하니 歡然樂甚이로다 凡物이 莫艶於花하고 莫明於月하고 而莫奇於雪이니 艶者、明者、其狀이 一而已오 惟奇者는 變化無極이라 靜聽之也에 撲撲蹴蹴하며 砂砂玉碎하고 仰見之也에 撒鹽漫空하며 飛絮舞風하고 其起也에 如觀廣陵之潮하야 素波銀濤、捲地而至하고 其亂也에 如觀涿鹿之戰하야 敗鱗殘甲에 蔽天而下하고 其著樹也에 聯爲瓔珞하고 其封嶺也에 排爲玉筍하고 其埋城郭屋舍也에 變爲瑤宮瓊闕하고 且其艶이 似花하야 先春紛披하고 其明이 似月하야 當夜玲瓏하니 能倂花月所長而有之하니 花月則瞠然不能學其一端矣로다 嗚呼라 雪之奇

乎(호) 어조사다

揣堂文集 揣堂의 文集

柳宗元 字는 子厚、唐宋八大家의 一人

柳河東集 柳宗元의 詩文集、그는 河東 사람이오 柳州刺史인고로 柳柳州라고도 하고 柳州集이라고도 한다

諫院 宋仁宗明道元年에 門下省에 諫院을 두엇다

漢興以來始置官 漢이 일어난 뒤로 처음 諫官을 두엇다

諫官 漢文帝時에 賢良方正之士를 求하야 諫大夫를 두엇다

萃 모이다

一至此乎아 夫花는 賞於和煦之時하고 月은 賞於淸涼之辰호되 惟雪은 至窮陰沍寒之日하야 始得賞之하니 是知權輿之日에 無由作奇하고 而至苦之境에 乃能逼出大奇也로다 余於是乎有感이로라

(揣堂文集)

江雪

柳宗元

千山鳥飛絕。
萬逕人蹤滅。
孤舟蓑笠翁。
獨釣寒江雪。

(柳河東集)

二〇 諫院題名記

司馬光

古者에 諫無官하야 自公卿大夫로 至于工商히 無不得諫者러니 漢興以來로 始置官하야 夫以天下之政과 四海之衆의 得失利病으로 萃于

天禧 宋眞宗時年號

慶曆 宋仁宗時年號

錢君

嘉祐 宋仁宗時年號

河崙

孔子刪詩

一官하야、使言之하니、其爲任이亦重矣로다。居是官者ㅣ、當志其大하고、捨其細하고、先其急하고、後其緩하야、專利國家、而不爲身謀니、彼汲汲於名者と、猶汲汲於利也라。其間相去ㅣ、何遠哉아。天禧初에、眞宗이詔置諫官六員하야、責其職事하니、慶曆中에、錢君이始書其名於版이어늘、光이恐久而漫滅하야、嘉祐八年에、刻著于石하니、後之人이將歷指其名而議之曰、某也는忠하고、某也는詐하고、某也는直하고、某也는曲이라하리니、嗚呼라、可不懼哉아。

(古文眞寶)

二一　圃隱集序

河崙

嘗謂、孔子刪詩하야、止于三百篇이라호되、然而原於天理人倫하야、而達于政教風俗하고、上自郊廟朝廷之樂歌로、下至閭閻委巷之

委巷(위항)

懲創逸志

騷(소)

思無邪

天人之學 天理·人性의學問

經濟之才 經世濟民의才

鋟梓(침재) 板木에새긴다는말이니、印刷出版의뜻

謳詠히、凡可以感發善心하고、而懲創逸志者ㅣ、無不具焉하니、則詩之爲詩ㅣ、豈在多乎哉아。詩變而爲騷하고、騷變而爲詞賦하고、再變而五七言出하니、至于律詩하야는、則詩之變極矣라。然而思無邪之一言이、可以蔽三百篇하니、則詩之道ㅣ、亦豈多乎哉아。圃隱先生鄭公이、以天人之學、經濟之才로、大鳴前朝之季러니、今其子宗誠、宗本이、以其遺稿로來示予하고、且請予曰、吾先子所著詩與文이、喪亂之中에、失亡殆盡하니、幸此若干百篇이僅存하니、欲鋟諸梓하야、以傳不朽하노니、子之於吾先子에、平生相許ㅣ不淺矣라、幸題一言于卷端也라하니、予ㅣ感其言하야、受而讀之하니、辭語ㅣ豪放하고、意思ㅣ飄逸하야、和不至於流하고、麗不至於靡하고、忠厚之氣ㅣ、不以進退而異하고、義烈

採詩 [illegible]　陶隱 [illegible]　道春 林羅山의 法名　趙絅 字는 日章, 號는 龍洲 [illegible]　不佞 自己의 謙稱　東華 朝鮮을 이름　操觚 [illegible]　種種 [illegible]

之志、不以夷險而殊。可見其存養之得其正、而發見於聲律之間者亦然矣。則思之無邪、豈係乎詩之正變也哉。他日中國有採詩海東之擧、則此集當與牧隱陶隱二先生之集、並傳於中國、而使中國之士、知海東有邦文學之盛矣。顧不偉哉。嗚呼、先生出處始終大致、有國乘在。茲不贅焉。

(東文選)

二二 答林道春

趙絅

得足下二度詩若敍、審知足下學道而修辭、詩句特其緒餘游戲耳。不佞生長東華、業操觚、游朋友間。今髮種

沈休文 [illegible]　郊島寒瘦 [illegible]　折肱 [illegible]　肘後之方 [illegible]　養由基 [illegible]

種、得此於人。蓋寡不意過足下於窮海之外也。何幸何幸。抑足下所謂詩病沈痼者、果何謂也。沈休文之滅帶、郊島寒瘦、皆古人沈痼之病也。足下於斯術、果有是病乎否。如不佞、實未嘗折肱於斯術者。安有肘後之方、可以醫人之病乎。然只聞古人之語矣。養由基善射、百步穿楊葉、傍有一人曰、子善射、可教射也。由基怒曰、善射而曰可教射何。其人曰、子雖善射、不以善息、前功棄矣。由基稱謝。吾亦欲以是規足下。詩足下以爲如何。詩道實難。詩出性情。故三百篇無非性情也。下而魏晉氏諸作、袪性情而入於浮。唐以下則愈浮而愈失性情矣。惟

李杜 李白·杜甫
程伯子 程明道니라
理到 [illegible]
未須愁日暮云云 [illegible]
時人不識予心樂云云 程顥의 春日偶成詩의 句
今朝試揭孤篷看云云 朱熹의 水口行舟詩의 句
妙 [illegible]
千里駒 [illegible]
蘇氏父子 蘇洵(字는 明允, 號는 老泉)·蘇軾(字는 子瞻, 號는 東坡)·蘇轍(字는 子由, 號는 潁濱)을 일음이니 唐宋八

李杜氏振屢代之浮、閒出性情語。然豈有如程伯子朱晦庵之理到之一語乎。不佞每吟伯子「未須愁日暮。天際是輕陰」「時人不識予心樂。將謂偷閑學少年」晦庵「今朝試揭孤篷看。依舊青山綠樹多」之句、不覺手舞而足蹈也。不知足下其亦有意於是乎。賢胤二妙、誠千里駒也。此邦雖比之蘇氏父子、不爲過言。然老泉子瞻子由、孰與太公兩程子乎。願足下、無淫於捭闔縱横之術、鑽仰兩程、使日域蛾子有所矜式、幸甚。昨因行役之勞、頹欃終日、今始攄梧、信筆以復。勿以爲過。

(東槎錄)

太公 大家에 준것다
程珦 字는 伯溫, 程子의 父
捭闔(벽합) 縱橫論術
蛾子 [illegible]
攄梧 [illegible]
公都子 孟子의 弟子
性無善無不善 告子의 「生之謂性」「食色性也」의 說
性可以爲善云云 告子의 「性猶湍水也」의 說
文武 文王·武王, 周代聖君
幽厲 幽王·厲王, 周

二三 仁義禮智

公都子曰、告子曰、性無善無不善也。或曰、性可以爲善、可以爲不善。是故文武興、則民好善、幽厲興、則民好暴。或曰、有性善、有性不善。是故以堯爲君而有象、以瞽瞍爲父而有舜、以紂爲兄之子、且以爲君、而有微子啓王子比干。今曰、性善、然則彼皆非與。孟子曰、乃若其情則可以爲善矣。乃所謂善也。若夫爲不善、非才之罪也。惻隱之心、人皆有之、羞惡之心、人皆有之、恭敬之心、人皆有之、是非之心、人皆有之。惻隱之心、仁也。羞惡之心、義也。恭敬之心、禮也。是非之心、智也。仁義禮智、非由外鑠

我也。我固有之也、弗思耳矣。故曰、求則得之、舍則失之。或相倍蓰而無算者、不能盡其才者也。詩曰、天生蒸民。有物有則。民之秉夷。好是懿德。孔子曰、爲此詩者、其知道乎。故有物、必有則。民之秉夷也。故好是懿德。

(孟子「告子」上)

二四 正人心息邪說

公都子曰、外人皆稱夫子好辯。敢問、何也。孟子曰、予豈好辯哉。予不得已也。聖王不作、諸侯放恣、處士橫議、楊朱墨翟之言、盈天下。天下之言、不歸楊、則歸墨。楊氏爲我、是無君也。墨氏兼愛、是無父也。無父無君、是禽獸也。

楊墨之道不息、孔子之道不著。是邪說誣民、充塞仁義也。仁義充塞、則率獸食人、人將相食。吾爲此懼、閑先聖之道、距楊墨、放淫辭、邪說者不得作。作於其心、害於其事、作於其事、害於其政。聖人復起、不易吾言矣。昔者禹抑洪水而天下平、周公兼夷狄、驅猛獸而百姓寧、孔子成春秋而亂臣賊子懼。詩云、戎狄是膺、荊舒是懲、則莫我敢承。無父無君、是周公所膺也。我亦欲正人心、息邪說、距詖行、放淫辭、以承三聖者。豈好辯哉。予不得已也。能言距楊墨者、聖人之徒也。

(孟子「滕文公」下)

二五 鄕約

柳馨遠

凡鄕之約四。一曰德業相勸、二曰過失相規。三曰禮俗相交、四曰患難相恤。

德業相勸

德業謂孝父母、敬長上、愛兄弟、敎子孫、睦親黨、和鄰里、正家以禮、交友有信、立心必忠直、行己必恭謹、見善必行、聞過必改。又如讀書治田、好禮樂射御書數、能治家政、能御僮僕、能擇交游、能勸事功、能守廉介、能廣施惠、能受寄託、能救患難、能導人爲善、能規人過失、能爲人謀事、能爲衆集事、能解鬪爭、能決是非、能興利除害、能

暱(닐) 親狎하다

居官擧職、能畏法令、能謹租賦之類。

右件德業、同約之人、各自進修、互相勸勉。會集之日、相與推擧其能者、書于籍、以勵其不能者。

過失相規

過失謂父母不順、兄弟不友、家道乖亂、親戚不睦、鄰里不和、侮慢齒德、訴罵儕輩、侵暴孤寡、喪葬不謹、祭祀不敬。又如縱酒喧競、博奕游惰、使氣喜鬪、好尙爭訟、言語不實、誣毁他人、輕蔑禮法、行己無恥、營私太甚、憑公作弊、服飾奢靡、用度不節、不畏法令、不謹租賦、妄交匪人、惑暱淫娼、崇信異端、好作淫祀、知過不改、聞諫愈甚之

輩行　先輩、後輩의 順序、原本의 註에「尊幼輩行凡五等、曰尊者、曰長者、曰敵者、曰少者、曰幼者」라 잇다

造請　어드러 찾는다는 말이니、問安의 뜻

類。

右件過失、同約之人、各自省察、互相規戒。小則密規之、大則衆戒之。不聽則會集之日、直月以告于約正、約正以義理誨諭之。謝過請改、則書于籍、以俟其爭辨。不服與不能改者論罰。輕則黜座、重則黜籍。

凡有主事廢忘者、公會後時者、紊坐喧嘩者、空座退便者、並有責罰。

禮俗相交

禮俗之交、一曰尊幼輩行、二曰造請拜揖、三曰請召送迎、四曰慶弔贈遺。

程督　察督、監督

右禮俗相交之事、直月主之。有期日者、爲之期日。當糾集者、督其違慢。凡無故不如約者、以告于約正而詰之、且書于籍。

患難相恤

患難相恤之事、一曰水火、二曰盜賊、三曰疾病、四曰死喪、五曰孤弱、六曰誣枉、七曰貧乏。

右患難相恤之事、凡有當救恤者、其家告于約正。急則約中之近者、爲之告約正。令直月徧告、且爲之糾集而程督之。凡同約者、財物器用、車馬人僕、皆有無相假。若不急之用、及有所妨者、則不必借。可借而不借、及踰期不還、及損壞財物者、論以犯約之過、書于籍。有能行之者、亦書其善於籍、以告鄕人。

(磻溪隨錄)

中等教育 朝鮮語及漢文讀本 卷四 終

昭和十一年二月二十二日翻刻印刷
昭和十一年二月二十五日翻刻發行

中等鮮漢文四
定價金五十七錢

著作權所有

著作兼發行者 朝鮮總督府

京城府大島町三十八番地
翻刻發行兼印刷者 朝鮮書籍印刷株式會社
代表者 井上主計

京城府大島町三十八番地
發行所 朝鮮書籍印刷株式會社

中等教育朝鮮語及漢文讀本 卷五

朝鮮總督府

緒言

一、本書는주장으로高等普通學校朝鮮語及漢文科의敎授에充用키爲하야編纂한것이라。

二、本書는全部를五卷으로하야、各學年에一卷식을配當하다。

三、本書는敎授上便宜를圖키爲하야、朝鮮語와漢文의兩部에分하야編纂한것이라。

四、諺文綴字法은昭和五年二月에改正한諺文綴字法에據하다。

五、漢文은音訓熟字로부터短文、文章의順序로하다。

六、漢文의懸吐는低學年에는仔細히하고、學年이놉아짐을딸아簡略히하다。

七、難字句、固有名詞、引用語句中特히必要하다고認定한것은、上欄에揭

出하야略解하다。

昭和十一年八月

朝鮮總督府

中等教育 朝鮮語及漢文讀本 卷五 目次

一 朝鮮語의部

二 漢文之部

自然主義(Naturalism). 自然에準하야 自然에從하야 自然가운데서 人生의理想을 發見하고자하는 思想上의一主義

中等教育 朝鮮語及漢文讀本 卷五

一 朝鮮語의部

一 善과惡

모든사람에게善心과惡心이잇다. 世上에는純全히惡한사람이업는것처럼, 純全히善한사람도업다. ——이것은다시말할것도업는平凡한眞理다. 우리는勿論, 이自然主義的眞理에對하야, 抗議할아모것도가지지아니하얏다. 그러나이한개의眞理는, 우리의善惡에關한考察의全局에對하야, 얼마만큼의意義를가젓는가. 우리는우리의實際生活우에, 이한개의眞理로부터, 얼마만큼의結論을꿀어낼수가잇슬가. 나는,

昭和十二年一月二十五日翻刻印刷
昭和十二年一月二十八日翻刻發行

中等鮮漢文 五
定價金五十七錢

著作權所有

著作發行者 朝鮮總督府

京城府大島町三十八番地
翻刻發行者兼印刷者 朝鮮書籍印刷株式會社
代表者 井上主計

京城府大島町三十八番地
發行所 朝鮮書籍印刷株式會社

제3차 교육령기

女子高等朝鮮語讀本

卷1·2·3·4

女子高等朝鮮語讀本

卷一

緒言

一、本書는女子高等普通學校朝鮮語科敎科書로編纂한者이라。

二、本書는全部를四卷으로하고、第一學年으로부터第四學年까지、各學年에一卷식配當한者이라。

三、本書는京城에서行用하는言語로標準을삼고、諺文의綴法은本府에서定한바를依하야、純全한朝鮮語에對하야는發音式을採用하야、쟈·댜를자、져·뎌를저、죠·됴를조、쥬·듀를주、챠·탸를차、쳐·텨를처、쵸·툐를초、츄·튜를추、샤를사、셔를서、쇼를소、슈를수로書하고、中聲「、」는使用치아니하며、又分明히漢字로成한語音은本來의諺文을使用하니、生徒로하야금恒常此에準據케할지니라。

大正十一年十一月

朝鮮總督府

目次

女子高等朝鮮語讀本 卷一

第一課 新入學

오날아참싸지苦待하든入學式이已過하얏스니、즉금부터는我等이確實한女子高等普通學校生徒가되엿소。 舊年을送하고新年에入하면、사람의心事는自然變換되는것이오。 普通學校에서簡易한學課를겨우맛치고、이에高等普通學校의高等學課를배우게된今日에는、우리들의心事가猝然히換新됨을自覺하오。 實로今日은我等에對하야精神上新年이며、學年의元朝라하겟소。

즉금부터는제各其進步하겟다는自覺他人보다劣等되지아니하겟다는決心、如何한方法으로工夫할가하는여러가지싱각이自有한즉、如斯한百折不屈의勇氣를언제써지든지永續하면、學力도進步하고、操行도善良하게될것이오。 그러나만일一時的勇氣로時日을經過함에隨하야、漸漸懈怠하면、何事든지舊態를免치못할것이니、女子高等普通學校生徒라는名稱은아름답지만은、實狀은오즉普通學校生

徒보다나을것이업슬터이오。 그러하면此後에는如何히興味잇고利益잇는일을배울지라도、맛치雲煙이眼前에過하는것갓하야、自己에게眞正한利益이업슬것이오。

從今以後에萬一怠惰한마음이萌動할때는、곳入學當時의決心을回思할지며、怠惰한마음이나지안트라도、或學校의課業에對하야容易한싱각이날때나、自暴할마음이나自慢한마음이發生할때는、亦是入學初의勇氣가衰退함을깨달아서、卽時今日의決心을挽回하기를勿忘할것이오。

凡事는始初가第一이니、事業의成不成은大槪始初의決心을實行하고아니하는데달녓소。 그런故로俗語에도「一年의計는元朝에잇고、一日의計는早朝에잇다」하얏스니、今日은我等에對하야學年의元朝인즉、우리들은一年의計를今日에確定하야、秋毫라도放心함이업게할것이니、放心은實로成功의大敵이오

(改訂女子修身敎科書에據함)

第二課 博物館

古語에「百聞不如一見」이라云하얏스니、如何한事物이든지、그實質과眞狀을確知코저할진대、書籍이繪畫만못하고、繪畫가模型만못하며、模型이비록恰似할지라도、오히려實物을目覩함만갓지못하니라。

그러나宇宙에森羅한萬物이、그産出의地方과時代가各殊하니、一人의能力으로全世界를周行하며、物物의實質을一一히目覩하기는絕對不能한事이라。故로、文明諸國의各都會에는敎育的·通俗的·徵古的·參考的等의各種博物館을設立하야、衆人의遊覽에供하고、人民의知識을啓發케하나니라。

博物館에는天然物及人造物과動物及鑛産物、其他

風俗·史傳等千態萬狀의實物及標品·繪畫等의參考品을蒐集하야一處에陳列하얏스니、其中에는幾千年을經過한太古物品도잇고、現代의新産物品도잇서서、館內를一周하면、東西古今의珍品異物과歷史風俗을一時에知得할지니라。

京城은帝國大都會의一이니、景福宮內에는朝鮮總督府博物館이잇고、昌慶苑內에는李王家博物館이잇스니、此兩館의陳列品은大槪歷史的·考古的參考品이最多하니라。

朝鮮總督府博物館은本館及舊景福宮의勤政殿·思

伽倻·百濟 距今約千九百四十年前에建國하야六百七十八年間繼續한朝鮮의古國。

濊 距今約二千年前에建國하야百餘年間繼續한支那上古의王朝。

高勾麗 距今約千九百五十年前에建國하야七百五年間繼續한朝鮮의古國。

政殿·修政殿等建物을利用하야組成하고、塔碑의種類는本館後庭에配列하니라。

本館은階上·階下가잇스니、階下中央에는新羅製의佛像數箇가잇는대、그생긴貌樣이모다雄壯하고、階下東室에는伽倻·百濟·濊·高勾麗·新羅·高麗의發掘物中의主要한金銀珠玉의裝飾品、金屬製의器具等을陳列하얏스니、近來慶州에서發掘한新羅時代의金冠及裝飾品은特히사람의눈을놀내고、階下西室에는各時代의陶磁器其他石鐵製의器具等을陳列하니라。

新羅 距今約千九百七十年前에建國하야九百九十二年間繼續한朝鮮의古國.

高麗 距今約千年前新羅의後를承하야興하야四百七十五年間繼續한朝鮮의王朝.

大谷光瑞 西本願寺의前法主.

또階上東室에는高麗及朝鮮古代의著名한書畫等, 階上西室에는各時代의佛像及佛具等을陳列하얏고, 階上廻廊에는銅鏡及活字等을陳列하니라.

其外勤政殿에는高麗代의古墳壁畫及各時代의揭木, 各種發掘物品等을陳列하얏스며, 修政殿에는大谷光瑞師가支那新疆·甘肅兩省에서蒐集하야온貴重한資料를陳列하얏스니, 이것은實로學界에莫大한參考品이되나니라.

李王家博物館은新館及舊昌慶宮의明政殿其他建物을利用하야陳列場으로하니라.

新館에는佛像을爲始하야, 陶磁器·漆器·金銀器·史傳的遺物等과特히保存을要할貴重品을陳列하며, 舊昌慶宮建物을利用한데는, 行陣具·土器·動物標本의部, 石刻品의部, 李朝金屬類의部, 李朝陶器·漆器의部, 繪畫의部, 模寫古墳壁畫類의部等을數棟에分하야陳列하얏나니, 이것은모다歷史家·考古家의參考가되며, 一般觀覽者의精神을恍惚케할뿐아니라, 足히朝鮮文化의所由來를推知할만하니라.

第三課 河馬

河馬는입이크며、또굵고彎曲한어금니가잇서서보기에大端히醜한動物인대、恒常深水中의淺灘에在하야、急流에서도헤엄을잘치고、또깁흔물속에서潛行도하오。 河馬는草食動物인故로、專혀林野갓가운河水에잇는대、河馬라名稱함은、河水中에잇고、그形像이馬와恰似한緣故요。

河馬는深水의淺灘으로城廓을삼고、그곳에一家族이모여잇소。 河馬는規則的生活을하는動物이라。決코달은河馬의住所에侵入치아니하고、各其제分數만직히오。 萬一秩序를어긔여서、달은河馬의住所에侵入하면激烈한爭鬪가닐어나오。

河馬의一家族은大概三十四假量인대、同一한處所에모여잇소。 或제家族이아니라도、同志를맛나면서로親切히하며、水中에서서로戱弄도하오。 또河馬가深水에나淺灘에잇슬때는、恒常頭部를水面에露出하오。 河馬의색기는가장사랑스러우니、그光彩를반짝이는눈과어엿분주둥이는、그어미河馬와갓지아니한態度가잇소。 河馬는제색기가相當한歲月을經過하야長成하면、深水中으로따리고가서、헤염하는方法과潛行하는才操를가르치오。 그색기는어미의흉내를내여、大膽스럽게헤염치고潛行하는術法을練習하며、疲困하면淺灘에돌아와서休息하오。

河馬는水底로潛行하야、水草를採食하는일도잇스나、흔히陸地의新鮮한것을嗜好함으로、夜間에는一隊를組織하야、林野에나와서、마음대로풀을뜨더먹소。

河馬

河馬가淺灘을出發하야陸地에나오는時期는、大槪日沒後二三時間을經하야、午後八時부터十時까지의中間이오。 河馬가陸地에出入할時는、미양一定한河岸으로부터一定한順路로往來하오。 그러나全隊의河馬가一時에上陸치안코、二三匹의隊長이잇서、斥候로岸頭에나와서、仔細히陸地의形便을周察하야、危險한念慮가업스면、奇妙한소리로後方에在한河馬를불우오。이때에비로소一隊의河馬가從容히河岸으로나와、整列行進하면서풀을뜨더먹소。

河馬는눈이밝아서、暗夜에도物件을明瞭히보는故로、제마음대로풀을뜨더먹다가、날이밝기前에淺灘으로돌아가오。 河馬의武器로는、굳고屈曲한어금니를가졋소。 서로싸홀때는、그어금니로相對者를바다서、空中으로칠치오。 또그體大는象의버금이되며、그힘이매우强하야、豺狠과水犀갓흔큰즘생도河馬를보기만하면逃亡하오。 河馬가陸地에서象과싸홈할때는、能히抵當치못하나、水中에서는도로혀象이敗하오。 그런故로河馬가萬一陸地에서象을맛나면、急히水中으로逃入하오。

京城昌慶苑內動物園에는奇異한各種動物이多하나、그中에는雌雄의河馬도잇서서、水槽中에서큰입을벌여보이기도하며、마루에나와서牛나象갓치눕

기도하야、男女老少의觀覽客을놀내게하는것이滋味스러우며、또삿기河馬가둥굿거리면서돌아단기는것은、매우사랑스럽소。 그런대이動物園에잇든삿기河馬中에는、크게자라서東京上野動物園으로보낸것도잇소。

(科外教育叢書生物奇談에據함)

第四課 虛榮心

時의古今과洋의東西를勿論하고、女子는虛榮心이만타하얏소。 然則虛榮心이라하는것은무엇인고。專혀外觀만修飾하야、世上에對하야自己의名聲을

엇고저하는한가지心情이오。 아지못하는것을아는톄하며、能치못한것을能한톄하야、自己의知識과能力이만은것을자랑하랴하며、身分에相當치못한美服을治粧하고、輕車에몸을실녀富貴를强作하야、他人의眼目을놀나게하는것이、此가모다虛榮心으로좃차나는것이오。 虛榮心이잇는者는時體를쌀으는者이오。 밧구어말하면、時體는大概虛榮心으로부터생기는싸닭이오。 時體가世人의趣味變遷의基因이됨은勿論이나、그러나그趣味의變化라함은、새것을즐기고奇異한것을조와하는一部虛榮心

에誘引됨에不過하는것이오。 이것이맛치뿌리업는浮萍草와갓치恒常이리저리變動하야、一定치못함을보아도可히알것이오。 然則이것을쌀으는者도、또한輕佻浮薄한虛榮心이만은者라하지아니치못하겟소。

內部에不足한點이잇는者일수록、그外面을修飾하야아모조록時體에뒤지지아니하랴고努力하나、此에反하야、志操가堅實한者는그러치아니하야、野卑한것을避하고高尙한길을차자나가오。

虛榮心이잇는者는奢侈만조와하야、或은華麗한學

用品을使用하고、或은外飾만차리는者가만소。 大抵奢侈는사람이가장빠지기쉬운虛榮心으로부터닐어나는것이니、사람이한번여긔빠지면날로더하고달로자라서、抑制할줄을아지못하고、맛참내諸般不義와不德을行할뿐더러、尤甚한者는、家政의紊亂을닐이켜、祖先傳來의家產을蕩盡한者가自古로적지아니하오。 아아、무섭다、奢侈의害毒。 아아、두렵다、虛榮心。

要컨대虛榮心은사람으로하야금專혀外面을꾸미는僞善家가되게하고、時體를좃는輕薄者가되게하야、畢竟은奢侈에眩惑하야버리고마는것이니、敎育을바든淑女나修養에뜻잇는婦人들은、虛榮心에對하야嚴重히警戒할것이라하오。

(修訂女子修身書에據함)

第五課 貴婦人과밀가루장사

가장富裕한家庭에서生長하야、世上物情에暗昧하고、意志가淺薄한貴婦人이잇섯소。 그는한갓갑만은寶石이나華麗한粧飾品을가지고、無智한村民들에게자랑하는것으로써歲月을보내는以外에는、아모것도할일이업섯소。

어느날밀가루장사가밀가루를가지고와서、其婦人이차고잇는時計를보고、大端히稱讚한즉、貴婦人은가장자랑삼아、눈이부시는듯한金剛石백힌목거리를일부러끄내여뵈엿소。 밀가루장사는精神업시한참동안을쳐다보다가、貴婦人을向하야、

「大端히훌늉한物件이올시다。 아마갑시빗사겟지오。」

하고물은즉、貴婦人은對答하기를、

「아무렴。 참大端히빗싼것이오。 얼마나주엇는지알겟소。」

「글세요。 도모지假量을잡을수업습니다。」

「돌나지마오。 二萬圓이나주엇다오。」

하면서、貴婦人은자랑하얏소。

「여보시요、그러면이寶石은무엇에所用이되는것이오닛가。」

「무얼요。 다만걸어둘따름이오。」

「그러면、아모所用도업고利益도업는것이올시다그려。」

하면서、밀가루장사는어리석은톄하고、

「그러면우리집방아깐에잇는돌절구가오히려낫

現습니다. 감은百圓에긔밧게못되여도, 每年所
出은四十圓式이나됩니다. 그리고盜賊이줄念
慮도업지오.」
하准소.

第六課 留學가신언니에게

참오래동안隔阻하얏습니다. 언니께서집을써나
신때에「이다음歸家할때는, 結實이될가」하시든, 庭前
에잇는林檎나무에는, 今年에야처음으로, 꼿이피고둥
글고적은열매가맷첫습니다. 참그形狀이아름다

워서, 언니께뵈여듣이고십습니다. 요사이日氣명
사온데, 連하와,
旅中氣候安寧하옵시고, 工夫에도格別히熱誠하옵
시는지, 伏念懇切하옵니다. 언니께서말삼하시든
것갓치, 歲月이참빨으기도합니다. 언니께서집써
나신지가, 벌서二年이되엿습니다그려. 王卿이(季
妹)도벌서普通學校一學年生이되여서, 夕飯後에는
唱歌練習하는소리에家內가아조盛況을일우옵니
다. 할머님께서는「참잘도한다」고稱讚하시면서, 夜
深토록보고계십니다. 언니께서집에계실때에, 늘

復習식혀주시든貞淳이(男弟)도、至今은普通學校四年生이되여、如前히每日通學합니다。 이제는제가玉卿의先生이라고하면서、每日배울學科를일너줍니다。 아죽도어린兒孩로서、그갓치하는故로、아버님께서도매우奇特하다고稱讚을하십니다。 저도할머님과父母님을모시고、無故히지내오며、지난四月부터當地女子高等普通學校에通學하게되엿습니다。 언니가단기시든母校인故로、敎室內에入하면、언니도이敎室의册床에서이갓치先生님의敎授를바드셧겟지하며、보고듯는모든것이、다셩각납니다。 至今은學校의規則에도慣熟하고、學友사이에도親密하게되엿사오며、校庭의白楊나무綠陰사이에서、동모들과풀웃풀웃도다나는嫩葉을싸면서、談笑도하고遊戲도하는때가만습니다。

이學校에서는、生徒의體育과趣味的敎育에特히留意하야、언니가在學하시든時代보다는、아조面目이一新하야졋습니다。 그럼으로有名한書畫를收集하야展覽會를開하며、音樂大家를招請하야音樂會를開하며、或은機會를봘아、學德이兼備한名士를招聘하야講話會를開催하는等、情緖의敎養과婦德의

涵養에必要한見聞을넓혀주시고、또每月一回式開催되는小學藝會에서는、어린피아니스트도나오고、幼兒의自稱聲樂家도出하는等、實로滋味잇는일이만습니다。 그리하고、下學後에庭球場에모여드는生徒는、구름과갓다하야도過言이아니될만합니다。우리들生徒의將來를爲하야、그聞見을啓發식히고、婦德의修養에努力하시는校長先生님以下諸先生님의懇切하신敎導에對하야는、生徒一同은實로感謝합을이긔지못하는바입니다。 언니가「身體를健康히하고、熱心으로工夫하야라。 此後로는女子도

學問이無하면아니된다。 內房에만蟄居하는것이女子된本務가아니니라」하시든말삼은、지금새삼스럽게胸中에맷쳐서、저는언니맛나뵈올날은樂이잇스리라성각하며、愉快한마음으로工夫에熱心합니다。

今年夏期放學에는、꼭오신다고하셧지오。 어제學校에서歸來하야、어머님께人事를엿주엇드니、어머님께서는놀나시는모양으로、나를언니만녁이시고、熱視하시다가、너는엇지면네兄과갓흐냐。 音聲까지도天然히네兄이로구나」하셧습니다。 祖母님께

서와父母님께서도安寧하옵시며、날마다언니의말
삼만하시고계십니다。 夏期放學이不遠하얏스니、
速히還家하시기만苦待합니다。 언니께서오실때
쯤되면、아마庭前에잇는林檎도거진成熟하야、붉은
빗출띄고언니를歡迎할줄로압니다。 너무張皇하
옵기로이만끗치오며。
旅中에安寧히계시다가、放學하시거든、곳돌아오시
기만바람니다。

年 月 日

淑卿 拜上

第七課 朝鮮의產業

朝鮮은아죽各種產業이完全히發達되엿다고斷言
키는不能하나、近來에官民이協同하야改良發達에
努力하는故로、年年히生產力이增加되고、貿易이繁
昌하게되나니、舊日의產業狀態와比較하면、그差異
가果然天壤의判이有하다謂할지니라。

農業　朝鮮은地味와氣候가農作에適當치아니한
地方이업스니、現今耕作地는約其三分의一은畓
이오、約其三分의二는田이라。 京城을中心으로
定하야、그東北方에는田이多하고、西南方에는畓

이多함으로、北鮮에는粟、南鮮에는米가多產하나니라。

農產物中最重要한者는米이니、耕作의改良을隨하야、그收穫이逐年增加하야、全鮮의一箇年產額이一千二百餘萬石에超過하며、其次되는것은麥·粟·豆·荏等이니、各地方에多少產出치아니하는곳은업나니라。 또南鮮은土質과氣候가棉作에適宜한故로、近來에는特히改良種陸地棉의栽培를奬勵한結果로、其成績이頗히良好하니라。

特殊農作物中重要한者는人蔘과煙草이니、全鮮

到處에大槪栽培치아니하는地方이別無하나、其中開城·龍仁·錦山·江界는人蔘의名產地요、龍仁·廣州·忠州·寧越·谷山·三登·成川은煙草의產地로有名하니라。

養蠶도近來에는極力奬勵하야、桑樹栽培와蠶種改良을實行한結果로、巨額의繭을產出하게되고、또養禽·牧畜·養蜂業도改良에着手하야、到處에養蠶所·養禽園·養蜂園·牧畜場等의施設이逐年增加하니、此等產業의發展함도將次有望하니라。

漁業 朝鮮은三面에海를帶하야、海岸線이八千餘

海里에連亘하얏는대、地勢와潮流와氣候의關係가各各相異한故로、海産物도地方을隨하야또한不同하나、東海岸에는青魚·高登魚·明太等이多하고、南海岸에는道味가多하며、西海岸에는石首魚가多하고、東南海岸에서는鯨의捕獲이頗多하고、其外에海藻와貝類等을蕃殖하는곳도不少하니라。

製鹽業 朝鮮鹽은海水를煮沸하야製造할섇이드니、近來에는其外에官營으로天日鹽을製造하나니、京畿道朱安·南村·平安南道德洞·龍岡·廣梁灣에

天日鹽田을築造하니라。

鑛業 朝鮮에는金·銀·銅·鐵·鉛·錫·玉과石炭·石綿·雲母·硅砂·硫黃·滿俺·安質母尼·砒霜等各種鑛物이豐富하나、鑛學의知識이幼稚하야、其産出이少額에不過하얏드니、近來에는漸次發見하야、採掘에着手하는者가多함으로、其産額이年年激增하나니、現今其重要한것은金·鐵·石炭이니라。

金은鑛産物中에第一重要하니、雲山·金山·遂安·稷山等의金鑛이最히著名하고、鐵은到處에서多少産出하니、特히載寧·殷栗·安岳等의鐵鑛이著名하

야、九州八幡製鐵所에供給量이頗多하며、其他製
鐵業에緊要한重石의產出도不少하니、金剛山附
近과및忠州·靑陽等地에서多產하나니라。 石炭
은平壤·孟山·价川·德川·三陟等地에서產出하는대、
其中平壤無煙炭은分量도頗多하고品質도極佳
하야、特殊鑛產物의一이되고、또安州·長鬐·咸興·鏡
城·會寧及豆滿江沿岸에散在한炭鑛에는褐炭이
產出하니、其中安州炭의品質이稍良하니라。 其
外에銀은長津·端川、銅은甲山·昌原·厚昌、黑鉛은龜
城·楚山·昌城、亞鉛은寧邊·端川·瑞興·載寧等地에서

產出하나니라。

工業 朝鮮은高麗時代에美術工藝가頗히興旺하
얏스나、爾來自然衰退하야、僅히機業·窯業·製紙·醸
造·冶匠·金銀及木竹細工等小規模의工藝를遺傳
할뿐이러니、近來에는官私의工業機關이漸次施
設되여、機械器具를改善하고、技藝를敎習하야、建
築·鑄造·染織業으로부터木竹細工에至하기까지、
向上發達에努力함으로、新面目의工藝品이日增
月加하니、반다시朝鮮工業의復活을期圖할지니
라。

林業 朝鮮은自來로林業의思想이缺乏하야、다만採伐만하고、養植에는힘쓰지아니한故로、到處에赭山이多하고、材木의需用이不足하드니、近來에는植木造林을勸奬하야、到處에赭山이靑靑히稚林을漸成하니、從此로林業의發達도有望하니라。

貿易 以上各種産業의發達을隨하야、商業이自然繁昌하게될지니、現今에輸移出品의重要한者는米·大豆·生牛·牛皮·棉花·蠶繭·人蔘等이오、輸移入品의大部分은木織·綿絲及毛織物·石油·紙物·砂糖·機械類니라。

第八課 北風과松樹

엇던날北風이

「내압헤아모것도거칠것이업시、마음대로불어단기며놀아보리라。」

하고、大洋上으로나오며、혼자말로

「여긔는山도업고、樹木도업스니、한번滋味잇게불겟다。」

하고、非常한速力으로불기를始作하얏소。 바다물은北風의氣勢에쫏겨서、波濤가騰湧하야、天空을翻

覆할듯하얏소。 北風은

「어、이것참滋味잇고나。」

하며、漸漸突進하야數里를進行한즉、맛참前面에서一隻의帆船이나타나면서、돗을벌녀、北風을움켜잡얏소。 北風은큰소리로、

「노아다오。」

하면서、돗을떨어트리랴고、全力을다하야더욱猛烈히불엇소。 돗은

「그러케는아니된다。 나는너오기를苦待하얏다。 나를저언덕까지다려다주지아니하면아니된다。」

하얏소。 그래서北風은大端히怒하얏소。 그러나逃避할수업슴으로、할일업서帆船을몰아보내면서、

「너는어듸서왓느냐。」

고돗대에게質問하얏소。 돗대가對答하되、

「나는松山에서왓다。 내가松山에잇슬때는、赤褐色의옷을닙고、긴가지를가젓섯다。 나의닙사귀는바늘갓햇다。 그바늘갓흔닙사귀는冬夏를勿論하고、恒常靑靑하얏섯다。 그런대、엇던사람이내몸을버혀다가、이帆船의돗대를만들엇다。 그래서나는나의긴가지와針葉을모다離別하게되

엿다。 그러나多幸히이갓치世上에有用한物件이된것을깃버한다。 내同伴中에엿던나무들은도막도막잘녀서、火木이되고말엇는대、나는如前히直立하야잇다。

고자랑하얏소。 北風은

「오、그러냐。 그래、너는나의노는것을妨害하얏지。 나는너의同族을모조리쓸어트려서、돗대에所用이되지못하게하겟다。

하고、바로松山으로달녀갓소。 그곳에는落落長松이矗立하야、그鬱蒼한빗촌매우보기조왓소。

「저놈들을모다쓸어트리자。

하고、힘을다하야松樹上에突進하얏소。 그러나、바람은그가지들으로새여버리고、오족가지맛만흔들흔들하면서、서로속살거리는듯한소리가들녓소。北風은혼자말로、

「보아라。 이번에는、네가針葉을가진것을恨歎하게하리라。 내가네枝葉우에다가、눈을싸아서、그가지들을모다꺽거버리겟다。

하고、黑雲을몰아다가、靑天을뒤덥고、自己의얼음갓치찬숨을불드니、瞥眼間에大雪이와서、白羊毛갓흔

雪花가松樹의枝葉에가득히싸이여、바람셀틈이업게되엿소。 北風은깃붜하며、

「하하、조곰만더불자。 조곰만더불면、너의가지들은우직근부러져버린다。 누가너갓흔것들로돗대를만들겟느냐。

하고、全力을다하야눈을몰아다가、松枝우에덕금덕금싸아노앗소。 그러나松樹는가지를늘어트려、積雪을흔들어쩔어버리고、如前히直立하야、北風을반기는듯이가지가지서로춤을추고、넙새와넙새가서로속살거리는듯하얏소。 北風은落望하야、

「일섄松樹를분질너버리랴고、全力을다한것이、도로혀滋味잇게運動만하게하얏스니、나는空然히헛애만썻고나。

하고歎息하며、그만斷念하얏소。

第九課 時計

나의居處하는방册床우에는、조고마한鐵甲坐鐘한개가노여잇소。 그모양은비록적으나、나에게對하야는寶로無雙한重寶가되는것이오。 朝夕으로相對하는親近한벗이라고도할수잇스며、每日나의起

居動作을規律잇게指導하야주는어진스승이라고도할수잇소。

밤이되여,그의刻針이열時를가르치게되면,四方이寂寥하고,다만멀니께짓는소리가들닐뿐인데,坐鐘은나를바라보고,"流水갓치쌜는歲月은쉬지안코지나가오。 여보벗님이여,쉬지말고,일하시오。 밤은임의깁헛스나,나는쉬도안코자도안소"하며,나의게을은마음을警省케하는듯。 글닑기에落心하야,아모런줄몰으다가도,문득生覺나서저를바라볼때,이느듯열한時가되는일도種種잇소。

대각대각하는적은소리는,내가잘때에도쉬지안소,아침에내가닐어날때는,刻針과分針은每樣겹이로一字가되오。 그러나或時이보다느지면,"오날은느젓다。"고責하는것갓하야,붓그러은生覺에終日도록마음이不安하오。

(女子國文에據함)

第十課 時間에누리

한紳士가잇서,그親舊되는紳士에게여러가지厚誼를多蒙한故로,其感謝한뜻을表하고저하야,하로는何日何時에萬忙을除却하시고,某主댁으로枉臨하야주시기를바란다는鄭重한招待狀을發送하얏소。招待狀을바든紳士는、時日을當하야、招待한時間보다約十五分을前期하야、指定한호텔로갓는대、主人되는紳士는아즉보이지아니하얏소。 그럼으로그紳士는苦待하고苦待하야、한時間이나넘엇소나、主人은오히려오지아니하오。 일젼多忙中에틈을타서왓든그紳士는、밧부기도하고、기다리다못하야、

「모처럼請하신待接을밧지아니함은千萬遺憾이오나、時間에누리하신待接은만이바닷습니다。何如間面拜後다시謝禮하겟사오니、寬恕하심을바

랍니다。

하고、紳士답고점잔케비웃는말로、片紙한장을써노코、돌아갓소。 主人되는紳士는、

「오날손님도時間前에오기는어려우리라。」

하고、徐徐히와본즉、손님은벌서가고、片紙만잇소。괴가막혀서、할일업시電話로僕僕謝過하얏소。

此는지어낸말로알기쉬우나、現時社會交際上에如此한事實이每日各方面에非一非再하오。 두紳士의實例는箇人關係에不過하지만은、萬若五十人或百人以上의會集이라할것갓흐면、其多數한사람이

다各各諸般事情의不便을不免할지니、其虛費되는時間을統計하면、五十時間或百時間이되며、이時間을日數로換算하면、一人에對하야二日半或은四日半은이世界에存在치아니함과달을것이업게되니、이러한無用한일이어듸잇겟소。 如此한事實은文明社會의實際에는듯도보도못한일이오。 그런즉우리社會에萬一此等弊風이잇슬것갓흐면、그것은迅速히改良치아니하면아니되겟소。

如斯히서로時間에누리를하고、彼此에不便을當하면서、그것을改良하지못하는것은、許多한原因이잇스나、그第一되는原因은「時間은金이라」하는競爭社會의眞意를우리들이充分히諒解치못함인가、또그것이諒解되지못함은、우리들이各其一定한時間의眞로價値잇는일을아지못하는짜닭이아닌가、이것은한번깁히研究하야볼일이오。

第十一課 寓言

恭儉

己를克함은萬事를勝함이니라。

怒는敵으로思할지니라。

傲慢은敵을養하고、友를逐하나니라。

忠言이耳에는逆하나、行에는利하니라。

寶石은暗黑中에도光을發하나니라。

饒舌을誡함

辯이多하면、쓸말이적으니라。

輕率은亞鉛이오、沈默은銀金이니라。

一言이라도非하면、駟馬라도能히ᄯᅡᆯ으지못할지니라。

言이少한者는、人의忌하는바이되지안나니라。

言이多케말지니、言이多하면敗가多하니라。

第十二課 橫濱

橫濱은東京灣西濱에在하니、東京을距함이西南으로八里라。 昔時에는百戶에未滿하는一漁村이드니、安政六年에幕府에서開港한以來로、六十餘年동안에貿易이繁昌하고、戶口가激增함을隨하야、明治三十四年·同四十四年에、그附近村落을合倂하야、市街를擴張한故로、至今은市의面積이二方里餘며、人口가四十二萬에達하야、我國大都市의第六位를占하니라。

港內는 甚히 廣濶하야、海岸의 延長이 五里十四町餘니、南은 本牧、北은 鶴見川으로 港門을 作하얏는대、本牧을 往觀하면、鏡面갓흔 海面上에 漁船의 來往하는 貌樣、白鷗의 飛翔하는 景致는、實로 사람의 눈을 현황케 하나니라。

橫濱

市街는 西北으로 小丘를 負하고、東南으로 海를 帶하야、바로 埠頭에 臨하얏스니、伊勢山에서 俯瞰하면、宏傑한 會社·商店

等이 眼下에 櫛比하고、弓形으로 成한 港灣에는、內外國의 船舶이 輻湊하야、世界物貨를 呑吐하는 良港됨이 無疑하니라。

東西埠頭는 各其海心에 突出하얏는대、東埠頭는 五千三百四十尺이오、西埠頭는 六千六百六十尺이며、西埠頭에는 幅六十二尺 長千八百尺의 鐵製棧橋를 架設하야、大船巨舶이 能히 그 船舷을 接着하나니라。

市의 中央에는 神奈川縣廳이 在하고、海岸一隅에는 外國人이 多住하야、一廓을 成하얏스니、街路上에는 異服異語의 各國人이 混往雜來하야、連絡不絕하는

故로、寶로萬國市街를成하니라。

勝景으로는、東으로東京灣의煙波를隔하야、房總諸岳을遙望하며、西으로는富嶽千歲의雪峯을仰視하며、此外에本牧·三溪園·杉田梅園及金澤八景等이有名하니라。

此港의貿易狀況을論할진대、大正九年度에는輸出額이七億六千六百萬圓、輸入額이七億一千萬圓이며、其輸出品은生絲가首位요、羽二重과銅이其次이니、모다數千萬圓의多額에達하고、此外에도百萬圓以上의輸出品을算하면約二十種의多數에及하며、輸入品은印度·亞米利加로부터輸入하는綿·羊毛、關東州로부터輸入하는油粕、英國·亞米利加로부터輸入하는鐵이爲主인대、輸入額이모다千萬圓에及하고、此外에도百萬圓以上의輸入品이約二十餘種이니라。

第十三課　富士山

富士山은我國의第一名山이니、內地本州의中央에서突起하야、天空을씰을듯이兀然히聳立하얏는대、그山高는海拔一萬二千餘尺에達하고、山形은圓錐

나又는倒扇갓고、山勢는極히雄壯하고秀麗하야、他에類업는獨特의形態를닐우웟스니、內地諸山의祖宗이될뿐아니라、實로世界의名山이되나니라。

東으로는駿遠의平野를隔하야、멀니東海를굽어보고、左右에는大江이흘으며、中麓에는八湖가잇고、頂上에는八嶽이잇스니、世人이八朶芙蓉이라稱하고、또蓬萊·方丈·瀛洲等의三神山에比類하나니、그雄壯秀麗한形勢와端雅蘊藉한氣象은、頗히大和民族의精神을나타내는듯、錐末과扇柄갓흔絕頂을恒常雲間에超出하야、海內의諸山을兒孫視하면서、日本帝

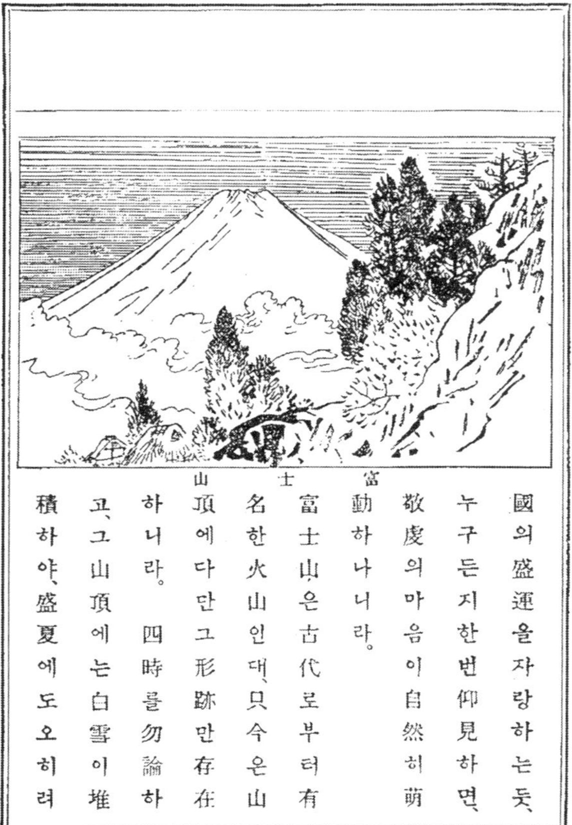

富士山

國의盛運을자랑하는듯、누구든지한번仰見하면敬虔의마음이自然히萌動하나니라。

富士山은古代로부터有名한火山인대、只今은山頂에다만그形跡만存在하니라。 四時를勿論하고、그山頂에는白雪이堆積하야、盛夏에도오히려

冷氣가甚한故로、炎熱한때가아니면、登山키難하니라。

此山은天然的으로傾斜地를成하얏스니、山頂의三十五度乃至三十度로부터、그低下함을隨하야角度가漸次減少되여서、中麓에至하야는殆히平地와如하고、그底下의周圍는約四十里나되나니라。

山頂에立하면、直下에八湖水를下視하며、멀니太平洋을俯瞰하고、또相模·武藏·安房·上總·下總·伊豆·駿河·甲斐·遠江·信濃等의十三州를可히周望할지며、早朝에는扶桑에서떠올나오는紅日도可히迎接할만하

고、半夜에는中天에떠잇는明月도可히摘取할듯하니라。 멀니眺望할時는、山全體가玲瓏하야、甚히佳麗하게보일뿐이나、實際로登覽할時는、花草가다珍異하고、巖石이다奇怪하며、空中에서飄飄하는白雪은天上의落花가飛散하는듯、松間으로吹來하는淸風은仙樂을奏하는듯、心神이爽濶하야、忽然히仙境에入한듯한感想이自起하나니라。

第十四課 家庭

家庭은우리의休養하는곳이며、또우리에게慰安을

주는곳이오。 假令貧寒한生活을한다할지라도、家族이서로親睦하고、서로和合하야、구순하게살아가면、他人이想像치못할和樂이그가온대自在할것이오。 그러나巨大한財産을貯蓄하고、數多한婢僕을부리면서、富饒하게지내는사람이라도、萬一夫婦가和合치못하고、兄弟間에友愛가업서서內鬨이不絶하야、團欒和睦치못하면、決코幸福스러운家庭이라할수업소。

圓滿한家庭이라함은、맛있는飮食을飽食함을謂함도아니오、고은衣服으로裝飾함을謂함도아니라、원

家族이서로合心協力하야、各其本分을다하야、恒常和樂한마음으로지내는것을말함이오。 그런故로家庭을圓滿케하랴면、家族사이에愛敬이업지못할것이오。 卽卑親屬은尊親屬을恭敬하야從順하고、尊親屬은卑親屬을撫愛함이必要하오。 이와갓치各其自己의本分을다하야、過失업시踐行치아니하면아니되오。

女子는家庭에잇서서、家事를다사리는것이、그의本分이오。 그런즉家庭에對하야重大한責任이업다할수업소。 家長이終日토록밧게나가서、事務에務

力하다가、저녁때가되여서、疲困한몸을끌고집에돌아와서、사랑스러운妻子를相對할때에、그안해되는사람이반가히迎接하는일이업고、한마듸도慰勞하는말이업스며、또子女가녑헤서울고잇는것도不顧하면、家長의마음은果然엇더하겟소。 家庭의平和는어더보랴도到底히어들수가업슬터이오。 家庭의樂이업스면、그마음이散亂하야、凡事에滋味가업서、家庭의風波가漸漸닐어날것이오。 그런즉女子된者는、家庭의平和와不和가恒常自己의行動에달닌것인줄을覺悟하야、朝夕으로그本分을다하며、그責任을完全히하도록힘쓰지아니하면아니되오。

(女子國文에據함)

第十五課 裁縫

한땀두땀떼매여、나종에는一件의저고리가되고、치마가되나니、그完成된衣服을들여다볼때에는、무엇이라形言할수업는깃븐마음이닐어나오。 이것은裁縫하는모든女子의同感이라고말할수잇소。 다시말하면、이깃붐은오족女子의特權이라할수밧게업소。

裁縫하는女子에게는이러한特權이잇는同時에、重

한責任이잇소。 그것은裁縫하는사람이든지、完成된衣服을닙는사람이든지、別로注意치아니하는듯하나、巧妙히맵시맛게지은衣服을닙을때는、그무엇이라고形言할수업는爽快한마음이것이어듸만콤그衣服을닙은사람의品格、또는活動力에影響이잇겟다는일、그것이實로重大한일이아니겟소。 野蠻未開地가아닌以上에는、누구든지衣服을닙는것이오。그모든사람의日常의精神·品格·起居動作을左右하는힘이此에잇다하면、衣服을裁縫하는우리들女子에게는重大한責任이업슬수업소。

우리들이이責任을다하고저할時는、不知不識間에우리自身의品性이陶冶되여가는것을알고、스스로깃븜함을말지아니하는것이오。 假令衣服을지으랴할際는、爲先正木에더러운데가업나、험이업나、그것을調査하야본뒤에말옴질을하되、그때에는마음을平靜히하고、치數에錯誤가업다는自信을가진然後에야、비로소가위질을始作할것이오。 그리하고그옷을다칫기前에는어듸까지든지綿密한注意와沈着한態度를가져야하오。 이제그實際를싱각하야보면、一件衣服을裁縫함에는數回의修養講話를

一時에實習하는것갓소。 如斯히裁縫은女子의緊重한諸德을修養케하는것이라하면、더진곳하나를縫合할지라도、그것이곳自心의더진곳을縫合하는힘이든다하야도過言이아니오。

上述함과갓치裁縫에는深奧한意義가잇고、重大한責任이잇슴을感得할同時에、그것을特히우리女子에게特技로賦與된任務라고싱각하야、우리들은限업는깃붐을自負하오。

然이나近世의進步發達을쌀아、女子의任務도複雜하게되엿슴으로、조곰하면裁縫은女子에게必要가

업는것갓치思하오。 또富家女子中에는自手로裁縫할必要가업다하는사람도잇스나、이것은큰誤解라고할수밧게업소。 如何히社會가複雜하게되고、如何히女子의任務가多大하다할지라도、衣服과의關係는婦人과分離할수업는것이오。 암만富家女子라도、그技術의素養이업슬것갓흐면、假令그것을他人에게依賴할지라도、其指揮監督이不能할지며、從하야自己마음에맛는衣服을넙어볼수업슬지며、既成品의良否도分別할수업슬것이오。 그外에品格에맛치고저하야지은衣服이反히品格에不合하

게될지니、그것은甚히不愉快不經濟가되지안켓소。衣服을닙는箇人으로보든지、一家의經濟로보든지、엇지이것을輕忽히셩각할수잇겟소。 裁縫은어듸까지든지、女子의손과分離할수업는것이오。 貧富如何한집에서든지、都市村落如何한곳에서든지、古今時代를勿問하고、이것을女子의任務로尊重히녁여온것도實로偶然한것이아니오。

그러하나、社會도實際로漸漸複雜하게되며多忙하게되여가오。 아모리女子라도每日二十四時를裁縫에만專力함은不可하니、時間과勞力과經濟를돌아보아서、如何히하면時間과勞力을省略하고、如何한材料를選擇하면經濟가될는지、研究를不怠하고改良을勵行하야、裁縫그것으로하야금社會進步에適應케함이必要하오。 이것은우리女子界에主要한任務中의一이니、決코等閒히성각할일이아니오。

第十六課 勤儉은齊家의基礎라

世上에快樂하고希望잇는일은無數하나、

快樂한우리집、滋味잇는우리집、

우리집보다、더욱快樂한곳은、

또이世上에업스리라。

고詩人이노래한것과갓치、何人이든지自己집갓치ᄌᆞ미잇는곳은업고、또自己의집갓치써나기어려운곳은업소。 그것은父母의恩愛가넘치고、兄弟姊妹의友情이充滿하야잇는곳인緣故요。 또世上에서活動하는사람사람에게對하야서는、身體를休養하는곳이며、精神을安息하는곳인緣故요。 엇더한詩人은、우리집은波濤가甚한바다를航海하는船에對하야港口와갓다고노래하얏소。

詩人이이러케讚美하고、또우리도經驗한바와갓치、

眞實로우리집은快樂한곳이오。 그러나萬一우리가此에重要한한가지일을忘却할것갓흐면、自己집의快樂을다破壞케할危險이잇소。 그것은無他라、自己집으로하야금特色을發揮케하랴면、爲先相當한財産을貯蓄함이必要하다함이오。 萬一財産이업서지면、昨日까지快樂하야春日갓흔家庭도、不知中冷冷한秋風이닐어날터이오。 넷날格言에「衣食足而知禮節」이라함은、우리日常生活의眞相을善形한말이오。 一日三食은不缺할지라도、通學하는子女에게書册을사줄수가업고、父母生辰에饌을작만할수도업고、祖父母回甲이되여서도壽宴을設할豫算도업스면、엇더케하겟소。 다만입으로만祝賀할수는업겟지오。 그런것은다한집안의事情이어니와、萬一親族과知舊間에冠婚喪祭가잇는때도、亦是다만口頭로만인ᄉᆞ할수는업겟지오。 또社會에出脚하면、其地位를隨하야相當한服裝도要하고、交際도多할것이니、一一히세여보면、日常生活이社會와分離할수업는것이오。 그리하야以上과갓흔諸般事實을잘行하야가는것이、일은바修身齊家라하는그齊家의意味인대、이것은한가지라도財產에關係

되지안는것은업소。 그런즉齊家의基礎되는것은卽財產이라할수밧게업소。

그러한대、이財產의代表는貨幣卽돈이오。 그것은國語로는「오아시」라함과갓치、굿침업시循環하는것이오。 萬一돈가진사람이秋毫라도放心할것갓흐면、벌서어듸로가버렷는지알수업는것이오。 一圓或은二圓을父母께바다、自由로써본사람은이事實을確知하겟지오。 또이돈이라하는것은、엇던사람이든지無限한勞苦를격고、또節約하지안코는到底히어들수업는것이오。 父母의손에서必要한物品

파必要한돈을바다쓰는여러분은、그것을解得지못할는지도알수업고、또長成한사람이라도、父祖의勞力에依하야得한財産을바든者는、그것을니저버리는사람도적지아니한모양이오。 그런즉우리는이財物이업스면一家를齊하기어려운것과、財物은消費하기容易한것과、또財物은누구의勞力으로어든것인줄을明確히解得하야둘것이오。

그와갓치生覺하야둘것갓흐면、우리들은勤勞節儉에依하야財物엇는法을알것이며、어든財物을無意味하게消費하지아니하고、ᄌᆞ긔全家로하야금넉넉히生活하게할希望이自發할것이오。 換言하면、勤勞와節儉의基礎우에훌늉하게우리집을齊하야가겟다하는決心이堅固하야질것이오。

第十七課 節婦白守貞

白守貞은平安北道泰川郡사람이니、어렷슬때부터性行이極히仁順한故로、그父母가甚히사랑하야、곱게길으며、엄하게가르쳐서、芳年이十七에至함애、相當한郎材를가려出嫁를식히니라。 守貞은于歸하야媤家에入한以後로、더욱恭謹謙讓하야、舅姑를孝

養하고、男便을承順하야、婦道를盡瘁하드니、그이듬해에良人이不幸히重病에罹하야、갑작이世上을離別한지라。 슯흐다守貞이여。 出嫁한지겨우一年남짓하야、千萬뜻밧게崩城의痛을當하고、十八靑孀을不免하얏스니、그원통함이엇지하날에사못치지아니하리오。 普通사람갓흐면、如斯히罔極한境遇를當하야所措를莫知할터인대、守貞은不然하야、그悲痛함을얼골에나타내지아니하고、舅姑의마음을慰安하며、禮와誠으로써哭할時가되면哭하고、祭할時가되면祭하야、於焉間三年喪을맛치니、父母와親

戚이모다守貞의靑春을불상히녁여서、他門에改嫁하기를力勸한즉、守貞이즐겨아니하야갈오대「나는녯聖賢의말삼을膠守함이아니라、내가亡夫로더부러成婚할때에、살면함씌살고、죽으면改嫁한다는約條가업섯스니、至今에無嗣한亡夫의孤魂을비반하고、無依한舅姑를버리고、苟且히一身의적은慾心을貪하면、이는人倫을가벼히할뿐아니라、信義를無視함이니、良心에엇지참아할배리오、다시는그러한義理밧긔말을말라」하고굿게拒絶하니、그後에는敢히다시勸할者도업고、다만稱歎할뿐이러라。

白守貞이이로부터決心을단단히한後、農蠶에專力하고、針績을不怠하며、一分一粒이라도節用節食하고、舅姑의供養을極盡히하며、治家殖産을益勤益勉하야、家産이饒富하니、衣食이自足한지라。 守貞이이에親戚의貧寒者를救助하며、隣里의窮困者를救恤하야、慈善을普施하는故로、一鄕이모다그德을仰慕하야、稱頌이藉藉하드니、그事實이天聽에達하야、明治天皇께옵서恩賜金을下賜하사、그善行을褒奬하옵시고、士林에서는一片碑石을通衢에세워서、그貞節과勤儉과慈善等事蹟을表彰하얏스니、白守貞

은自身의芳名이千秋에遺傳할뿐아니라、足히後世女子界에模範이될지니라。

(平北泰川郡報告에據함)

第十八課 足의分別

어느날牧童들은나무를하다가、厭症이나서、잔듸밧우에各其발을뻣고둘너안저서、서로閒談만하고잇섯소。 그리할동안에、해가벌서저물엇소。 各各집으로돌아가랴할새、여러발이서로한데엉켜서어느것이누구의발인지全혀分別할수가업섯소。 牧童들은大驚하야

「애,큰일낫다。 내발이어느것이냐」

「내발도몰으겟다。 惹端낫는걸」

하고,한참동안은써들고법석을하얏소。 그러나써들면써들수록,漸漸아지못하게되는고로,모다엇지할줄몰으고,들녀안진채로,모다무릅을노아울엇소。그때에한중이지나다가,그光景을보고,우는緣故를물은즉,自己의발이어느것인지몰나서이러하노라고對答하얏소。 중은싱긋웃드니,조곰잇다가,

「오,걱정업다。 내가알게하야주마」

하며,가젓든短杖으로그中의발하나를힘껏첫드니,

牧童하나가별안간

「에구,압하」

하며,벌떡닐어낫소。 중은그擧動을보고,

「그러엿더냐。 인제네발을알앗지」

하고물은즉,그牧童은발을문질으면서

「大端히고맙습니다」

하고致謝를하얏소。 그중은다시短杖을번쩍들어,발하나를때렷소。 또牧童하나이

「에구,압하」

하고소리를버럭질으며,닐어낫소。 중은

「자、인제야겨우들의발을알앗구나」。

하면서、잔듸우에잇는발을모조리前과갓치싸려서、牧童들을모따닐이겻소。 여러牧童들은모다압흔것을참노라고、얼골을찡그리면서恭順히그중에게致謝하얏소。

(水田恭太郎 お話の研究에據함)

第十九課 賢明한裁判官

녯적에한富商이잇섯소。 어느날어느市街를지나가다가、路上에서錢帒를遺失하얏소。 그錢帒속에는千圓의大金이들엇슴으로、富商은크게놀나서、落

膽失心하다가、「이런일을그저잇슬必要가업다」하고、卽時警察署에申告하고、또新聞에廣告하되「誰某든지余의遺失한錢帒를拾來하면、二百圓의謝金을進呈하겟다」하얏소。

數日後에商人의貌樣갓흔한男子가來訪하야말하되「余가某日某處에서錢帒한箇를拾得하얏는대、아마當身의遺失物인듯하기로、가져왓다」하고、錢帒를내여노앗소。 富商은그錢帒를보고「이것이果然余의遺失한錢帒요」하며、깃뻐하야、그사람의손을잇끌고、房으로들어가서致謝하얏소。

富商은錢帒를遺失하얏슬當時에는、누구든지차저오기만하면、二百圓은姑捨하고、半分을하야도앗갑지안켓다고싱각하얏스나、及其錢帒를차저手中에들어오고본즉、但二百圓도報酬할마음이업서서、문득한詭計를싱각하고、錢帒를檢査하며、돈을二三次나세여보다가、疑心이滿面한듯이말하되、「이갓치錢帒를차저주시니、大端히고맙소마는、이錢帒속에는元來一千二百圓이들엇섯는대、只今세여본즉、二百圓이不足하오。 或新聞을보시고、謝金二百圓을先取하신게지요。」하얏소。 그사람은當初에謝金갓흔

것은밤뚤싱각도업섯든터인대、도로혀無禮한말을듯고、甚히憤하야、「千萬意外의말삼도하오。 나는길에서拾得한대로가저왓소。」하며、言聲이自然놉허지니、富商도亦是怒하야、서로言爭이되여서、나종에는法庭에가서黑白을가리게되엿소。

裁判官은原被告두사람의主張하는理由를듯고、嚴密한審問을하얏스나、兩便이서로固執하고、조곰도屈치아니하얏소。 그러나賢明한裁判官은두사람의言語行動을살혀보고、執是執非를벌서알고잇섯소。 이에두사람에게各其한마듸식다짐을밧되、면

저富商을向하야「너의遺失한錢帒에는分明히一千二百圓이들엇섯지」한즉、富商은「녜、分明히그러합니다」하얏소。 또拾得한사람을向하야「너는拾得한錢帒에서丁寧히一分도쎄낸일은업섯지」한즉、拾得한사람은「녜、丁寧히그러합니다」하얏소。 裁判官은兩便의確實한다짐을바든後에、拾得한사람을向하야、「그러면이錢帒는저사람의遺失物이아닌즉、너는이것을가지고가서、警察署에申告하라。 만일一定한期限內에遺失한主人이나서지아니하면、이것은自然너의財物이되리라」고吩咐하고、다시遺失한사람을向하야「너는언제든지一千二百圓든錢帒를拾得한사람이나설때싸지기다리라」고言渡하얏소。 그러한즉正直한사람의恩義를몰으고、도로혀罪網에몰아넛코저하든富商은、有口無言으로말한마듸다시하지못하고、부그러워서고개를숙으리고물너나갓소。

(修正高等女學讀本에據함)

第二十課 防牌의兩面

넷적西洋의한將帥가어느戰場에가서勝戰하얏슴으로、凱旋을紀念하기爲하야、防牌하나를大路邊놉

혼나무에달아두고돌아왓소。 하로는、저便에서騎馬한武士一人이오드니、그것을보고、

「아、참보기좃타。 金防牌가달녀잇구나。」

하얏소。 그때맛참、이便에서騎馬한武士一人이오다가、또한그것을보고、

「아、참보기도좃타。 銀防牌가달녀잇구나。」

하얏소。 저便武士는金防牌라하고、이便武士는銀防牌라하야、서로固執을내고、조금도讓步치아니하다가、맛참내그두武士는憤怒하야、劍을拔하야一場決鬪를하게되엿소。 그때에맛참한道僧이지나가

다가、그것을보고、武士兩人의中間을막어서며、

「將軍들은대관절무슨緣故로相鬪하느냐。」

고물엇소。 한武士가對答하되、

「이나무에防牌가달녓소。 나는저것을보고金防牌라하고、저武士는銀防牌라하야、서로性癖을내다가、自然拔劍싸지하얏소。」

하얏소。 그道僧은仰天大笑하며、

「이것은將軍들이各其半面만보고、兩面을다보지못한緣故이오。 보시오、이防牌는一面은金이고、또一面은銀이오。」

하얏소。 武士들은그제야防牌의兩面이달은것을 알고、自己들의行動이너무輕率함을붓그러이녀여 서、서로謝過하얏소。

(女子國文에據함)

第二十一課 讀書訓

書籍은그數로말하면殆히際限이업나니、그種類로 말하야도、娛樂에關한것도잇고、修養에關한것도잇 스며、또專門的知識을供給하는것도잇나니라。 娛 樂을爲하야닑는書籍이라도、娛樂以外에不知不識 間修養되는것도잇스니、닑어서利益이되지안는것

은업나니라。 그런대業務에奔忙하야讀書할餘暇 가업다함은大端한誤解니라。 아모리奔忙하드라 도、若干의讀書할餘暇가아조업는사람은업슬지며、 또닑어서그만한利益을엇지못할理는업나니라。

讀書는大體로말하면二에分할수가잇나니、一은自 己의精神修養에必要한것이오、二는知識을收得함 에必要한것이라。 前者는娛樂을爲하야닑는것도 包含되여、亦是人生의趣味를高尙케하고、道德을增 進케하는힘이잇스니、直接으로自己의職業上에利 益이업다하드라도、自然히人格을向上케하야、홀눙

한人物이되는데一助가되고、後者는各各自己의地位·境遇·職業等을隨하야必要한知職을得하는것임으로써、前後兩者가다重要한것이니라。 또그種類들은各人의學力程度를隨하야難하고易한것이잇스니、爲先自己가解得할만한것부터始讀함이可하니라。 讀書는進步함을쌀아서興味가增加하는것인즉、그習慣만養成하면、漸漸어려운것도理解하게되며、그利益을엇는것도次次多大하야갈지니、一般人民이모다如斯히하면國家의進運은自然隆昌하게될지니라。

書籍을購買할돈이업다하는사람도잇스나、그러나書籍갓치싼物件은世上에다시업나니、한番사두면몃番을낡드라도조곰도減少함이업나니라。 帽子衣服等은곳더러워지기도하고、찌여지기도하지만은、이것은永久히使用할수잇나니라。 近來는印刷業이發達되여、古書의飜刻과新版書籍等의價格이非常이싸져서、若干의金錢으로도이것을能히購買하게되엿나니라。

또讀書할誠心만잇스면、書籍을一一히사지안트라도、圖書館에가서낡을수도잇고、他人에게借用할수도잇나니라。 書籍을借用함은조곰도恥辱될것이업스니、或借來하거든、汚損치말고、다닑은後에는卽時還完할것갓흐면、누구든지歡心으로써貸與할지니라。

自己의業務에關한것을닑어서、그專門知識을增進하고、或은專門以外의書籍을닑어서、常識을豐富하게하는것도必要하나、特히婦女子는恒常집안에잇는일이만은故로、此에適當한書籍을닑어、讀書의趣味를知得하는것이必要하니라。 婦人이讀書하면믄득兒童에게感化를與함이多大하고、家庭의和樂

을얼마쯤高尙케하며、얼마쯤豐富케하는것인지알수업나니라。 旅行할時와、微恙으로누어잇슬時와、老後에無事할時와갓치、比較的餘暇가넉넉할時에讀書의趣味도몰으고、空然히孤寂함을歎息하는사람은、實로可憐하다아니할수업나니라。

(女子國文에據함)

第二十二課 碩學李退溪

李朝中宗(距今約四百十九年前第十一代王)

李退溪先生의名은滉이오、字는景浩니、李朝中宗七年十一月二十五日에慶尙北道安東郡溫溪里에서出生하니라。 先生의조흔品性은六七歲의幼時부

터 그 行動에 顯著하얏나니라。 先生이 一日은 仲兄이 手를 갈에 닷친 것을 보고、仲兄을 안고 울거늘、그 母親이 此를 見하고 問하야 갈오대、

「汝의 兄은 手를 닷쳐도 오히려 울지 안는대、汝는 何故로 우느냐。」

하니、先生이 對答하야 갈오대、

「兄이 비록 울지는 아니하나、이러케 피를 흘니니、엇지 압흐지 아니하오릿가。」

하니라。 先生은 어른께 對하야 조곰도 惰容히 無하며、深夜에 就寢中이라도、어른이 불으시면 곳 對答을

하얏나니、그 溫恭仁慈하고 謹厚篤實함이 大槪如此하얏나니라。

先生은 學을 好함이 出衆하야、六歲로부터 讀書하는대、鄰家의 老夫에게 千字文을 學할새、아침에는 반다시 梳洗하고、그 籬外에 至하야、그 배운 글을 두어 번 暗誦하야 본 然後에야、들어가서 꿀어 안저서、그 가르침을 受하되、맛치 嚴師를 事함갓치 하니라。

十二歲에 叔父 松齋께 論語를 배우다가、「弟子入則孝出則弟」의 句에 至하야、스스로 警省하야 갈오대、

「人子의 道ㅣ 맛당히 이와 갓흘지로다。」

하니라。 一日은理字를가지고松齋께물어갈오대、

「事의是한者ㅣ卽理오닛가」。

한대、松齋ㅣ喜하야曰、

「汝ㅣ임의文義를解한다」。

하니라。 十四歲以後에는더욱學問을研究하기에 거의寢食을니저버릴程度까지努力하야、그學業을 成就하고、三十四歲에비로소仕途에就하야、成均館 大司成의地位에在하야、敎育事業에힘을다하니라。

第二十三課 近狀을報告키爲하야舊師께

先生主 前 上書

요사이는日氣가嚴寒하온대、 氣力이一享萬康하옵시오며、宅內諸節이一安하옵 시온지、下誠에伏慕不已오며、門下生은처음으로客 地에서過冬하게되온故로、념려하얏삽드니、下念하 옵신德澤으로無事히지냇사오니、安心하시옵기를 바라옵나이다。 今般休暇를利用하야、그리옵든故 鄕에돌아가서兩親께뵈옵고、또여러先生님께도뵈 옵고저하얏삽드니、路遠하온故로下誠과갓치못하 옵고、다만年賀狀만올니옵고、寄宿舍에서新年을마

來오니、侍下人事에섭섭한마음懇切하오이다。 寄宿舍에는二三學友가서로의지하야、無聊히過歲하얏사오나、元朝부터는本校諸先生님께옵서極히慰安하야주시옵고、通學生들이모다親切히하야주는故로、집에서過歲할때갓치즐겁게지냇삽나이다。卽今은歸省하얏든學友들이벌서모다歸舍하얏삽기로、寄宿生들은이房저房으로몰녀단기며、이약이도하고、작란들도하며、자미잇게놀고잇사오며、또學友들의招待를바다서、이집저집으로돌아단기기도하옵나이다。 今日은土曜日인故로、저녁에는音樂會

가開催되옵나이다。 그러함으로「우리들一年生은이라는唱歌를合唱하게되여서、벌서三四次나練習을하얏삽나이다。

이와갓치자미잇게지내오나、正月도벌서半이나지냇사오니、三月도멀지아니하얏삽는대、엇지하온일인지學年試驗치를일이卽今부터念慮가되옵나이다。 宿舍에잇는三四年級學友들은벌서試驗準備를始作한모양이오이다。 門下生은先生님의敎訓하시든말삼을닛지안코、每日豫習과復習을잘하오나、良好한成績을엇지못할가時時로念慮되옵나이다。

今春에도母校에서이學校에入學할사람이대강豫定되엿사올듯、아모조록多數히왓스면하고、金白두學友와함씌일것삽나이다。

卽今맛참저녁밥이되와、鐘을치는故로、數字問安만알외오며、아죽도치위가심하올듯하오니、 先生님諸位께옵서隨時하시와 氣力이康寧하옵심을바라옵나이다。

月 日 門下生 朴婉喜 上書

第二十四課 月世界

月世界에는水도업고、空氣도업소。 우리가가랴하야도、갈수가업지만은、設或간다하드라도、水와空氣가업서서、暫時라도生活할수가업소。 그러나우리가月世界에가서얼마동안生活한다假定할진댄、形形色色의異常한일이만을것이오。

첫재로눈에第一잘보이는것은、高한處와低한處가잇스나、海도업고、湖도업고、江도업스며、우리世界에서光彩잇게보이는곳은山이오、그山은다녯적의火山인대、絶頂에는、큰坑이잇소。 其中에는富士山처럼孤立한것도잇스나、大槪는山嶽이連하야잇소。地

球에서조곰검으스럼하게보아는것은、俗談에「토끼가藥방아를찟는다」고하는곳이오。 거긔는低한處인故로녯사람들은그곳을海로알앗소。

地球에는空氣가잇서서、太陽의光이四面八方에反射하야放散하는故로、日光이照치아니하는陰地라도純全히暗黑한곳은업지만은、月世界에는空氣가업서서、日光이照하는곳은明

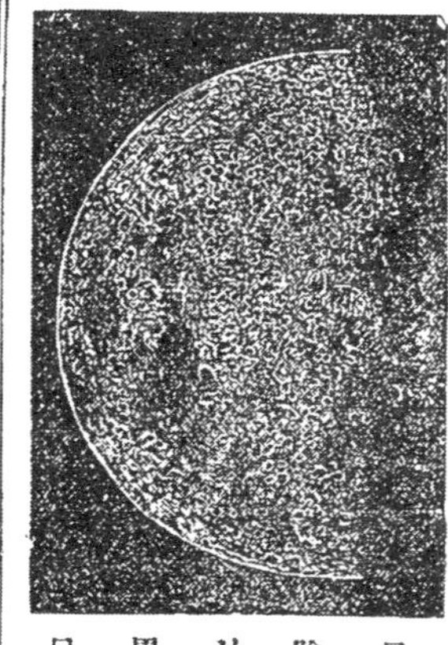
月の表面

朗하나、日光이照치안는곳은全혀暗黑하오。 山의陰地갓흔데는、日蝕하는때보다도、더暗黑하오。

月도地球와갓치自體가廻轉하는故로、月世界에도晝夜가잇소。 그러하나、月의廻轉은地球의廻轉보다非常히緩하야、月世界의一晝夜는우리地球의二十九晝夜半卽一朔假量이나되오。 그러함으로月世界에서는、半朔동안은晝가繼續하고、半朔동안은夜가繼續하오。 아모리忍耐性이强한人이라도、到底히忍耐할수업슬것이오。

그뿐아니라、晝의暑함과夜의寒함이其差가太甚하

오。 半朔동안이나間斷업시日光이照曝한즉、非常
히炎熱하야견듸이오。 우리世界에는、空氣가太陽
의熱을中間에서吸取하야、自身이溫하야지면、風이
되여冷한他處로그熱氣를吹送하지만은、月世界에
는空氣가無한故로、만일사람이日光의直照하는곳
에잇스면、必然燒死됨을免치못할것이오。 此와反
對로夜가되면、至今셋晝間에바든熱을放散할뿐이
고、또熱의放散을遮하는空氣가업슴으로、熱은次次
冷하야지오。 如斯히半朔동안이나繼續하다가、밤
을넉이되면、암만厚衣를닙드라도、寒氣를忍耐키不

能할것이오。

이러함으로月世界에서는、冬寒夏暑보다도、夜寒晝
暑의變化가甚劇하오。 冬服·夏服이아니고、夜服·晝
服·朝服·夕服等의여러가지特殊한衣服이잇서야할
것이오。

月은地球에附屬한것이나、相距가甚히遠치안소。그
러함으로月世界에서보이는天과、地球에서보이는
天이、別로큰差異가업스나、다만月世界에서는晝에
도星辰이보이오。 이는空氣가업는緣故요。 그뿐
아니라、雨天과曇天이업슴으로、何時든지星을觀測

할수잇소。

月의直徑은地球直徑의十一分의三假量이오。 月世界에서太陽을보면、其大함이우리世界에서보이는것과달음이업스나、地球의大함은太陽의四倍假量으로보이오。 그러함으로月世界에서第一壯觀으로보이는것은地球요。 月은地球보다小할뿐아니라、其體質이輕粗하야、其表面에在한物을自體의中心에끌어들이는力이甚弱하오。 地球表面에在한物에比하면、二十三分之四假量이오。 그런故로무게가二十三貫되는物을月世界에가지고가면、四

貫쯤밧게아니되오。 人體도亦是、月世界에가고보면、우리世界와는大相不同하야、高跳廣跳가容易하게될터이오。 그러하나空氣가無한싸닭으로、비록羽翼이잇서도、鳥類처럼飛行할수업소。

(修訂高等女學讀本에據함)

第二十五課 同情

一

世上에는同情할만한者가多하오。 最近한者로論하면、婢僕等이其一이오。 寒暑의別이업시終日토록勤孜勞働하야、休息할時가極少하오。 또그뿐아나라、一般勞働者·傭人·人夫等으로말하야도、男女老弱을勿論하고、食할것도食지못하며、一家의生計를不得하는者도其數를不知하겟소。 또貧民과孤兒等은依賴할處가無하고、또宿泊할家屋도無하야、다만運數를自然에一任할섇이오。

此等에比하건대、아모憂慮업시學校에서工夫하는者의幸福됨은、말할것업시可히알것이오。 暖衣를着하고、美食에飽하며、高尙한人材가될敎育을所欲대로밧는것은、참幸福이라아니할수업소。 此로부터彼를思하면、同情의念을禁치못할者가多한즉、適

當한機會를隨하야、如許한人을慰勞하고救助하면彼等은我等의恩義를感動할것이오。 사람은他人을要하고同情함으로써、그사람으로하야금滿足과幸福을感케하며、自己도또한同樣의滿足과幸福을感하는것인즉、한가지의善行은自己와他人의滿足과幸福을共享한다하야도可하오。

他人의苦痛과不幸함에同情함은容易하나、눈여린女子의特性으로부터見할지라도、그理致는明瞭한지라。 然하나其中에稍難함은他人의幸福에同情함이니、我等이幸福의人을見하고此를嫉視하는싱각이無한가、成績이優良한同窓生에對하야不平을起하는마음이無한가、華麗한衣服을넙은婦人을見하고、自己의蠡服에比較하야空然히憤歎함을抱하는事가無한가。 彼等의幸福을밧는것은、반다시相當한싸닭이잇스며、我等이彼에게不及함도、亦是그싸닭이잇는것을反省치못하고、其幸福에同情하지아니함은我等의弱點이라할수밧게업소。「人의不幸에對하야同情함은何人이든지能히하나、人의幸福에對하야同情함은天使의하는일이라」고엇던한文豪가말하얏다하니、이것은實로翫味할말이오。

二

同情하기最難함은惡한行爲를하는者에게對하야同情할事이며、더구나自己를害하랴하는者에게對하야도、그러할것이오。 伊藤仁齋가말하되、「人의不善한者를見하거든、自己가不善함과如히憫憐하야、此를戒導하고、厭惡하는마음을내지말라。 다만人에게有益할뿐아니라、實로自己의德이또한此로부터成熟한다」고하얏스니、이엇지깁히翫味할말이아니오。

人道는實로同情으로부터成立함이니、如何한惡人

이라도、同情에感動치아니할者가無할지라。 春日
의光과熱은堅結한花蕾을綻케하며、鮮色과香薰을
放케하나니、아모리無情殘忍한者라도、쌋씃한同情
에는感應되여善良한心情을發現하는것이오。 孟
子갈오사대「仁이不仁을勝함은水가火를勝함과如
하거늘、今에仁을하는者는、一盃의水로써一車의薪
의火를救함과如하야、熄지아니한즉水가火를勝치
못한다云하니、此가또한不仁에與함이甚한者라」 만
일水를注하야不止하면、必然火를勝할것이라。 故
로仁者無敵이라함이此를謂함이오。

同情을넓히밋치게함은希望하는바이나、情의親疎
와事의緩急을隨하야、그厚薄의差가有하며、前後의
別이有하오。 不然하면過不及의弊가生하야、自己
와他人間에煩弊됨이有할것이오。 故로古人이仁
과幷하야義를說함도이러한緣故요。

(訂改女子修身書에拔함)

第二十六課 愛國婦人會

明治維新以後는全國皆兵의令을宣布하야、丁年에
達한男子로하야금모다所定한兵役에服從케한事
는、上古의舊制를回復함이니、我國의武力은此로由

하야益揚하얏스며、明治二十七八年과三十七八年兩度大戰役에大勝捷을得함으로써、世界의耳目을驚動케하니라。

女子도帝國民이된以上에、엇지徒食에止하리오。玆에婦人들이計劃하야、明治三十四年에愛國婦人會를組織하얏스니、此會의事業은戰死者準戰死者의遺族과癈兵을救濟함으로써目的하야、戰時를當하면軍隊의慰問·送迎、恤兵品의寄贈、軍人의家族、傷病兵의慰問病死者의弔慰、遺族의慰藉、軍人의家族、遺族에對한授産等、婦人에適應한各種事業에盡力하

야써、遠征하는將卒로하야곰內顧의憂慮가無케함을期圖하니라。

要컨대銃劍을持하고戰場에出하지아니하는대신에、國民皆兵의義務를分擔한다는愛國心이卽此會를成立케한所以이니、能히我國婦人의精神을發揮한것이라謂하야도可할지니라。 此會를主唱刱設한사람은肥前唐津의人奧村五百子이니、五百子는明治三十三年清國事變에際하야、本願寺慰問使一行에參加하야、支那에赴하야、將卒의勞苦하는情況을視察하고、그慰藉와戰死者遺族救護의切要함을

感覺하고、歸朝後에親히伏見宮·閑院宮同妃殿下께拜謁한後、所見을陳述하고、尙且朝野人人에게說明하야、그贊同을得하얏스며、三十四年三月에岩倉公爵夫人을會長으로推薦하야、趣旨書를發表하고、同七月에各地方長官을華族會館에招待하야、各府縣에支部를設할議를定하얏드니、居未幾에雜誌를發行하고、基金의制를定하니라。

明治三十六年三月에閑院宮妃殿下께서總裁가되셔서、會務를掌理하시게되셧드니、今에는會員數가九十二萬을超過하얏스며、基金이百六十九萬圓에

至하얏다云한즉、主唱剏設한功으로論하면、五百子에게在하다할지나、我國婦人의愛國하는至誠이無하면、엇지此와如한盛況을見하리오。

明治三十七八年戰役에際하야는、此會의活動이最著하야、精神的으로將卒을鼓舞케하고、物質的으로遺族을救助한等、其功이頗大하니라。

戰爭이맛친後에論功行賞하실새、各支部에도金銀杯를下賜하사、功績을表彰하셧스며、主唱者奧村五百子는明治四十年病歿한後에、勳六等을敍하사其功을記하셧고、또東京九段坂下愛國婦人會本部構

內에銅像을立하얏나니라。

朝鮮에는京城에朝鮮本部를置하고、各道에支部가有하야、特히國境警備의守備兵·警察官慰問等事에盡力하며、內鮮人會員數가漸次增加함은、實로慶賀할일이라謂할지니라。

(女子國文에據함)

第二十七課 우리故鄕

都會를相距하기西南으로數十里、바다로부터멀니썰어져서、한平野가잇고、그東北便으로幅一里長三里쯤되는地域이天然으로開拓되엿는대、그곳에는

數三村落이잇서서、한마을을닐우엇소。 그村落에는草家와瓦家가서로석겨、或은百餘戶或은二三十戶式여긔저긔散在하야、人家를總計하면五百戶는無慮하오。 그런대이村은나의사랑하는故鄕、나의닛지못할鄕里、花朝月夕에뭇득뭇득生覺나는우리집잇는곳이오。

鄕里의中央에는、百餘戶의家屋이檐牙를나란이하야、조고마한市街를닐우엇고、이곳에는每月六回로市場이서서、商賈들이四方에서모여드니、이곳은卽邑內이며、邑內한모퉁이에는적은언덕이잇는대、그

곳에는老樹가鬱密히들어섯고、그사이로는古樓가隱隱히보이며、그左右에는愛民碑·善政碑·永世不忘碑等이或은半臥或은顚伏되여、그字形까지剝落된것이許多하니、이는그古蹟임을말하는것이오。

山으로論하면、그리놉지는못하나、數峯의山이솟아잇고、山中에는松樹와栗木이만이잇서서、버섯도캐고、果實도짤수잇스며、清溪는두갈내로흘으다가、中途에서合流하야、邑中을貫通하니、그潺潺한맑은물은能히全村을潤澤케하며、조곰깁흔곳에는魚類의游泳함도볼수잇소。

邑의左便에는모래언덕이잇고、右便에는荒蕪地가잇스나、荒蕪地는開墾할餘地가만으며、前面에는田畓이肥沃하오。

봄이되면、杏花·桃花·櫻花·躑躅들은山野에遍滿하야、錦繡江山을닐우나니、이것은都市人士의보기어려운天然的美觀이고、녀름이되면、綠陰사이로굴너오는매암이소리가바람을좃차或은멀니或은갓가이들니는清雅한趣味도잇고、가을이되면、木葉은붉고눌으게丹楓이들어서、彩畫를그려노은것갓흔대、논가온대고개를숙이고섯는벼이삭은、바람을짤아斤

重잇게흔들흔들하는貌樣은、사람으로하야금먹지안코도배불은生覺이나게하며、冬節이되면、木葉은다떨어지고、白雪이싸인곳에사람의자취좃차성기건만은、兒孩들은얼음도지치고、연도날니오。

이것은모다내가古鄕에잇슬때、듯고보고經歷한일。이것을都會에比하면、그리繁華하거나廣大치는못하나、閑靜하고、精潔하며、人心은淳朴하고、風俗은溫厚하며、또前日에는敎育機關이充分치못하고、交通도便利치못하드니、至今은文明의德澤으로學校도設立되고汽車와自動車도通行하게되엿소。

脫解王 (距今約千八百六十年前新羅第四代의王。)

第二十八課 雞林과月城

新羅脫解王九年이라。 王이夜半에金城西始林間으로부터忽然히雞의鳴聲이잇슴을聞하고、大輔瓠公을命하야、往視케하얏드니、回奏하되、「一小金櫝이樹枝에掛懸하얏고、其下에白雞가잇서、자조울드니다。」하거늘、王이神奇히녁여、卽時親臨하야、그金櫝을開視하니、不意에幼少한一男兒가其中에在한지라、王이大喜하야曰、

「此兒는上天이朕에게遺與한배라。」 엇지吉祥이

아니리오。

하고、瓠公에게下致하야、宮中에收養케할새、此는卽金櫝에서出한바幼兒라하야、姓은金氏로賜하고、名은閼智라命하얏스며、또始林을鷄林이라稱하고、因하야國號를鷄林으로改하니라。

金閼智는卽慶州金氏의始祖가되엿고、그七世孫味鄒가助賁王의女婿가되엿다가、王이無嗣함으로立하야王이되니、金氏가新羅王됨이自此로始하니라。

昔脫解가初에東海로부터吐含山에登臨하야、可居할地를相하드니、楊山一峯이日月의勢와如한지라、

크게깃버하야、차저가본즉、當時新羅國大輔瓠公의住宅이라。 이에一計를出하야、礪炭等을그宅地에暗埋하고曰「此는吾祖의家屋이라。」하야、爭訟이된지라。 官이그證據를問하거늘脫解가答辯하되、

「我家는本是冶匠이라、宅地를掘하면、반다시證據할배有하리라。」

하니、官이其言을從하야宅地를掘하얏드니、果然礪炭等을發見한지라。 瓠公이曰하되、

「我의住宅은國王의下賜한배라。 自意로處決키不能하다。」

하고、卽時國王에게奏請하니、王이그所請에依하야允許한지라。 瓠公이이에家垈全部를脫解에게讓與하니라。

그後에脫解가儒理王의後를代하야、新羅의第四世王이되엿슴으로、脫解의所居地는自然히王城이되엿는대、第五世婆娑王이其地에周回三千餘尺되는土城을築하니、그地形이半月의勢와恰似함으로、因하야月城이라稱하니라。

儒理王 距今約千八百九十年前新羅第三代의王。

婆娑王 距今約千八百四十年前新羅第五代의王。

女子高等朝鮮語讀本 卷一 終

大正十五年十一月二十五日翻刻印刷
大正十五年十一月二十八日翻刻發行

女高鮮一 | 定價金四十五錢

著作權所有

著作兼發行者 朝鮮總督府

翻刻兼印刷發行者 京城府元町三丁目一番地 朝鮮書籍印刷株式會社 代表者 井上主計

發行所 京城府元町三丁目一番地 朝鮮書籍印刷株式會社

女子高等朝鮮語讀本

卷二

緖言

一、本書는女子高等普通學校朝鮮語科敎科書로編纂한者이라。

二、本書는全部를四卷으로하고、第一學年으로부터第四學年까지 各學年에一卷식配當한者이라。

三、本書는京城에서行用하는言語로標準을삼고、諺文의綴法은本府에서定한바에依하며、純全한朝鮮語에對하야는發音式을採用하야、쟈·댜를자、져·뎌를저、죠·됴를조、쥬·듀를주、챠·탸를차、쳐·텨를처、쵸·툐를초、츄·튜를추、샤를사、셔를서、쇼를소、슈를수로定하고、中聲ㆍ는使用치아니하며、又分明히漢字로成한語音은本來의諺文을使用하니、生徒로하야금恒常此에準據케할지니라。

大正十一年十一月

朝鮮總督府

目次

女子高等朝鮮語讀本 卷二

第一課 春

바람은和하고,날은쌋뜻하야,벌서봄이되엿소。 먼山은아지랑이를씌여서稀微하고,양버에버들은煙氣를먹음어서풀을엇소。 붉은쏫,푸른풀은山과들을繡노은듯,나븨츔,새노래는봄을반기는듯,시내에는맑은물이潺潺히흘너가고,空中에는가비운구름이悠悠히往來하오。 이째는一年中에第一조흔時

節이니、우리人類뿐아니라、모든生物이다즐거워하오。

사람들은各各그날職務에趣味잇게從事하오。 官公吏들은楊柳가지가느러진街路를通하야、各其官公廳에仕進하며、男女學徒들은册褓를녑헤끼고、各其學校에上學하러가오。 田圃를다사리는農夫의광이는날빗헤빗취여번적번적빗나고、物品을파는商賈의소리는洞內를들네오。 白鷗가춤을추는浦口에서닷올뼤는큰배와、帆을단적은배는、매우奔忙하고、樵夫의독기소리와漂母의방망이소리는山을

울니오。 經驗만은이웃老人들은、서로今年氣候와農作物에對한이약이를하는대、그말씃마다、希望하는마음이隱然中나타나오。

滿六歲된兒孩들은、今春부터普通學校에入學되여서、새册褓에새敎科書를싸들고、새帽子를쓰고、새신을신고、허리에찬手巾싸지라도、매씃한것을가지고、즐겁게뛰여가오。

우리들도今春에야女子高等普通學校第一學年을修業하고、새로第二學年의學科를배우게되엿소。처음으로이學校에入學할當時에는、배우는것이모마

새것뿐인고로、自然趣味가깁헛스나、困難한點도從
한不少하얏드니、이제無事히一年間의勤工을積하
얏슴은、實로깃분일이오。 그러케하야、多幸히進級
의光榮을得한우리들은、卽今부터더욱親密하게지
내며、서로有益한學友가되여、工夫도서로勸勉하야、
廢事스러운後日의卒業의榮譽를期必코得합시다。
「事를營함에는其始를謀하라」하얏소。 春은一年中
의始初며、萬物이發生하는時節이니、天下萬事를다
잇때에始作할것이오。 卽今은學年이始作되는四
月인즉、學校의春이라고도할만하오。 이로부터우

리들은더욱새로운마음을가지고、새로운힘을다하
야、希望에充滿한봄과갓치、活潑하고愉快하게지냅
시다。

(大正女子讀本에據함)

第二課 每事에마음을專一히하라

一

健康한身體라함은、놀때에는充分히놀수잇스며、일
할때에는一心으로일할수잇스며、잠잘때에는萬事
를니저버리고잘수잇는身體를謂함이라。
如斯한身體를가지고도、凡事에專心이라하는性癖

이업서서, 놀때에도 專一히놀지아니하고, 일할때에
도 專一히動作하지아니하고, 또잠잘때에도穩全히
자지아니하며, 終日토록모장아한일도업스면, 그사
람은身體도自然衰弱할지며, 精神도亦是蔫鈍하야
질것이다.

사람의마음은散亂하기容易함이, 比컨대線香의煙
氣와恰似한지라. 煙氣는微風을當하야도오히려
飄搖하나니, 線香의煙氣를一直線으로올케飛騰케
하랴면, 微風이라도防禦치아니치못할지라. 그런
즉그마음을專一히하는곳에, 힘이잇고勇氣가잇나
니라.

萬若놀때에試驗칠念慮를하거나, 作文을생각하
거나, 紛失한物件차즐생각을할것갓흐면, 놀앗다할
지라도, 充分히논것갓지아니할지라. 充分히논效
力이잇게하랴면, 노는마음을專一케하야, 아모雜念
이업시놀아야할지니, 如此히雜念업시놀것갓흐면,
그것은果然노는效力이잇다할지니라.

工夫할時에, 테니쓰치는데마음을두거나, 校庭의꼿
구경에한눈을팔거나하는일이잇스면, 다만長時間
에, 冊床을對하야안졋슬쌘이오, 工夫를하얏다고는

말할수업슬것이니、工夫할때는반다시專心치아니하면不可하니라。

二

凡事를忘却하고睡眠한다함은、쥐소리와바람소리에도깨이지안코、一定한時間에내쳐서穩眠함을謂함이라。　萬一남저지근심을가지고、就寢할것갓흐면、必然夢事가散亂하며、囈語를煩繁히할지니、그것은卽잠자는것도아니고、休息하는것도아니오、도로혀身體의健康을損傷케함이니라。　凡事를니저버리고熟睡한翌朝에는、心神이씩씩하야짐은、우리가

彼此에經驗하는事實이니、如此히穩全히睡眠하면、그것은果然잠잔效力이잇다할지니라。

또무슨일을하든지、마음을專一히할지니、그리하면困難함도足히두려울것이업고、學課도어려울것이업슬지라。　日光도一處에만集注하면能히그物件을燃燒하는지라。　錐가能히뚤는것은자루와쇠끗창이의尖端이합쪄動作하는싸닭이니、그런則勿論何事하고、成功치못한時에는、自己의才能이不足함을恨歎함보다、먼저一心專力의與否를反省할지니라。　高度의熱은鐵이라도能히鎔解케하는힘이잇

나니라。

假令一足의洋靴를닥드라도、專心하야닥근것과、專心치아니하고닥근것과、그光澤이서로差異가잇거든、하믈며사람을鍊磨하는學問에對하야用心用力함을엇지愼重히하지아니하리오。

(訂改女子修身書에據함)

第三課 虎

虎는獅子의버금되는猛獸인대、그形狀은猫와彷彿하고、그皮毛에는美麗한물결形狀의斑紋이잇나니라、

虎는힘이甚히强하고、大膽敏活하며、또智慧가밋아서獰惡殘忍함은獅子라도到底히밋칠수업스며、온갓動物이모다恐怯하나니라。 虎는걸음이쌜우고、視力이밝으며、嗅覺이銳敏하야、豹보다活動이一層더猛烈하며、배불은때에는鹿과山猪等만捕食하나、주렷슬때에는、如何한動物이든지大小를不拘하고、蟋蟀로부터鰐魚까지라도、보이는대로모다捕食하나니라。

虎는亞細亞亞弗利加에가장만으니라。 虎가羚羊等을捕할時는、몰내덤뷔는것이아니라、바로猛烈히달녀들어, 그 銳敏한 爪牙로 한番咬攫하야, 그것들이 能히 逃亡치 못할만콤 重傷케 한 後에, 먹기를 시작하는데, 虎가 한番에 먹는 肉量은, 六十斤假量이나, 萬一 捕獲한 것이 夥多할 時에는, 제 盡껏 먹고, 남는 것은 그대로 버려두고, 棲穴로 돌아가서, 靜眠하다가, 장이 뷔이면, 다시 그 남은 고기를 먹으러 가나니라。

虎의 擧動은 猫와 恰似하며, 每兆性質이 사오나우나, 武勇한 사람을 맛나면 逃亡하나니라。 그러나 進退維谷으로 危急함을 當하면, 사람을 襲擊하는 故로, 아모리 老練한 獵師라도, 不利한 곳에서는 엇지할수 업시 虎의 害를 不免하는 일도 잇나니라。 虎는 智慧가 만은 動物이니, 獵師를 襲擊할 時에는, 恒常 그 背後로부터 달녀듬을 例로 하나니, 獵師가 象을 타고 虎獵을 가면, 虎는 象의 尻後로부터 뛰여올나서, 象은 건드리지 아니하고, 사람만 對敵코저 하나니라。 虎가 象에게는 抵當치 못함으로, 象에게 쫏기게 되면, 곳 竹林中으로 逃避하나니, 此는 象이 竹林中으로 들어가면, 其牙를 折傷할가 두려워하야, 쫏차 들어가지 아니하는 緣故라 하나니라。

印度地方에서는, 象을 타고 虎獵하는 일이 盛行하나

니、此는虎를捕하는것이目的이아니오、此를一種의勇壯한娛樂으로아나니라。 그러나、如斯한虎獵은、印度의貴族이나、富裕한英國人이아니면計劃치못하나니、虎獵에타는象은、數年間을이目的으로길들이나니라。 多數한人과象이繁華하게行列을지어、虎의잇는곳을차저가나니、그時에獵師는象의頸部에타고안저서、象을몰아가는데、虎는大槪숩풀에潛伏하야잇슴으로、獵師는藪의上方을바라보고、虎의잇고업는것을삶힌後、萬一虎가잇스면、虎의다리에發砲하야負傷케하나니、그런즉虎는매우憤怒하야、

猛烈히象의尻後로뛰여올으나니、此時에象이잘못하야獵師가쌍에떨어지면、곳被殺하나니라。

虎가뛰여올으면、象은뻘니그長大한코를펴서、强하게虎를척감아、運動치못하게하나니、虎는苦痛을견되지못하야、哮吼소리를질으나니라。 그리할동안에、獵師는急히虎의눈을向하고發砲하야죽이나니、그때는果然危機一髮의形勢라。 極히練熟하고膽大한獵師가아니면、巧妙하게虎의눈을射中치못하나니、그것은卽象의體軀가動搖함과、虎가苦痛함을因하야、그目標를바로定하지못하는緣故라。 그러나猛虎는如何한重傷을바다도、或은激烈히抵抗하야象의體軀를물어뜻나니、이때에象은苦痛을不堪하야、虎를땅에떨어치고、그큰압발로虎를밟어죽이나니라。 如斯히하야虎가致斃하면、象은喇叭갓흔소리를질너、그勝利함을報하나니라。 近年에는象을保護하기爲하야象을타고虎獵함을禁止한다하나니라。

朝鮮도녯적부터虎의產地로有名한데、只今도咸鏡南道及全羅南道等地의深山에는虎가棲息하야、往往人家近處에나와서、害를끼치는일이잇나니라。

(科外敎材 生物奇談에據함)

第四課　開城

京義線北行列車는、只今臨津江鐵橋를건너、長湍驛에닐을엇다。 長湍驛도어느듯벌서지나버렷다。汽車의窓을열어노코、遠近을바라본즉、眼前에羅列한山野에는樹木이茂盛하야、보기만하야도、三伏의炎熱을니저버릴만치시원하다。 左側에는北漢과恰似한奇峯이連亙하고、樹木이繁茂한高山峻嶺이、보이기를始作하는대、저山의西北方은곳開城이라한다。

그러할동안에벌서開城짱에들어왓다。 左右에蔘圃가듬은듬은보인다。 初行旅客우리들은、사람이如斯히힘을들여서、갈대발로蔘집싸지지어노코、栽培하는것이異常하게보인다。 世界的名聲을得한高麗人蔘은、이갓치細密한保護下에서栽培되여六箇年後에비로소專賣局으로들어가나니、或은乾製하야白蔘도되고、蒸製하야紅蔘도되며、또精製하야엑기쓰도되여、年額二百三萬圓에達하니、如斯히巨大한金額이、開城을中心으로하고收益되는것이다。그러함으로人蔘이라하면、곳開城을聯想하게된다。

이갓치感歎할사이에、列車는벌서開城驛에到着하얏다。

高麗朝四百七十年의首都開城은、只今도人口가三萬六千餘요、 郡廳과地方法院警察署·學校等小數의官署가잇서서、小都會에지나지못하나그러하나五百年前녯적에는八道統治의中心이며、文化의源泉이이곳에잇섯다。 前面에儼然히솟아잇는松嶽山南麓에、丹碧燦爛한殿閣과樓培가疊樹層檻을相連하야、녯적王宮의壯麗함이宛然하게眼前에나타난다。 우리는下車卽時에其王宮의遺址인滿月臺

를訪問하기로하얏다。

驛前에는廣大한鐵道公園이잇다。 碧空을遮掩하는老樹가여긔저긔亭亭히서서「이리와서、이幽陰에서쉬여라。 千年前古談을들녀주마」하는듯이보인다。 早春에는華蕙花、그다음에는櫻花가픠며、夏期에는이와갓치綠陰이된다하오。 그리하고人蔘을製造하기爲하야建設한專賣局出張所를지나左便으로가면、밧가온대큰碑가서잇다。 그곳은昔時의寺院이나宮殿의遺蹟인듯하다。 그다음에도쏘여러가지石碑가서잇다。

如斯한古蹟을구경하며가는길에、淺黃色으로塗한極히近代的氣分을發揮하는큰建物이보인다。 그것은面事務所인대、그內部의設備도完備되엿다한다。

大路左側小丘에는堂堂한石造의大建物이잇는대、그것은公立商業學校다。 此는實로五百年來全朝鮮經濟의中樞가되엿잇든開城에適當한設備라할수잇다。 開城에는이外에도公私立男女學校가多數히잇다한다。

道路는市街를通하야올나가고、或은나려오며、右으

로채거고、左으로돌아가서、菱圃와果樹園等의사이를지나간다。 문득潺潺하게흘으는小川을건너가면、길兩側에列立한山櫻의무르녹은그늘、이것이곳滿月臺의洞口라。 山腹을向하야三層이나되는平坦한廣場이잇다。 어느廣場에는荒草가茂盛하야、其間에大小의礎石이듬은듬은露出하야、往昔에잇든樓門과殿閣의遺蹟을가르치는듯하다。 이로부터數十級의石階를一次二次올나가면、最上에는高麗王宮의正殿遺址가보인다。 그저편으로널니노여잇는礎石은、千百의宮女가朝夕으로鶯蝶과갓치

歌舞하든後宮의遺蹟인대、至今은저갓치寂寞한狀態를不免하얏다。

二萬五千分之一의地圖에對照하야、現在의開城市街를中心으로하고、四方을돌아본즉、멀니四郊를둘너섯는高麗當時의城壁에包括된地域은、實로廣大하다。 그안에處處散在한寺院의遺蹟이만은것을보면、佛敎의全盛함이얼마나極度에達하얏섯든지能히알수잇다。

暫時徘徊하다가、또그곳을辭하고、開城에有名한桃園과、蔓草가纏繞한壇垣을세고、東大門趾를訪問하

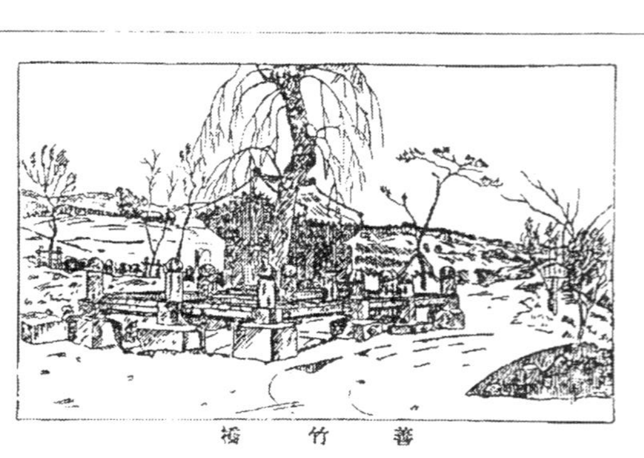

善竹橋

얏다。 處處에보이는家屋은모다質素하나、花草를심어庭園을치장한집이만음을보면、堅實한開城人의生活半面에如斯히幽雅한趣味가깁흠을可히알지니、이것이或舊都의遺風이아닌가한다。

이갓치四面을顧望하면서、얼마동안을前進하니、左便

鄭圃隱 名은夢周니、圃隱은號라詩

은彩霞洞、右便은善竹橋라하는道標가서잇다。 彩霞洞、그엇지아름다운名稱이아닐가。 그곳에서藥水를掬飮하고、綠陰을의지하야、淸遊하는男女가만이잇섯스나、今日은우리가開城人士와갓치消暢할餘暇가업는故로、바로善竹橋를向하야、奔忙히行進하얏다。

淸溪는道傍長堤를쌀아흘너가고、楊柳는溪畔을의지하야列立하얏스니、그千枝萬條가微風에나붓겨서、그그림자를淸流에던진다。 그버들아래에、한적은碑閣이잇스니、그것은鄭圃隱의泣碑라한다。 그

文에能하고、程朱의學에通하얏고、高麗朝末恭愍王을事하야[illegible]되엿다니距今約五百六十年前에李가有하야暗殺되니라、

압헤는쌀은欄干의石橋가노여잇스니、이것은善竹橋라。 善竹橋이편에는丘陵을등진큰碑閣이잇스니、이것은圃隱의義烈을傳하기爲하야、李朝에서建設한것이다。 그런대그丘陵은公園이되고、其丘陵에連接하야虎亭과崧陽書院等이잇다。

汽車時刻이臨迫한우리는、成均館·太平館·七重石塔·顯陵等의名勝舊蹟을周覽할時間이업슴으로、그것은後日로期約하고、急히開城驛을向하고回程한나有名한高麗器도購買할사이가업시、門閭旌表의碑가森立한데와、商店이櫛比한西本町·南大門·東本町

을通過하야、京城行列車中사람이되엿다。

第五課 遠足의請誘

玉順氏、오날算術時間에는여러분이그갓치잘맛치서서、先生님께서매우조와하신것을生覺하면、우리의깃붐은實로比할데업지오。 來週에는더잘하도록하십시다。

그러나猝地의일이지만은、含生有志들이相議한結果、明日만일日氣가조흐면、北漢山으로遠足을갈가하는대、당신께서도아마同行하실줄로밋슴니다。우리들은입으로는매우튼튼한테하지만은、二十分이나三十分쯤테니쓰를하야도疲困한일이잇지요、그것은運動의素養이不足한싸닭이오。 그런즉、더욱身體를鍛鍊하지아니하면아니되켓지요。

日氣도좃코、해도긴이째에、한번北漢山에올나가서、脚力도試驗하고、心身도鍛鍊하야보고저합니다。地理敎師山田先生님과理科敎師金先生께서引率하시고가실터이니、이번遠足에는所得이만을줄로생각합니다。 쏘年老하신舍監李先生님께서도가신다하니、우리들이아니갈수잇슴닛가。 朝夕으로바

라보든저壯嚴하고도雄傑한北漢山頂에올나가서、이下界를한번나려다볼것갓호면、그엇지爽快하지아니하겟슴닛가。 尊堂제엿주어서、쏙가시도록하셔요。

明朝의時間은조곰일슴니다。 午前六時에、寄宿舍뜰에集合하야、卽時出發하야北門으로나가서、올째에는倉洞으로나와、汽車로午後七時에南大門에到着하야、卽時解散한다합니다。 그런데例年春期에南山에올나가는것과는달으온즉、아모조록輕裝으로신발은메투리가조흘듯하오며、쏘스케치색과點

心을가지고、帽子를쓰시고、雨傘은가지지마시도록
하시오。 其外에繃帶와藥品은우리들이準備할터
이니、달은念慮는조곰도하실것업서요。
당신은小博物學者시닛가、어련하실理는업겟지만
은、採集用또ㅣ랑도가지고오십시오。 만일鈴蘭이
잇스면、만이採集할터이니、좀너어주서야지요。
宅으로가서말삼하고십흐나、準備係가되여서奔忙
한故로、片紙로괴별하오니、尊堂께엿쭙許諾을어드셔
요。
그러나萬一不得已한事情이잇서서、못가실터이면、

이回便에곳答狀하야주시기를바랍니다。

土曜日午後三時

寄宿舍에서 朴春子

崔玉順氏 侍案

第六課 禽獸의敎育

어느博物學者가海鳥가그삿기에게헤염하는법을
가르치는것을精密히觀察하고、記錄하야둔글을닑
어본즉、確實히一定한目的과方法이具存함과갓치
生覺하얏다。

爲先어미새가生鮮한마리를잡아서、반쯤죽여、삿기잇는곳에서、一二尺의距離에노아두고、그삿기로하야금이것을잡게하야、여러번이갓체練習을식혀서、百發百中으로取할수가잇슬때까지練熟케하고、다음에는三尺距離쯤좀먼곳에노아두고、또그것을잡게한다。 如此히次次敎導하야、나죵에는저혼자라도獨立生活을할줄로確信한然後에야放任하는것이다。 年前에上野動物園에잇든鶴으로말하야도、그삿기를정성스럽게發育하는대、처음에는미꾸리를잡아먹이고、다음에는미꾸리를水中에서놀게하

고、이것의잡는練習을식히고、삿기의날개가조곰커진後로는、어미새가압헤서서、한번左로向하야날며、또右로向하야날너서、順序와規則잇게飛去飛來하는方法을가르치고잇는것을보앗다。

또獸類에對하야보아도、同一한方法으로삿기를가르치는種類가決코不少하다。 猫를길은사람은잘알겟지만은、어미고양이가쥐를잡을때는、반다시傷處를내여서逃亡하야갈수업슬만치弱하게만들어노코、산대로삿기고양이에게주어서、이것을물어죽이는練習을식힌다。

印度에서虎獵한사람들이記錄한글을본즉、호랑이를잡은後에其窟속을搜索하야보면、山羊과野牛의屍體에목과갓흔重要處에는큰호랑이의齒痕이만이잇스나、달은部分에는삿기호랑이의적은齒痕이만이잇다고하얏다。 이로써推測하면、猛獸는他獸類를捕殺하는方法을삿기에게練習식히는것이普通인것갓치生覺한다。

그런대此等은高等動物인故로、身體의構造도複雜하고筋肉이며腦髓도非常히發達된故로、假令어린삿기가어미에게保護와養育을바더서、體形은完全

히長成할지라도、筋肉과腦髓의作用이鈍하야서는到底히生存競爭에지지안코子孫을繁殖케하며、種族을維持할만한能力이업슬것이다。 그런고로此等動物은오즉삿기를바아서、保護할뿐아니라、더욱이것을敎導하야、筋肉과腦力을發達식힌然後에비로소放任하는것이다。 (女子國文敎科書에據함)

第七課 孟母

孟母는鄒人孟子의母시니라。 孟子幼時에일즉父喪을遭하시고、母에게養育을바드실새、그집이墓地

近處에在하야、日常聞見이埋葬等事인故로、그遊戲를함에는恒常踊躍築埋함을본바ᄃᆞ시더라。 그後에市場近處에移住하얏드니、商賈의하는일을본바다、買衒하는貌樣을빅히시거늘、孟母ㅣ갈오매「此는子를養育할곳이아니라」하고、이에學堂近傍으로轉居하얏드니、孟子가이로부터學生의習禮함을見하고、自己도亦是俎와豆를設하고、揖讓과進退하는法을練習하시거늘、孟母ㅣ갈오대「이곳은참子를敎育할곳이라」하고、因하야時時로勉勵케하야써、孟子의學問이漸漸進就하시니라。

孟子가一日은東家에서猪를屠함을보시고、其母께물어갈오대、「東家에서何故로猪를屠하나닛고。」

하시거늘、孟母가戲言으로써、

「汝에게啖케함이라。」

하고、少頃에後悔하야갈오대「古人은胎敎를하얏다하는대、至今實行이無한事로써戲言을함은、詐를敎함이라」하고、가만이猪肉을買하야孟子에게與하니라。

孟子ㅣ成長하신後에、母를離하야遠方에遊學하시

다가、卒業치못하고家에歸하셧드니、孟母가織機에在하다가갈오대「何故로歸來하얏나뇨」하고、急히刀로써織物을截斷코저하니、孟子가大驚하야그緣故를問하신대、孟母ㅣᄀᆞᆯ오대、

「君子는知識을博洽히하고名譽를闡揚케하며、身을安히하고禍를無케함이當然하거늘、汝는今에學問을不勉하고、中途에歸來하니、此는織物을中截함과무엇이달우리오。 女子는家業에부지런치아니하면、自身을發하지못할지오 男子는學業을마지아니하면、善人이되지못하리라。」

하니、孟子가이에大悟하사、孔子의孫子思에게就하야勤學不怠하야드듸여聖賢이되셧나니라。

(中村惕齋 比賓鑑에據함)

第八課 朝鮮米와棉

우리朝鮮은農業地로有名하니、穀物·菜蔬·果樹·棉·麻等一般生活에必要한農産物을耕種함에適合치아니한곳이업다하야도過言이아니오。 다만農業에

關한新知識이아주普及치못하야旣墾地에도荒廢
한處가多하며未墾地에投資하는사람들이極少함
으로아주도朝鮮土地에存在한天然財源을充分히
發揮하지못하얏소。
그러나最近十餘年間努力에依하야農業의生産總
額이約十四億萬圓에達하얏소니其中五億五千萬
圓이米의産額이오。 此를觀하면朝鮮의가장主要
한農産物은米穀이라하겟소。
米의品質도年年히改良되며內地에移出額도不少
하니其中에南鮮米는品質이가장優良함으로木浦

를中心으로하고集散額이不少하니라。
朝鮮에서는原來米가五穀中의第一主要한地位를
占하얏소나品質이良好치못함으로收穫額이僅少
하얏소。 그러한데至今으로부터約三十年前에朝
鮮各地에大洪水가有하야田畓全部가荒廢하얏슴
쌘아니라穀物의種子까지업서젓소。 人民들은饑
饉을不免하고冬節을纔過하얏는데於焉間春風이
吹하고布穀이鳴하야農節을當하얏소。 그러나秋
期收穫의根本되는穀種이全無함으로農家의悲慘
은勿論이오一般世人도將來를憂慮하얏소。 맛참

其時에南鮮沿海에出漁하는內地漁父가糧食으로稻를持來한것을보고、그地方人들은價額의多寡를不問하고、그것을購入하야、播種하게되엿소。 漁父들은此를好機로思하야、漁業을中止하고、九州方面으로부터稻種을運搬販賣하야、巨額의利益을得하얏소。 그리하야九州稻種이次次南鮮地方으로부터江原道地方까지傳播되엿소。 當初에洪水의不幸을當한것이、도로혀朝鮮米質의改良을促進하는好運이되엿소。 이로써보건대、塞翁馬의得失이라함이、엇지此에適切한格言이아니오。

朝鮮農業界의將來에多大한希望잇는것은上述함과갓치米라하나、其外에棉도또한其中의一이라하겟소。 棉花는咸鏡北道를除한外에는、多少間에栽培치아니하는地方은업소。 그러나其中에全羅南北·慶尙南北四道는가장主要한産地로有名하고、其次에는忠淸南北道이오。 旣往부터栽培하든在來棉이라도、纖維가長하고、彈力性이富하나、改良種의陸地棉은纖維의品質이一層優良할뿐아니라、棉花의收穫과솜의繰出하는分量이非常히豐富하야、紡績原料로는가장優勝한勢力을가겟소。

在來棉은元來支那로부터傳來한것인대、高麗使臣文益漸이支那에갓다가、其地方一帶에白雪과갓흔棉花가滿發한것을보고、참美麗하고奇異하다하야、其種子를筆管에너어서가지고、歸國하얏소 그것을自家花園에栽培하얏드니、아름다은꼿치픠고열매가맷첫다가、그열매가터져서、純白色의棉花송이가發現하얏소。 이것을구경한이웃사람들은勿論하고、모든사람들이다토아其種子를求하야、맛참내各道에傳播되엿다하오。

第九課 兎의肝

녯날에東海龍女가무슨重病이들엇섯소。 그때그病을診察한醫員은말하되、

「이病을治療하랴면、암만하야도、토기의肝을求하야쓰기전에는、달은道理는업겟습니다。」

하얏소。 그러나海中에토끼가잇슬싸닭이업서서、이것을엇지하면조켓느냐고、座中이모다걱정만하고잇섯소。

이때맛참거북한마리가龍女에게告하되、

「제가비록才操는업소나、뭇헤나가서、반다시륙기

를잡아온너이니, 決코근심하실것이업슴니다。

하고, 卽時陸地에나와서, 토끼를차저보고, 甘言利說로꾀이기는,

「여긔서갓가운海中에섬하나가잇는데, 그섬에는맑은샘이잇고, 큰바위도만으며, 숩풀이茂盛하고, 果實이만을뿐아니라, 춥도안코, 덥도아니하더라。또그뿐아니라, 네가第一무서워하는鷹犬은하나도업스니, 네가萬一그섬에들어가고보면, 一平生을便安하게잘지낼것이다。

하얏소。 톡기는그만거북의꾀임에싸져서, 아모疑

心업시그섬으로갓치가기를請하얏소。 거북은톡기를제등에업고, 헤염을쳐서, 二三里쯤가다가, 톡기를돌아보고,

「이번에우리龍女께서重病이드섯는대, 醫員의말이, 톡기의肝을쓰면, 반다시平復이되시겟다하기에, 엇더케하면그것을求할가하다가, 多幸히너를맛나서, 업고오는것이다。

하얏소。 톡끼는臨時變通으로거북을속여對答하되,

「응, 그러냐。 그러면그말을웨진작하지안앗느냐。

나는本來神明의子孫임으로、마음대로五臟을쏘내여씻어서、다시집어넣키를잘한다。 오날도배속이조곰不便하기로、五臟을쏘내여씻어서、그데로바위맛헤너어두고、瞥眼間네말에홀녀서、깜박니저버리고、그대로업혀왓소니、이일을엇재하면조흔말이냐。 그러면卽今은업어간대도所用이업다。 다시그곳으로나가서、肝을가지고와야하겟다。 나는肝이잇서도살고、업서도살지만은、너는내肝만가져가면、龍女의病도낫고、너도賞을받들터이니、彼此間에엇지조흔일이되지안켓느냐。

하얏소。 거북은톡기의말을밋고、다시陸地로업고나왓소。 톡기는얼는뭇헤나려서、숩풀속으로들어가며、

「나도네게속앗지만은、너도未練한놈이다。 世上에肝을쏘내고살動物이어듸잇겟느냐」

하얏소。 거북은어이가업서서、아모말도못하고、물속으로들어가버렷소。

(三國史記에據함)

第十課 忘치말고、時를惜하라

人類는動物中의最靈한者라。 그러나만일活動치

아니하면、心身이虛弱하야져서、맛참내夭死할지니、譬컨대卽自轉車가運轉할동안에는서서잇지만은、停車하면卽仆倒하는것과말음이업나니라。 自己의할일이잇스면、寸陰이라도虛送치말고、恒常活動함이可하니、如此한注意는特히女子에對하야가장緊要한바이니라。

옛적에한有名한사람이잇서、初에는微賤하드니、地位가놉하진지라。 或이問하야曰、

「公께서오날날地位를得하심에는、무슨祕訣이잇슴닛가。」

한즉、그사람이對答하야曰、

「余는그다지迂遠한일을希望하지안소、 如何한職務에臨하든지、다만寸陰을是競하야、專心으로忠實勤勉할쑨이오、 그外에는特別한計策이업소。」

하니、其人이그말을듯고、크게感動하야、自己의遺言中에、그語句의一條를記入하얏다하니라。 俗談에「常用하는鍬는光을放한다」하얏스니、間斷업시活動力을繼續하야專心勤勉하는者는、何事에든지成功함이自然한理致니라。 또「流水는썩지안는다」하는

古語를생각하야보아도、懶惰하야歲月을虛送하며、
貴重한時間을消毁하는者는、그心性ᄭᅡ지懦弱하고
品格이鄙劣하게되여서、그營爲하는業務의功을成
就하기어려울뿐아니라、終乃에는그職業을잃어버
리고、道路의彷徨을未免하리라함을反面으로깁히
警戒함이니라。
經濟라하는語句中에는、여러가지意義가包含되엿
스니、非但金錢上關係만謂함이아니라、其外에도勞
力의經濟、時間의經濟等도잇나니라。　金錢의經濟
는人人이熟知하는바이오、또留意하는바이나、時間
의經濟에至하야는、實行하는者가比較的稀少함오
로、此를緊要하게아는사람도年한甚少하니라。
金錢과勞力의經濟는、適當한方法을隨하야回復할
수가잇스나、如何한手段으로든지、回復할수업는것
은、오직時間의經濟이니、이時間의經濟는한番일어
버리면、到底히回復할수업는것이니라。　그런즉、이
世上에時間보다더貴重한것은更無할지니라。
「時間은黃金이라」하는俚諺이잇스나、黃金의貴重함
이엇지時間의比類가되리오。　時間은黃金보다더
一層貴重하니、眞實로人生의生命이라하야도過言

이아니니라。

(改訂女子修身教科書에 據함)

第十一課 물은萬物의母

물은萬物을生育하는慈母요。 물이업스면、草木·禽獸들모든生物은모다그生命을保全할수업고、왼地球는一大沙漠으로變할터이오。 譬컨대우리의母親이부엌에계실때는飮食을料理하고、房안에계실때는衣服을裁縫하야、終日토록우리를爲하야수고하시는것과갓치、물도또한間斷업시地球의表面을적셔서、溪流가되고、江河가되여、맛참내바다로들어

가오。 이리하야、꺼긔서다시水蒸氣가되여空中으로올나갓다가、또이슬이되고、비가되여、또다시河海의源泉이되여恒常循環하야、一分一刻도쉬지아니하오。

地球表面의四分의三은바다요。 그뿐아니라、陸地에도江湖·河川이到處에잇스니、이것을모다合하면、물은그面積이더욱만아질터이오。 地球上에잇는萬物은、實로물의惠澤을닙어서、生育하며繁殖하는것이오。

온갓生物은居處를變치안코도、空氣는呼吸할수잇

스나、물에對하야는그러치아니하야、그것을求하랴고、往往遠隔한곳으로가는일이적지안소。 이는卽엇더한地方은물이貴한곳도잇고、또溷濁한물이나、海洋의물은、그대로飮用할수업는까닭이오。 그런故로사람도이것을求하고저遠隔한곳으로가는일이잇소며、鳥類는두날개로、獸類는네발로、湖畔에나溪流에모여드는것을볼수잇소 그러나草木은禽獸와갓치自由로그居處를옴길수업슴으로、뿌리로써地中에잇는물을吸收하야、養分을삼으오。

이갓치물은萬物을生育하고、晝夜로그繁殖을助成

하는것이요、 그런故로물이잇는곳에는、草木이繁殖하고、禽獸가모여드오。 自然의排布는果然絶妙하다할수밧게업소。 사람이萬一自然界의저갓흔事情도生覺지못하고、함부로森林을採伐하야、水源을말으게할것갓흐면、그結果는엇더하겟소。 洪水가번번히나서、山은무너지고、골은파뭇치며、田畓은떠나가고、人畜은傷害되며、渺茫하든沃野는忽然荒凉한한沙漠이될것이오。 이를生覺하면、엇지두렵지아니하겟소。

(修訂高等女學讀本에據함)

第十二課 心身의淸潔

吾人은恆常心身을淸潔케할지니、身體의不潔은衛生上에害가될지라。故로각금沐浴하야、身體를淸潔케할지니라。沐浴에는溫浴이盛行하나、그러나其外에每朝에冷水摩擦又는冷水浴을行하면、皮膚를淸潔케하는同時에、其抵抗力을强하게하는效果가有하니라。

衣服은恆常淸潔한것을着用할것이며、特히日用服은一層注意하야、時時로洗濯을行할지니라。汚染된錦衣를着用함보다、淸潔한綿布를使用함이、衛生

上은勿論이오、容儀가端雅하고、心身이爽快하며、이로써其人의品格은高尙함에至할지니라。

家屋의不潔은心神을不快케할뿐아니라、病毒을貯藏케하고、傳染病을媒介하는事가多하니、恆常掃除를怠惰케말고、日光의採入과空氣의流通을良好케할지니라。또其周圍까지라도恆常淸潔히하야、下水와塵芥等의滯留가업도록注意할지니라。

不潔이라함은身體·衣服·家屋에限할뿐아니라、言語·動作等에도此를發見할지니、卽鄙劣한言語나、不善한行動은、此가또한一種의不潔이니라。此等은他

人의惡感을닐이키고、自己의品位를墮落케하며、甚함에至하면、禮儀에違反됨이잇슬것이니、그러한즉吾人은日常言語를鄭重히하며行動을篤實히할지며、女子에在하야는더욱注意할것이니라。

外部를淸潔히함과同時에、內部도또한淸潔히함을要할지라。 各種의邪思와妄念은모다內心의垢라。此心垢도身垢와갓치不可不洗除할지니、心身이모다淸潔한後에야、비로소淸淨無垢한人이라謂할지니라。

(改訂女子修身敎科書에據함)

第十三課 蠅

파리는諸君의보는것과갓치、微小한昆蟲에不過하오。 그러나우리人類에게주는害毒은實로적지아니하오。 玆에파리한마리가잇다하면、한번에約一百二十箇의卵을産하나니、그卵은盛夏에는一週乃至二週以內에孵化하야파리가되며、또이것들이各其多數의卵을産하게되오。 이갓치녀름동안에파리의蕃殖하는힘은참놀낼만하오。 어느學者의實驗談을들은즉、파리한마리의春節부터産하는卵이하나도살축엽시孵化할것갓흐면、秋節에至하야는五億匹이나됨다하오。便所等不潔한곳에서蠢動하는灰色의小蛆는無非파리의幼蟲인대、그幼蟲이長成하면蛹이되고、蛹이化하야蠅이되니、如斯한小蛆는卽蠅의本親이오。

파리는便所·下水溝·塵芥置場·馬廐及오양간等냄새나고、더러운곳에서날너와서、우리飮食物의甘味를吸取하고、또卵을產하오。 그多數히飛來하는파리는勿論발도씻지안코、如何한飮食、如何한器具에든지、조곰도忌憚업시벌떼갓치모여드오。 그발에는가는털이無數히잇서서、그것으로여러가지汚穢物

을뭇쳐다가、우리의飮食物과匙箸·器皿等에塗付하야、우리들에게무서운害毒을配達하는것이、맛치郵便配達夫가郵便物을分傳하는것과갓하오。

虎列剌·赤痢·腸窒扶斯等의病根이되는各種菌은、우리의眼力으로는觀察할수업스나、이것들은모다不潔한곳에잇는것이오。 파리가飛去飛來할때마다、그病菌을뭇쳐다가、우리人類에게媒介하는故로、오날까지如許한病에罹하야死亡한者도不尠하오。그런즉如許한病源을豫防함에는여러가지注意도잇스나、第一그媒介者되는파리를撲滅함이必要하오。

近來에는府郡廳에서金錢을消費하야、파리의驅除를勵行함도、傳染病을豫防하야、人民의生命을保護코저하는所以요。

世上에는잇서서利益될것도만코、利치못한것도잇스나、파리는조곰도利益될것이업는것인즉、아모조록잡고잡아서全滅을식히는것이좃소。 우리들은竊盜를念慮하야、日暮하면곳門戶을堅閉하나、竊盜는財物을取할뿐이고、人命을奪함은稀少하오。 그런대엇지하야사람마다財物을取하는竊盜는念慮하야、嚴密한注意를하면서、自己의生命을奪하는파

리는그대지念慮치아니하오。 파리는實로우리들의生命을盜賊하는者인즉、各種方法으로그것을蕃殖치못하게하며、또撲滅하기에勞力하며、飮食의貯藏을愼重히하야、우리生命의盜賊卽파리를滅種케한後에、安心生活하도록特別히注意할것이오。

第十四課 生命保險

文明國에서는保險事業을經營치아니하는者가無하니、保險이란者는少數人의損害를多數人이分擔하는制度라。 實로人類生存의本旨에適當한事業

이니라。 此保險事業은此를經營하는者卽保險者와、保險에드는者卽被保險者가、서로契約을締結하야、保險者는被保險者로부터一定한契約金은年賦或月賦로領受하나니、萬一契約者가不幸이有할時는、約束金을被保險者又는保險金을受取할者에게支拂하는것이니라。

玆에二十歲된사람이五十歲를滿期로定하고一千圓의養老保險을契約하얏다假定하면、契約金은一年에三十圓이될지며、其支拂은반다시一年一次에定限함이아니라、年數回或은月賦로排納하는것이니、月賦로할時는每月生活의餘裕로一二圓式支拂함을得하는가장便利한方法이니라。 一次契約이成立되면、第一回의契約金을支拂한以上에、被保險者가萬一災害나急病으로因하야不幸한時는、保險金一千圓은遺族에게歸할지며、ᄯᅩ被保險者가無事히五十歲를享壽한다하면、自己가그保險金을領收함은勿論이니라。 ᄯᅩ終身保險이라함은、被保險者의死後에至하야支拂하는契約이니、滿期의制限이無하며、ᄯᅡᆯ아서그契約金의率도非常히低廉하니라。

生命保險을契約할時는、爲先醫師의身體檢査를受

할지니、身體에疾病이有한者는拒絶을當하는事도有하며、또身體의健康與否에依하야契約金에도多少의差異가有하니라。

生命保險以外에傷害保險이잇나니、이는傷害로因하야不得已業務를廢할時의保險이오。 其他建築物·動産等에對한火災保險、船舶이나其荷物의遭難에對한海上保險等保險事業의種類가頗多하니라。

現今我國에서經營하는保險會社는、全國을通하야六十餘가有하니、그中에는外國人의經營에屬한것도二三이되나니라。 그런대保險을契約코저하는者는、아모조록基礎가鞏固한會社를選擇함이必要하니라。

近年我國政府는二百五十圓以下의簡易生命保險을經營하야、一般貧民에게多大한便宜를與하니、此에는身體檢査를受할必要가無한때이것은아즉朝鮮에서는行치아니하나니라。

(女子國文에據함)

第十五課 奈良

奈良縣은歷史의地며、名勝의地며、美術의地며、宗敎의地라。 日本古史를讀한者는能히그遺蹟의多數

함을知得할지니라。 그中에도奈良市附近이最勝하니、奈良市는大和平野의東北에잇서서、東으로三笠山을負하고、西으로生駒·金剛等諸山을對하얏나니라。

大抵元正天皇으로부터桓武天皇께옵서平安에遷都하옵서기까지七十餘年間에建設된神社·佛閣等의美麗宏傑한建築物이至今까지巍巍然殘在하니、此를觀할지라도、日本古代에文藝·美術의中心地가됨을知할지니라。 西洋人들이此地에來遊하고、奈良의風物은美酒와如하야、陶然히遊人을自醉케한

元正天皇 距今約千二百年前의天皇。 桓武天皇 距今約千百四十年前의天皇。

奈良

다하얏스니、此言이實로過讚함이아니로다。

此地를一次遊覽하는者는、爲先三笠山의秀麗함만보아도心神이爽活하며、春日社前에至하면、空中을遮蔽한老杉의風聲은、精神이灑落하고、猿澤池畔을逍遙하면、鹿이成群하야、遊客을親切히送迎하는듯、宛然히仙境에入함갓고、巨大한金銅의佛像들

은古代의盛事를말하는듯、春日社·正倉院·東大寺·의雄大壯麗한殿宇와、與福寺의南圓堂·北圓堂·東金堂·西金堂五層塔의蒼然한古色과、帝室博物館에陳列된物品等은、모다觀覽者로하야금一千年前舊感을惹起하는도다。 만일春風秋月을當하면、花樹楓葉이滿山遍野하야、千紅萬綠이活畫江山을成함으로써、丹青의奈良이라名稱하나니라。 佛殿·社塔等의建築制度는特히朝鮮과相似한者가頗多하니、奈良朝當時에朝鮮文物의交通이緊密하얏든事를足히追想하겟더라。

第十六課 俚諺

審愼

既失其牛하고、乃葺厥廐라。

一日之狗가不知畏虎라。

善攀者는落하고、善泅者는溺이라。

發怒蹴石하면、我足是痛이라。

戒慾

既乘其馬면、又思牽者라。

我腹既飽면、不察奴飢라。

鷄效鶴步면、輒破厥膀니라。
逐彼山豕라가、幷失家猪라。

第十七課　母女間往復書簡

어마님젼　상살이

문
안알외옵고물어온후여러날되오나
문안듯잡지못하와고향을바라보고일셕의ᄉᆞ모하
옵는하정은실로견듸기어렵사오며요사이련하와
긔톄후일향만안하옵시고　아바님긔력대단못지

아니하시고오래비ᄂᆡ외도일안하옵고질아도충실
하오넛가두루복모부례옵지못하오며셕은아족몸
셩히잇삽고　존당에서안녕하시오니복힝이옵나
이다　어마님슐하에서어리광만피고지내옵다가
ᄭᅮᆷ결갓치ᄯᅥ나와서ᄇᆡᆨᄉᆞ에ᄉᆡᆼ소하고서어하와아족
향방을짐작지못하오니불민함을이긔지못하오며
쥬야로조심되여몸둘곳을아지못하겟사외다알외
올말삼무궁하오나
하감하옵심젓사와이만알외오며내내
긔후만강하옵심바라옵나이다

아모집보아라

너를어린ᄋᆡ헤갓치잠시떠나지못하고지내다가졸디에떼쳐보내고몃칠이되도록겻헤잇서도보지못하는듯잠들기전에는잠시도닛지못하야궁금하든ᄎᆞ글시바다보니비로소네가집을써난지오랜줄을깨닷고반가운마음은둘재요섭섭한회포새로히간절하다요사이모시고신상안길하며 존당에서안녕하시다하니그만다힝이업다여긔는너의 어르

년월일석 살이

신네ᄶᅢ서안녕하시고집안이무고들하니다힝이다나는너를보낸후잠시도니즐수업스니세상에지중한것은모녀의정이다그러하나녜글에하얏스되녀ᄌᆞ의유힝은원부모형뎨라하얏스니녀필종부는ᄌᆞ연한법리라집싱각너무말고일으나느지나조심하고공경하야구고를지셩으로밧들어녜사람의효도를본밧고군ᄌᆞ를공경하야섬겨서쓧을어긔지말며제ᄉᆞ를정셩으로밧들어신명이감동하시게하고형뎨간에우익를돗탑게하야가도가분란케말며일가가돈목하야화긔를상치말며비복을의휼하야원망

이업게하고빈ᄀᆡᆨ을실심으로졉ᄃᆡ하야군ᄌᆞ의낫을
내고치산을부ᄌᆞ런히하야궁핍함이업게하고몸을
단졍히가져남이법을밧게하고언어를간졍히하야
시비를멀니하고빈궁한사람을보거든교만한마음
을내지말고남은옷과밥을주어덕을닥그며밤에잠
을ᄒᆞᆼ샹사로자서도젹과화ᄌᆡ의불우지변을방비하
야ᄇᆡᆨᄉᆞ에마음을쥬밀하게써서소홀함이업게하야
라
녀ᄌᆞ의하는일은한번잘하면집이흥하고한번잘못
하면가도가쇠삭하는법이니엇지두렵지아니하리

오녀ᄌᆞ의평ᄉᆡᆼ고락을한가지함은남편이니ᄇᆡᆨᄉᆞ를
네마음대로하지말고남편과샹의하며그의지휘대
로승순하야라만일가장을압시하고ᄌᆞ의로하다가
은졍이변하야일죠에멀어지면엇지화락한집안을
닐울수잇스리오부대네도리를극진히하기만밋는
다남녀간에셩인된후는미셩한때와달으니미거한
긔습을다버리고슉녀의아름다운덕힝을본바다큰
칙망을면할ᄲᅮᆫ아니라더욱화평한집안을만들어서
영원한복을밧기를바란다
이옥지환은이왕에너의　한아바님ᄭᅦ옵서나를주

신것인대너갈때에넛고주지못하얏기에이제야보내너이옥과갓치마음을조출히가지고지내여라보낸음식은왼집안이포식들하얏스나네가더욱덕힝을잘닥가서싀댁에사랑을밧친다하면고량진미를날로보내는것보담낫겟다고싱각한다어둑다적지못하며내내모시고안길한쇼식듯기바란다

년월일모답

第十八課 薛氏女의貞節

新羅薛氏女는栗里民家의女子인대、비록寒門의單族이나、容貌가端正하고志行이皎潔하야、보는이마다欽羡하지안는者ㅣ無하더라。 眞平王의時、薛氏의老父가國境防戍에當番된지라。 薛氏ㅣ그父가衰老함으로써、참아멀니離別치못하며、또、女子의몸인故로、隨行치못함을恨歎하야、다만스스로愁悶하더라。 그때嘉實이라하는少年은、비록貧窶하나、그러나그志操는貞男이라。 맛참薛氏가그父의늙게從軍함을근심한다는말을듯고、드듸여薛氏께請하야갈오대、

「僕이비록一個慵夫ㅣ나、스스로嚴君의役을代行

眞平王 距今約千三百四十年前新羅第二十六代의王

코저하노라」

하니、薛氏ㅣ甚히깃버하야、父께告한대、父ㅣ嘉實을

引見하야曰、

「들은즉君이老夫의行을代코저한다하니、感謝함

을이긔지못하야써、갑흘바를싱각하노라。 君이

만일嫌忌치아니하면、願컨대幼女로써君에게들

이게노라」

하니、嘉實이再拜하야曰、

「敢히望치못하나、진실로願하는바로소이다」

하고、退去하야婚期를請하거늘、薛氏ㅣ갈오대、

「婚姻은人倫의大事ㅣ니、可히倉猝에못할지라、妾

이임의마음으로써許하얏스니、죽음이잇슬지언

정、變함은업스리니、願컨대君은슈자리에赴하야、

交代를하고돌아온然後에、日을卜하야禮를成함

도늣지안타」

하고、이에鏡을取하야、半을分하야、各各一片을가지

고、일오되、

「이것으로써信을삼는바ㅣ니、後日에맛당히合하

리라」

하니라。 嘉實이一匹의馬를有한지라。 薛氏다려

일으되、「此는天下의良馬ㅣ니、後에반다시有用하리라。이제나는步行하고飼養할人이無하니、請컨대머물너두라。」

하고、因하야하직한後에、길을떠나갓드니、맛참나라에、事故가有하야、슈자리의交代를不許하는故로、嘉實이六年동안을슈자리를살고、돌아오지못한지라。

父ㅣ女다려曰、

「當初에三年으로써期約을하얏드니、이제임의六年이지낫스니、可히他人께嫁할지니라。」

한대、薛氏ㅣ曰、

「저즘께父親을便安케하기爲하야억지로嘉實과婚約을定하얏슴애、嘉實이밋고從軍을하야、累年飢寒에辛苦를하는대、하믈며敵境을迫하야、手에兵器를釋치못하며、더구나虎口에近하야恒常먹힐가두려워하거늘、今에信을背反하고言을食함이엇지人情이오릿가。 맛참내敢히父命을좃지못하겟사오니、請컨대다시는그런말삼을마옵소셔。」

하니라。 그父는老耄한고로、그女兒의配匹이無함

을憂慮하야써、强制로시집을보내고저하야、물내里人에게約婚을하고、임의擇定한日에新郞을引來하거늘、薛氏ㅣ굿게拒絕하고、또後慮가잇슬가의심하야、가만이逃亡하랴다가、如意치못한지라。 馬廐에主하야嘉實의두고간馬를보고歎息을하며、눈물을흘니드니、이즘에嘉實이슈자리를다살고돌아왓는대、形骸가枯槁하고衣服이襤褸함으로、薛氏ㅣ몰나보고、달운이로알앗드니、嘉實이그압흐로갓가이와서、破鏡을投하는지라。 薛氏ㅣ此를得하고呼泣을마지아니하며、父母도또한깃버하더라。 因하야擇

日成禮하고、初約대로夫婦가되여、百年을偕老하니라。

(三國史記列傳에據함)

第十九課 日記中에서

十二月一日 (月曜) 晴

아침에일즉닐어나서、日曆한張을떼여보앗소。 아아今年도이것이마조막달이오。 그리하야별안간歲末이거니學期末이거니하는生覺이닐어나서、비질하는손도自然밧부게움직이게되엿소。 오날學校朝會에서、校長先生님의「始終을如一히하라。」하시는말삼을들엇소。 마음이解弛하야지기쉽다는것보다도、노는데는남보다倍나더조와하는내가슴에는、그말삼이一層더사모쳣소。 밤에는二三日前에온雜誌에連續된이약이를着念하야보다가、앗차生覺하고國語와理科의豫習을始作하얏더니、叔母께서그의싸님나의가장사랑하는從弟를따리고오셧소。 우리三姊妹는從弟를맛나서、반가워하며또즈미잇는이약이를하다가、그럭저럭밤이느젓소。

十二月二日 (火曜) 晴、寒。

晴天은되엿소나、昨日에比하면日氣가더욱치웟소。

무심코내여노왓든그무엇이얼어버렷다고、뒤門에서쎄드는소리에잠은깨엿소나、닐어나기실혀서、자리속에그냥누엇노니、먼저닐어나、밧게나가서놀든同生과從弟는房으로들어와서、어름갓치찬손을내쌤에다대는서슬에잠작놀나닐어낫소。

오날도前과갓치同生의머리를빗겨주는대、엇진일인지、오날아침은압흐다、짱긴다하며、얼골을찡그리오。 아마잠이不足한싸닭인듯하오。 나도어렷슬때는이러하얏슬터이라고生覺하면서、귀엽기도限量업섯소。 朝飯을먹고、冊褓를싸노코도、너무치워서조곰더방에안젓스리라고하얏드니, 叔母께서學校에갈時間이느젓다고, 불으시는소리에쌀니나갓소。 공교히電車는지나가고, 오래동안오지아니하얏소。

겨우電車를타고燥急한마음으로校門에들어간즉, 달은生徒들은코따벌서整列하얏소。 나는엇지愧赧하얏는지몰낫소。 習字時間에도손이곱아서마음대로글시가되지아니하얏소。 이번채위는近來稀貴한채위요。 오날내여주신作文에는, 先生님의批評이仔細히써엿슴으로, 마음에즐거웟소。 집에

돌아와서, 해가지기前새지는母親의助力을하고, 밤에는豫定대로豫習과復習을하얏소。 어느때인지先生님말삼하신「緊張한一日」을지낸것갓하야, 자리에누으랴하는至今도깃붐이가득하오。

十二月三日 (水曜) 晴, 寒。 昨日부터三寒。

오날은눈이날녀서, 昨日찬바람보다는조곰나은便이오。 同生들은자국눈이地面에덥힌그우에서강아지를쫏차단가며, 작란을하오。 이ᄋᆞ히들은강아지의동모라고, 모다죠롱하며웃엇소。

「눈에砂糖을섞거먹으면죽는다」고하는말을너히들

잇드니、至今은그것이참말로먹고십헛소。 어린으
히들이야더말할것잇겟소。 學校門에들어설때에
는、運動場四面에서눈편싸홈이한참어울어젓섯소。
授業이始作되자朴先生님께서、오날아침눈싸홈의
性癖은대단합듸다。 工夫하는데도그러케性癖을
내엿스면、하시는말삼에、우리들은참무참하얏소。
저녁에는낫에못다하얏든裁縫과編物을맛치고、地
理의復習으로略圖그리기를練習하얏소。

十二月四日 (木曜) 晴

日氣는치우나、눈은오지아니하얏소。 아침掃除할

때에、어머님裁縫그릇에고은비단이잇는것을보앗
소。 노랑은저고리、粉紅은치마인가、同生의설빔이
겟지、내가지어주고십헛소。 雜誌들에는歲末이라
는文字가만이씨엿소。 書籍店에는벌서正月이된
것갓치、엇더한雜誌든지正月號라고씨엿소。

十二月五日 (金曜) 曇

心理作用인지、오날은조금쌀쌀하오。 朝飯前에同
生은압ᄀᆡ천으로어롬을짓치러갓다왓소。 얼골이
빨개지고、긔운은씩씩한데、숨이차게들어와서、맛잇
게朝飯을먹는저貌樣。「급히먹는밥이목이메인다。」

는뼤말과갓치、試驗臨迫하야急히하는工夫는、도로혀效用이적다。 平常時에精神들여서工夫하야두는것이좃타고、아버님께서말삼하셧소。 오날은地理試驗이잇섯소。 맛참잘復習하얏든朝鮮地方의略圖를쓰게된故로、마음대로그려서매우愉快하얏소。

十二月六日(土曜) 晴、溫

日氣는쌋뜻하오。 오날은午前에授業을맛치고돌아오리라하야、아침부터快活한마음으로登校하얏소。 길에서同級生李英子를맛나서、年末쿠라쓰會의議論을하며、作伴하야갓소。 英語時間에繙譯이마음대로되지못하야、困難히지내엿소。 單語의豫習法이不足하얏든싸닭으로。

저녁에平壤잇는從弟에게片紙를써붓첫소。 冬期休暇에언니와同伴하야京城에오라고。 來日午後에는저寫生畫의끗을맛치겟소。

벌서最終月의第一週가되엿소。 歲月은참빨으기도하오。

第二十課 學校記念日

오날은우리學校의第十五回開校記念日이오。여러先生님과生徒와卒業生들은반가운이날의誕生日을祝賀하기爲하야、아침부터校庭에모엿소。그中接待係·餘興係·講演係等은各其事務를分擔하야、이리저리왓다갓다하며、大端히奔忙한中에도모다깃분빗출띄엿소。

定刻이됨애、一同이着席한後、式場은極히종용한대、爲先校長先生님의訓辭、그다음으로郡守의祝辭와知事의告辭와同窓會總代의答辭가次第로맛첫소。

既往에우리들처름흰저고리검은치마를닙고、날마다이學校에와서工夫하든卒業生들、즉금은남의안

해가되고、한집의主婦가되여서、二人或三人의어린子女의손목을잇끌고式場에參列한언니들도만으오。 그언니들은既往通學할때의일을생각하는마음에、그깃붐을이로측량치못하는듯하오。 그런것을보면、우리들前途의光明을抱한希望도오날은더욱새롭소。

講堂에서窓으로내다본즉、校庭에는數十株의記念樹가늘언히섯스니、그것은年年히심어서、그數가次次增加하야學校의歷史를이약이하는듯、솔솔불어오는맑은바람에흔들니는濃綠한枝葉은、記念日을祝賀하야춤추는듯、校門우에놉히달닌日章旗는펄

떡펄떡記念日의慶事스러운일을길가는사람에게
자랑하는듯, 우리들의즐거운마음에는눈앞에잇는
것이무엇이든지반갑게보이지아니하는것이업소.
또그外에여러가지餘興도족금한참滋味잇는中이
오。　깃부고즐겁다, 오날의하로는해가길어서오래
놀앗스면,
(女子國文에據함)

第二十一課　忌祭例

忌祭라하는것은, 子孫이祖先을追慕하야, 그돌아가
신날을記念하고, 또本生의恩을報答하기爲하야行
하는것이니, 그節次는大概如左하오。

入齋　入齋란것은, 受祭者의死亡前日을謂하오。
罷齋　罷齋란것은, 受祭者의死亡當日을謂하오。
致齋　致齋란것은, 入齋日부터罷齋翌日까지, 身體
와衣服을淨潔히하고, 家中에靜處하야, 歌樂, 雜談
等을듯지안코, 受祭者生時의行動擧止와談笑容
貌等을默思하는것을謂하오。
行祀　入齋日의夜半에祭祀를行하오。
陳設　行祀時間前에祭所를整頓하야, 椅子·床卓·香
案等을排設하고, 茅沙를備置하며, 菓菜等祭需는
먼저祭床에陳設하야두오。
陳設圖

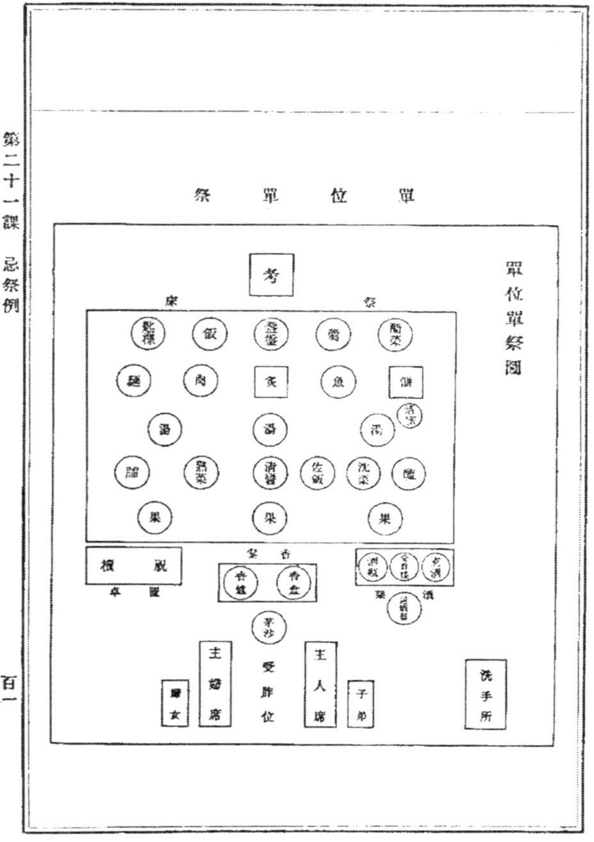
單位單祭
考
祭床
飯
肉
炙
魚
餠
湯
果
香案
主婦席
受胙位
主人席
子弟
婦女
洗手所

單位單祭圖

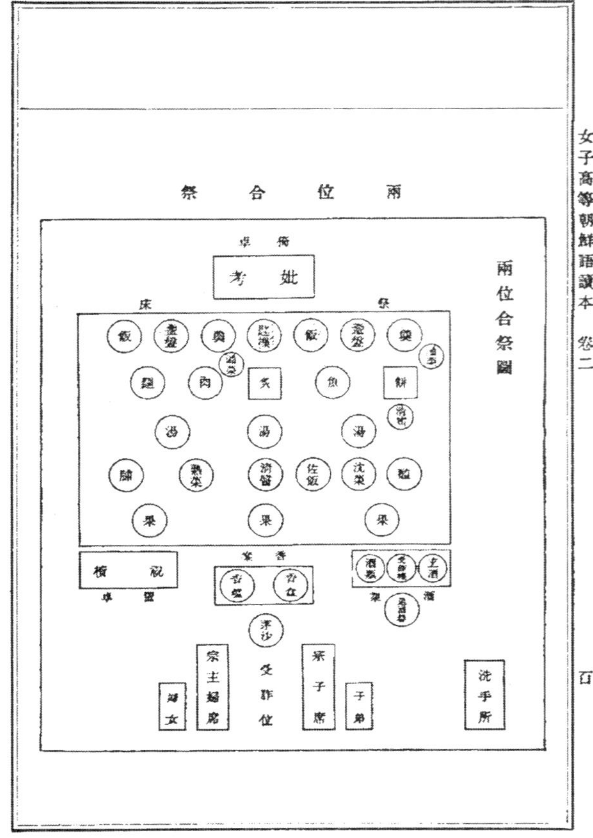
兩位合祭
倚卓
考 妣
祭床
飯
肉
炙
魚
餠
湯
果
香案
宗主婦席
受胙位
宗子席
子弟
婦女
洗手所

兩位合祭圖

出主　主人及主婦는男女祭員을率하고祠堂에가서、神主를모셔다가椅子에奉安하고、神主가업는집에서는紙牓을代用하오。

啓櫝　神主櫝을開하오。

參神　主人及一般祭員이拜禮를行하오。(男子는再拜、女子는四拜)

降神　主人이受胙位에就坐하야焚香(香을右手로取하야香爐에三次入)한後에、一盃의酒를滿酌하야、茅沙中에三次傾注하고拜退하오。

進饌　降神後에는魚肉羹麵餠飯을奉奠하오。

初獻　主人이受胙位에就坐하면、執事가神前의盞盤을取하야、主人에게傳授하고、酒를滿酌하오。主人은그盞盤을正面으로高擧하야、執事에게傳하오。執事는그盞盤을受하야神前에獻하고、또炙을奉奠(亞獻終獻時에도同)한後에一般祭員이跪伏하오。祝執事가主人의左에跪坐하야祝文을讀畢하면、一般祭員은起立하고、主人은拜退(父母祭則或哭)하오。

亞獻　主婦나或은相當者가酌을獻하고、炙을奉奠한後에拜退하오。

終獻　祭員中年長者나或은相當者가半盞酒를酌

獻하고、炙을奉奠한後에拜退하오。

添酌 主人이나相當者가受胙位에就하야、神前을正向하고酒瓶을高擧한後、그酒甁을가지고神前에趍進하야、終獻時半盞酒에滿酌(更히他盞에半酌하야가지고가서)(終獻盞에滿酌하기도함)하고、炙을奉奠한後에拜退하오。

插匙 主婦가祭飯의中央에匙를插하고、箸를匙楪上에整置하오。

闔門 祭員一同이拜禮를行하고闔門하오。(正寢則戶를閉)

啓門(中堂則屛을撤) 闔門後一食頃쯤된때에、主人이噫歆三聲을

發하고、祭所의門을開한後에、祭員一同이復位하오。

侑食 羹을退하고茶(熟冷代用)를進하면、主人或主婦는插하얏든匙를取하야、三次飯을써서茶碗에入하고、因하야匙를茶에浸하오。

撤匙 進茶한지少頃後에、主人或主婦는匙箸를撤하야匙楪에入하고、飯을蓋하오。

辭神 祭員一同이拜禮를行하고、神主櫝을闔하야、祠堂에奉安하오。 紙牓이면卽時燒火하오。

撤床 主婦는祭床으로부터祭需를撤退하야、他器

에移入하고、祭器는卽時淨潔히洗하야藏置하오。

飮福　祭祀退物을祭員一同에게接待하오。

大抵祭祀는稱家有無라。 비록飯羹이라도誠心으로淨潔히하고靜肅케할지니、此는모다主婦된者의責任이오。

第二十二課　世上에서第一무서운것

福澤諭吉翁은近代日本의有名한敎育家인대、일즉이다음과갓흔이약이를하얏소。

이世上에무엇이第一무서우냐하면、債金만치무서운것은다시업슬것이오。 他人에게對하야金錢의셰음이不分明함은못쓸일이라고決心하면、債金은더욱무서운것이오。 나의兄弟·姊妹들은幼時로부터貧困中에서자라낫슴으로、母親의苦生하시든貌樣은一平生에닛치지못하오。 窮困한士族의艱難한生活中에서母親의感化를바든일은非一非再하오。 一例를말하면、내가十三四歲時에、母親의命令으로債金을갑흐러간일이잇섯소。 그이약이는이와갓소。

天保七年에、大阪에서나는父親의喪事를當하고故

鄕인豐前中津으로돌아가서、住宅을곳칠적에、돈이如意히融通치못하얏소。 엇던사람의周旋으로契를모앗는대、項錢을五錢式내다가、多幸히當籤되여뎡어리돈을어더서、一時彌縫을하얏섯소。

이로부터每年몃번식契員들이五錢式의돈을가지고모여서抽籤하야、全契員이다맛치도록契를하얏스나、富裕한사람들은겨우五錢의돈으로幾年間式이러한대關係하는것은괴롭다하야、一二次내엿든돈을내여버리고、中途에自退하는사람도잇섯소。

大阪屋五郞兵衛라하는船主가第初次에五錢을낸

대로自退한일이잇섯소。 勿論나는三四歲때일인故로、아모것도알지못하얏섯스나、十三四歲되엿슬때、어느날母親이내게말하기를、

「너는아모것도몰으는일이지만은、十年前에이러한일이잇서、五郞兵衛가自退함으로、우리집에서는大阪屋에金五錢을바든것갓치되여서、實로未安하다。 士族의집이平民의金錢을쓰고、그대로잠잣고잇슬수는업다、 벌서부터갑흐랴고여러번싱각은하얏스나、마음대로되지못하얏드니、겨우今年은조곰融通이되엿스니、이돈五錢을大阪

屋에가지고가서, 젼致謝한後에, 갑고오나라」
하시며, 돈을조희에싸주셧소。
나는그것을가지고大阪屋에가서돈을내여준즉, 大阪屋에서는意外로싱각하얏든지,
「갑흐신다는말삼은도로혀惶悚합니다。 별서베젼일인즉, 決코그러한念慮는마십시오。」
하며, 屢屢히辭讓하얏소。 나는母親의命令을들은故로, 밧다시주고올작명으로, 주라커니아니바드라커니, 한참詰難을하다가, 돈을그장마루에노코돌아온일이잇소。 只今은별서五十二三年이나지낸셋적일이나, 그때母親의젼갈이든지, 大阪屋의光景이든지, 分明히記憶하야, 닛치지아니하오。 年月日은몰으나, 아마아참에갓섯소。 中津下小路西南모롱이집이엿소。 그때에主人五郎兵衛는出他하고, 아우源七에게돈을준일사지도記憶하오。 이러한일이어렷슬때부터나의腦髓에남아잇는故로, 金錢關係에對하야는, 아모리하야도與受가不分明하야서는못쓸줄로아오。 나는債金에對하야는근겁장이오。 사람에게金錢을借用하고, 그督促을맛나면서, 갑흘道理가업스면, 그근심은맛치利劒을가진者에

게셧거가는마음과말을것이업다고싱각하오。
(福澤諭吉 福翁自傳에據함)

第二十三課 溫達의妻

平原王 高句麗第二十五代의王。距今約千三百六十年前

溫達은高句麗平原王쌔의사람인대、얼골은비록못
생겻스나、心志는明白하얏소。 그러나家貧함으로
恒常食을乞하야그어머니를奉養하는대、헌누덕이
옷을닙고市井에往來하니、사람들이모다바보溫達
이라고稱呼하얏소。
平原王의少女가울기를잘함으로、王이少女에對하
야、

「汝는恒常울어서내귀를셕엽게하니、자라면반다
시士大夫의妻는되지못할지라。 맛당히바보溫
達에게시집을보내주겟다」
고、每樣희롱의말을하셧소。 公主의年이二八에及
하야、貴族高氏에게下嫁식히라하셧소。 公主가父
王께엿주어갈오대、
「大王께서恒常말삼하시기를、汝는반다시바보溫
達의婦가되리라하시더니、이제何故로前言을變
改하시나잇가。 匹夫도오히려言을食지아니하거
든、하믈며至尊하신大王께서엇지戲言을하시

나닛가。 古語에갈오대、『王者戲言이업다』하얏스니、이제大王의命이그르심으로、小女ㅣ敢히奉承치못하겟습나니다。

하얏소。 王이怒하며갈오대、

「汝ㅣ我言을좃지아니하면、내딸이아니니、엇지내압헤잇슴을得하겟느냐。 汝는맛당히汝의갈바를좃츠라。」

하셧소。 이에公主ㅣ寶釧數十枚를싸서臂後에繫하고、宮을出하야홀로行하다가、길에서한사람을맛나、溫達의집을물어서그집으로차저가니、溫達의母

親은年老할샌더러、兩目이俱盲이라。 그老母의압헤갓가이나가서、拜하고그아들의잇는곳을問하얏소。 老母ㅣ갈오대、

「내아들은貧하고、또陋하야、貴人의可히갓가이하실배아니오、또이제그대의身邊에서는異常한香氣가나고、그대의手는부드럽기가솜갓흐니、그대는반다시天下의貴人이올시다。 誰何의浮言을들으시고、여긔를오셧나닛가。 내아들은飢餓를참지못하야、山林으로楡皮를取하러가서、이때싸지돌아오지안습니다。

고하얏소。 公主ㅣ나와山下에닐올어서、溫達이楡皮를取하야가지고돌아옴을보고、溫達다려그所懷를말하얏소。 溫達이怒하야갈오대、

「이는幼女子의行할배아니니、반다시人이아니오、狐나鬼로다。 我를迫하지말라」

하고、因하야急히가며、돌아보도아니하얏소。 公主ㅣ그뒤를쌀아가서、참아門에들지못하고、門外에서밤을지낸後에、明朝에다시들어가、溫達의母子를對하야갓초아말하니、溫達은얼는決定치못하는대、그母ㅣ對答하되、

「내아들은至極히陋醜하야貴人의配匹이될수업사오며、내집은至極히貧寒하야暫時라도貴人의居接할배아니올시다」

하얏소。 公主ㅣ갈오대、

「녯사람말에『一斗粟도猶可舂이오、一尺布도猶可縫이라』하얏사오니、진실로心志만相合하면、可히同居할지니、何必富貴를取코저함은아니라」

하고、이에金釧을賣하야、田宅·奴婢·牛馬·器物을買하야、資用이具足하얏소。 처음에馬를買할제、公主ㅣ溫達다려일으되、

「삼가서市人의馬는사지말고、모름즉이病들고파리하야사람이버리는國馬를擇하얏다가、後에換하자」。

하니、溫達은公主의말대로그런馬를사왓는대、公主는그馬를甚히부지런이飼養하야、날로肥大하야졋소。

高勾麗에는每年春三月三日이면、樂浪언덕에서會獵을行하야、거긔서잡은猪鹿으로써天神과山川神에祭祀를지내는風俗이잇섯소。 그날을當하야王이나와서、산양을하는대、羣臣과밋全國兵士가다죳

처갓소。 이에溫達도그飼養한馬를타고ᄯᅡᆯ아가는대、溫達의馬가恒常압헤달아나갓소。 溫達의잡은김생도他人보담만앗소。 王이溫達을압흐로불너서姓名을물어보고、놀내엿소。 時에後周武帝ㅣ出兵하야遼東을伐하는대、王이軍을領率하고拜山의野에서逆戰을行할제、溫達이先鋒이되여、勇猛스럽게戰鬪를하야、敵軍數十級을斬하얏소。 諸軍은이긔을타서넵다쳐서、이에大勝利를得하얏소。 戰功을論함에當하야、모다溫達로써第一이라하얏소。王이嘉歎하야갈오대、「是는참나의女婿로다」。하시고、禮

를갓초아歡迎을하고、爵을賜하야高官을식히셧소。

(三國史記列傳에據함)

第二十四課 寒中親友에게

近來는積阻하와궁금하오며요사이日寒이極하온대연하와

侍中귀운泰平하시고 尊堂께서氣力萬康하시오며大小宅諸節이均安하오신지두로仰念乙절하옵니다이곳은省節이粗安하오니遠念하신德澤이온듯多幸이올시다然하온대그炎熱하든녀름이다가고어느듯가을이되여서秋季의愉快한運動會와遠

足會의時期도또한꿈결갓치지나버리고벌서치운日氣가오래동안連續하야深冬이되엿습니다무엇이든지모다꽁꽁얼어서두다리면땡땡소리가납니다오날아침에는동싱들이蜜柑을싸는대그蜜柑이돌덩이갓치딴딴하게얼고茶罐에담어두엇든물이왼통얼음이되여아침밥을지으시든어머니를놀내게하고同伴들中에도세네번식이나밋그러졋다고말하는사람이잇스니오날은참말로酷毒한치위올시다우리父母께서는當身의祖母님은이런치위에엇더케지내시느냐고걱정이紛紛하시고또當身의

兩親님도平安하신지몰으겟다고念慮하십니다이
사람은녀름동안잔病치레에衰弱하얏든몸이요사
이는快히恢復되와몸도튼튼하고긔운도씩씩합니
다學校에만가면테니쓰치기에滋味를붓쳐서時間
가는줄을몰으다가요사이는하도쳐워저서屋外의
遊戲는하기어려운故로室內에서빕붇을치며놉니
다學科는進度가迅速하야國語는四卷을벌서八分
이나배우고歷史와地理도漸漸맛을붓쳐서先生님
의講義하시는말삼이엇지滋味스러운지몰으겟습
니다內地俗談에兒孩들은바람의아들이라하는말

이잇습니다우리들도바람을두려워하지안코칩고
찬바람을무릅쓰고學校에단기면서一心으로工夫
하오니安心하시기를바랍니다貴邊地方은鄙邊보
다얼마쯤溫暖할줄로짐작하오나오날갓치酷寒한
치위에는아모조록保重하시기를千萬츅슈하오며
寒中의安候를探知코저數字적사오니回答하야주
시기를바랍니다

一月二十日

金貞子

安平淑 殿

第二十五課 愛는人에게對하는道

誠心이有한者는人에게對하야반다시愛를施하나니、이愛의德이衆에게普及됨이、맛치日의光이萬物에照耀치안는곳이無함과如하니라。

愛는이곳道德의根本이라。 父母에게對하야는孝道가되고、兄弟姊妹에게對하야는友愛가되며、長者에게對하야는敬愛가되나니、그런故로愛는人生本性에基因된美德이라謂하나니라。

人生은本來孤立하야生存키不能하니、他人과協同함은生活上必然한事이며、協同力을完全히하고저

할진대、互相間親睦을保全치아니함이不可하니라。그런즉親睦을保全함에는、他人에게對하야同情을厚케하며、仁愛를施할지니、孔子의「仁者는己欲立而立人하고、己欲達而達人이라」하심은、實로此를謂하심이니라。

利己心이强한者는、世上의모든物件은다自己를爲하야造作한것인줄로만알고、自己가利益과幸福을求하는同時에、他人이또한此를求하는것은깨닷지못하나니、此는他人에對하야愛情이無한故로、他人의心情을不知하며、他人의心情을不知하는故로、他

人을愛護치못하나니라。 如斯히無智하고冷淡할을因하야、互相間交際를疎遠케하며、不快心을助長하는者와自己의利慾만充코저하는者는、모다社會上의敵이됨을不免할지니、이世上에잇는大小의不善과罪惡은、모다如此한不道德의마음으로부터萌動됨이니라。「利己心만잇는者는、이世上의『괴스트』니라」하는格言에徵하야도、그恐懼함을能히推知할지니라。

利己心外에、他人에게對하야도愛情이잇슴을知得하는者라야、비로소사람된道理를履行할지라。 古語에「心中에仁愛가有함이、맛치人體에元氣가잇슴과갓흐니、人體의元氣는脈이되야現出하고、心中의元氣는愛가되야現出하나니、脈이絶하면人體는死함과갓고、仁이滅하면其心은腐敗할지니、故로仁은心의生命이라」함은、能히此理를說破한言이라謂할지니라。

(改女子修身書에拔함)

第二十六課 赤十字社

녯적의戰爭은大槪敵兵을殺害함으로써主要되는目的을삼앗스나、近代에至하야는戰術이進步되며

다만敵兵으로하야금戰鬪力이업서지게할뿐이오。또는捕虜兵이라도、我에對하야抵抗할마음이업는者는、鄭重히待遇하야、空然히殺害하거나虐待하는일이업나니라。 特히文明諸國에는、各各赤十字社라稱하는것이잇서서、서로條約을締結하고、設或此에同盟한兩國이兵火를交接할지라도、負傷兵及病兵에對하야는、彼我의區別이업시互相救護하는規定이有하니、그런故로甲國의軍兵이乙國의病院을包圍할時라도、赤十字의標章이有함을見하면、決코此를攻擊치아니하나니라。

赤十字社는西曆一千八百五十餘年크림戰爭에、英國婦人나이팅게ㅣㄹ이勇猛스럽게戰地로나가서、負傷兵又는病兵의看護에從事함을始作한後、一千八百五十九年솔페리노戰役에、墺佛伊三國의數十萬軍兵이伊太利原野에서幾日幾夜를連續하야交戰할時에、瑞西國의안리ㅣ、쎄난이라하는사람이親히戰地로나가서、負傷兵等의苦痛하는慘狀을目擊하고、忽然히一書를著述하야世人의注意를喚起하얏드니、그後로부터有志人士가瑞西國제네바府에會集하야、이에一社를設하고、戰爭에나가서負傷한

兵士의救護方法을議論하기에至하얏스니、이것이實로赤十字社設立의濫觴이되니라。 赤十字社라名稱함은、그會盟地인瑞西國의國旗에基因하야、흰바탕에赤十字의徽章을使用하게된所以니라。 그後一千八百六十三年에、드듸여널니世界各國의同志者를招集하야、제네바條約을締結한後에、此地에萬國赤十字社中央部를置하고、各國의諸社와互相連絡을通하니、그基礎가漸漸鞏固하게되엿나니라。

我國에서도、明治十年西南戰爭에際하야、負傷兵을救護할目的으로博愛社를組織하얏드니、平亂한後

에도此를永久히設立하야、一朝에有事할時는、救護에從事하기爲하야此를常設하얏나니라。 그런대明治十九年에、我國政府가제네바條約에加盟한所以로、此社는政府의認可를得하야、日本赤十字社라改名하고、萬國赤十字社中央部와連絡을始하야、天皇皇后兩陛下의御保護下에서、專혀報國恤兵의事를掌하고、兼하야天變地災에際하야、一般의傷者病者를救護하게되엿나니라。

日淸戰爭에際하야、此社가一般軍人等의救護事業에盡力한것은勿論이오、特히淸國은以上條約에加

盟치아니하얏슬뿐아니라、清兵이我負傷兵에게對하야殘忍酷虐이太甚하건만은、我赤十字社衛生部員들은清國의傷病兵을救護함이我國의傷病兵과조곰도달음이업게함애、彼等은모다叩頭感泣하야、我國의慈惠를拜謝하얏다하니라。 또近代日露戰役과最近世界的大戰役에際하야도、我赤十字社의活動의敏活하얏슴은、널니世人의熟知하는바이라。我陸海軍의名譽와共히邦人의美德을世界에揚輝하얏스니、至今도오히려萬國에서我日本赤十字社를稱頌하나니라。

朝鮮에는京城에朝鮮本部、各道廳所在地에支部를置하얏는대、每年會員이增加하고、看護婦養成에努力하며、軍隊와警官의慰勞를不怠하고、災難에傷病한者를救護함에盡力하나니라。

(修正高等女學讀本에據함)

女子高等朝鮮語讀本 卷二 終

昭和三年十一月二十五日翻刻印刷
昭和三年十一月二十八日翻刻發行

女高鮮二

定價金四十五錢

著作權所有

著作兼發行者　朝鮮總督府

京城府元町三丁目一番地
翻刻發行兼印刷者　朝鮮書籍印刷株式會社
代表者　井上主計

京城府元町三丁目一番地
發行所　朝鮮書籍印刷株式會社

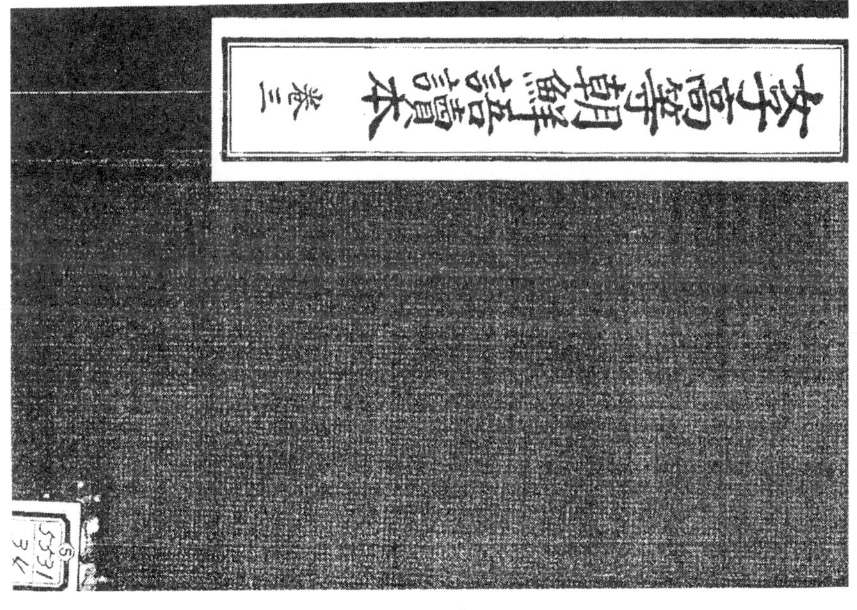
女子高等朝鮮語讀本
卷三

目次

目次

女子高等朝鮮語讀本 卷三

第一課 習慣

朝鮮에는「세살쩍버릇이여든새지간다」하는俗談이잇스며、內地에도「三歲之魂이至于百歲」라는俚諺이잇스니、此는年少한時로부터行하든習慣은、終身토록繼續되여不變한다는事를云함이라。 大抵習慣은木皮에彫刻한文字가、其樹木의長大함을ᄯᅡᆯ아서文字의痕跡도漸次擴大되는것과如하니、사람은幼

時로부터善良한習慣을養成하야、暫時라도此에不違하도록努力할지니라。 早朝起寢할時의決心은既히其日의結果를包含한다할지며、年少한時의習慣은前途의方向을定하며、一生의運命을決한다하야도過言이아니니라。

習慣은年齡의增加함을쌀아서其勢力도增進하야、畢竟은그의品性을成하나니、習慣이벌서品性으로된것을、長成한後에別路로引導하야變換케함은甚히容易치아니하니、大凡人生이既知하는事를忘却코저함은未知하든事를新히學習함보다도尤極困

難하니라。

녯적希臘에笛을善吹하는사람이잇서서、其弟子를教授하는대、曾前에拙師에게學習하든弟子에게는달은弟子보다二倍의授業料를增收하얏다하니、一次成習한癖은改하기極難한所以니라。

實로舊習을除하기는甚難한일이니、例컨대平素에懶惰하든사람、金錢을濫費하든사람、或은酒를嗜하야痼癖이된사람들로서、教訓에依하야其素行을改善하는者는十中의一二도見키難하니라。 故로幼少한時로부터善美한習性을養成하라고恒常깁히

注意하는習慣이야말로、가장조흔習慣이라할지니라。

寒暄堂金宏弼은幼時에豪逸不羈하야、恒常市衢에橫行하야無端히逢人毆打하는故로、誰某든지見輒畏避하얏나니라。 그러나長成함에及하야서는、前過를크게悔改하고、發憤讀書하야學德을修習한故로、畢竟一世의大學者가되여、後에特히右議政의贈職과、文敬公의謚號가잇서서、後世에까지傳頌하게되엿스며、또牛溪先生成渾은弱冠時에身體가虛弱하야勉學함에堪耐키어려웟스나、善히攝養에注意하고、放逸懶怠에流치아니하야、勤勤孜孜히學業에勉勵한結果로、高名이一世에卓越하게되엿나니라。

總히年少한時로부터善美한習慣을養成치아니하고、名望이有한人은自古로未有하니라。

前程이多望한年少諸子는、學海에出帆하는此學年初를當하야「習與性成」이라는一句를念念不忘하야、善美한習慣으로端雅한品性을作成하도록銘心할지니라。

第二課 鸚鵡

鳥類中에鸚鵡갓치滋味스러운새는업스니사람의言語를善히倣傚하는故로、人家에서도만이飼養한다。 亞弗利加의森林中에往見하면、붉은꼬리와灰色몸의美麗한鸚鵡가無數히棲息함을볼수잇다。鸚鵡의眼은幼時에는全黑色이나、漸次長成하면그周圍에黃白色의輪形이생긴다。 此鳥의壽命은자못長久하야、大概百歲假量이나生存하고、其中에는百數十歲까지延壽하는것도잇다。

此鳥는十首二三十首或은五十首假量식이나作隊하야、團體的生活을하나니、各隊마다一首의長이잇

서서、部下의鳥들은그命令을服從한다。 그長이될만한것은高齡者中智慧가優秀하고經驗이만아서、何處의森林에는如何한果實이生產하며、一年中에는何時가第一果實이善熟한다는等事를周知할뿐아니라、敵羣의動靜을恒常會得하야、萬一危險한事가發生되면、卽時部下에게信號로

對抗策을指示할만한能力이有한者라야한다。

鸚鵡는또極히社交的鳥類니、數十首로成한部隊가幾十幾百이나集合하야、다시數千數萬首의大團體가되여、食物을求하러遠方으로飛去한다。 互相親睦하야、무엇이라고서로지절거리면서큰숩속에棲息하는대、가장奇觀인것은한마리가지절거리면、달은새들은從容히듯고잇서서、人類의談話함과恰似하다。 如斯히多數한鸚鵡가一團을成한時라도、各各自己의長을能히辨知할뿐아니라、自己의一羣은幾首로成한것을記憶한다。 此鳥는一首마다人과

如히各其姓名이잇다고말하는學者도有하나、何如間他鳥에比하면、特別히智慧가發達된것은事實이다。

此鳥는每朝에各隊마다諸方面으로飛行하면서果實을搜索하고、夕陽이되면반다시棲巢로歸來한다。

此鳥는上記와如히年高하면眼色이黃白으로變하고、羽翼의色彩도또한變하나니、如斯히年高하고經驗이豐富한老長이部下를領率하고、十里或二十里되는遠路에까지飛翔하야、果實잇는森林을搜探하다가、目的地에到達한즉、一齊히靜肅하게그果實을

啄食하나니、萬若새들이果實을發見하고歡呼할것
갓흐면、猿類가襲來할가念慮하는所以다。 果實을
먹을때는口嘴로써巧妙히皮를剝去하고、其中에甘
美한部分만取食한다。

一羣이한참滋味잇게果實을啄食할時에、萬若달은
鸚鵡가偶然히날아들면、모다무엇이라고騷亂하게
떠들면서逐出코저하나니、如斯히飛來하는것은大
槪人家에서飼養되든鸚鵡다。 이때그長은此를見
하고矜憐히生覺하는지、部下를慰撫하야自己隊內
에加入케하고、親切히愛護하야준다。 普通鸚鵡는

薄暮에는自己의處所로各各歸棲하는대、萬若同類
中定刻에歸來치아니하는者가잇스면、大端이憂慮
하야苦待한다。

鸚鵡의第一怨讎는猿類니、此는兩者가共히果實로
常食物을삼는緣故다。 鸚鵡의一隊가果實이多한
山林에往하야啄食할時에、맛참猿類가侵來하면、瞥
眼間爭鬪가始作된다。 鸚鵡等은限死하고奮鬪하
나、猿類의强力을對抗치못하고畢竟敗退하는대、그
때에무엇이라고高聲叫嗓하면서飛去하나니、此는
아마猿等의暴行을怨望하며叱責하는듯하다。 或

時惡戲를好하는猿이鸚鵡의고흔쇼리를잡아샙거
나、날개를물어뜻거나하야、鸚鵡를驅迫하는일도잇
다한다。 (生物奇談에據함)

第三課 石炭의이약이

우리들도今日은이世上에나와서、사람에게緊要한
物件으로貴重하게듸졉밧는實로多幸한身分이되
엿습니다。 自己가自己몸을褒揚하는것은아니올
시다만은、萬一우리들이無하얏드면、汽車·汽船으로
爲始하야온갓工業機關은、當場에動作이中止될지

며、그러케되면今日의文明도其光明의太半을失하
리라고生覺합니다。
이世界어느곳을勿論하고、都會라稱하는곳에가서
보십시오。 우리들이旺盛히勞働하는곳은、가장富
裕한都會올시다。 그런故로石炭은곳黑金剛石이
라고稱讚하야주시는사람도잇습니다。 그러나許
多한사람中에는、너무非理한말을하는이도잇서서、
우리들이셤을흘니면서勞働하고잇는곳에오면、煤
煙으로하야못견듸겟다、自然의景致를傷한다、衛生
에害롭다하며、셜혹하는者도잇스나、이것은實로엇

지할수업는일이올시다。

우리들은只今은이러케堅固한검은돌로보이지만은、그根本을推究하면、植物이엿섯습니다。 太古時代에이地球에는植物이大端히茂盛하야、줄기와닙사귀가宏壯히長大하야、萬一只今보면놀날만치큰것이엿습니다。 우리들도그叢中의一員으로得意揚揚하야生長하드니、어느날突然히霹靂갓흔소리가나면서、쌍이陷落하며、돌과흙을들날니며、煙氣와재를뿜어내여、우리生物들은畢竟진흙에埋沒하얏습니다。 압다、上편에서는무거운土石이壓하며、下

편에서는甚히蒸함을當하는대、그苦痛은到底히形言할수업섯습니다。 그러하나그苦生을感覺함도瞬息間이엿섯고、나종에는全혀感覺이업게되여서、死滅하얏든지睡眠하얏든지自己도알지못하얏섯습니다。

그러한대至今부터數百年前에우리同伴가偶然히鑛夫에게發掘되여、다시이世上에나와서、天日을보게됨은萬分多幸이오나、나와서본즉그동안數千年間에、이世界는왼통別天地로變하야잇습니다。

우리가發掘된當時에는、겨우山村小屋에서細煙을

날이ㅐ는補助가될뿐이러니、至今부터二百年쯤前에、蒸氣力을應用하는일이發明되엿는대、그것이우리들의出世하는基礎가되엿슴니다。 그後汽車·汽船其他여러가지神奇한機械가繼續하야發明됨을隨하야、今日과갓치世上사람의推仰을밧는身分이되엿슴니다。

(實業學校國語讀本에據함)

第四課 鄭夢周

中古에朝鮮半島를統一하야、三十四代四百七十五年間王統을繼續하든高麗朝도、其末葉에至하야는

天運이丕塞함에因함인지、國勢가날로衰替하야가는危急한秋를當하야、忠孝大節로든지性理道學으로든지當時人士의師表가되엿슬뿐아니라、尙今사지世人의崇拜를밧는絶倫한一偉人이出現하얏스니、이는卽鄭夢周니라。

鄭夢周의字는達可요、號는圃隱이니、忠肅王後六年丁丑에慶尙北道迎日에誕生하얏는대、二十四歲에科擧에應함애、三試에連하야壯元이되니라。 夢周는父母를奉養함애孝誠을至極히하며、親喪을遭하얏슬時에는其墓側에廬幕을構하고、極히哀痛하야

如禮히三喪을終하니라。 當時世俗은喪祭의制가紊亂되여、士大夫의家庭에서도此를疎忽히하는者가甚多하얏는故로、時俗을矯正키爲하야其閭에旌表샤지되니라。

恭愍王께서成均館이라하는大學을重建할時에、夢周가學官으로兼任되엿다가、後에大司成이되니、其講說이卓越함애諸儒가모다敬服하니라。 當時에朱子學이비로소元나라로부터傳來하얏는대、夢周가斯學을研究하야、東方理學의元祖가되엿스니、理學은即朱子의學이니라。

探題 鎌倉時代의地方官名。

此時로부터內地九州地方의邊民이屢次朝鮮沿海에來侵한事가有함으로、廢王禑는使臣을博多에遣하야、探題今川貞世에게和親하기를請하얏스나、貞世는反히其使臣을拘囚하거늘、權臣이王에게勸하야夢周를派遣한대、夢周는少毫도厭避치아니하고、博多에至하야貞世에게古今交隣의義를詳述한즉、貞世는敬服하야捕囚를還歸케하고、또壹岐·對馬·平戶等地人民에게命하야侵略을嚴禁하니라。

當時國家가多難하야、明朝에對하야朝貢을缺한事가有하얏드니、明太祖는大怒하야、其歲貢을增加하니라。 然이나高麗는其係約을實行치못함으로、入朝한高麗使臣等을拘引하야、遠方에流竄하니라。洪武十七年明太祖의聖節을當하야、高麗에서도賀使를派遣코저하나、諸大臣이다畏忌하야夢周를使臣으로推擧하니라。 王이夢周에게命하시되、「方今使臣을委託할만한사람들은다疾病으로因하야使命을堪承키難한故로、特히卿을差遣코저하니、卿意는何如오。」하신대、夢周對答하되、「微臣이비록不肖하오나、國事를爲하야水火라도不避할터인대、況明朝의使事를辭避하오릿가。」 然이나南京은距離가八千

里나되여、九十日假量에야到達할것인대、聖節은僅히六十日을隔하얏슬뿐인지라。 이것이臣의憂慮하는바이올시다。」한즉、王이또問하시되、「何日에發程하랴는가。」하신대、對答하야갈오대、「엇지遲滯할餘暇가잇사오릿가。」하고、夢周는卽時發程하야、晝夜兼行하야節日에到達함을得하얏더라。 太祖가賀表를御覽하시고問하시되、「貴國의大臣은事를託하야來朝치아니하며、또聖節이臨迫함으로不得已卿을派遣한것은、必是무슨委折이有함이로다。」하신대、夢周는其斷斷無他함을昭詳히辯論한즉、太祖가그丹心

을披瀝하는忠直한熱辯에感動하야怒를풀고、特히夢周를優待하시고、또曾前에拘竄하얏든使臣짜지放還케하니라。 其後에夢周가또南京에使臣으로가서歲貢을減하기를請하얏드니、亦是容許하니라。 夢周가相位에잇슬時에、大事를議하고大疑를決함에聲色을不動하고、舉皆其宜를得하얏나니라。 前述함과如히當時喪祭의禮儀가衰廢하얏섯든故로、夢周가此를痛歎히녀여、士庶로하야금家廟를建設하야祖先을奉祀케하며、又學校를設立하야文教를振興케하고、或法令을撰修하며、或服制를改定하며、

或義倉을建設하야窮乏한百姓을賑恤하며、或水站을設置하야運漕를便利케한等、公益에盡力한事도多大하니라。

恭讓王四年에權臣의畏忌한배되여暗殺을當하니、時年이五十六歲라。 所著한바圃隱集이後世에遺傳하니라。 當時王都는卽今開城이니、其地에遊覽하는人은반다시善竹橋를訪問하야夢周의被害된遺跡을弔하나니、依舊한石橋는當時의歷史를말하는듯觀客의感想을닐이키며、崧陽書院은夢周의居住하든舊宅이니、此에遺物을藏置하야、千載後人으

로하야곰其餘風을追懷케하나니라
(新編高等國語讀本에 據함)

第五課 臺灣의夏(一)

臺灣의眞相을仔細히알고저할진댄夏節에가서觀
察하는것이第一조흔줄로生覺한다。 世上사람들
은臺灣이라하는곳을大端히더운줄로認定하지만
은、決코그生覺하는것갓치極熱한地方은아니다。溫
度로말하면實狀는납만치놉하서、室外에는百度以
上되는때가種種잇스나、室內에는平均九十一二度
로부터六七度假量이다。 그러하나이갓치酷暑한
날은一年中겨우數日에不過한다。
또비록同一한臺灣地方이라도달은點이잇스나、北
部에는氣溫이低한比例로는水蒸氣가만은故로、甚
히무더워서견듸기어렵고、南部에는氣溫이雖高하
나空氣가甚히乾燥한故로、比較的堪耐하기가쉽다。
또多幸한일은四面이海洋에둘너싸인島中인故로、
恒常海風이불어와서、暑威를매우減殺한다。
저녁때가되면바람이조곰굿쳣다가、밤아홉時쯤되
면다시涼風이솔솔불어서、하로동안덥든일을全혀
니저버리게된다。 月夜는空氣의關係도잇겟지만

은、同一한島國일망정月色이內地에서보는이보다
는一層鮮明하야서、비록녀름밤이라도內地에서보
는仲秋月色갓치맑고밝은故로、月夜의快感은우리
朝鮮이나달음이업다。 그러한대臺灣에서가장可
畏로녁이는各種의風土病의流行은、夏節보다도로
혀春과秋의換節때에만이發生하는故로、이러한點
으로보드라도、夏節이旅行하는者에게對하야가장
安全한時節이다。
또食水로말하면、그러케良好치는못하나、暑中이라
도水源이涸渴하야、困難을感하는等事는殆無한대、

方今그困難을受하는곳을말하자면、다만嘉義뿐이
라하겟다。 臺北에는既히水道를設施하얏스나、嘉
義에서는아즉適當한水源地를發見치못한所以라
한다。
臺灣에서第一괴로운것은、낫의파리밤의모긔라하
겟다。 此等의襲來로因하야、사람의蒙하는害毒이
不少하다。 食事를할때에도파리가벌떼갓치새캄
아케모여드는故로、그것을쫏기에汨沒無暇한다。그
러하나今日에는下水의設備가大概整頓된故로、臺
北等地에서는그困難을격는일은매우減小된貌樣

이라 한다。 또 모기는 春夏秋冬의 何時節을 勿論하고 恒常 만은 故로、冬節에도 모기帳을 치지 안코는 잠을 자지 못하나、第一 盛하는 때는 孟夏와 季夏며、盛炎酷暑中에는 도로혀 減衰한다。 이러한 일을 보드라도、盛夏가 旅行하는 이에게는 가장 便利할 줄로 생각한다。

第六課 臺灣의 夏(二)

臺灣의 樹木은 겨울에도 落葉되는 일이 殆無한 故로、녀름이 되여도 山野의 景致는 別로히 變하지 아니한다。 平地의 樹木은 土人들이 버히기만 하고、植栽하지 아니하는 故로、可히 볼만한 樹林이 稀少하나、一次蕃地에 携筇하면 古木老樹의 鬱蒼함은 內地나 朝鮮에서는 到底히 볼수 업는 風光이다。 平地에는 相思樹라든지 榕樹라하는 나무가 잇서서、夏日의 炎熱을 足히 避할만하고、山中에는 樫·椎·胡桃等의 樹木이 가장 만코、漸次로 峯上에 登進하면 大檜檜木이 成林하얏다。 또 南部一帶에는「소와야」라하는 果樹가 만타。

臺灣사람의 衣服에는、別로히 特徵은 업스나、一般으로 白色을 多用하고、食物로 말하면 夏節에도 特別히

時食이라고稱할만한것은업다。大抵臺灣사람은누구든지冷水를嗜好치아니하고、氷水갓흔것은더구나먹지아니하는故로、氷水장사로生涯를삼기는到底히困難하다。土人들은암만酷暑中이라도반다시熱湯이아니면먹지아니한다。或食物은冷水에나어름에채여서、冷却한後에먹는일은잇지만은、冷水나氷水를그냥먹는일은업다。內地나朝鮮에서간旅行者中에는「사이다」나氷水等을過度히먹어서、胃腸을傷하는사람이잇지만은、이러한飮料에對하야注意만할것갓흐면、臺灣의夏期旅行은[illegible]히安

全하다。

家屋은모다盛暑를避하기쉽도록建築하얏지만은、그中에土人의家屋들은아모조록窓戶를적게내여서、光線이잘들어오지못하게지엇다。內地人도샤양을크게만들어달아서、強한光線을避하지만은、內地의習慣으로窓戶를만이내여서、光線이適當히들어오도록한다。그러하나臺灣에서더위를避하기에는、亦是土人式의家屋이便利한즉、이러한點에對하야는將來에土人式家屋을折衷하야、改良을加하야建築할必要가잇슬줄로生覺한다。

果實種類로말하면「소와야」蓮房·蕉實·鳳梨·西瓜·瓜等의産出이頗多하나、그러나臺灣果實의特色은冬期에産出하는柑橘類에잇고、夏期의果實로는特別히자랑할만한것이업다。

(改修高等國語讀本에據함)

第七課 常識의修養

常識이라함은普通의理解力과判斷力을云함이니、世態人情에對하야正當한理解를가지고、公平正大하게判斷하는사람을常識이有한人이라稱하며、不然한사람을沒常識한人이라云하나니라。

常識의有無는반다시敎育의多少와一致되는것도아니니、高等敎育을受한人으로서常識이顯著히缺乏한者도有하며、無敎育한人으로서反히常識이發達한者도有하니라。 大槪敎育을만이受한人은專門의學問을修하야、特殊한技能은有하나、그러하나往往世間事情에疎遠하야、普通의理解力과判斷力이不足한者가不少하며、敎育을充分히受치못한人이라도、學問과技能은卓越치못할지언정、世態人情에精通하야、何事에對하든지、理解와判斷을不誤하는者가多하니라。

常識이發達치못한人은、政治家가될지라도、正當한理解와公平한判斷이不足함으로、善良한施政을行키不能하며、軍人이나實業家나又는學者가될지라도、或은意外의失敗도잇슬지며、或은贏利의方途를誤하며、或은空理空論을談弄함도有하니라。

常識은誰某에게든지必要하니、職業의種類를莫論하고、반다시此를修養함에努力할지니라。 特히職業에熱中할時는、獵夫가山을보지못한다」함과갓치、如何間世態에不通하고、人情에背馳하야、失敗를招하는事가不少하니라。

常識教育에重히留意함은英國이第一이니、英國紳士는鍛鍊陶冶된常識으로써자랑을삼아、少年時代로부터此를修養함에不怠하나니、故로彼國에서는我國에서往往보는바와如히公園의樹木을折取하거나、公共의器物을破損하는等事는、幼穉한兒童이라도其不可한事理를分辨하며、汽車·汽船에乘降할때에도、他人을不顧하고、自己만其便宜와利益을獨占코저하는等事는得見치못하는배니라。

英國에서는商品을賣買함에도領受證書를쓰지아니하며、銀行等預金에至하야도領收書를發行하는

事가無하나、然하나互相間에錯誤를生하는例가無함은、一般國民의常識이豐富한證據라、我國에서此等事를處理하는現狀에比하면、其繁簡便否는實로同日에論할배아니니라。

吉事에互相慶賀하며、凶變에互相弔慰함은、人生의常禮라、如何한國風이든지此를重히하며、誰某를勿論하고此를疎忽히하지아니하는배니、此는人情自然의發露되는最히美良한習俗인즉、形式의整備함보다도精神의極致됨을崇尙할지니라。 그러나葬式에參會하야、悲悼의情을表할場所에서談笑를是

事하며、婚姻에列席한몸으로서、不吉한說話를忌憚업시하는者가有함은、沒常識한結果의所致니、가장謹愼할배니라。

常識은如何히하야修養할가。 第一은觀察에用力하야、識見을넓혀서、世態人情에博通함에잇나니、如此히함에는新聞雜誌를購讀함도可하며、健全한社會와廣히交際함도可하니、要컨대恒常公正한位置에立하야、偏狹固陋에不陷하도록할지니라。 第二는同情心을涵養함이니、同情心이無할時는、凌他自尊의擧動이有하야、萬事가自己本位主義에流하야、

他人에게貽害하는事가多할지니、世俗所謂經驗家又는事理를아는사람이라함은、同情心이깁흔人士를稱함에不外하니라。

(實業學校國語讀本에據함)

第八課 農業의趣味

大凡人生은樹木과갓치大氣中에서生活하는者인대、農夫는戶外生活을만이하야、普通사람에比較하면、그身體가大槪健全하니、農業은人을健全케하는者라할지니라。

또如何히性質이急하다할지라도、播種한後에卽時

結實함을望하는이는업슬지며、如何히神奇한術法이有할지라도、播하지아니한種子는生할理致가無한줄을覺悟할지라。 此를耕하며、播하며、耘하며、培하야、人力을다한後에天時를待할수밧게업슬지니、所謂修人事待天命이라하는말은此를云함이니라。如斯한習慣은、何事에對하든지秩序가有하며、信實히하는第二의天性을作하나니、故로農業은人으로하야금著實케하는者라할지니라。

農業은恒常天然을材料로삼아作業하는故로、諸般穀類의發芽함으로부터成熟하기까지의그發育成

陶淵明 字는元亮이오號는五柳先生이니支那晉人。

實의狀態를仔細히觀察할수잇는지라。 其間에自然히因果의理法이、整然不變함을會得할것인즉、農業은人으로하야금、科學的精神을養케하는者라할지니라。

陶淵明은그詩興을田園에서養得하고、詩料를農事에서取得하야、千古의大詩人이되지아니하얏는가。其他에도詩趣를無名한野花幽草에託하야自然美를歌詠하야、大詩人의名譽를得한者가東西古今에其例가不少하니라。 그런故로암만無心한者라도、풀은麥田에눌은菜花가석겨핀春日、閒寂한野川에半環갓흔細月이潛影한夏夕、煙霧가자욱한黍田에悽涼한雁聲이들닐秋夜、그때그누가一日의勞苦와傷心하든일을다忘却하고此自然美를感歎치아니할者가잇슬가。 所以로農業은人으로하야금美趣와詩情을養成하는者라하나니라。

(實科女學讀本에據함)

第九課 歸省

今日은第一學期最終의日이다。 百有餘日을勤學하든苦勞는、夏期休暇라는一箇月의安慰에因하야回復되고、精神도새롭게될터이다。 맛참땡땡울니는鐘소리는我等의耳朶를두다려、心臟을鼓動케한다、 我等이日常思慕하는故鄕의山川이忽然히眼前에森然하야、歸心이如矢함을깨닷겟다、 나는忽急히寄宿舍로돌아가보니、學友는誰某를勿論하고行裝準備로奔忙하고、마음은千里駒와如히跳躍하야喜色이滿面하얏다、 나는諸先生님께告別하고、여러學友와歸校再會의後約이며、暑中에貴體保重하라는互相의親切한人事를맛치고、섭섭히校門을나서니、異常하게도切怛함을增하야、무엇이라形言할수업는感想을깨달앗다、

市街에나가、父母에게獻上할것과、同生에게贈與할것을사랴할때에、이것이조흔지、저것이適當할지質定을못하겟다、 또二三親舊를訪問하야、暫時間맛나지못할悵懷로섭섭히作別하고、今夜는親戚家에서留宿하게되엿다、 夜의夢中는엇지그리複雜한지、終夜토록故鄕天空에翶翔할듯이夢想이煩惱하야、睡眠이充分치못하얏다、

早朝에起床하야窓戶를開하니、曉雲은捲歸하고、東天에솟아오는紅日은나를爲하야慰勞하는듯하다。 汽車時間에不及될가念慮하야、忽忽히停車場에다달아서、車票를사가지고改札口로나갓다。 急行列車에몸을실너、一隅에定座하얏드니、因하야汽笛一聲에轟轟한車輪은굴으기始作하야、目的地로進行한다。 窓戶로어른어른보이는山川은以前과는姿態를變한것갓흐며、蒼波에떠잇는小舟는乍現乍隱하야心目을愉快케하며、送迎하는停車場마다乘降客의떠드는것은더욱歸心을燥急하게한다。 하나둘셋넷다섯屈指하며、一心으로故鄕停車場이갓가워오기를苦待하얏다。 저越便座席에는夫婦인듯한老成한사람이兒孩를다리고旅行하는대、서로滋

味잇게이약이하는것을볼때마다、나도亦是父母의싱각이懇切하야못견듸겟섯다。 時計는十一時가지나正午가되엿다。 點心을먹은後一二時間이經過함애、汽車는그럭저럭故鄕驛에갓갑게進行한다。 반가운故鄕의山도보이며、河川도지금건넛다。 巍巍히中天에聳立한저山嶽의雄壯함과、滔滔히西海에注入하는그河川의汪洋한形勢는、모다壯觀이如前하다。

於焉間나를실은汽車는故鄕驛에到著하니、出迎나온同生은形容치못할만치반가운模樣으로쪼차와서붓든다. 妹弟의身長은매우커졋스며, 黃色저고리·赤色치마새衣服은色彩의調和도조케보인다。尺衣漸長자라가는弟의模樣은前보다도一層더肥大하야졋다. 季妹는수좁은態度로언니의背後에숨어窺覗하는대, 그얼골에는衷心으로반가워하는意味가나타난다。 兄弟姊妹가同件하야停車場을나가, 서로손을잡고談話하면서집을向하는대, 喜樂한心思는이로다말할수업다。 집에到著하니, 아버지께서는나오기를기다려주셧스며, 어머니는반가워하사면서仔細히보시드니, 其間매우長成하고身體

도健康하다하사며喜悅하신다。 家族에게其間學校와寄宿舍에서學友들과經過한事를隨問隨答하니, 妹弟들이滋味잇게들을뿐아니라, 父母께서도有心히傾聽하신다。 今夜는春風과如히땃뜻한家庭에서家族과함씌就寢하니, 愉快하다, 平素에그립든나의樂園, 精神과肉體가함씌安息함을어덧다。

(實業學校國語讀本에據함)

第十課 濟州島의海女

海女는濟州島의海女가世上에有名하다。 頑強한體格에生氣잇는活動은보기에도爽快하다。 島의

沿岸約六十里、그곳에百三十餘의漁村이잇고、그村婦女子의大多數는海女業에從事한다。 海女의業務는海中에潛入하야、全鰒·소라·海蔘等의貝類로爲始하야、昆布·甘藿·海苔·거름풀等의藻類를採取하는것이니、其活動은여간普通의男子로는到底히밋치지못할것이다。 그實際의例를말하야도、木島水產物總額約二十五萬圓中、十五萬圓假量은海女의手에서생기는것이라한다。 每年朝鮮의東西海岸은勿論이오、間或山東省近海까지出漁하는者의數는無慮三千人이나되며、出漁期約六箇月半에海女一

人의平均實收入은約四十餘圓이라한다。 그러나彼等의質樸無智함을因하야、或은奸惡한雇主에게虐待를受하며、或은出漁한漁村에서過多한入漁料의徵收를當하며、或은不良輩에게속아서貧苦한困境에沈淪되는者도不少하니、此等事項에對하야는當局에서도相當한救濟策을講究하

는中이다。
潮風이서늘한녀름밤에濟州港頭에나아가、漁船을
乘하고海女의만이모인곳에가서、그活動을求景함
은趣味가不少하다。 彼等은허리에所獲物을너을
網袋를차고、疲勞할때에暫時의지하야休息할瓢瓢
를넙헤携帶하고、손에는낫과갓흔器具를가지고、가
라안젓다가뜨며、썻다가가라안는다。 그가라안즘
에는兩脚을水上에써더서魚類와如히直沈하며、그
뜰적에는한참참아두엇든呼吸을모아서크게쉰다。
이러케五十式百式써를지어、고요하고맑은斜陽海

面에浮沈하는貌樣은、實로一種의奇觀이다。 或時
珍奇한소라와큰全鰒을골나서사랴하면、彼等은모
다뱃전에다토아모인나。 너무나滋味스러워서、不
知中산것이於焉間舟中에堆積되는일도잇다。 村
家의炊煙이山邊에둘녀서三姓穴의숩이稀微하게
될때、彼等은各其집으로돌아가는대、그中에는裸體
그대로海岸巖上에걸어안저서、어린兒孩에게젓을
주는이도잇다。
濟州島女子中에海女되는者는、十二三歲로부터潛
水術을練習하야、二十歲頃에海女가되여、五十歲頃

싸지活動하나니、婦女子의몸으로써數百浬의波濤를타차고、風雨를무릅쓰는것은、참勇敢스럽다。 元來濟州島는古昔으로女子가만으니、耽羅誌에도女多男少라하얏고、現在總人口十九萬餘中에女는男보다二千五百人이나多하다。 此가自然女子의活動을旺盛케한原因인듯하다。 從하야此島의女子는半島女子에比하면筋肉이強壯하고、그容貌等도도로혀內地女子와近似하야、表情이富한사람이多하다。

(朝鮮의旬에據함)

第十一課 經學院의釋奠

孔子의道가東洋道德의根本이되여、文化의進運에貢獻한事는實로偉大하다。 孔子가支那에誕生하심은距今二千數百年前의일이라。 如此히長久한歲月에는時勢가매우變遷하얏는故로、其推移에順應하야廣히世界의知識을求하야、長을取하고短을補함은必要하나、其道는大體古今東西를一貫하야萬人崇拜의敎訓이다。

이러함으로支那는勿論이오、朝鮮에서도孔子를祭祀지내는文廟에大成殿이라하는殿閣이잇서서、每

年春秋二期에祭典을擧行하는대、特히朝鮮에서는此祭典을鄭重히하야、此道로써地方教化와民風興起에資케하는터이다。 至今京城經學院에서擧行하는釋奠祭의槪略을記述하랴한다。

大成殿內中央에는孔子의神位를設하고、其前方左右側에는顔子·曾子等四配의神位、其後方左右側에는閔損·冉耕·周敦頤·程顥等十哲·六賢의神位가配享되엿고、神位前에는牛·羊·豕의犧牲과黍稷等을俎及簠·簋·籩·豆等器具에盛하야陳設한다

殿外階上에는左에朝鮮總督、右에廟司、前에執禮의席이設置되엿고、그左右에樂器가잇스며、階下廣場에는左便에六佾及儒林의席、右便에諸官吏及一般參列者의席이잇고、조곰떠여서祭官과執事의席이잇스며、그後方의左右에도樂器가잇스니、祭官에는初獻官·亞獻官·終獻官等이잇고、樂器에는大鼓·鐘·磬·

琴等이잇다.

定刻이됨애祭官은各其位次에就하며,朝鮮總督은僚員을引率하고入場한後,掌樂의信號로樂生이柷을鼓하야樂의始奏함을告함애,鳴鐘吹笛의凝安樂과합씌烈文舞가演奏된다. 이것은樂生이手에翟과籥을持하고,身體를前으로屈하면서左右前으로方向을變하나니,六人式六列이되여잇는故로六佾舞라한다.

鼓가鳴하면一同은敬禮를行하고,次에神位前에幣帛을獻한後에,初獻官이孔子及四配의神位前에進

하야爵을獻함애,大祝은곳祝文을讀하나니,이동안에도舞樂은繼續된다

次에亞獻의禮가잇는대,亞獻官의獻爵과함씌舞樂도武의舞로變하야,樂生은手에干과戚을밧쳐들고,身體를廻旋하면서此를打한다.

次에終獻의禮가맛친後에,分獻禮라하야十哲·六賢에게爵을獻하기를맛침애,敔라하는樂器의聲으로奏樂이終止된다.

次에飮福의禮가잇서서,初獻官이神酒·神饌을바든後,添香禮라하야總督으로爲始하야參列諸員의焚

香이잇고、祭官의敬禮와神饌의徹退를맛친後에、一同의敬禮로此禮가終了된다。

此儀式을보면歷史上의參考될도또한不少하다。赤靑白黑의布帛을綴合하야裁縫한禮服에冠冕을戴하고、石帶佩玉에木靴를신은祭官의貌樣과舊式의祭器를볼때는、몸이맛치遙遠한支那古代에幻生하얏든듯한感想이난다。 더욱金石絲竹의樂曲을聽할時는、眞實로優雅質樸한古代가目前에髣髴하니、古人의일온바「喤喤厥聲肅雝和鳴」이라함은此를形容함인듯하다。

(改修高等國語讀本에據함)

第十二課 衣服과精神

衣服이란것은本來寒暑를防禦하고身體를保護하기爲하야裁成한것이오。 그러나衣服은時代의變遷을쌀아、여러가지目的으로著用하게되엿소。 그中衣服이身邊裝飾의用具가되여、男女老少를쌀아서、그色彩等을달니하기도하며、時俗의流行을조차서、서로그華麗함을競爭하는것은、誰某든지稔知하는바이나、그러나如何間衣服은사람의精神을表現하는顯著한方術이되나니、곳交際上에必要不可缺

할禮儀의用具라하겟소。

사람의一生에는깃분일도잇고、슯흔일도잇스며、또는居常에閑靜할때도잇고、奔忙할때도잇스며、또는禮式集會에威儀를治裝할때도잇고、過從尋訪等에通常出入할때도잇지오。 그런즉諸般境遇를쌀아서、衣服도亦是平常服·出入服·禮服等의여러種類가생겻소。 누구든지집에잇는無常時에는、平常服을닙는것이가장簡便하고、또相當하오。 그러나平常服을닙은대로來客을接待하거나、或은他人의집을訪問하는것은、儀容을損傷할뿐아니라、또한失禮가

되는것이오。 特別히嚴肅한儀式場等에參列할때는、반다시此에相當한禮服을닙어야하오。 그러케하면心神이自然히整頓되고、容儀도또한端正하게될지니、그것이自己一人뿐아니라、他人까지도自然靜肅한마음이생기게하는것이오。

이와갓치衣服은境遇와處所를隨하야各其區別이잇슬뿐아니라、身分과年齡에應하야、또한差異가잇소。 그러나世上에는그身分과年齡에相當치못한服裝을著用하는者가적지아니하야、自己의處地를生覺지아니하고、華麗品을濫用하는者도잇스며、年

紀의老少를不拘하고、無稽의色彩를假裝하는者들도잇스니、그러한사람들은都是品劣함으로그心界의如何함을나타내여、嘲笑를自取함이오。 사람의品格은決코衣服의品數를쌀아高下되는것이아니니、국이고때무든緋緞옷보다는、국임살업고淨潔한綿布옷을닙는것이도로혀優勝하오。 그런즉우리女子들은自己의衣服은勿論이고、自己가擔任한男子의衣服까지도恒常잘留意하야、諸般境遇에相當한服裝을닙도록注意하지아니하면아니되겟소。비록平常服이라도、夜間就寢할때에는、잘접어두어서、

何時든지국이지안토록하고、또는각금각금洗濯을하야야하오。 淸潔하고국임살업는衣服을男子에게닙게하는것은、實로婦人의周密한心志와능난한才能을發表하는것이오。

大抵男女를勿論하고、頭髮을散亂케하거나、衣服을국여닙거나、옷고름을풀어헤치고단기는것은、自己心情의秩序업는것을나타내여、남에게賤待를自取하는것이오。 然則사람은恒常衣服에注意하야、첫재는精神을整頓하고、또그精神을나타낼만한것을著用하도록努力하지아니하면不可하오。

(女子國文讀本에 在함)

第十三課 廢物利用

古語에竹頭와木屑이所用이皆有하다함과如히日
前에는適用할處가無한듯한廢物이라도,함부로
捨棄치말고,其利用의道를講究함이可할지니,日常
目前의利益만知하고,遠大한利益을圖謀함이常少
함은可惜한事니라。 例컨대헌衣服을ᄯ들ᄯ에,拔
去한絲는다시아무데도쓸수업는것갓치보이나,이
것을너으면粗布를織組할수도잇스며,貝殼類와如
한것은庭園에敷하야風致를添하는裝飾도될지며,

泥濘에此를敷하야通行에便케함도될지니,如斯히
一次充用을了한物件으로,更히他에利用하는것을
廢物利用이라云하나니라。
或人이東京에留學하얏슬時에,엇던敎師의집에寄
宿한事가有하얏는대,其家의收入은그다지豐裕치
못한듯하나,室內의裝飾이라든지,婦女의外出衣服
은,頗히華麗한故로,何로因하야如斯히過分의生活
을能히하는지疑訝함을不已하얏든바,一日은其人이
破裂된洋襪을塵埃桶에棄하얏드니,主婦는此를發
見하고,棄者의無謀함을暗責하며,無漏히收取하는

지라。 其人은此를見하고더욱疑訝하야、그것이自己所爲임을自白하고、無用의廢物을收取하야何에所用이되는가하고反問한즉、主婦는對答하되「此를洗濯한後、풀어서蠟燭의絲心으로賣한다」하는지라。其人은斯言을聞한後、平日의疑惑이忽然히氷釋되엿다云하니라。

大抵何物이든지周到한注意로用處를硏究하면、無用의物은殆無할지니라 然하나世上에는間或無端히物品을破損하야、抛棄不顧하는者가有하니、此는天物을暴殄함이라고녜로부터警戒한배니라。然

이나廢物을利用한다고腐敗한飮食物을忌憚업시食飮하야、反히貴重한身體의健康을害함은、甚히愚味한行爲니라。 腐敗한殘飯으로糊를製造하며、腐肴等으로肥料나或은家畜의食料에供하는等事를生覺할진댄、凡物이各各相當한用途가有할지니、吾人은恒常注意하야、些少한廢物이라도利用하는法을勿怠할지니라。

第十四課 山蔘캐기

山蔘은古來로家蔘보다一層優勝한效力이잇다고

일너오는더인대、그形狀도매우달으니、其相異點은大略左와如하다한다。

一、山蔘의枝根에는적은瘤狀物이잇스나、家蔘에는此가無하며、

二、山蔘의腦頭는家蔘의腦頭보다小하며、

三、山蔘의上端에는多數의皺襞이둘녀잇스나、家蔘에는此가少하며、

四、山蔘은普通褐色이나、家蔘은白色이며、

五、山蔘의外皮는粗雜하고小皺가多하나、家蔘은普通平滑함。

山蔘은其價格도非常히翔貴하야、普通一根에三十匁假量되는것은百圓乃至百五十圓、二十匁假量되는것은六十圓乃至百圓、十匁되는것은三十圓乃至四十圓、一匁餘되는것이라도二圓乃至三圓에賣買된다。　數年前에엇던朝鮮人이百二十七匁나되는山蔘一根을發見하얏드니、卽時八百圓에팔녓스며、그買受人은이것을다시支那商人에게一千百圓을밧고賣却하얏다한다。

山蔘의만이輪出되는곳은支那며、每年의生産額은約六七萬圓이오、其主産地는鴨綠江의上流地方卽

慈城·厚昌·江界와밋그附近이니、支那에輸出하게된것은統監府政治以來의事요、그以前에는非常히嚴禁되엿섯다한다。 또山蔘은古來로王室에獻納하든것인故로、貢蔘都監·禁蔘都監等까지設置되엿섯다。

山蔘은七月中旬頃부터쏫치픠여서、八月中旬에는珊瑚珠와갓흔朱紅色의果實이成熟하나니、山蔘을採取하는者는此時期를覘視하야漸次入山하는대、이러케山蔘캐러모여드는羣衆을山蔘軍이라고云한다。 山蔘軍은通例二人乃至十二三人의羣인대、

此羣에는一種의奇怪한風習이잇나니、그것은卽入山前의致誠、方位의卜占、夢의判斷、山神祭、山言이라稱하는暗號갓흔言語의使用等이라。

山神祭라하는것은、彼等의一團이山에들어갈때에擧行하는莊嚴한儀式이니、團長의指揮에依하야、山林의近處闊葉樹古木밋치나又는奇巖의下에式場을設하고、長斫으로써方二尺쯤되는小屋을造하야祠宇로하고、前面의簷牙五六寸의處에검줄(神繩)과白色布의斷片을懸하고、其前에豚肉·牛肉·魚肉·鷄肉·酒·白米等을陳設하고、一同이齋戒한後에本場에整

列하야、一齊히合掌跪伏하야、山神께祈禱하되「名山神靈이시여、微誠을굽어살피사、菲薄한犧牲과蔬菜나마、充分히歆饗하옵시고、우리一行이人蔘을만이採取하도록하야주시기를懇切히비나이다」하면서、連하야머리를땅에부비며、奇異한音聲으로無數히祝願한다。 二時間쯤經過한後「本年은豐產이라、本年은豐產이라」하는求景軍들의떠드는소리가나기始作하면、그祈禱式이맛치는대、그날밤은其附近에草幕을짓고就宿하나니、當夜의夢事는其年採蔘의占斷이된다한다。

第十五課 朝鮮의音樂

山蔘軍은每年七八千人이라는多數에達한다하는대、長白山및森林그윽하고人跡드믄곳에가서、齋戒致誠하고、山疊雲深한處에들어가서、山蔘을캐는그사람네들、想像만하야도、一種의神異한感想이생긴다。 아아、靈藥은이러케하야世上에나오게되는것이다。 採取하기를맛치고、山을나올때에도、入山할때와同樣으로山神祭를지내서、深厚히致謝하는뜻을陳述하고돌아온다한다

(朝鮮의旬에據함)

朝鮮에는녯적에音樂이發達되엿섯든지, 엇더한지不明하나, 舊記에「桃皮觱篥 一名草笛」이라하야, 草木의닙흘말아서부는幼稚한것이잇슴을記錄하얏다. 只今도亦是朝鮮兒孩들은이피리를만들어서, 滋味잇게분다.

朝鮮古傳에「箕子東來, 中國之人隨之者五千, 詩書禮樂醫巫陰陽卜筮百工技藝, 皆從而來, 旣來言語不通, 譯而知之」라하고, 又「箕子敎民禮樂, 施八條之約, 逾年而民自化, 以成中國之風」이라함을見하면, 古代에使用한樂器等은, 箕子가齎來하심을模造한것갓치도

想像된다. 箕子의德을頌한西京曲과大同江曲은朝鮮人의지음이라傳한다.

三韓적風俗에鬼神을奉信하야, 每年五月에此를祭하는대, 瑟을鼓하고地上에뛰놀아서長短을맛치며, 手足을上下로놀녀서歌舞하며, 十月에農事가맛친後에도亦然하다한다.

新羅時代에는, 音樂도매우進步하야, 三竹과三絃이創造되여, 趣味깁흔樂曲도만이낫스니, 會蘇曲·憂息樂·鵄述嶺曲等은그有名한것이다. 高句麗의王山岳이라稱하는人은玄鶴琴을作하고, 又溟州라하는

三竹 大笒·中笒·小笒
三絃 玄琴·伽倻琴·琵琶

樂曲等을多作하얏다。

高麗睿宗九年에는、宋徽宗이雅樂과樂器를보냇다고傳한다。 其樂曲은黃鐘·大呂等十二律이며、樂器는箏·琵琶·箜篌·簫·大鼓等이다。 其後恭愍王時에、明太祖가雅樂用의樂器로笙·簫·琴·瑟·編鐘·編磬等을보냇다。 同時에또支那의俗樂도移入되며、此를唐樂이라稱한다。 軍樂도睿宗으로부터恭愍王朝頃에傳來한듯하며、樂曲에는習陣曲·回陣曲等이有하고、樂器에는鉦·鑼·胡角·喇叭等이잇다。 如此히音樂의發達한事는特筆할수잇다。

李朝에서는高麗朝의音樂을襲用하야、太祖三年에雅樂署와典樂署를置하고、世宗朝에此를太常寺에屬케하야、雅樂은雅樂署에、俗樂과唐樂은典樂署에、軍樂은軍隊에屬케하고、各其職員을任用하야、樂의練習又는研究를行케하며、又宗廟及文廟의祭享에奏樂을行케하얏다。 太宗은文德·武德의兩曲을作하얏드니、此時에明太宗이雅樂用의樂器를寄贈함으로、此를文廟祭典에使用하얏스며、世宗朝에는朴堧이라하는人이音樂의大改良을行하야、其面目을一新케하얏다。 世祖時에는掌樂署를置하고、官制

를定하야樂師·典樂等七百六十六人을置하얏스며、又成均館大提學鄭麟趾가樂曲의若干을改定하얏스며、又成宗朝에成俔은樂學軌範을著하야講習에資케하얏다。 其後에各種의改革을經하야、現今은李王職의雅樂隊가되엿스나、그規模의小小한關係로因하야、그內容도不備하야、甚히不振함은可惜한事라하겟다。

右에述한雅樂·俗樂·軍樂은大概는器樂에屬한것이며、聲樂으로는樂詞·唱歌·歌曲이有하니、何者든지音曲은優雅하나、印度風의色彩를帶한支那樂이라、現代人의心情에는適合치아니한點이有하다。 是等正樂에對하야、一方에는民間에盛行하는俗謠가有하니、그歌曲은各其地方을隨하야特有한것이有하며、其數도亦多하다。 然한대此等歌曲은저正樂의單調함에比하야、頗히時俗에適合한點이不無하나、其歌詞에至하야는賤陋함이多하야、體貌잇는席上에서는諷誦하기難하다。 要컨대朝鮮音樂도尙히改良의餘地가有하다하겟다。

(雜誌「朝鮮」에據함)

第十六課 俚謠

格言과갓치莊重치는아니하나、맛치寸鐵이人을殺한다함과갓치、警句가될만한말은俚諺이라하나니、

俚諺은平易하고簡單하나、能히人情에適合하야、談笑하는사이에不知不識中사람을感動식히는長所가잇다。

俚諺은格言과小異하야、全혀道德에만限하지아니하고、宗敎와人情等事項싸지網羅하야、그範圍가極히廣汎하니、譬喩컨대格言을貴族的訓話라하면、俚諺은平民的諷刺라하겟다。

世界各國中何處에든지俚諺이無한나라는업다하겟스나、內地와朝鮮에는매우만은中、修辭學上諸法則을適用하야、巧妙하게된것이夥多하고、또支那와西洋에서取한것도잇다。

至今朝鮮의俚諺中或句를擧하야、此와意味가恰似한內地의俚諺과對照하야보랴한다。 其中에는或反對의語套도不無하나、此는風俗習慣의使然함이다。

朝鮮	內地
燈盞밋치어둡다。	燈臺밋치어둡다。
한마리고기가물을흐	一人이荒怠하면、윈집

린다。
戶樞는좀먹지아니한
다、
썩은삭기로범을結縛
한다。
녀름에하로놀면、겨울
에열흘굶는다、
烏는검으나、그肉은검
지아니하다。
上佐가만으면、가마솟

안이紊亂하야진다。
流水는썩지아니한다。
腐繩으로馬를繫한다。
一時의懈怠는一生의
懈怠라。
泥中의蓮이라。
沙工이만아서、배가山

출내트린다。
개미는적어도、金塔을
쌋는다、
한번업질은물은、다시
주어담지못한다、
하날보고침뱃기、
옷절에도아래절에도
못밋는다、
소일코、외양산고친다。

으로올나간다。
山椒는小粒이라도맵
다、
업질은물은동의에도
로담기지안는다、
하날을쳐다보고、침을
뱃는다
씌에는짤으고、다스긴
에는길다、
盜賊놈보고、삭기쏜다。

江을건는後에배를탄다

近墨者黑이라。

낫말은새가듯고、밤말은쥐가듯는다。

成服後의藥方文이라

虎를畫하는者가그쌔는畫하지못한다。

六日된菖蒲十日된菊花라

朱에석기면、붉게된다。

壁에도귀가잇고、돌에도입이잇다。

지난後의뒷공론。

佛體를만들고、그魂은넛치못한다。

(新編高等國語讀本에據함)

第十七課 婦人과地理

婦人은家內에居하는事가多하도다。故로其眼界와聞見이男子에比하야狹小함은世界一般의常例나、然이나特히東洋에尤甚하도다。그結果로婦人이家庭의主婦가되여、그子女를敎養할時에、그目的을充分히達치못하는일이不少함으로、我國에서도벌서부터그不可함을覺醒하야、女子敎育에盡力한故로、近來는顯著히進步되엿다할지나、아즉도이現狀으로써滿足하다할수업도다。

聞見이좁음은海外事情을들어서此를擴充할지며、眼界가좁음은一幅의世界地圖를보면此를宏闊케

함을得할지로다。 然하나此等事를學得함은、모다
地理學의範圍니라。
地理學의範圍는實로廣大하야、兒童日常의質問은
그過半이나地理學範圍에屬하나니、그質問을受할
때마다、兒童의知識程度에應하야適當히諄諄한說
明을하야주어서、此를滿足하게함이婦女子의任務
니라。 然하나녯적婦人과如히太陽가온대에는黑
烏가잇고、太陰가온대에는桂樹가茂盛하다는等의
說明으로는、한갓兒童의妄想을誘致하야、先入이主
가되게하야、드듸여後日의憂를作함에不過할지로

다、 또兒童이每日途中에서遍踏하는石片의出處、
雨日眼前에橫流하는潦水의所往等은、恒常어린입
에서나오는高尙한質問이라。 此等質問에對하야
는、조곰地文學의知識이有하야、그兒童이解得할만
한程度로平易하고도趣味잇게談話하면、後日에學
校地文學敎室에서듯는良師의仔細한講義보다도
優勝할지로다。

日常家庭談話에도、荒唐無稽의談과殘酷悖道의說
等、有害無益한世事人情을橫說竪說하는딕신에、世
界畫報等을利用하야、佛國巴里에잇는天을摩할만

한高塔의奇觀、亞弗利加內地의珍話、印度虎獵의奇談、亞米利加의平野、濠洲의奇妙한獸類와美麗한鳥類等의滋味잇는說話로、兒童의心氣를鼓舞케하면、兒童으로하야금그世界에對한思想의基礎를確立케하는功效가不少할지로다。

尙且婦女子의注意할바는、兒童의恒常目擊하고恒常遊戲하는그周圍에羅列한地理와事物에就하야、地理的說明을與할것이니、그居住하는府·邑·面의成立·歷史·位置·人口라든지、或은後便에聳立한山의高度、前野를貫流하는河川의流域·水源·長·幅等과、或은

府·面을包圍한森林·平野等、鄕土의地理的事情을詳知하야、何時든지兒童의質問에應하야、猶豫와誤謬업는說明을與하도록準備할지니라。 이鄕土에關한地理的觀念은、後日에그郡·道管內로爲始하야、朝鮮及內地는勿論이오、世界의地理를學하는基礎知識이될바임으로、最히注意함이可하니라。 自己面·府·郡의人口를知함은、他日他地方의人口를量할새升이될지며、自己鄕里의山高·河長을知함은、他地方의山河를計할尺度가될지며、그地勢와風土도亦皆他를比較함에標準이될重要한材料인故니라。

我帝國將來의國民을養成할大任이잇는여러분이여、將來에帝國을組織할우리國民으로하야금、좀더快闊하고、좀더大膽하고、좀더遠大한氣像을가지게할지어다。 우리나라는지금에야東洋의日本을免하고、世界의日本이되엿도다。 우리國民으로서엇지古風에固著하며、依舊히卑怯함을許諾하리오。

(實科女學讀本에據함)

第十八課 郵票

全世界人類에莫大한便益을與하는大發明과大考案이라도、그發端은極히微少한事에서起因됨이多

하니、郵票도또한其中의一이다。 距今約七十年前에콜렛지라하는詩客이英國某村落을過할새、맛참郵便配達夫가片紙를配達하려왓는대、한農家에서조고마한女兒가나와서、그片紙를바다보고、卽時配達夫에게로返還하얏다。 當時의郵便配達料는受信者가支拂하는대、距離遠近을딸아서料金도一定치아니하얏스나、普通五十錢乃至一圓이엿섯다。이때詩客은혼자生覺하되、

「먼곳에서일부러보낸片紙中에는、반갑고깃분音信도잇슬터인대、料金으로因하야보지못하고、도로보내게된女兒는참가엽다」

하고、自己가그料金을내여주엇다。 配達夫가돌아서자、女兒는詩客을向하야、

「親切하심은眞實로感謝하오나、實狀은이속에아모것도쓴것은업습니다。 倫敎에잇는兄님이집을떠날때에、암만하야도一一히郵便料金을支拂하고通信할수는업슬터이다。 日字를定하고白紙를封하야보낼터이니、그것을보고無事한줄알고、片紙는그대로配達夫에게返還하야라」한故로、何時든지그러케하는것이올시다。 無益한일에

큰돈을쓰시게하야서、大端히未安합니다」

하얏다。 글렛지는그事實을一一히當時의엇던遞信官吏에게말하얏다。 그官吏는郵便制度의改良을專心研究하든터이라、이말을듯고더욱그必要를感動하야、이에生覺하되、英國內에는距離의遠近을不問하고、郵便稅를一定히하야四錢式으로하면、郵便稅의輕減함을딸아發信數가激增하야、一一히受信人에게서料金을領收할餘暇가업슴으로、料金은發信人에게課할일、그리하야도書信마다料金을밧기는煩雜無比함으로、郵票를製造하야發信人에게

사게할일의二案을生覺하얏다、當時內閣諸大臣等은다만該案이너무無謀함만옷고돌아보지도아니하얏스나、公衆間에贊成의소리가놉하져서、政府도不得已하야西曆一千八百三十九年에該案을採用하게되여、翌年부터實施하얏드니、그便利함이實로豫想以上임으로、卽時全世界에廣播되엿다。

(實科女學讀本에據함)

第十九課 電氣의應用

電氣의應用이今日과如히非常히發達되여서、文明

을助長하고世益을增進함은、實로驚歎할수밧게업소。

후란구링이避雷針을發明하야、두렵고무서운落雷의危害를防禦한일로爲始하야、製造業에對하야는、電氣鍍金法이發明되여서、金銀의鍍金이極히簡美하게되고、印刷業에對하야도、亦是銅을鍍金하야插繪等을鮮麗히製造하게되엿소。 洋燈과瓦斯燈이기름불과燭불의代身으로쓰게되엿슬當時에는、甚히밝고便利하야、無上한珍奇品으로알앗드니、今日에至하야는一層더明朗한電燈이發明되여、洋燈과

瓦斯燈을代用하게되니、都會地에는街路와公園等主要한處所에弧狀電燈이달녀잇서서、暗黑한漆夜라도、月光보다勝한明輝를揚하야、公衆에게便宜를與하오。

또交通機關等으로말하야도、電氣의與한바便益이多大함은이로측량키難하니、電鈴·電信·電話等이迅速機敏하게通信을하는일은、吾人生活上萬般業務에얼마쯤有益한지、到底히盡說하기어렵소。 또電車갓흔것은汽車에比하면小規模라하겟지만은、甚히輕便하야短距離의交通에는가장適當하오。

軍事上으로말하면、夜間에海上을偵察하는대探照燈이라하는光力의最强한電燈을使用하고、또信號에도電燈을利用하며、또地雷나水雷의爆發이라든지、數十의大砲를一時에發射식힘에도、흔히電流의力을借하오。 또灣內에水雷를潛設하는境遇에도、電光의反射屈折을利用하야、灣內의狀況을暗室內에映寫하야、豫히水雷의位置를壁上에標하야두엇다가、敵艦이水雷上에到達하면、瞬間에그備置하얏든고동을눌너서、電流를通하야水雷를發射식혀서、容易히敵艦을破碎하도록設備하야두오。

醫學上으로말할지라도、白金線에強한電流를通하야、고것으로病者의患部를燒却하며、或은齒의神經을燒切하는等療法을施하오。 또小形의白熱電燈으로胃의內部를照하며、鏡과렌쓰의作用을藉하야、外部로부터臟內를能히鏡察하기도하고、그外에口와코의內部를鏡察할時나、氣管支內를照할時에도、此方法을使用하오。

如斯히電氣의應用이發達되여、莫大한便利를得하게된것은、곳理學이進步된德澤이오。 그러한즉우리가將來에一層더便利를圖得하랴면、漸漸理學의

進步에努力하지아니하면아니되겟소。

(皇國補習讀本에據함)

第二十課 下人에對한注意

一家는家族이團欒하야生活하는處니、家事는家族이各各此를負擔하야進行하는것이原則이니라。然이나家庭事情에依하야、家族만으로는家事를整理할수업는일이잇나니、그런境遇에는下人을雇用할必要가생기나니라。 下人은元來家族의一員이아닌대、家族中에參入하야、共히家事를分擔케하는故로、主人된사람이든지、婢僕된사람이든지、各各特別

한注意를要할지니라。

下人을雇用함에는、必히其爲人을選擇함에注意할지니、質素正直한者를擇함이第一이니라。 質素正直한者는設或凡事에敏捷치못한일이잇드라도、大概安心하고家事의一部를負擔케할수잇나니、萬一下人의選擇이不適當하면、一家經濟上에不利益될뿐아니라、家庭風紀도紊亂하야지고、子女에게도惡한影響이及케하나니라。

既히一次雇入한以後로는、此를一家族으로認하야、愛憐한마음으로親切히指導할지니라。 既往에는

奴婢라稱하야、奴隷와如히賤待한人도有하얏스나、此는큰誤解니라。 下人도亦是我等과同一한人生이니、彼等의父母가彼等을愛重히녁임은、我等의父母가我等을愛護하심과少毫도無異하니라。 昔에陶淵明은其子에게一僕을보낼때에、訓戒하야말하되、「此亦人子니、善히待遇하라。」하얏나니라。 主人과主婦가下人에게對하야如斯한心法을持함은勿論이나、其家의子女도亦是厚意를持치아니치못할지니、下人을親切히待遇함은人道에當然한事니라。或은子女의婚說이有한時에、兩家에서는서로其家에

使喚되엿든下人等에게就하야、家風又는爲人을探問하는일도잇나니、其答言如何에依하야結緣의成否를定하는事도有하니라。

下人의爲人이合當치못할時는速히解雇할지며、幸히相當한者를雇人한以上에는、充分히此를指導하야、家事에助力케하고、且些少한過失이잇드라도此를寬恕하야、아모조록오래勤續케하는것이可하니라。 久히勤續할時는、其家의慣習과器具所在等을熟知하며、主僕間의情誼가더욱深厚하게되여、各種의便利가不少하니라。 下人을頻繁히交替하는것은、下人의罪過도有하나、主人의注意와指導의不及한點도不無하니라、

下人은久히勤續케하는것이조흐나、主人은彼等의將來를生覺하야、適當한計畫을定케하고、婚嫁等으로因하야辭退를請할時는、此를抑留함은不可하니라、

第二十一課 典故五則

塞翁馬。 淮南子人間訓에云하얏스되、무릇禍福의轉變相生함은이로豫測키難한지라。 邊塞近方

에術法이용한人이有한대、其馬가無故히노혀서
胡地로들어간지라。 사람들이다가엽다고致慰
한대、其父翁이말하되、

「이것이인제福이아니될는지엇지알리오。」

하드니、그後數月만에其馬가胡中의駿馬를다리
고돌아왓거늘、사람들이모다致賀한대、其父翁이
말하되、

「이것이인제禍가아니될는지엇지알리오。」

하더라。 其家에良馬가多함으로、其子가말타기
를조와하드니、맛참내썰어져서、其髀가折傷되지

라。 사람들이모다慰問한대、其父翁이또말하되、

「이것이인제福이아니될는지엇지알리오。」

하더라。 그後一年만에胡人이大軍으로邊方에
侵入하니、壯丁은다兵隊가되여出戰하야、열에아
홉은死하얏스되、唯獨此人은跛者인싸닭으로、父
子가相保함을得하얏스니、그런故로福의禍됨과
禍의福됨은變化가無窮하고、深遠하야測量할수
업다하니라。

守株待兎。 韓非子五蠹篇에云하얏스되、宋人이耕
田하는者가잇드니、田中에木株가잇섯는대、兎가

走하다가其株에觸하야、목이부러져죽거늘、其人이또그런일이잇기만妄想하고、因하야其耒를釋하고株를守하야、兎를復得하기만바라다가、兎는復得치못하고、몸만宋國의嘲笑거리가되엿다하얏는대、今에는此를略하야株守二字만用하니、其義가墨守와同하니라。

井底之蛙。 莊子秋水篇에云하얏스되、井蛙에게可히써海를語할수업슴은虛誕함에拘함이오、夏蟲에게可히써氷을語할수업슴은時期가슌젼히달은싸닭이오、曲士에게可히써道를語할수업슴은敎에拘束된싸닭이라하얏고、또漢書馬援傳에云하얏스되、援이隗囂를謂하되、子陽은井底蛙耳라妄自尊大라하니라

濫觴 孔子家語에云하얏스되、江이岷山에서始出함애、其源이겨우可히써觴에濫할만하다가、江漢에至하야는、舟楫이아니면可히써涉치못한다하니、大槪岷江의淵源은僅히一箇盃觴에넘칠만밧게아니하나、楚國에入함에及하야는임의渺茫無涯하다함인대、今에는此를創始의意義에用하나니라.

出藍 荀子勸學篇에云하얏스되, 學은 可히 말지 못
할지니, 靑은 藍에서 出하얏스되, 藍보다도 靑하고,
氷은 水로서 된것이로대, 水보다 寒하다하얏는대,
後世에는 此를 弟子가 師보다 優勝하다는 意義에
通用하나니라.

第二十三課 笑談

녯적에 一都會에 썩잘먹는사람하나가 잇서서, 썩을
常食으로삼앗섯는故로, 그일음이 四方에 傳播되여
서 썩보라고하면 世上에서 몰을사람은 別로업슬만

치되엿소.
그때맛참 支那使臣이 나와서, 朝鮮의 第一일음난사
람을 擇하야 들여보내라고 말하얏소. 그러함으로
朝鮮에서는 各道列邑의 모든 學者와 美術家等 有名
한사람을 불너모아 놋코, 此中에서 한사람을 選定하
랴하얏스나, 누구를 指定하야야 可할는지 몰나서, 甚
히 困難하얏소. 그리할즈음에, 엇던사람이 出班하
야 말하되,
「卽今 여긔모인 어른은 擧皆有名한 량반들이지만
은, 나 알기에 第一일음난 사람을 말하라면, 저 썩보

라할수밧게업소, 世上에저떡보처럼有名한사람이또어듸잇겟소.

하니, 滿座가異口同聲으로一齊히贊成하얏소. 그리하야그떡보를支那에보내기로決定하얏소.

떡보는意外에選擇되여, 華麗한轎子에실녀서, 무슨영문인지도몰으고, 멀고먼支那에들어가게되엿소.

支那에서는朝鮮에서第一有名한사람이들어온다는말을듯고, 亦是有名한學者들을選拔하야, 迎接도할兼試驗도할次로, 中途까지내여보냇소.

떡보의一行은여러날만에支那에到著하야, 迎接나

온學者들을맛낫소. 學者는불숙두손을들어서, 손가락을合하야둥글게圓形을지어서떡보에게보엿소. 그것은天圓卽하날이둥근것을아느냐고뭇는意味인대, 떡보는生覺하되,

「야아, 내가支那말을몰으닛가, 저學者가손으로形容을내여서問答을하랴하는것이다.」

하고, 暫時躊躇하다가, 自己도또한두손을들어, 손가락을合하야四角形으로네모를지어서學者에게보엿소. 그리한즉學者는깜짝놀내는氣色이잇섯소.

그놀내는것은, 그學者들의內心에, 저떡보는天圓卽

하날이둥근것은姑捨하고、地方卽짱이모진것까지안다는말로解釋한까닭이엿소。 그러하나떡보는그러케깁고어려운뜻으로對答한것이아니라、朝鮮떡에는수수團子가둥글고、인절미가네모진것인대、저學者들이自己의떡잘먹는것을알고、수수團子를주랴고뭇는줄로解釋하야、수수團子는실코인절미를먹겟다는뜻으로、손가락을네모지게合하야보인것이엿소。

學者들은다시주먹을쥐엿다가、손가락세개를펴서떡보에게보엿소。 그것은三綱을아느냐고뭇는意

味인대、떡보는제게당길심만차려서、인절미세개만주랴고뭇는줄로解釋하고、卽時손가락다섯개를펴서學者에게보엿소。 그리한즉學者는生覺하기를、三綱은且置勿論하고、五倫까지아는것이라하야、더욱尊敬하야極盡히接待하고、宮中으로다리고들어가서、前後問答한事實을天子께奏達하며稱讚하얏소。 天子는學者의말만듯고、信之無疑하야、禮로써待遇하고、賞을만이주어서돌녀보냇다하오。

第二十三課 講話의大要를缺席한友人에게

눈이날니고하날은찬대、擣衣聲은一層더凄凉하게들니는昨日今日에、엇지지내시는지궁금히生覺하면서도、每日課業에몰녀서、隨時探候도遂誠치못하얏사오니、널니容恕하시기를바랍니다、 그동안愼節이如何하시오닛가、 肋膜炎이라고하지만온、아죽始初의일인죽、安心하시고잘治療만하시면、速히全快되실줄로生覺합니다、 그런대今日修身時間에校長先生의訓話하시는말삼을들엇슴니다、「婦女期에就하야」라는말삼

은우리들修養上에大端히必要하옵기、病患中심심破寂이되실가하고、其要領을아시도록적삽나이다、

女子高等普通學校라고하야도、一二年生은年齡도幼少하고、體格이나思想感情이다아즉幼稚하나、三年生以上은참으로女學生生活期에入하는것인바、그品位와態度가다一層先進者의地位에잇지아니치못한지라、此期에入한諸子는벌서幼女라고할수업고、婦女라할것이라、 婦女期에는心身이모다變

하야特徵이多하며、體格은顯著히女性的으로發達되며、黑髮은길게늘어지며、筋肉은둥글게發達되는同時에筋力도增進되며、胸部보다도腰部가肥大하야지며、脂肪分이漸漸增加되여、身長이든지體重이든지모다어른과갓치되며、또精神方面으로말하면、知는理性보다도直覺이發達하야、엇더한싸닭이냐疑心하지아니하고、엇더하다고直覺하며、사람을훌섬보면벌서自頭至足까지銳敏히보는데對하야巧妙하나、理智의소리에는耳를

기우리지아니하고「보기실타」든가或은「아니꼽다」든가하는等、輕薄히行動하는傾向이有함은깁히警戒할것이라。　意志는大概薄弱하게되여、奇妙한것을줄기며、變化함을愛하고、單純함을嫌忌하는일로말미암아、他人이하지안는일을하고십허하며、頭髮을異常하게하기도하며、裳紐를길게느리거나、굽놉흔洋靴를신고서喜喜樂樂히生覺하는弊習이有한지라。　好奇心이强하야、未知의世界를知코저하며、女子의世界를半도알지못하면

서도、女子의世界全般을知하랴고努力할뿐아니라、乃終에는自己以外의世界일짜지라도知하랴고、眼光을휘날니는데짜지널으나니、此에至하야서는危險하다稱할수밧게는업는지라、 그리하고情은廣闊하고深厚하고純潔하야、모든것을美化하고善化하고聖化하랴는特徵이有하나、이에熱을添加하면成火하기쉽고、더過度하면失性하기쉬우며、한갓情의奴隷로變하야가는傾向이有함은警戒할것이라。 云云。

하셧습니다。 如何間우리들에게는相關이無한말삼이지만은、깁히生覺하면、우리마음에當然한말삼이許多하며、또는此後生活上에도不可不注意치아니치못할것이라고生覺합니다、譬喩하신말삼이매우만치만은、나는天性이本來愚鈍하와、여러가지말을듯고서도記憶지못한말도勿論만은줄압니다、 然하오나大體의意味는上述한바와갓습니다、

엿줍고십흔辭緣은만사오나、보시기에支離하실듯하와、이만긋사오니、아모조록 貴體를잘

調攝하시와하로밧비快復되심을懇切히仰祝
하옵나이다.

年 月 日 金淑子拜上

李仁德 殿

回答書

意外의身病으로因하야자조자조親切하신慰
問을밧잡든ᄎᆞ,特히今番에는우리女子에對하
야,最히必要하고有益한校長先生의講話를仔
細히써서病床에ᄭᆞ지傳하야주시니,언제는泛
然하신것이아니지만은더욱感謝함을不勝하

옵나이다. 저는사랑하시는德澤으로昨今은
매우滅勢가잇사와,날마다輕하야져서,熱度도
昨夜에는三十八度六分이엿섯드니,今朝에는
三十六度一分이오,只今은同五分인즉,全혀常
溫이라고말하야도可할만하오며,食慾도漸進
하야,再昨日부터는普通飮食을먹게된故로,아
침에는粥一器와鷄卵二箇式,낫에는牛肉한접
시에葡萄酒조곰式,저녁에는普通밥을먹삽는
대,醫師도말하기를인제十日쯤지나면,自由散
步도許諾되겟스며,約三週間後에는退院하야,

自宅療養을하야도無妨할듯하다고합니다。한동안은死生未判이라고、여러분의心慮를식혓섯스나、 俯念하신德澤을닙사와、이만치快癒하얏사온즉、인제는念慮업다고安心됩니다。이와갓치된것은全혀여러분의勤念하야주신德澤인줄로깁히感佩합니다。 杏花가滿發할때뜸은、全治退院될줄로밋사온즉、그때는親히進拜하와、懇切히致謝하랴하오며、爲先親切하옵신貴函을奉答할兼、賤恙의近狀을알녀들이옵나이다。

沒念하온말삼이오나、여러분께도잘傳言하야주시기를切望합니다。

年 月 日

李仁德拜

金淑子 殿

第二十四課 知恩의孝養

知恩은新羅韓歧部의農民連權의女니、天性이極히純孝하나、八字가奇薄하야、幼時에父親을喪失하고、그哀淚가未乾하야서、母親이또한眼疾로因하야드되여喪明하니、元來裕足지못한저母女는猝地에糊

口의策이엇는困境에빠졋더라. 그러나夙成한知恩은某樣으로周旋하든지, 母親을奉養하리라고決心하고, 그後로부터或은他人의雇傭이되며, 或은門前에丐乞도하야, 盲母에게孝養의道를盡하얏더라. 盲母는粗衣粗食이나마, 갓금不足되기쉬웟스나, 丹誠이烈熱한그孝女의定省溫淸에恒常滿足히녁이드니, 禍不單行으로맛참凶年이들어서, 이제는全혀他人의救恤을得키不能하게되엿더라. 知恩은一時道路에彷徨하며, 來頭事에對하야百般思量한結果, 드듸여마음을決斷하고, 몸을富家에賣하야賤婢가되엿더라. 그몸갑스로米十餘石을借得하야主家에預置하고, 主家에서終日勞役하다가, 日沒後에는其米를少許식자루에너어가지고집에돌아와서, 母親께食事를勸하고, 翌朝에는未明에닐어나서朝飯을進供한後, 다시主家로向하야또勞役에服하더라. 如此히한지數日만에, 하로는其母가愀然히正襟하고, 其女다려하는말이,

「知恩아, 내가前日粃糠을食할時는心事가매우和平하얏드니, 近日에는맛잇는白飯을먹으나, 웬일인지腹中이不平하고, 心緖가散亂하니, 암만하

야도이것은무슨깁흔理由가잇는것이다。

하고、盲目에는벌서熱淚가縱橫하며、嗚咽不已하는지라。 知恩은慰勞하야말하되、

「아니올시다。 어머님、 그것은어머님의마음에空然히그렬사하야그러하신것이지오。 속이압흐신것도ᄎᆞᄎᆞ나으시겟지오。 아모念慮도말으십시오。

한즉、母親은또말하되、

「아니다。 마음이엇지無端히그러하랴。 무슨理由가잇는것이다。 우리母女두사람사이에、무슨

祕密이잇스랴。 네가以前에도朝夕糊口에困難하얏거든、近來凶年에엇지하야갑작이每日맛잇는밥을먹일수가잇다는말이냐。

하고、眞心으로물으심에、知恩은숨기지못하고、드듸여仔細한事由를그대로告하얏더라。 母親은自初至終을들은後、可憐한어린쌀의用心處事에天地가아득하야、썰니는音聲으로、

「무엇나를爲하야네가賤婢로팔니어。 그럴터이면나는차라리速히이世上을떠나고십다。

하며、放聲痛哭하니、知恩도亦是母親을붓잡고、不知

巾에한줄기悲歎의눈물을쏘앗더라。

그때맛참當時의宰相仁慶의子孝宗郞이모든知舊들과함께南山鮑石亭에서놀새、가는길에知恩의門前을지나드니、忽然히창자를에우는듯한哀號의聲이들님으로、怪異히녁여들어가본즉、二十歲假量의處女가盲目의母親을붓들고、부르지즘을마지아니하는지라。同情만은孝宗郞은그緣由를詳細히듯고、크게感動하야、歸家後그父公께請하야粟百石으로知恩에게보내며、主家의借米를償還케하얏스니、孝宗郞의知舊들도그情狀을듯고、各其粟一石식을醵出하야、知恩母女에게보내엿더라。

此事實이自然히朝廷에들님에、時君眞聖王은知恩의孝心을歎賞하야、穀五百石과第宅一座를下賜하신後에、또旌表케爲하야其近邊을孝養坊이라稱케하얏더라。

第二十五課　品性

人의尊卑는무엇으로此를判斷할가。저飽食暖衣하고大厦高樓에居하야、世間生活의辛苦를不知하는者가尊貴하고、草屋茅廬에서弊衣惡食으로僅僅

히延命하는者가卑賤한가。 또財産이多하고、才能이有하야、人의上位에處하야、自己는拱手하고、多數의使喚을부리는者가尊貴하고、人에게雇傭이되여、終日토록營營히勞働하는者가卑賤한가。 世上에는或그런줄로生覺하는이도잇스나、我等은그러한것뿐만아니라고말하라하노라。

다만生活의程度와職業의種類를標準으로삼아、人의尊卑를判定함은不可하도다。 그러면우리들은畢竟무엇으로人의尊卑를定함이可할가。 그것은他에在치아니하고、人의心事의高潔함과卑劣함에

在하니、卽品性如何에在할따름이니라。

世間에는財力이有한者로서、事業을經營함에、眞實로國家의發達을助成할意志가有하야此를營爲하는者도有하고、又는口로는巧言으로美事를標榜하나、其內心에는私利만暗謀하는者도有할지며、또才能이有한者로서、政治의要路에當함에、其地位에立하야誠實히國家의發達을計劃하는者도有하고、又는其地位를利用하야私利를暗計함에不遑하는者도有한지라。 滔滔한天下의大勢를觀察하면、後者에屬한者가大概威勢가多하야、社會에闊步하며、清

廉한人士는그汚濁한世態에厭氣되여,掩耳閉目하
야世事를見聞치아니하고,煩累를쉰코저함과如하
도다。 噫ᄒ다,此는何故인가。 無他라,社會가人의
尊卑를判定하는標準을謬誤함에基因함이로다。卽
社會는人의外觀과地位만보고,品性의如何는不問
함으로,品性은卑劣할지라도,外觀이壯大하고勢力
잇는地位에據한者는,世間에서一般으로尊仰하나
니,이러고로如此한무리가益益히社會에跋扈하는
것은自然의形勢라할지로다。
前途有望한諸子는,此可惜하고可惜한天下의大勢
에趨向하지말지어다。 諸子가將來社會에出脚하
는날에,從事할職業이여러種類가有할지며,立할만
한地位도亦是여러種類가有할지나,然하나其職業
과地位의如何를不問하고,心志는不得不高潔히할
지며,行爲는不可不正大히할지니,諸子는恒常이갓
치하기를自期하며,人의尊卑를評論함에도恒常標
準을其人의品性如何에置하면,卑劣汚濁한者는自
然히社會의制裁를受하야,自己勢力을失墜할지며,
高潔正大한者는自然히勢力을得하야,世上의風潮
는이에一變하야,汚濁한空氣가이에一新함에至할

지니、如此히하면國家의發達은반다시蔚興改觀함에至할지니라。

西哲某가말하되「人에게必要한것은富力에在치아니하고、品性에在하니라、비록全世界를撼動할지라도、其品性이缺乏하면、何에用하리오。」하얏스니、實로그러하도다。

(嘉納治五郎의文에據함)

女子高等朝鮮語讀本 卷三 終

大正十三年三月二十日印刷
大正十三年三月二十三日發行
大正十三年三月二十五日翻刻印刷
大正十三年三月二十八日翻刻發行

女高鮮三

定價金五十六錢

著作權所有

著作兼發行者 朝鮮總督府

翻刻兼印刷者 京城府元町三丁目一番地
朝鮮書籍印刷株式會社
伊東猛雄

販賣所 京城府元町三丁目一番地
朝鮮書籍印刷株式會社

女子高等朝鮮語讀本

卷四

緒言

一、本書는女子高等普通學校朝鮮語科敎科書로編纂한者이라。

二、本書는全部를四卷으로하고、第一學年으로부터第四學年까지各學年에一卷식配當한者이라。

三、本書는京城에서行用하는言語로標準을삼고、諺文의綴法은本府에서定한바에依하며、純全한朝鮮語에對하야는發音式을採用하야、쟈、댜를자、져、뎌를저、죠、됴를조、쥬、듀를주、챠、탸를차、쳐·텨를처、쵸、툐를초、츄、튜를추、샤를사、셔를서、쇼를소、슈를수로書하고、中聲、ㆍ는使用치아니하며、又分明히漢字로成한語音은本來의諺文을使用하니、生徒로하야금恒常此에準據케할지니라。

大正十三年一月

朝鮮總督府

目次

女子高等朝鮮語讀本 卷四

第一課 新時代의要求

余는新時代의要求라하는問題로써、現代에處한男女의힘쓸바에就하야陳述코저하노라。 今日의時勢는以前과不同하야、設或同一한事業에從事하는者라도、昔日과는多少間그考慮에相異한點이有할지니、卽現代에는現代의新要求가有한緣故니라。世間에는녜로부터至今까지同一한事를反覆함이頗

多하나、全然히相違되는일을함은別無하고、다만하는일의趣旨만時代에因하야異함이有할뿐이니라。新時代가人生에게對하야、男女老少와貴賤賢愚의區別이업시均一히要求하는것은、勤勞하라、死할時까지勤勞하라。함이니、此가第一의要求니라。 或은農園에、或은廛肆에、或은營舍에、或은官衙에、或은海外에、何處에서든지勤勞만하면、그사람의要求를滿足히할수잇나니라。 現世에處한人生에는、休息이라는것은一時의일이오、間斷업시努力함은우리의恒常行할바義務니、勤勞하기爲하야休息함은可하

거니와、休息을平生의目的으로삼는事는、新時代에서는容許되지못하나니라。

그러하나財產을貯蓄하얏다가、老後에公債證書의利息이나貯金의利子로써生活하라고目的하는勤勞는、新時代의要求에適合한바勤勞가아니니라。

勤勞라함은今日에始初된事는아니나、但今日의勤勞는世界的意味가附加할뿐이니라。 何故오하면、此世界에國을建하야互相競爭하는境遇에는、國民이一致協力하야勞働치아니하면不可하니、道德上으로보면、華族或은財產家가반다시貴함이아니오、

大體勞働하는人이라야貴한사람이라할지니라。大凡勞働이라하야도、其中에各色種類가有하나、新時代의要求하는勞働은眞實한勞働即誠心으로國家와人類의利益을爲하는勞働이니、이것이現代의要求하는바第二의要件이니라。 誠實이라함도以前부터傳來하든敎訓이나、今日의謂하는誠實은從來의正直律儀의意味뿐만아니오、經濟上價値와世界的意味를加하나니「正直은一生의寶라」함과如히、此로因하야世間의信用을得하면、假使財產一萬圓이有한者라도、十倍二十倍의效力이有할지며、又는

正直히營利하야、確實하게利息을支拂하는銀行·會社는、漸次로世間의信用이增加하야事業이發展되나니、是는誠實의經濟上價値며、또正直한國民이되면、世界의市場으로부터資金을吸收할수도잇나니라。

日露戰役에도、日本의金錢만으로는、그戰爭을할資力이無하얏스나、日本國民의正直과愛國心의結晶이英國人其他歐羅巴人으로하야금公債募集에應케한故로、同戰爭에勝捷하게됨이니라。 今後라도우리國民이世界的信用만不失하면、資金을得할道

가必有할지며、歐羅巴에서는資金이饒足하고金利가低廉한故로、東洋에出資하랴하는傾向이얼마든지잇다고할지로다。 然則우리國民이一層世界的信用이有하면、資本이漸漸增殖하고、國力도더욱隆盛할지나、實業上信用이戰爭上信用에不及한것은遺憾의事니라。 軍事上으로서世界의信用을得함과如히、實業上에도信用을得하야、世界의資本을聚集함에는、世界의信用을博할만한誠實이업스면不可하니라。

第三은男子만勤勞할것이아니라、女子도勤勞치아

니치못할事니、至今까지는男子敎育만重히녀엿스나、新時代에는第二의國民을養育할重大責任을가진女子의敎育도、가장重要視하는배니라。

學問이無한女子의手에養育된兒童은、그智能이他人에게落下될지며、迷信에沈惑한女子가多하면、男子의活動을沮害하는事가不尠하니라。 女子를無知沒覺하다하야蔑視함은舊時代의陋習이라。 今後에는、男子와同樣으로敎育을受하야、世界的偉人을產出하는責任을男子와分擔하지아니치못할지며、又今日以後는一般社會에서女子의聰明睿智를

期待하는바가不少할지니라。

要컨대今日은何事든지世界를標準삼아前進함이可한즉、孤陋한思想만固守하고、井底蛙를作하야、眼界를半島外에擧치아니한人物은、斷定코新時代의要求하는배아니라하노라。 (新編高等國語讀本에서譯함)

第二課 蜘蛛

蜘蛛라하는버레는、簷牙끗이나、뜰에잇는나무에든지、여러분의父親께서사랑하시는登盆한꼿나무에든지、어듸든지忌憚업시줄을치는故로、사람에게믜

응을바다서、웬만한사람을맛날때마다그줄은비로쓸어버리게되고、제몸은밟아뭇긔리게되는불상한境遇를當하나、仔細히生覺하야보면、蜘蛛는우리人生에게자못有益한버레라할수잇소。 그것은何故이냐하면、到處에처노은줄은人生에害되는蟲類를잡기爲하야만들어노은것이라고도할만한대、모기나파리들갓치傳染病을媒介하는蟲類를잡아除하는그功效는、우리들에게는얼마나도움이되는지알수업소。 거믜中에도、방바닥이나壁위로살살기여단기는파리를잡는거믜들은、더욱人類社會에恩功

이만은動物이라고도할만하오。 거믜는저러케적은몸으로能히그런美麗하고巧妙한줄을치지아니합닛가。 거믜줄은거믜배속에서나오는것인대、거믜肛部에는깁체갓흔적은구멍이만이잇고、그구멍으로나오는一種의粘液이外氣를쏘이면、곳실이되나니、거믜배속에잇슬때는실이안인것을알수잇소。 그런대그실은우리肉眼으로는볼수업는가는것이나、거믜는그肛部로서나오는幾十가닭의가는실을뒷발로巧妙히꼬아서、한가닭의실을만드는것이오。

거믜는매우間隔이좀쓴곳에서도能히훌늉한줄을치나니、그것은바람의助力을밧는까닭이오。 엇던나무에서엇던집簷牙앗사지、十尺或十五尺쯤떨어진데라도、나무에나簷牙에나실앗흘붓쳐놋코、뒷발로실을꼬으면서아래로느려져서、바람의自然力을利用하야、目的地인나무나簷牙앗헤줄이다으면、自身은그줄을쌀아、그곳에가는것이오。 한번만나무나簷牙앗헤서目的한나무나簷牙에건너가서、한가닭의줄만붓치면、별서다된것이오。 그한가닭줄로건너단기면서、마음대로실을풀어서、暫間동안에훌

능한줄을치는것이오。

거믜는매우熱心家요。 如何히사람들이그집을破毁할지라도、自身이殘存할동안에는、곳줄을치고버레잡을準備를하오。

거믜줄은매우튼튼하고、보기에도美麗한故로、그것을織造하야利用할수업슬가하는사람도만앗섯드니、距今一百六七十年前에佛蘭西의한學者가이것을實際로硏究한結果、掌甲과버선을만들어서成功하얏스나、거믜는집에서길으지못하는것인故로、原料인실을모으기가極難하야、製造品을賣買하게되도록多數히製造치못함으로、다만거믜줄로도이러한物品을만들수잇다는것을世上사람에게알닐뿐으로中止되고、그後는거믜줄로織造物을織造하얏다는말은듯지못하얏소。

엇더하든지이世上에는사람을爲하야盡力하면서、사람에게미움을밧는거믜와갓치可憐한버레도잇는것을알지못하면아니되겟소。 (世界奇聞에據함)

第三課 京城꼿구경

一 祕苑

綠樹가 稀少한 京城市內에 特히 異彩를 呈하는 이 祕苑은, 어느 때든지 鬱蒼한 綠林翠樹의 別界를 成하얏는데, 그 面積은 實로 六萬幾千坪이나 되는 廣大한 곳이다.　그 中에 여긔저긔 櫻花가 一朶二朶식 아롱당게 피엿다.　일은 바 萬綠叢中一點紅의 眞情形을 言할 수 업는 구경이다.

참으로 神祕한 御苑, 丘陵도 有하고, 溪澗도 有하도다. 못에 물이 맑고, 바위에 잇기가 풀은데, 地形의 勝한 곳을 取擇하야, 여긔 亭子가 有하고, 저긔 樓閣이 有하니, 말하자면 自然의 妙와 人功의 巧를 合致함이라 하겟다.

芙蓉池邊에 佇立하야 宙合樓를 仰見하면, 二百餘年의 古色을 帶한 二層樓, 丹靑의 彩色이 深綠한 背景에 映輝함에, 一層鮮明의 度를 加하야, 우리로 하야금 不知中 照應의 美와 綜合의 趣에 精神이 恍惚케 한다. 樓上의 展望은 또한 絕勝한 中, 더욱 奇觀인 것은, 眼前 芙蓉堂上에 夭夭한 一枝花가 길게 나와서, 只今 지나온 芙蓉池에 姸姸한 丹粧을 빗친 것이다.　아아, 그 一枝의 芳姿야, 그대로 十日 동안만 지지 말앗스면 하는 生覺이 난다.

二 昌慶苑

賞玩하는우리들을爲하야、運滯하지아니하고三四日間이면私情업시떨어지는櫻花、今日에가지아니하면今年쏫츤求景치못한다하는마음은、누구든지同一한듯하야、今番日曜의昌慶苑行電車는모다滿員뿐이다。

苑內의櫻花는只今이實로한창이다。 全苑이모다쏫、就中에植物本館편으로三四町쯤은可謂一目千本이라形容할수밧게업다。 이곳은高麗의離宮遺址요、李朝가宮殿을定한지도벌서四百五十年、그곳

明政殿은그名稱과갓치當時의政事를밝게하든處요、이곳련못은列朝의農藝를試驗하시든所謂試作場의遺址며、其他苑內에關한여러가지歷史를聞할때마다、쏫求景도一層趣味가깁허지는듯하다。

이편小丘잔듸우에편히안저서、아래를지나는사람을點檢함도한興味라하겟다。 쏫그늘에서이대로놀다가、저녁달마지까지하얏스면하야、이곳을離別하기매우섭섭한生覺이잇섯다。 이러케可惜한때에作別함이더욱佳趣일지도몰으겟스나、다만쏫필때만이라도、時間制限等이업섯스면하고生覺하얏

다.

三 櫻谷

壯嚴한總督府、灰色빗隱映하는그後편에감취여잇는櫻谷、只今은京城에서花의一名所이다。 谷의左右언덕에列立한어린吉野櫻의數百株、一二町쯤은花의隧道를成하얏다。 그러나이谷溪에만일清漣한潤水가가득히흘넷스면하는生覺도생긴다。 鮮明한朝日이淡綠淺紅間을透射하는午前에는、三五作伴하야緩步로逍遙하는人士와、間或數十名式作隊하야行列이整齊한小學生團體가靜寂한城內를

적이繁華케하며、日暮後에電燈이켜지면隱隱한燈影에빗취는夜櫻의光景은、그規模가비록狹小하나、이곳자랑의一項이라할수밧게업다。 저녁밥後에散步를衆하야서로모여나오는구경군들은、猝然히成羣하야狹路에二列縱隊로行進을開始하게된다。참壯觀이라할만하다。

第四課 朝鮮의繪畫 (一)

三國時代로부터新羅末싸지約九百年이나되는其間에、當時畫工의製作品이라고確證할만한것과口

傳하야오는것은、아즉目睹치못하얏스며、又當代畫工으로文獻上其名이記存된者가甚히稀少하도다。

但三國史記列傳率居의條에云하얏스되、

「率居는新羅人이니所出이微故로不記族系라生而善畫하야嘗於皇龍寺壁에畫老松이러니體幹이鱗皴하고枝葉이盤屈하야烏鳶燕雀이往往望之飛入이라가及到에蹭蹬而落하더니歲久色暗이어늘寺僧이以丹青으로補之러니烏雀이不復至러라」

하얏스니、新羅統一後畫工으로世上에著名된者는率居一人뿐이오、또三國遺事에는畫僧靖和·弘繼

二人을指名할뿐이라。傳記도尙且如是한즉、其作品을得見키不能함은理所固然이로다。

그러하나內地로보면、此와反對로推古朝卽朝鮮三國時代에半島로부터畫工을選差한事가頻頻하얏슴뿐아니라、兼하야筆墨丹青의製法까지傳授한事가舊記에明載하얏스며、또그作品도至今까지傳來하는것이不少하니、其中에高句麗의僧曇徵의그린바奈良法隆寺의壁畫와、百濟阿佐太子의筆蹟이라稱하는聖德太子의肖像等은、當時半島畫工의技術과畫風等을想像할만한代表的作品이니、其非凡한

筆法은現今世界에喧傳되는內地美術의淵源을成한것이니라。

如斯히三國及新羅統一時代의繪畫는、當時支那의所謂六朝及唐代畫風의影響을受하야、卓越한名工이輩出하야、其優秀한作品이不少하얏슬터인대、爾來로物換星移하야、그痕跡이全혀湮滅됨은實로遺憾千萬이라할지니라。

三國及新羅統一時代의美術로는、毛筆을使用한繪畫以外에、金石彫刻畫·古墳의壁畫·漆畫·錦繡等이有하니、此等의技術이다發達進步된事는、內地正倉院

의寶物과法隆寺其他의遺物又는朝鮮의金石彫刻壁畫·陶瓦等에徵하야、大略想像함을得하겟도다。此는間接으로毛筆畫의向上을助한것이라할만한조흔資料라謂하겟고、또反面으로보면、毛筆畫의發達도此等畫盛行의影響에서出하얏다고도稱하겟도다。

現今朝鮮의遺物中、其傳來된眞品을求코저하면、景德王時代에製作한掘佛寺四面石佛像、武烈王碑石의龜趺及中央의蓮座、甲榻의飛雲、領下의唐草紋及其螭首、又는惠恭王時代에鑄造한奉德寺梵鐘面에나타난飛天及寶相花紋、善德王時에建立한

芬皇寺九層塔門扉의仁王、金庾信墓라稱하는곳의十二支肖屬과및古墳發掘의陶器紋樣、古寺院·古城址에서發見한瓦紋等은、大體그體法이서로一致하고、此를後代遺品에比하면、意匠이頗히優麗하야、支那六朝及唐代의絢爛한技術의影響을受함이明確하도다。 그러하나此를當代의內地及支那의遺物과比較하며、若干의相違點이不無하야、大體粗率古拙의風이有하도다。 故로毛筆畫도此와如한特徵을發揮하야、一種의妙味와逸致를具備한듯하도다。

第五課 朝鮮의繪畫 (二)

高麗의太祖王建이卽位以後로그滅亡까지四百七十餘年間에、畫工의製作品으로그傳來가確實한것은甚히寂寥하도다。 實로그中期以前에屬한것은、古墳의壁畫以外에는實物을目見치못하겟고、또史籍의傳記로보아도、當時의畫工으로서中期以前에屬한者는、新羅時代와同樣으로그姓名을史冊에서發見하기極難하며、오작仁宗以後의諸記錄을涉獵하야、僅히二十餘의人名을得見할뿐이니、卽明宗·恭愍王·李俊異·李寧等이오、그製作品으로조곰信憑될만한것은、다만恭愍王의天山大獵圖斷片이有할뿐이라。

麗朝를通하야支那의畫史에까지其名을揚한사람은仁宗朝의李寧이니、支那의畫史도勿論高麗史를引用함에不過할터이나、그記事로推想하야도、李寧은一世의畫家됨이無疑하며、其子光弼도亦是非凡한畫家인듯하도다。

其次로麗朝의畫家로서朝鮮畫史에垂名한사람은即恭愍王이니、그畫法의精細함은高麗와李朝를通하야古今에獨步가될듯하나、다만아즉그確證될만

한寶物을接見치못하얏슴으로、古記의適否를判明키不能함이遺憾이라하겟도다。

麗朝도新羅時代와갓치支那의繪畫及技工等을盛히輸入하야、宋遼·金·元의影響을受한事가明確한지라。 蓋新羅以前에는、交通通商이後世와如히頻繁치는못하얏스나、宋에至하야는公私의區別이업시彼我의往來가漸次頻數히되여、支那의文化를受함이羅代보다一層深固하며、쌀아서美術의影響도甚大하얏슬것은足히推想할지니、今日에文獻으로證할만한것은少하나、支那技工이東渡하야、麗人에게

模範을示한例가不少함은事實일듯하도다。 宋仁宗元年에勅使一行을조차渡來하야、高麗圖經을著述한徐兢은當時의有名한畫工인대、그圖經의插畫는다自筆로作成한것이며、本畫는麗朝의風俗을窺察함에好資料를提供한것이니라。 只今은그插畫가泯滅되여、世上에遺傳치못하얏스나、徐兢이當時麗朝의畫工과相從하야資益된배多함이明確하니라。 其後元朝에至하야、忠宣王은燕邸에萬卷堂을建築하고、當時元朝의碩學과交遊하얏스며、又書畫에絕倫하다稱하는趙子昻과交遊하얏는대、子昻의

書畫體는當時麗人의最히欽慕하든배라。 故로高麗末期부터李朝初期까지其間書畫의體는玆에一變되고、兼하야文學上에도貢獻된事가舊記에昭然하니라。

麗朝는佛敎가甚히隆盛하얏섯는故로、佛畫는當時社會의要求에應하야發達하얏고、又各種의佛敎上儀式畫도宗門의異함을딸아서새로히創作된事도有한듯하도다。 또當時에支那에게佛畫를貽遺한事가有함을보면、高麗의佛畫는相當히發達되여、支那人사이에도珍貴히生覺하얏섯든것을足히追想

할지니라。 次에宋代에至하야、儒敎의性理學이盛行하얏슴으로、半島人의思想도亦是其影響을受하야、儒敎主義가一般國民의觀念을支配하게되는同時에、繪畫界까지그感化를바듬이深切하니라。 또儒敎의禮儀에關한形式도、羅代보다完全히된듯하니、卽文宣王廟에孔子及七十二賢의畫像이며、功臣閣壁上에功臣의像을畫함과如한것은卽其一例니라。 道敎도亦是國初로부터道觀을建設하고、畫像을揭置하야、盛히信仰함을見하면、道家의繪畫도또한不少하얏든것을可히想像하겟나니라。

李朝에至하야는、其初期에姜仁齋·安堅等의巨擘이出한以後로、現代까지繪畫로揚名한人은거의四五百名의多數에達하얏스나、圖畫署의畫員을除한外는、專門畫家로指稱할만한者는甚少하고、그製作品은다만學者·文武官吏等의餘技에不過하니라。

前記仁齋·安堅과如한畫家는、內地의畫聖雪舟又는周文等에比하야도遜色이毫無하다하겟고、其他崔涇·李上佐·金明國等의名家가輩出하야、各其特色을發揮하야、그畫法이또한可觀할點이有하니라。

李上佐는幼時로부터畫法이巧妙하야、그山水人物

은 一世에 冠絕하얏고, 金明國은 技術이 最히 卓越하야, 그 筆法은 李朝後期에 가장 適健하야, 北畫의 眞髓를 傳하얏다 稱할만하니, 特히 朝鮮繪畫中에 構圖의 整然함은 恰似히 當時內地畫風과 髣髴한 點이 有하니라.

(李王家博物館所藏品寫眞帖에 據함)

第六課 日記中에서

五月十二日 月曜 快晴

五月도 벌서 中旬이 되엿다. 이 學年이야말로 高等女學生時代最後의 學年이니, 第一學期부터 遺憾업시 充分히 努力하리라고 斷定하얏다. 저 學年始初의 마음이, 嫩葉의 繁盛을 增益함과는 反對로, 空然히 엷어가는것갓치도 生覺된다.

嫩葉嫩葉「생색라」며「아가시야」모다 眞草綠의 냄새빗치되엿다. 晩春이라는, 겨우 그자최가 남아잇슬뿐. 어느듯 孟夏의 感想이 날로 더 깁허온다. 無聊를 難堪하야, 尻輪이 自動할지음에, 再明日은 春季遠足, 方面은 淸凉里라는 揭示다. 綠陰芳草어린님히 薰風에 나붓기는 淸凉里라고 짓거리는 소리가 複道로붓터 複道로 傳하야간다. 이런때의 雀躍함은, 요사이겨우學校에너은一年生여러분보다도,우리들班이더猛烈함으로붓그러울뿐。

五月十三日 火曜 曇

今日은西洋史는스팔타와아데네의軋轢條件에들어갓다。 적은나라의그中,또一部分同志로서,이갓치다토고만잇스면,쓸대업지안을가生覺하얏다。무엇이무엇인지아조하나도몰으고,꿈과갓치배운幾何學도,요사이는비로소理會하야알수잇게되여간다。 걸핏하면操心업시輕率하게言行하기쉬운우리들의頭腦를整頓식혀주는것갓치生覺난다。何

如問에熱心으로하야가자。 그리하야우리의理想을實現식혀보자。

요사이겨우좀어려운冊이라도닑어보리라는生覺이나는대,思量하야보면一年밧게업구나。 歲月이一日식一日식업서저가는것이可惜하다。 더구나學校에서는最上級生이라는待遇를밧고,집에서도언니라는소리를듯기愧赧하다。 아죡새지도아모것도못하는대。

明日이야말로十四日,비가오지말나츅슈하며잣다。

五月十四日 水曜 快晴

第一먼저日氣부터보앗다。 遠足에는꼭맛는日氣、엇더튼지四百名의團體라、東大門에서電車를밧귀타는동안에、時間이매우걸녓다。 午前九時에는全隊가淸涼里에到着。

「綠陰芳草勝花時」라는녯글의말과갓치晩春初夏의新綠이야참으로佳麗하다。 하날이나땅이나前後左右가다草綠빗。 生氣가宇宙에가득한대、그것이우리들의마음을具象化한것갓치生覺난다。 翡翠갓흔嫩葉、裙帶갓흔芳草、初夏의自然이綠色인것은偶然이겟지만은、感謝할일이다。

이草綠땅에흘으는小川、그도亦是草綠。 저멀니로서새여오는노래소리는이곳에서속살거리는이약이소리、寫生하는學生의一團、그사이를徘徊하시는白髮의金先生님을「푸라톤」으로보면、여긔는全部가저希臘의「아까데미아」라고도하겟지。

詩人도아니오、畫家도아닌나는、趙氏와方氏들파갓치큰버들나무그늘에안저서、아모意味도업시새草綠빗출맛보앗다。

半日동안快遊에、精神까지草綠에醉하야、草綠에빗친點心을먹은後에回程하얏다。

오날밤은草綠을쑥々도록빌고就寢하얏다。

五月十五日 木曜 雨

어제와는짠판이다。 오날은아침부터비가온다。어제왓드면、방자라고도하고십든비지만온、連日晴天뭇최비라、얼마나고요한오날일가。 비여、너에게致謝한다。 나무닙흔이비로一層草綠빗치무르녹앗다。

下學後圖書閱覽室에서學級會를열엇다。 어제遠足의感想談「쓰켓지」의展覽、紀行文의朗讀等、모도다興味깁흔것이엿다。 先生님도합셰茶를잡수시고、우리들의일업시웃고써드는것을滋味잇게듯고게셧다。

閉會後、音樂會의準備委員만남아서議論하얏다。이약이는어느동안에卒業後의일로옴겨버렷다。 李氏의熱辯、朴氏의그에對한論駁等、熱烈하얏스나、「야죽너무일지아니한가」하는金氏의一言으로、議論을中止하고散會하얏다。

五月十六日 金曜 晴

朝陽에빗취는나무닙희물방울이宛然히水晶갓다。

學校에가본즉、모다庭球에熱心하고잇다。 春期競

技會가갓가워졋슴으로、李氏·張氏·諸葛氏等選手班의猛烈한練習은實로相當한敵手라하겟다。

實로我等女子들도、勝敗는엇더튼지運動으로因하야體力을增進하고、體格을훌늉하게만드는일은、如何한點으로生覺하든지必要하다。 然이나우리동싱갓치運動에만熱中하고、工夫는치여두는것도못쓰겟다。

오날밤은幾何宿題가全部無難히되엿다。 아아、줄겁다。 來日은裁縫材料를닛지말도록。 붓을놀때十一時二十分、좀느젓다。

五月十七日 土曜 晴

兩親弟妹와함씌點心을먹엇다。 이러케團聚하는一項이、엇더튼지나에게土曜日을苦待하게하는重要한理由라고生覺한다。

오날아침體操時間에、平均臺를건널때다。 얌잔픠는申氏가恒常잘하든듸신에、中途에서失足한고로、모다發笑하얏다。 勿論先生님께嚴格한叱責을바닷다。 웃는것도境遇가잇는것은、우리들도仔細히알고잇섯지만은、그이의平日自矜하는품이普通이아님으로、참을수업섯든것이다。 그러나後에는操

心하리라고決心하얏다。

午後는去番家事科에서배운洗濯法을應用하야、여러가지衣服을빨아보앗다。 意外에잘되고로、어머님께稱讚을들엇다。

밤에시골祖母님께片紙를썻다。 아버님과어머님께서도安寧하시며、동싱들도다健康함과、前庭에薔薇가滿發한것까지도細細히썻다。 暑中休暇에는곳歸覲하야、膝下에모실것도알외엿다。

第七課 奧村五百子와光州

奧村五百子가愛國婦人會의創立者로有名한婦人이든事는、世人의熟知하는바어니와、그婦人이二十餘年前에全羅南道光州에끼친바教育上功績에至하야서는、世上에서널니아지못하는일이오。

五百子는五十歲의衰境에至하얏슴에도不拘하고、朝鮮의教化事業에對하야熱烈한希望을抱하고、孤帆隻影으로멀니玄海의波濤를박차고、깁히雞林의曠野를밟아서、京城의地에來함은、實로明治二十七年의일이엿섯소。 그婦人은仔細히朝鮮의社會狀態를視察하고、그決心을굿게하야、心中에慇懃히期待하는바가잇섯소。

그後明治二十九年秋節에다시渡鮮하야、實兄奧村圓心이大谷派本願寺布敎師로駐錫한全南光州의地에至하야、百方苦心한結果、學校設立의計畫을立하고、일부러內地로부터木手·泥匠等을불으고、또對馬에서材木을運輸하야、三十餘坪의校舍를建築함에着手하얏드니、그竣功함은明治三十一年十一月이엿섯소。 그婦人은그것을奧村實業學校라稱하고、스스로校長이되고、또發靄을

奧村五百子

배운第二女光子와、農學을배운그男便山田時太郎을招聘하야敎師로삼아서、專혀졂은朝鮮사람에게對하야農蠶의業을勸하며、知識의啓發에盡力하얏소。

그런대、처음에는附近의農民도그精巧한農具를보고、도로혀自己等의職業을奪取하는것은아닌가하고誤解하기도하며、또何故로五百子가多額의物資사지들여서、이러한事業을創設하는가疑心도하얏섯스나、彼의至誠이漸漸人을感動케하야、그門下에蝟集하는學生은數十名에達하야、모다五百子를尊

敬하게되엿소。 大隈侯爵이그熱心에感動되여、그때內地에서普及한農具一式을寄贈하고、五百子의事業을援助한것도、實로그때쯤이엿섯소。

學校의敎育이ㅊㅊ잘되여감을짤아서、五百子는附近의農民에게對하야여러가지便宜를주며、親切히學校에모아서、或은農具의使用法을가르치고、或은養蠶其他의産業을勸하며、或은親히草鞋를신고農具를携帶하고、各處로단기며講演을하는等、實로席이暖할틈이업섯소。

當時光州附近에는未墾의土地가만아서、空然히狐

狸의깃들이는곳이되엿섯소。 五百子는또이것을遺憾이라고生覺하고、自校生徒를中心으로柳林藪라稱하는七十餘町步의荒蕪地를開墾하야、그模範을보엿드니、其地는現今農學校及道勸業機關의所在地가되여、五百子生前의素志를傳하게된것이오。

如斯히그婦人은一心精力으로朝鮮사람의指導啓發에盡瘁하얏스나、其後未久에저北淸事件이닐어나자、慨然히蹶起하야校務를副校長이든赤塚某에게託하고、我駐屯軍을硝煙의間에慰問하얏소。

爾後여러가지事情과時勢의變遷을因하야、그學校

는不得已廢校되엿스나、그孤影單身의婦人몸으로 이러한難事를當하야、苦心經營하든功績을光州의 地에遺한事는、實로永久히니저버리지못하겟소。

第八課 休暇의利用

大凡人生은勤勞와休暇로써織成한錦繡와恰似하도다。 勤勞는人生의經線이라할지며、休暇는그緯線이라할지니、經線과緯線이適當히配合調和되면、그一生에는美麗한錦繡가나타날지나、만일그配合이適當치못하면、貴重한人生은浮虛滅裂에歸할念

慮가不無하도다。 世人이흔히勤勞의切要함은說話하나、休暇의利用은不知하나니、엇지可歎할事가아니리오。

百病의原因은許多하다云할지나、心氣가懶散하고、體力이懈弛한때에、흔히釀成하는것이라。 專一한精神과健康한身體에、엇지疾病이생길理가잇스리오。 雖然이나一張一弛는天地間原則이라。 漲한潮水는退하지아니치못하며、退한汐水는再漲하지아니치못하고、氣候도亦然하야、嚴寒이數日間繼續하면、그後幾日은반다시溫暖하야지나니、寒暖이互

相循環함으로、萬物이生長하고人體가發育하는것이라。 이와갓치勤勞는人生의漲하는半面이오、休暇는人生의退하는他半面이니、兩者가幷進하야一生을完成케하나니라。

春暄이旣過하고、夏暑가到來하면、學校·會社로爲始하야、人間百般의事務는、或全廢도하며、或半減도하고서、心神을靜養키爲하야、海濱으로往하는者도잇고、山間으로向하는者도잇서서、來人去客이逐日增加하야지는도다。 大抵休暇라는것은、萬事를抛棄하야勤勉치아니함을謂함은아니니、泰西詩人의警

句에「休暇는變換한事務의別名이라」고말하지아니하얏는가。 常務를背後에남겨두고、새로운休暇를迎함은맛치別種의事務에着手함과갓흘지니、故로優遊無爲의休暇는眞正의休暇가아니니라。 이렴으로世間有志의士는、休暇를迎함에、或은名所古蹟에旅行하야形勝을探檢하며、或은山川地理를踏査하야學界에貢獻하며、或은未看하얏든書籍을讀破하야學識을資益하는等、그種類는千態萬狀이나、그休暇를利用함에不倦함은、모다同一하니라。 要컨대休暇라는것은、常務로因하야完成치못하얏든事

物을完成케하는方便으로與한바時間이라謂할만하도다。 그런즉休暇는舊來의普通意味와는달은것인줄을明知하겟도다。 吾人은常務를中止하고夏期休暇를迎하는一般人士에게向하야、懇切히休暇의利用을勸告하랴하노라。 空然히耽樂遊逸을일삼아서、貴한時日을害用함은、決斷코그本意가아니라하노라。

(實業學校國語讀本에據함)

第九課 朝鮮의工業

朝鮮의工業은往昔에는顯著히發達하얏섯스나、其

後次次衰微하야、今日에는小規模의工業이僅僅히그形跡만保存함에不過함으로、그製造品은거의볼만한것이업는지라。 그럼으로高尚한工藝品은勿論이오、日常生活의用品싸지라도、大部分은輪移入品을待치아니치못하게되엿도다。 이러함으로朝鮮總督府에서는、일쪽이中央試驗所를創設하야、工業에關한試驗研究를行하게하든바、그後에京城高等工業學校와밋京城工業學校를設置하야、現今工業敎育에盡力하는터이며、또地方廳으로하야금或은簡易한工業補習學校와밋傳習所를設立케하며、

或은工業巡回敎師를排置케하며、或은篤實한當業者에게器具와器械도分配하며、補助金도交付케하는等、여러가지로工業의改良發達을圖謀한結果、至今은斯業이漸漸復活하는機運에向하야、顯著히舊來의面目을一新함에至하니라。

機業은朝鮮에서가장重要한工業인대、그中에綿布는一箇年의産額이五百七十餘萬疋에達하야、全鮮到處에서産出하나、最히有名한地方은慶尙南北道・平安南北道・黃海道와밋京畿道니라。 從來의機業은農家婦女의副業的産物에不過하얏스나、近來에

는小規模의工場을設하고、斯業에從事하는者를各地에서目覩하게되엿도다。 絹織物은大概綿紬니、江原道・平安南北道・咸鏡南道等地에서만이産出하야、一箇年産額이三十六萬疋假量이며、麻織物中에紵布는忠淸南道、麻布는慶尙南北道・咸鏡南北道・江原道에서가장만이産出하야、半島重要한産物의一이니、그産額이二百九十萬疋에達하나니라。

製紙는朝鮮工業中有望한者의一인대、一箇年産額이大約二百三十萬圓에達하니、慶尙北道의慶州、慶尙南道의三嘉・陜川・全羅北道의全州等地에서는、製

紙業에從事하는者가多하며、그產額도또한不尠하니라.

窯業은高麗時代에는크게發達하얏섯스나、至今와서는全혀볼만한것이업고、다만各地에서極히粗惡한日用品이製造될뿐이라.　그러하나到處에優良한陶磁器의原料가豐富하야、內地人의窯業에著手하는者도생김으로、從今以後에는斯業이漸次로興旺하게됨을見할지로다.

煉瓦製造는到處에그原料가豐富함으로써、麻浦·永登浦等地에서官營하는外에、處處에此를經營하는

者가有하도다.　다만燃料가缺乏함으로써、陶器業과共히그發展을沮害하는傾向이잇스나、建築의進步를딸아서有望한事業의一이될지니라.

朝鮮에는古來로鍮器를만이使用하는習慣이有하야、食器·大匯·火爐·便器等의鍮器가各處에產出하나、特히京城·安城·大邱等地에最多하며、鐵器類는鍋·釜及農具가主要한것인대、就中釜鼎은堅牢함으로有名하니라.　其他婦人의裝飾品인指環·笄·簪等이各地에서製造되나、그加工彫刻等의볼만한것이少하니라.

朝鮮酒類에는여러가지가有하나、藥酒·濁酒及燒酒가第一主要한者며、엇던것이든지그釀造高가不少하니라。 더욱近來에는淸酒의需用이增加함으로써、內地人으로서그釀造에從事하는者도또한頗多하니라。 土醬·淸醬製造業도內地人이此에從事하는者가漸多하야、特히土醬의釀造가頗盛하며、淸醬도近來에는京城·仁川·平壤·大田·釜山等地에서內地品과갓흔優良品이産出함으로、鮮內의供給에는벌서부터移入할必要가無하게되엿나니라。 朝鮮에는釀造의原料가豐富하고、其價格도低廉한故로、斯

業의將來는甚히有望하다할지니라。

雜工品中에花紋席은京畿道江華島及全羅南道寶城地方의特産物이며、그外에慶尙北道金泉의莞席도또한有名하니라。 竹細工은簾·扇子·梳櫛等의여러種類가有하나、卽全羅南道羅州의簾과潭陽의扇子와靈巖의梳櫛이特히著名하며、木工品은册床·籠·櫃·硯床·漆器等의種類가有하나、別로볼만한것이無하고、漆器에螺鈿을裝飾한것中에는、間或精巧한것도有하니라。

其外에도精米·鐵工·印刷·罐詰等의諸業이有하나、此

等은大概內地人의手로經營되며、煙草는需要가甚히多大함으로써、總督府專賣局에서는、京城·全州·大邱·平壤에支局을設置하야、製造와밋販賣를하나니라。

其他에도仔細히觀察하면、政府의奬勵와民間의努力을俟하야、今後에屈指할만하게發達될工業이亦多하니、朝鮮의斯業은前途가頗히有望하다하겟도다。

(高等國語讀本에據함)

第十課 新聞紙

今日此世界에서日刊의新聞紙를除去한다하면、猝地昏衢에燈燭을失함과恰似한感이有할지니라。

大抵新聞紙는世上百般의事件을迅速하고敏活詳細히報道하는것이니、吾人은此에依하야時時刻刻으로起하는人事消息과天然現象을知得하며、또此로因하야事業의經營과職業의遂行에有益한事가極多하니라。 또新聞紙는人生의善惡과正邪를直書하야、天下視聽에訴하는故로、此를讀하는者는恒常스스로行爲를謹愼하고、志操를硏磨할지며、且新聞紙에現하는成敗의跡에鑑하야、自警自奮함이多

할지니、此를熟思할時에、新聞紙의任務는實로重且大하다할지니라。 故로新聞紙를經營하는者는맛당히報道의機敏과記事의確實公正을生命으로삼을지니、萬一聽測을逞하야、事實의眞相을訛傳하거나、或은讀者의好奇心을迎코저하야、記事를捏造하는等事가有하면、世道와人心을大誤케하야、毒害를貽함이莫大할것이며、況且嫉妬憎惡等의私情으로他人의聲譽를傷코저하야、其短所過失을摘發하야、針小棒大的으로記述함은、不道德의甚한者니、맛당히切禁할지니라。

然이나新聞紙는社會의明鏡이라稱할지라。 社會人心의高尙한處에는、高尙한新聞紙가發行되고、社會人心의卑劣한處에는、卑劣한新聞紙가發行되나니、新聞紙의品位는社會人心의品位와恒常相伴하는것이라。 是以로如何한國에가든지最多의讀者를有한新聞紙를보면、其國民의品位와文明程度를可窺할지니라。

然則新聞紙를經營하는者는、솜히社會人心을指導敎訓함으로그天職을삼을것이오、讀者도또한스스로그品位를高尙히하며、新聞紙選擇을嚴正히하야써、卑劣한記事에迷惑치안토록細心注意할지니라。

(高等國語讀本에據함)

第十一課　談話의心得

古人은寡言沈默으로써、道德의一로思하얏스나、今日에至하야서는相當한談話로交際上의圓滿을圖하는手段을삼지아니치못할지라。 그러함으로우리는談話에依하야、人을知하며人에게知함을得하나니、談話는實로協同生活上의要件이되나니라。

然則他人과談話할時에는、如何한注意를要할가。第一職業上의交際에對한談話는、아모조록簡短明瞭

히趣旨를말하는것이必要하고、第二儀式上의交際、卽冠婚喪祭와如한境遇에對한談話는、굿해여簡潔함을爲主할것이아니오、차라리多情하게意思를疏通함으로爲主할지며、또다만口頭로만그럴뿐아니라、그感情을抑揚行動에까지나타냄이必要하니、너무놉흔語調로悲悼의意를發表함도不可하고、너무나즌語調로喜悅의意를發表함도、또한眞情에서나오지아니함과갓치보이나니라。

第三友誼上의談話는、互相親近히함을爲主할지니、相對者의理解力을參酌하야談話함을互相의義務

로알아야할지니라。 自己혼자만雄辯을弄하야、彼方의理解力과感想如何를不顧하고、長時間을繼續함은不注意의甚한者니라。 婦人界의交際에흔히談話의材料가되는것은、第三者卽他人의批評的談話니、此等은一切談話의材料로삼지아니하도록極히注意할지니라。 次에避할것은政治·宗敎上主義에關係된事니、그것으로因하야喧爭하는醜態를出現하기쉬우며、其次에避할것은相對者의祕密한事情에言及함도不可하며、또飮食物에關한談話는卑陋에陷하기쉬우니、역시注意할지니라。 然則如何한談話가有益한가하면、文學上·美術上談話或은風景·旅行의談話等이至極히穩當하니라。 故로交際의圓滿을期코저하면、恒常文學上趣味를養成하도록하는것이第一必要하니라。 (現代女子訓에拔함)

第十二課 樂書의名筆

녯적奉天에居住하든支那人의엇던富豪가萬金을投하야、珍貴한一幅의屛風을꾸미고、有名한畫伯에게依賴하야、兩色의桃花와一首의鸚鵡를畫케하고、此를無雙의珍品으로愛重히녀이드니、居無何에그것만으로는조곰不滿足하다는生覺이나서、엇더케하든지此에對等될만한것을만들고、一世에有名한文章과名筆을招聘하야、畫讚을쓰게하리라하야、여러가지로探究한結果、當時蜀中에一世의第一되는文章과名筆이잇다함을듯고、專爲하야사람을멀니其處에보내여、그兩名士를招聘하게되엿더라。 自是로그富豪는得意揚揚하야、誰某에게든지그桃花屛과畫讚쓰랴고新製한屛風을求景식히면서、喜悅함을마지아니하더라。

適會히그때에朝鮮에서奉天에갓든文章車五山과

名筆韓石峯의兩人이、그屛風을求景하게되엿더라。勝景과美物이詩興과筆趣를助長함은自然의理勢라。 二人이그때에陶陶한興致를이긔지못하야술것은、追想하기어렵지아니하도다。 五山이爲先「自己가한번畫讚을지어보고십다」는意思가發表됨애、同感에憧憬하든石峯도亦是「여긔다가한번飄嬌한一筆을揮하야보고십다」는歎聲이、太息에석겨나왓더라。 多幸히것헤他人은업고、筆硯이在前한지라、難再의好機라고得意한五山은卽座에口號하되、

一樣桃花色不同、 聊將此意問東風。

其間幸有能言鳥、 爲報深紅映淺紅。

이라고、實景을巧寫한즉、石峯은一氣呵成으로此詩를그屛風에書하얏더라。 揮毫를맛친後에一見한즉、如流한그筆華、二人이共히倉卒間偶然의일이엿스나、自己네가生覺하야도참誇示할만한佳作이엿섯더라。 久留할必要가업슴으로、二人은忽忙히其家를辭하고、支那의都城으로向하얏더라。

少頃에其家에서는此를發見하고、家中에一大騷亂을닐이키게되엿더라。 이러한祕藏의屛風에樂書한者는、必是앗가왓든朝鮮人이라하고主人은크게

憤怒하야、二人의蹤跡을搜索하얏스나、벌서形影도得見치못하겟더라。

於焉間蜀中으로부터延聘한兩名士가到着함애、主人은前記의樂書로因하야、此二人이遠路에虛行하게됨을未安히녀겨서、無數히謝過하고、事實의眞狀을說話하얏드니、兩名士는「如何間무엇을써노앗는지보여달나」하고、그屛風을본즉、그것은實로盡善盡美한畫讚인지라。 衷心으로歎服하야、그屛風에拜禮하고、말하되「此는實로難得의畫讚이라。 吾儕의才能으로는到底히企及지못하겟다」하니、主人은이

에意外로生覺하고、次次그朝鮮人의姓名을探問한즉、車五山이라하는文章과、韓石峯이라하는名筆의作品인것이判明된지라。 이에幣帛을厚贈하야、致謝하게되니、自是로五山과石峯의名聲이、遠히支那에까지傳播하게되니라。

第十三課 箱根路 (一)

己亥 李朝肅宗四十五年이니此日記는其時에通信使를隨하야日本에往하얏든申維翰의旅行記。

己亥九月二十三日壬辰晴。 平明에出發하야、二十里쯤前進하얏다。 清見寺라하는절이路左에잇서서、臨海의勝觀이라하나、行程이忽忙함으로、登覽의

欲望을채우지못하얏다。 薩陲嶺을넘을새、嶺路가바로海岸에臨한故로、匡下의風濤가각금行人의옷을적실듯하다。 海岸을循하야艱辛히三十里나進한後、다시四十里쯤前行하야、富士川의舟橋를건너서、吉原에서午飯을먹엇다。 江尻로부터여긔까지는다駿河州의地方인대、舍館한곳은곳富士山기슭이다。

是日은天晴日朗하야、萬里長空에一點雲霧도업다。 日本人들이其山의眞狀을明確히볼수잇슴을致賀한다。 大槪그山은萬丈이나되는高峯이屹然히凌

空하얏는대、形狀은圓醬과갓흐며、腦頂以上은白雪을戴하야、白玉과갓치一塵의汚染도업는듯하며、중톡以下에는草木이生하얏스나、鬱茂치는못

하얏슴으로、此를望見함에濯濯然함을名狀키어렵다。 日本人이말하기를、山脚으로부터絶頂까지百里며、山上에는火穴이잇는대、其深이無窮하고、暖氣가穴中에서나와서煙霧를成하며、山光의白함은積雪이長留하야朱夏에도녹지아니하는까닭이라。日本商人의福建·南蠻等地에航行하는者가、海中에서멀니雪峯을바라보고、此로써目標를삼아、方位를分辨하야돗출단다。한다。 諸像中에或은「日本人의말이너무誇張에過하야、可히미들수업다。하나、余는云하되、「此山의根底가駿河·伊豆·相模의三州間에盤據

하얏슴으로、此를環行하야一周하랴면、三四日을要하나니、實로天造의孤秀한高山이라。 生覺컨대、登覽하랴면、날이昏黑한後에야上峯에到達할듯하다。山이놉흐면空氣가차고、空氣가차면白雪이녹지아니하나니、半島北境의長白山도亦是同一한理由라하겟다。 曩者에余가四百里外에서、벌서그全體를觀感하얏스니、南蠻海中에서此를覘見함도、足히恠異히녁일것도업다」하얏다。 그런대峯頂傍에枝指와갓흔小聳峯이잇는대、日本人은말하되「이것은丁亥年間에天火가山을燒하야、灑熖이十餘日이나衝

空하드니、忽然히此一峯이聳出하얏다」한다。 此는卽燼餘의土壤이塊積하야、峯巒됨이分明한대、日本人들은神靈의所致라고誇稱함도、그俗習의如何함을推測하겟다。

松平定基가支待官이되엿다。 定基는伊豫州의今治城을治하는대、食俸이四萬石이나된다한다。

飯後에곳出發하야、燈籠을잡히고三十里나進行하야、夜深後에三島에다달으니、此는卽伊豆州의地다。

馬佐衛門佐純壽가支待官으로出迎한다。 純壽는越前州의丸岡城을治하는대、食俸이五萬石이라한다。

是日의行程은一百三十里엿섯다。

第十四課 箱根路 (二)

二十四日癸巳晴。 日出後에三島를出發하야、閭閻으로七八里를通過하야、비로소箱根嶺에다달앗다。嶺路가險하고또峻함으로、뫼夫가힘을다하야올나가는대、갸금밧귀에고자조쉬여도、오히려呼吸이喘急하야예를쓴다。 雨森東의下馬步行함을輿中에서보고、余가笑問하되「何故로白頭拾遺를본밧나뇨。」한즉、東이云하되「此嶺이崎險하야、馬를用하면我를蹶할가두렵고、輿로써하면人을蹶할가두려우니、自勞함만갓지못하다。」하면서、四十里를徒步로올나갓다。

雨森東 [illegible]

白頭拾遺 [illegible]

上頭에到한때、맛참遂長老가輿를路傍에停止하고잇는것을보앗다。 從者가侍立하얏다가、余를見하고쎄들어말하되「學士가過한다。」한즉、長老가깃버하야出迎한다。 余도輿에서下하야、서로接見하얏스나、遺憾인것은通譯이업서서言語를相通할수업는故로、各各掌中에數字式을써서、譴綣한意만表하얏다。

嶺頭로부터한數十百步를나려와서、문득洞府가되엿는대、四面은岡巒이疊疊히衿抱하얏고、가온대는平湖가잇는대、周圍가數十里나되여、深廣하고黝黑하다。

諺에傳하되、九龍이其底에伏한故로、九龍潭이라한다하며、또箱根湖라함은山名을조침이다。湖畔에는人家가甚히殷盛한대、其中에傑閣이湖水를直壓한것이、곳使行의舍館이다。 松杉楓竹이鬱然青葱한대、落霞飛鳥는秋波와爭媚하고、漁艇은杳渺하야、天際로從하야來往하는것갓다。 또富士의玉峯을보면、峨峨히雲霄에솟아서、其影이冲融間에倒

한듯하다。 此에至하야觀覽하는者가、크게驩評하야말하되、「此는千仞의嶺上이라。 엇지하야洞庭의奇를得하얏는고。」한다。 余가말하되、「昔日에들은즉、海上의神鰲는五山을載하얏다하는대、日本人은富士·熱田·熊野의三山으로써蓬萊·方丈·瀛洲라하나、그러나余는山形을본즉、富士는맛당히圓嶠라고呼할만하고、箱根은곳方壺라고稱함이合當하다。 야속하다。 造物者의慳吝함이여。 엇지하야此圓嶠·方壺를九州의外에置하야、中華의達士文豪로하야금이것을飽慕하면서도得見치못하게하얏는고。」하얏다。

村落周圍에는木柵을設하얏고、柵에는壯固한門이잇스며、劒弓槍銃等守備의具가잇스니、此地는가장陸路의關隘인故로、防禦를設하야守備하는것이다。地는相模州에屬하얏고、太守源忠英은食俸이十一萬三千石이며小田原을治하는대、奉行을遣하야支待한다。

奉行 武家의職名。

飯後에嶺을下하는대、그險峻함은登할時보다倍나어려운지라。 路의左右에는다峭壁이잇고、잇다금잇다금石을鑿하야竅를通하얏는대、길의屈曲이甚하야百步에九折이나된다。 아처럽다、뮤

夫의聲을促하고力을用함이여、風波의櫓를督함과恰似하도다。 終日토록보이는것은左右에森森整整한百餘尺식이나되는松杉이다。 借問하노니、이것도진짓塵間의植物인가。

薄暮에白水坂을通過하얏다。 東畔의山腹을望見함에、所謂雙瀑이잇다。 兩道의飛流가厓石間으로부터噴出하는模樣은、恰然히素練을懸한듯한대、이것을俗稱하되、箱根湖의尾閭라한다。 初更에小田原에抵하얏다。

(申維翰의文에據함)

第十五課 典故五則

畫蛇添足。 無用의事라함을譬喩함이니、戰國策에云하얏스되、楚國에祭祀지낸者가잇서서、舍人에게卮酒를賜하얏드니、舍人들이相謂하야갈오대、

「數人이飮하랴면不足하고、一人이飮하랴면有餘할지니、請컨대地에蛇를畫하야、先成하는者가飮하기로하자」

하더라。 其中에一人이蛇를先成하고、酒를당긔여마시랴하야、卮를持하고言하되、

「내가能히그足싸지그리리라」

하고、아즉未成하얏는대、他一人이蛇를旣成함애、그酒卮를奪하며갈오대、

「蛇는진실로足이無하거늘、자네가엇지能히足을만드나뇨」

하고、드듸여其酒를飮하니、蛇足을만든者가맛참내其酒를일헛다하니라。

得隴望蜀。 貪하야足함을알지못한다하는뜻이니、後漢書魏志에云하얏스되、司馬懿가曹操에게말하야갈오대、

「이제漢中을克하면益州가震動하리니、兵을進

하야此에臨하면、形勢가必히瓦解하리이다」
한대、操가갈오대、
「人은괴로히足함을알지못하는도다。 隴을既得하고、蜀을復望하는도다」
하얏스며、또李白詩에云하얏스되、
「物苦不知足이로다 得隴復望蜀이라」
하니라。

杞憂。 無川의憂를謂함이니、列子天瑞篇에云하얏스되、杞國에엇던사람이잇서서憂하되、天이崩墜하면身을寄할곳이無하리라하야、寢食을廢하는

者가有하거늘、또彼의憂하는바를憂하는者가有하야、가서曉諭하야갈오대、
「天은氣의積함이라。 엇지崩墜함을憂하리오」
한대、其人이갈오대、
「天이果然氣의積한것이면、日月星辰이맛당히墜하지아니하겟나뇨」
하거늘、曉諭하든者가또갈오대、
「日月星辰도또한氣가積한中의光輝잇는者라、設使墜한다하야도、또한能히傷害될배업스리라」

한대、其人이갈오대、

「地가壞하면엇지할가」

하거늘、曉諭하든者가또갈오대、

「地는塊의積함이니、엇지그壞함을憂하리오」

한대、其人이舍然히大喜하고、曉諭하든者도또한舍然히大喜하얏다하니라。

他山之石。 他山에잇는粗惡한石도、이것으로나의玉을磨하면、玉을아름답게할수잇슴과갓치、小人도또한君子의德器를增成할具가된다함을喩함이니、詩經小雅鶴鳴篇에云하얏스되、他山의石도可히써玉을攻할만하다하니라。

朝三暮四。 詐術을用하야人을愚弄함을謂함이니、列子黃帝篇에云하얏스되、宋에狙公이라는者가잇는대、狙를愛養하야羣을成한지라。 狙公이能히狙의意를알고、狙도또한公의心을解得하더라。장ㅊ其食을限定할새、먼저속여갈오대、

「너에게芧를與하되、朝에三식하고、暮에四식하랴하노니、足하겟나뇨」

한대、衆狙가모다起하야怒하거늘조곰잇다가、갈오대、

「너에게芧를與하되、朝에는四식하고、暮에는三식하랴하노니、足하겟느냐。」한대、衆狙가모다伏하야喜하얏다하니、大抵凡物의智愚로써互相籠絡함이모다이것과갓도다。聖人이智로써群愚를籠絡함이、또한狙公이智로써衆狙를籠絡함과갓흐니、名實은虧치아니하고、그것으로하야금喜케도하고、怒케도한다하얏나니라。

第十六課　朝鮮女子의詩歌　(一)

大抵사람이란것은感情的動物인故로、順逆의境遇를隨하야、悲喜의情이發現되나니라。 그럼으로或은詩를作하야그志를言하며、或은歌를唱하야그懷를暢하나니、換言하면詩나歌에依하야、自己의意思를表示하야、그詞藻의忠厚함으로써他人을感動하며、文學의技能으로써一世를風靡하는事가多하니라。

비록女子에在하야도、詩歌를能作하면是亦人生의趣味上遺憾이無할지니라。 우리朝鮮은古昔으로부터女流에詩歌를能解한者가不尠하나、閨中에深

藏하야世上에發表되지못한者가多하고、僥倖히그芳名이史冊에遺傳된者를言하면、左와如하니라。

麗玉의箜篌引

麗玉이라하는女子는古朝鮮時代의沙工霍里子高의妻라。子高가早晨에起하야、津頭에出하야船을刺하랴할제、忽然히一箇老人이水流의深淺을不計하고、장ㅊ건너가랴하는대、其妻가그後를딸아오면서挽止하랴다가及치못하야、그老人은드되여河에溺死한지라。其妻가이에箜篌를당긔며歌를作하니、그소리가甚히悽愴하드니、曲調를맛치고、또한河

에投하야死하는지라。子高가此를見하고、家에歸하야麗玉에게이약이하얏드니、麗玉이슯히녀여、이에箜篌로써그소리를寫하니、이것이卽箜篌引의歌曲이되니라。

箜篌引

公無渡河 公竟渡河・墮河而死 將奈公何。

(解釋)

公은河를건너지말라하야도、公은맛참내河를건너는도다。그리하야河에빠져죽으니、장ㅊ公을엇지할가。

白首의老人은精神을喪失하야、無端히河中에溺死한故로、其妻가亦從死하는대、그熱烈한貞節과哀婉한情緒를모다箜篌의一曲에寄託하야、最終의訣別詞를演出한此悲劇에對하야、麗玉女史는甚深한同情을表하야、이에그事實의眞相을敍하야、箜篌引을作하니라。

績女의會蘇曲

新羅儒理王時에、京內의六部를中分하야兩部를作하고、王女二人으로하야금各各그部下의女子를董率하야두레를짜서、秋七月旣望으로부터每日早朝에總作業所에모여、麻를績하야夜深後에야罷하더라。 그리하야八月望에至하야、그女功의多少를考計하야、負便이飮食을準備하고、歌舞百戲를並陳하야써、勝便을招待하는風俗이잇섯는대、此를嘉俳라謂하니라。 是時에負便의一女가起舞하며、嘆息하야갈오대、「會蘇會蘇」라하니、그소리가哀雅하더라。後人이그소리를倣하야、歌를作하야會蘇曲이라稱하니、그것이因하야國俗이되니라。

第十七課 朝鮮女子의詩歌 (二)

師任堂申氏

師任堂申氏는進士命和의女요、栗谷李珥의母인대、그의故鄕은江原道江陵郡北坪이라。 申氏能히經史를通하며、兼하야書畵도잘하고、그行檢과學問이足히女子界의模範될만하니라。 申氏가江陵을出發하야京城을向할새、大關嶺에登하야그母親를生覺하고지은七言絶句詩의一首를讀하야보면、그의孝思가中情에充滿하야、自然히詩詞에發表된것을알지니、卽左와如하니라。

踰大關嶺望親庭

慈親鶴髮在臨瀛、 身向長安獨去情。
回首北坪時一望、 白雲飛下暮山靑。

(解釋)

늙으신어머님은江陵에게신대、이내몸은홀로長安을向하야가는도다。 北坪에머리를돌녀한번바라보니、흰구름은날너나리고느진뫼는풀으도다。

此詩를맛들여닑어보면、申氏가늙은어머니를離別하고、홀로京城을向하는길이라。 그럼으로써머리를돌녀그어머니게신北坪을바라보고、詩를읇흔것이니、讀者는한번自己를그處地에置하고、그때情景을思하야보면、그詩의妙境을自然히了解할지니라。그夫人이栗谷先生갓흔人物을生하야、嚴切히敎育한結果、有數한學者가되여、盛名이後世에遺傳하얏스니、是는師任堂의學德으로부터出한者니라。

蘭雪軒許氏

蘭雪軒許氏의名은景樊이니、李朝宣祖時의草堂許曄의女요、許筬·許篈·許筠의妹며、金誠立의妻라。 許氏의父兄이다文學才藝로써當時朝、野에有名한者라。 그러한家庭에서生長하야敎育을受한故로、亦

是才華가凡流에超越하야、八歲時에白玉樓上樑文을作하야、世人의口頭에膾炙되니라。 許氏가臨死時에自己平生의著述한詩와文을다燒棄하얏스나、多幸히斷篇若干首가遺存되엿는대、明國使臣朱之蕃이此를得見하고、크게稱道하야、이에그稿本을刊布하니、支那에서는許氏가朝鮮女詩家의第一人으로有名하니라。

大抵蘭雪軒의詩詞는그體格이極히艶麗하야、名作家라謂할만하니、玆에그詩集中으로서五言絶句二首를拔萃하야、그構造의意匠을想像하야보면、大體

로作詩法을知할만하니라。

(一) 江南曲

人言江南樂、 我見江南愁。
年年沙浦口、 腸斷望歸舟。

(解釋)

남은다江南이조타하지만은、나는보니江南이걱정일세。 해마다해마다沙浦어구에、돌아오는배를바라기에、이내창자가끈어지네。

江南갓치조흔곳이라도、各各境遇를隨하야、或은悲觀하는者도有하고、或은樂觀하는者도有할지라。此

詩는卽江南에居住하는商人의婦들이、해마다그夫壻가舟에物貨를載하고他方으로장사하러가면、그夫壻의商船이何時에無恙히歸來할는지를不知하야、每日江口를望見하고잇는情景을寫한것이니라。

(二) 貧女吟

夜久織未休、 軋軋鳴寒機。
機中一疋練、 終作阿誰衣。

(解釋)

밤드도록베를짜노라고、찬베틀을삐걱삐걱울니는도다。 베틀속에감긴저필육아、네나종에뉘옷

이될것이냐。

此詩는貧女를代身하야그情景을寫한者니、大抵家勢가貧寒함으로、부즈런히勞働을아니하면아니될지라。 貧女는布를織하야此를賣하야、飯米를買함을得하는터이라。 밤중까지勤苦를盡하야織하는疋布도、終乃는他人의衣料가되고말것인故로、이와갓치歎息하는것이라。

第十八課 사랑하는妹弟에게

妹弟여、其間無恙하냐。 光陰이遄邁하야그대

의卒業期도於焉間迫到하얏고나。 아마卒業後生活에對한想像으로얼마나生覺이깁허서、精神이散亂하야젓스랴。 그대가밟아나갈바前途에對하야는、어머님께서도周到하신思量이계실터이고、또諸先生의高明하신意見도듯자와定하야야할지나、나도亦是여러가지로思念하야、日夕靡懈하는터이다。 그러하나雜誌의論文一二篇、新聞의雜報二三項에도、心志가動搖되기쉬운것은、그대들의이만때의境遇인즉、至情의衷心으로적어보내는、이兄의말을잘

삭더 生覺하야서, 具體的으로 愼重히 思量하야 進行하기를 바란다。 그것은 卽 一般女子의 處世方法에 對하야 더 한層 깁히 生覺하야 볼 必要가 잇다 하는 일이다。

大體 男女를 勿論하고, 사람이 世上에 處함은 容易한 일이 아니다。 그럼으로 古人도 人生行路難이라 歎息하얏스니, 特히 處世上 第一步의 向方을 定하기가 더욱 至難한 일이다。 社會事情이 複雜한 오날날, 더구나 何事든지 急速히 變化하는 우리 朝鮮에서는 더욱 그러하다。 아야, 나도 이 問題에 對하야서는, 매우 焦慮한 일이 잇섯다。 하물며 女子의 몸이 되여 生覺하면, 그 困難이 一層 더 만은 것이다。

엇더든지 處世의 途는 決코 坦坦한 大道뿐이 아니라, 險阻도 잇고 激流도 잇다。 그러하나 眞實로 生을 此世에 享한 以上에는, 그 困難과 싸화서 有意義한 一生을 보내야 하겟다。 그 有意義한 人生은 어느 편으로 向하야야 할가 하는 것이 第一의 問題니, 내가 닐으는 바의 處世第一步의 向方은 곳 그것이다。 操心치 아니하면 意外의 방은길로들어서、無意義한一生을보내게된다。아니참「操心치아니하면」이라고하얏지만은、露骨的으로直說하자면、도로혀넙길로드는사람이만은것갓다。

時方이러케말하는이兄도、大政治家라大學者라大藝術家라豪商이라무엇이라무엇이라、엇더든지社會에名聲을博할人物이되엿스면하고焦心한때도잇섯다。 到今하야冷靜히生覺하야본즉、그것은大政治家도조켓고、大學者도조켓고、大藝術家·富豪다조흘것이나、大抵그러

케되는것이참으로自己天分에適應한지아니한지、또自己가그리되는것이多少間國家·社會에貢獻함이잇슬가업슬가、또는거긔에到達하기까지의徑路를밟음에도、兩親·兄妹·親戚에게괴로움을끼치지안을가하는것들을깁히깁히生覺할點이라하겟다。 이點에對하야、나는現今青年男女의多大數의態度에厭忌하는마음이업지도아니하다。

妹弟여、우리들은그대의前途를定함에對하야、此三點에는크게注意하얏다고生覺하는터인

즉、그대는以上나의意量을듯고、果然그러하다고首肯할줄밋는다。

理論은이러케簡明한事나、實際에臨하야서는자못迷惑하기쉽다。 그迷惑은어듸로서생기는가。 흔히第一自己의天分은何處에잇는가하는點에對한思考가不充分한데서생기는것이다。 더욱年少한女子로는、世界的音樂家가되고십다、社會的事業에從事하고십다、아니누구갓치누구갓치하야、그時代그時代의世人視聽을傾聳할婦人이되고십다는希望에써올으

기쉬운것이다。 나는此等希望이모다그르다고는아니한다。 차라리一般婦女가모다이러한希望과勇氣를가지기를바란다。 그러나生覺하야볼지어다。 一般女子가모다그러케偉大한사람이될수가잇슬가업슬가。 自己의天分과境遇를顧慮치아니하고、實現치못할空想을품는것은、實로危險하다。 이러한일로因하야、一身을誤하는사람도잇다。 나는그것보다도女子에對하야는、一層더重要한일이잇다고生覺한다。 그것은무엇인가。 天은實로女子

에게特別한恩寵을주신것이다。 그것은남의
어미가되는特權곳女子獨占의天分이이것이
다。 此天分을圓滿하고充分하게發揮한女子
는、一面으로보면深奧한學理의發見、世界的大
藝術·大文學의創作과갓치尊貴偉大한事業을
成功함이라할수잇다。 妹弟여、그대는特히此
點에깁흔理解를두고、나의意見에贊成하야주
기를切望한다。
勿論「人生勿爲婦女身、一生苦樂賴他人」이라고
詩人이노래함도確實히一面의眞理나、女子도

엇더한境遇에는獨力으로一家의生計를維持
하며、子女를敎養할實力을培養할必要가잇다。
그러타하야도내가上述한三點은充分히考慮
하야야하겟다는것은勿論이다。
아죡도더말할것이잇스나、次便으로밀으고、最
終에한말付託한다。 先考께서日夕으로말삼
하시든、有始有終이라는그庭訓을回想하야、卒
業式前日사지도忠實히勉勵하야라。 只今이
밤열시붓을노코冥想하니、海山萬里의故鄕에
서는母女相對하야款曲히말삼하시는優然한

그形狀이眼前에髣髴한다。

三月一日 家兄

妹弟에게

第十九課 朴泰星

朴泰星의祖先은密陽人이라。 泰星이出生하자郎時漢城에移住하얏드니、三歲時에父親을여의고、孤單히자라더라。 조곰자람애一日은其母親께살오여갈오대、

「小子가先考在世하실時에는、奉養의誠을盡치못

하옵고、下世하신後에는、喪을服치못하얏사오니、恨됨이이에지날배업는지라。 願컨대今日부터喪을服코저하나이다。

한에、그母親은此를難詰하야갈오대、

「너의先考가不幸히早逝하신지라。 내가슯흠을견듸지못하야、함께가고저生覺하얏스나、너의身上을念慮하야、강잉히이제에닐을엇거늘、只今에萬一喪을服하야、身疲心悲한結果로病들메닐으면、生存한어미에게面目이업슬지며、地下의父親께도不孝가될지라。 이事理를깁히顧察하야라」。

한족、泰星도엇지할길업서、눈물을먹음고命令을服從하니라。 然이나오히려三年間은葷肉을멀니하고粥을啜하더라。

그母親이일즉이病臥하거늘、泰星이衣帶를不解하고、스스로粥을달이며、藥은반다시先嘗한後에進하더라。 本來부터貧寒하야貯蓄이無하얏스나、그러나母親을爲하야는所費를앗김이업스며、事마다奠請한後에行하야、조곰도專斷한배업더라。 如此히奉養한지四十六年만에母親이歿하니라。 母歿後十七年은父歿한歲와其干支가相同한故로、父墓에

詣하야躃踊左祖하며、身에는經衰를纓하고、喪杖을杖함을初喪과恰似히하더라。 山下에廬하고、每日二次式墓에就하야號哭하되、風日雪夜에도缺한事가無하더라。 山蹊에奔潦과叢林이多하야人煙이曠絶하며、猛獸가叫呼하야도、두려워함이無하고、孤影이煢煢하야보기만하야도可憐하더라。 이때에가장異常한事는、一鳥가有하야孝子와偕居하야、孝子가哭하면鳥도亦哭하며、哭이止하면鳥도亦止하는대、其形이似鶴類鳩하나、人이其名을識하는者가無하더라。 李楏川이라하는사람이、爲하야異鳥의

歌를 賦하야, 黍是의 德을 頌하니라。
其後에 觀察使가 徵辟하야 官에 就케 하얏스나, 黍是
이 固辭不受하니라。 後에 또 高陽에 移住하얏드니,
高陽守臣이 其篤行을 奏한 故로, 命하야 其閭에 孝子
朴黍是之門이라 旌하다。 老後에 同郡 淸潭에 住하
얏드니, 里人이 其居를 孝子洞이라 稱하니라。
(照明較峯에 據함)

第二十課 地殼의 變動

우리 地球에 屬한 太陽系統은, 最初에는 熱度가 極히
놉흔 瓦斯의 大塊엿섯스나, 漸次로 凝結하야, 中心은

太陽이 되고, 周圍에는 大小 無數의 遊星이 생것소。 이
地球도 本來는 그 一部分임으로, 最初에는 熱度가 極
히 놉흔 瓦斯의 塊 次에는 岩石을 녹인 것과 갓흔 極熱
의 液體 뭉텅이엿스나, 漸次 그 表面이 조금식 凝固하
야 薄한 地殼이 되엿소。
이러한 일은 그것헤서 親히 目覩한 者가 업섯슴으로,
無論 假想的 論說에 不過하나, 許多한 地質學上의 事
實은, 此에 依하야 容易히 說明할 수가 잇는 故로, 今後
此以外에 一層 適當한 學說이 唱道되지 못하는 以上
에는, 이것이 確實하다할 수 밧게는 道理가 업소。 處

處에噴火山이잇서서각금火焰을噴出하는일과、溫泉이잇서서熱湯을湧出하는것과、어듸든지地面을깁히파면팔수록地中이漸漸더워져서、平均百尺式팔썩마다攝氏寒暖計一度式溫度가더해지는것等을보면、地球의內部는아죡싸지불덩이인듯하오。또表面의堅固한地殼은、이러한火塊가次次冷却하야된것으로生覺되오。 大凡무슨物件이든지、冷却되면그容積이減함은、定한理致인즉、地球도漸漸冷却하야갈동안에、조곰식그容積이收縮되고、收縮되면地殼의表面은不得已皺狀으로되나니、譬컨대、林檎

을오래노아두면、水分이蒸發하야全體가縮少되는故로、表面이쭈글쭈글하야지는것과갓흐오。

그러한즉地殼의變化는이러케幾億萬年間에冷却으로因하야、地球表面에皺狀을生하야、山岳과河海의區別이顯著히된것이가장큰原因이오。 其外에는다만風雨나河海의作用과갓치、우리가恆常目擊하는普通의自然現象의結果로生하는것이니、風雨가잇슬쌕마다、大地表面의岩石은조곰식破碎하야沙石이되야、谿谷으로流下되고河水에게運搬되여、河口에沈澱하야年年히새로層을지어、田地를새로

開墾할만하게되나니、某某新田이라는名稱이잇는곳은、거진다이러케된곳이오。

如斯히泥砂의沈澱함을因하야生한層은最初에는勿論流水의方面을隨하야成立되나、後에는여러겹을닐우어各方面으로傾斜하나니、一部分은山의頂이되여나타나며、他의部分은後의層에埋沒되여깁히地中에뭇치게되오。 저놉흔山의頂上으로부터魚類와貝類의化石이出함은、全혀右와如한變動을因함이고、決코一時의急遽한天災地變이잇서그러한結果는아니오。 近年에西印度의噴火와伊豆諸

島의南方에잇는鳥島의破裂과如한일은、地球全面으로보면、實로極히小部分인故로、大體로論할境遇에는、거의數에칠것도업는터이오。

(實科女學讀本에據함)

第二十一課 掃除

陋屋과小庭이淨하게掃除되지못한것은、醜女가그몸맨도리를團束지아니한것과갓고、家屋도輪奐하고階庭도廣闊한대、잘掃除를하지아니하야、마루에는塵埃가싸이고、뒷돌은雜草에뭇쳐잇슴은、美人이침과코물을흘니는것과갓하야、共히보기실소。 治

産을넉넉히하지못하는者라도、아모조록家屋의內
外를淸潔히함을主張할지며、또富裕하야使喚을雇
傭할만한사람은、더욱灑掃하는일을懇切히하야야
하오。

掃除의德은實로不少하오。 汚穢를去하고淸潔을
힘씀임으로、自然히衛生의道에맛는일이其一이오、
즐겨서勤勞에服從하는良習慣을養成하는일이其
二요、精神과肢體의一致한運動에從事함으로써、自
然히身心을鍛鍊함에至하는일이其三이오、掃除는
卽整頓의意味도包含함으로써、此로因하야隨時接

物하는實際의方策을攄得함에至하는일이其四요。
屋內와庭前이精灑淡泊케되여、自己와他人으로하
야금快樂하게하는일이其五니、어것을掃除의五德
이라稱할지나、그外에도여러가지餘德이잇소。

掃除하는方法은各人의方便에因하야、一定치아니
할지나、그러나그大體의順序를말하자면、爲先第一
은掃除하기쉽도록器具를잘치워노을일、第二는눈
에보일만한큰紙屑·竹片·木片等은掃出치말고집어
모아노을일、第三은高處로부터低處에、구석으로부
터뭇흐로次次塵埃를쓸어갈일、第四는塵埃가飛散

치안도록工夫들여서비질을할일,第五는장발아쥐어전雜巾으로걸레질을칠일,第六은机·棚·煙草盆等傷할念慮가잇는木製의器具는濕한雜巾으로걸레질이不可함에,柔한木綿이나絹片等으로말은걸레질을할일이며,次에庭園의掃除로말하면,第一은亦是各種物品을各其適當한處所에치워노을일,第二는庭樹階竹等에잇는蜘蛛의巢網을除去하며枯枝·淵叢을掃除하야,먼저當處를淸淨히할일,第三은瓦礫·塵芥等을取去할일,第四는이구석저구석,돌틈색리틈을淨潔히쓸어내고,地面의凹凸이업도록均一하게

整理하면서쓸어낼일,第五는下水口를修補할일이니,大抵掃除의祕訣은室內와庭前을勿論하고,諸般物件을갈치워노을일과,구석구석이淨潔하게함에在하니라。

凡事가亂雜함은不潔의根本이오,구석이침침하고汚穢함은散亂의始初가되나니,鼠·蜘蛛·蚰蜒·蛞蝓·鼠婦·蠅·蚊·虱·油蟲·蚤·蝎·蟻·黴菌等은,다掃除를실혀하는사람이라든지,掃除法의拙劣한사람을,그保護者로삼아서益益繁榮하는것인데,此等物이增殖할수록其家는送하고,其人은不幸에빠지오。

大凡人生은誰某를勿論하고,清潔을好하는性癖이

잇서야하오、尤況女子는陳蕃의家屋荒蕪不掃除라든지、周茂叔의庭草不除等의말을憑藉하야、掃除를怠惰치말고、小學首篇의灑掃應對等句를銘心하며、郭林鍾의每宿逆旅必掃除라하는行事를效則하야、恒常習慣이되게하시오。居處周圍의塵芥는心裡胸底에셔塵芥처럼忌憎하야、除去함에汲汲하야야하오。

(大正女子讀本에據함)

第二十二課 蒙古의風俗

蒙古의風俗은南北에因하야不同하나、北部에는俗

今새지純蒙古式의風俗習慣이保存되엿스나、南部에는支那化한것이만타。

蒙古人의固有한生活狀態는牧畜인故로、그風俗習慣은總히此에서出한것이나、萬若彼等에서牧畜을除去한다하면、그特色은업서진다하겟다。

其家屋은白色의毛氈으로覆한圓形의帳幕인대、其內에光線을바다들이고、煙氣를내여보내기爲하야、天井을열어노앗다。 彼等은其毛氈의新舊에因하야人의貧富를判斷하나니、卽其色의白한것은富家요、其色의黑한것은貧家라한다。 室內에는毛氈을

펴고、中央에爐를設하얏스며、毛氈의周圍에는日用品等을置하고、入口의右方에調理場이잇고、入口는혼히東南向이다。 그런대家屋의位置는、後方에砂山이나丘陵을등지고、前面은展開된곳을選擇하며、一族은一處에集合하야家를構成한다。

家의入口에는一張의毛氈을掛하고、거긔다가家婦가駱駝의絲로各種의紋樣을縫繡하얏스며、室內의毛氈에도同樣의細工을施하얏스니、此等은蒙古의美術이라하겟다。

室內의中央에잇는火爐의燃料는牛糞이며、牛糞을拾取함은其家의婦女나或은奴婢의所任이니、彼等은每日柳枝로만든筐籃을지고、갈퀴를가지고돌아단긴다。

食物은牧畜本位의地方에서는動物性의食物을用하고、穀物이나野菜類를不用하나니、卽北蒙古人의

主要한食物은牛乳나羊乳라한다。 爲先爐上의大鍋에磚茶를煮하고、更히其中에牛乳或은羊乳를넛코煮하나니、如斯히하야달인乳와茶는銅製의차종에담아서마시는대、乳로作한餠類도조곰식먹는다。此는中流以下의日常食物이고、名節이나禮式等에는、中流以上사람과갓치羊肉을먹나니、그것은羊을통으로삶아잘게썰어서食鹽을찌어먹는것이다。南方蒙古에서는「몽골암」이라하는一種의穀物을耕作하야、此를唯一의食物로삼나니、이것을먼저焙한後에木臼에찌어서木椀에담고、前述함과如히몃번이든지茶를밧궈부어서먹는것이다。 또乳로이것을煮한것도잇스나、이러케한것은賓客을待接할때라든지、上流階級이아니면供用되지아니한다。 其地方에서도野菜를食用하는일은稀少하다。

更히極南部에가서보면、支那人과同樣으로穀物과野菜를耕作하야食用한다。

그衣服으로말하면、北部蒙古에서는、所謂裘라하는것을著用하나니、그主要材料는羊皮며、毛잇는편을속으로하고、絹·木綿等으로그表面을싸는대、筒袖이고길며、男子는儀式때면「굴무」라하는것을普通服우에닙는다。 男女가모다皮帽子를쓰고、革長靴를신으며、男子는腰에小刀其他의여러가지諸具를차고、女子는頭上과耳等에美麗한裝飾品을治粧한다。그러나南方人의衣服은滿洲人의風俗과同一하다한다。

北方蒙古人의日常의營爲는牧畜인대、그家畜의種類는馬·駱駝·羊·山羊等이며、驢·豚·雞等은치지아니하나니、그것은自古의習慣이다。 彼等中에는數千頭의家畜을有한者도잇스며、如何한貧人이라도家畜을持치아니한者는無하다。 彼等은家畜을隨從하

喇嘛教 支那의西藏으로始하야蒙古地方에行하는佛教의一種

야移住하나니、即家畜의먹을牧草와飲用水가업서지면他處로移轉한다。 所謂水草를追隨한다함은即이것이다。 如斯히家畜本位의彼等은他人을對할時의人事도、必히家畜의出產·死亡等에就하야問答한然後에起居等凡節에及한다。

蒙古人은數名의子女를두면、其中에서반다시喇嘛教의僧侶를만드나니、僧侶가될者는幼時부터決定되여잇다。 그런故로蒙古에서는一家中에僧侶가업는집은殆無하다。 遊技에는競馬·角觝·音樂等이고、男子는胡弓을彈하나、女子는다만노래만한다。

成吉思汗 元太祖니名은鐵木眞이니蒙古에起하니라。

昔日에는北方蒙古의男子는모다武人兵士엿섯다。그러나其後에其境遇와事情을쫄아變化하야、今日에는殆히遊民의狀態이고、反히女子가잘活動한다。이러한柔弱無爲한蒙古人으로서、奮히歐洲의天地싸지掀動한英傑成吉思汗을産出하얏슴은、到底히想像할수업는일이다。

(鳥居龍藏의文에據함)

第二十三課 關東八景

一、우리半島造化神功、어듸어듸施設햇노、
竹杖芒鞋大圜步로、關東八景차저가세。

二、金剛山의脈을밟아、通川海上바람쐬니、
水晶石柱四仙峯에、叢石亭이奇觀일세。

三、侍中臺에歇脚하고、高城山川돌아드니、
永郞遮郞安郞南郞、留連하든三日浦라。

四、三十六峯筆記하고、杆城石逕올나보니、
明砂如雪萬景湖에、淸澗亭이여긔로다。

五、淵水마셔精神내고、襄陽勝地밟아드니、
名僧義湘卓錫地는、洛山寺가淨土로다。

六、白雲間에옷을썰고、江陵別界돌어가니、
平鋪湖色二十里에、絕勝景概鏡浦臺라。

七、扶桑海에濯足하고、三陟奇岩올나가니、
絕壁飛川壯한光景、五十川上竹西樓라。

八、淸潭水로눈올씻고、蔚珍海天바람씌니、
十里明砂海棠花는、望洋亭이勝槪로다。

九、名花一枝썩거들고、平海風光戱弄하니、
白石靑松練曆軒에、越松亭이爽快하다。

十、歷歷海岸조흔風景、行裝속에收拾하고、
步步前進無限興은、萬里風浪때치는듯。

第二十四課 申欽의妻李氏

申欽 字는敬叔이오。號는象村이니、宣祖仁祖朝의領議政

申欽의妻李氏는淸江濟臣의女니、貧寒한處地에在하야勤儉으로自守하더라。 미양門會때는中表의姊姒가모다盛裝을하야、侈麗함으로써서로자랑을삼되、李氏는홀로弊衣를攝하고、座席에參預하야、조곰도外觀을飾함이업스니、識見잇는者가恭敬하더라。

申欽이秉銓을하얏슬때에、或人이竈에媚하야款을求하라하는者가잇거늘、李氏가拒絕하야갈오대、「내가幼少하야嚴君을섬길때에도、絲毫만한累를끼침이업섯는지라。 長成하야君子를奉承하기

李恆福 字는 子常이오 號는 白沙니 李朝宣祖時에 領議政

를嚴君과갓치하노니、엇지可히利됨으로써우리家範을더렵히리오。

하니라。 其子翊聖이公主에게장가들매、李氏가더욱盛滿함을두려워하야、恆常謙悒한마음을두고、私謁을하야附麗할計를하지아니하고、오쟉날마다枲麻를織紝하기만일삼을뿐이더라。 李相國恆福이婦人으로서士行잇는者를論함애、오쟉李氏로써首位를삼앗다하더라。

(海東續小學에據함)

女子高等朝鮮語讀本 卷四終

大正十三年三月二十八日翻刻印刷
大正十三年三月三十一日翻刻發行

女高鮮四

定價金五十錢

著作權所有

著作兼發行者 朝鮮總督府

翻刻發行兼印刷者 京城府大島町三十八番地 朝鮮書籍印刷株式會社 代表者 井上主計

發行所 京城府大島町三十八番地 朝鮮書籍印刷株式會社

일제 식민정책과 조선어과 교과서

강진호·허재영*

1. 일제강점기 조선총독부의 교육 정책

일제강점기 식민 지배의 궁극적인 목적은 '조선인을 완전한 일본인으로 동화'하는 데 있었다. '내선 일체', '내선 융화' 등의 이데올로기는 일본의 일부가 된 조선인으로 하여금 '신민(臣民)의 도'를 실천하고 일본 제국의 번영과 이익 추구에 기여하게 하는 것이었다. 이러한 식민 정책을 실현하는 중요한 수단 가운데 하나가 교육이었다. 일찍이 박붕배(『국어교육전사』, 대한교과서주식회사, 1987)는 일제강점기의 교육을 '지배 교육, 노예 교육, 동화 교육'으로 규정한 바 있다. 비록 시대와 사회적인 분위기에 따라 식민 교육의 성격이 다소의 차이를 보일지라도 본질적으로 일제강점기의 교육은 동화와 지배를 위한 효율적인 수단이었음을 분명히 한 것이다.

이 시기 조선에서의 교육은 1911년 공포된 '조선교육령'에 의거하여 모든 사항을 조선총독이 관할하였다. 조선교육령은 모두 9차례에 걸쳐 개정되었는데, 개정의 주된 방향은 조선인의 자주성을 부정하고 내지와 동일한 학제를 운영함으로써 제국 신민화를 가능하게 하는 것이었다. 이 시기 '조선교육령'의 변천 과정을 표로 나타내면 다음과 같다.

* 강진호(성신여대 교수), 허재영(단국대 교수)

차수	연월일	주요 변화	비고
제1차 조선교육령	1911.8.23.	조선교육의 기초 법령 명시	구교육령
제2차 조선교육령	1920.11.12.	보통학교 수업 연한 늘림	
제3차 조선교육령	1922.2.4.	국어 상용자를 기준으로 입학 기준 적용	신교육령
제4차 조선교육령	1929.4.19.	실업교육 강화, 사범 교육 관련 개정	
제5차 조선교육령	1933.3.15.	사범학교 관련 개정	
제6차 조선교육령	1935.4.1.	실업보습학교 관련 개정	
제7차 조선교육령	1938.2.23.	단선 학제 운용으로 개정	개정교육령
제8차 조선교육령	1940.3.25.	초등학교령에 따른 개정	41.3.25. 개정에 따라 소학교에서 국민학교로 개정
제9차 조선교육령	1943.3.8.	중등학교령 발포에 따른 개정	통합교육령
제10차 조선교육령	1945.7.1.	전시체제에 따른 교육령	전시교육령

조선교육령 변천 과정에서 주목할 만한 것은 제1차 교육령(구교육령), 제3차 교육령(신교육령), 제4차 교육령(실업교육 강화를 포함한 교육령), 제7차 교육령(개정 교육령)이다.

제1차 교육령은 일제강점기 교육 정책의 기반을 확립한 교육령으로, 이 시기의 주된 학제 운영은 '일본인(거류민)'과 '조선인'을 나누는 방식이다. 달리 말해 일본인(내지인)은 '소학교-중학교-고등여학교'라는 이름을 가진 학교에 다닐 수 있으며, 조선인은 '보통학교-고등보통학교-여자 고등보통학교'라는 이름을 가진 학교에 다닐 수 있었다. 이에 비해 제3차 교육령에서는 '일어(당시의 국어) 상용 여부'를 기준으로 학제를 운영하였다. 달리 말해 '소학교-중학교-고등여학교'에는 일어 상용자가 취학할 수 있고, '보통학교-고등보통학교-여자고등보통학교'에는 일어 비상용자가 취학할 수 있었다. 그러나 기준을 달리 했지만 일어 상용 여부라는 점을 고려할 때 앞선 시대와 크게 달라진 것으로 보기는 어렵다. 그렇지만 3·1 독립 투쟁의 결과 조선에 대한 식민 통치 방식이 이른바 '문화정치'로 전환됨에 따라 조선어 말살정책이 잠시 유예되었으며, 교육 내용이나 방식에서도 다소 유화적인 모습을 보였다.

제4차 교육령은 실업 교육과 사범 교육을 강화하는 교육령이다. 그런데 교과서 정책에서 이 시기가 주목되는 이유는 '좀더 조선적인 것'을 표방하는 교과서 개발 정책 때문이다. 이 시기 학제는 크게 변화되지 않았지만, '병참기지화'의 전단계로서 실업 교육이 강화되고, 이를 무마하기 위한 수단으로 '조선적인 것'을 표방하게 된다. 특히 이 시기 개발된 교과서는 광복 이후 조선어학회의 『초등 국어교본』이나 『중등 국어교본』의 모태가 된다는 점에서 주목할 만하다.

제7차 교육령은 중일전쟁 이후의 병참기지화 정책이 본격적으로 시행되면서 개정된 교육령이다. 이 교육령의 특징은 '국체명징'과 '내선만(內鮮滿) 일체'를 강조하면서 대두된 '대동아 이데올로기'가 본격적으로 반영되었다는 점이다. 이때의 '대동아 이데올로기'는 일본을 중심으로 황국신민화가 완성되어야 한다는 전제를 깔고 있나. 그렇기 때문에 내지인과 조선인을 구분하지 않고 '소학교-중학교-고등여학교'의 단선 학제를 운영하도록 하였으며, 언어 문제에서도 조선어 말살정책을 본격적으로 실행하였다. '조선어 말살정책'은 1937년 이후 학교, 병영, 관공서, 사회 전반에 걸쳐 전국적으로 실행된 정책으로 이른바 '국어 상용운동'이라는 이름으로 나타난다. 이를 반영한 제7차 교육령에서는 조선어 교과를 '수의과목'으로 돌렸는데, 그 결과 대도시에서는 조선어 교과를 운영하는 경우가 없었다고 한다. 엄밀히 말하면 1938년 이후 조선에서의 조선어과 교육은 존재하지 않았다고 해도 과언이 아니다.

2. 조선어과 교과서 개발 실태

일제강점기의 교과서는 각급 학교 규칙에 들어 있는 '교과용 도서' 규정에 따라 조선총독부에서 개발한 것 또는 조선총독의 검정·인정을 받은 것만을 사용하도록 하였다. 이러한 '교과용 도서 검정제도'는 통감시대인 1908년 9월 1일에 공포되었다. 교과서 검정제도는 교과서의 개발 및 보급 과정 전반을 통제하는 장치로 작용하였으며, 이에 따라 조선총독부에서는 보통학교 대부분의 교과서와 고등보통학교 주요 과목의 교과서를 개발하였다. 특히 수신, 국어(일본어), 조선어 교과는 식민 교육 정책의 근간을 이루는 과목이었으므로 식민 초기부터 집중적으로 개발되었다.

이 가운데 조선어과 교과서 개발 실태에 대해서는 박붕배(1987), 이종국(『한국의 교과서』, 대한교과서주식회사, 1992) 등의 선행 연구가 있었으며, 특히 박붕배(『침략기의 교과서』, 국어교육연구소, 2003)는 제1차 교육령기, 제3차 교육령기, 제4차 교육령기의 보통학교 및 고등보통학교, 여자고등보통학교 교과서 자료집을 낸 바 있다. 그러나 이 자료집에서는 일부가 누락되고 또 자료에 대한 해제가 없으며, 발행 부수가 매우 제한적이어서 연구자들이 쉽게 이용할 수 없는 한계가 있었다. 이런 사실을 고려하여 허재영은 일제강점기 조선어과 교과서 개발 실태에 대한 전수조사를 실시했고, 그 결과 다음과 같이 약 62종의 교과서가 개발되었음을 확인하였다.(허재영, 『일제강점기 교과서정책과 조선어과 교과서』, 경진출판, 2009) 이를 바탕으로 이 시기에 개발된 조선어과 교과서의 목록을 작성해 보면 다음과 같다.

학교급	교육령	책명	권수	연대
보통학교	자구 정정본(訂定本)	보통학교 학도용 한문독본	1	1911
		보통학교 학도용 한문독본	2	1911
		보통학교 학도용 한문독본	3	1911
		보통학교 학도용 한문독본	4	1911
		보통학교 학도용 조선어독본	1	1911
		보통학교 학도용 조선어독본	2	1911
		보통학교 학도용 조선어독본	3	1911
		보통학교 학도용 조선어독본	4	1911
		보통학교 학도용 조선어독본	5	1911
		보통학교 학도용 조선어독본	6	1911
		보통학교 학도용 조선어독본	7	1911
		보통학교 학도용 조선어독본	8	1911
	제1차	보통학교 조선어급한문독본	1	1913
		보통학교 조선어급한문독본	2	1913
		보통학교 조선어급한문독본	3	1913
		보통학교 조선어급한문독본	4	1913
		보통학교 조선어급한문독본	5	1922
		보통학교 조선어급한문독본	6	1922
	제3차	보통학교 한문독본	제5학년용	1923
		보통학교 한문독본	제6학년용	1923
		보통학교 조선어독본	1	1922
		보통학교 조선어독본	2	1922
		보통학교 조선어독본	3	1922
		보통학교 조선어독본	4	1922
		보통학교 조선어독본	5	1922
		보통학교 조선어독본	6	1922
		보통학교 고등과 조선어독본	1	1925
		보통학교 고등과 조선어독본	2	1925
	제4차	보통학교 조선어독본	1	1933
		보통학교 조선어독본	2	1933
		보통학교 조선어독본	3	1933
		보통학교 조선어독본	4	1933
		보통학교 조선어독본	5	1933
		보통학교 조선어독본	6	1933
		사년제 보통학교 조선어독본	1	1933
		사년제 보통학교 조선어독본	2	1933
		사년제 보통학교 조선어독본	3	1933
		사년제 보통학교 조선어독본	4	1933
	제7차	초등 조선어독본	1	1939
		초등 조선어독본	2	1939
		초등조선어독본 교사용	1	1939
		초등조선어독본 교사용	2	1939

간이 학교	제3차	간이학교용 조선어독본	미상	1933
	제7차	초등조선어독본 전(全)	全	1939
고등 보통 학교	제1차	고등조선어급한문독본	1	1913
		고등조선어급한문독본	2	1913
		고등조선어급한문독본	3	1913
		고등조선어급한문독본	4	1913
	제3차	신편 고등조선어급한문독본	1	1925
		신편 고등조선어급한문독본	2	1925
		신편 고등조선어급한문독본	3	1925
		신편 고등조선어급한문독본	4	1925
		신편 고등조선어급한문독본	5	1925
	제4차	중등교육 조선어급한문독본	1	1935
		중등교육 조선어급한문독본	2	1935
		중등교육 조선어급한문독본	3	1935
		중등교육 조선어급한문독본	4	1935
		중등교육 조선어급한문독본	5	1935
여자 고등 보통 학교	제3차	여자 고등조선어독본	1	1925
		여자 고등조선어독본	2	1925
		여자 고등조선어독본	3	1925
		여자 고등조선어독본	4	1925

이 표에는 교과서 개발의 전제가 되었던 '편찬 취의서'는 포함되지 않았다. 또한 일부 자료는 개발 사실만 확인하였을 뿐 확보하지 못한 것도 있다. 현재 확보하지 못한 자료는 '자구 수정본'의 '조선어독본' 2종과 '한문독본' 2종, 제4차 교육령기의 '4년제 보통학교 조선어독본' 2종, '간이학교용 조선어독본' 1종, 제7차 교육령기의 '초등조선어독본 교사용 권2'의 8종뿐이다. 이 가운데 자구 수정본은 수정 내역이 밝혀져 있으므로 내용을 재구하는 데 어려움이 없으며, 4년제나 간이학교용은 정규 과정의 축약본이므로 이 시기의 조선어과 교과서의 성격을 규명하는 데 어려움이 없을 것으로 보인다.

3. 식민정책과 교과서의 순응적 주체

조선어과 교과서의 내용을 최근의 교육과정과 비교해보면 여러 가지

점에서 격세지감을 느끼게 된다. 시대 현실에 능동적으로 대응하는 주체적이고 창의적인 인재를 육성하는데 교육의 목적이 있다면, 식민치하의 교육은 그와는 거리가 멀었다. 단편적이고 사실적인 지식을 암기하고 이해하는 능력보다는 정보를 탐색하고 분석하여 새로운 지식을 창출하는 능력, 자기 주도적인 평생학습 능력과 효율적 의사소통, 협동적 문제해결 능력 등을 중시하는 게 최근의 교육과정이다. 그런데 식민치하의 교육은 이와는 달리 객관적이고 절대적인 지식관에 바탕을 두어 '가르치는 주체' 즉, 일제의 의도가 전면화되는 강한 목적성을 특징으로 한다. '배우는 주체'의 신체적 · 정의적 · 지적 성장의 특수한 과정을 고려하기보다는 '가르치는 주체'를 중심으로 모든 학생이 도달해야 할 목표를 설정하고, 그것을 위해 학생들에게 동일하고 획일적인 교육을 시행하는 식이다. 조선어에 대한 교수 · 학습을 목적으로 하는 『조선어독본』이 『수신』 교과서와도 같이 다양한 실용 정보와 지식으로 채워진 것은 그런 이유로 설명될 수 있다.

※ 『조선어독본』3권 내용 분류

내용	단 원 명
수신	「그네」「낙시질」「편지」「추석」「매암이와 개미」「운동회」「문병」「이언」
역사	「솔거」「박혁거세」
이과	「소와 말」「제비」「희우(喜雨)」「집히 효용」
지리	「백두산」「경성」
실업	「식목」「나물캐기」「국화」
문학	「나븨」「달」「말하는 남생이」「노인의 이약이」「여호와 가마귀」

여섯 권 중에서 한 권을 표본으로 정리한 것이지만, 표에서 알 수 있듯이 『조선어독본』(여기서 분석대상으로 한 것은 3차 교육령기에 개발된

『조선어독본』 6권이다.)에서 가장 큰 비중을 차지하는 것은 수신적 내용이고, 다른 글도 도덕과 교훈을 전달하기 위한 의도로 채워져 있다. 이과(理科)에 속하는 글들이나 실업, 심지어 문학 영역에 속하는 단원들도 대부분 도덕적 가르침이나 교훈을 전달하고자 하며, 조선의 인물과 지리에 대한 설명 역시 그런 의도로 채워져 있다. 하지만 그 모든 것이 궁극적으로는 일제의 식민정책과 결부된 것이라는 점에서 교재의 내용이란 기실 일제가 조선 사람들에게 주입하고자 했던 제국주의적 이념과 가치라고 해도 과언이 아니다.

예절과 도덕

『조선어독본』 전반을 통해서 가장 큰 비중을 차지하는 항목은 예절과 도덕이다. 예절과 도덕이란 원래 강제적 규범이나 구속이라기보다 스스로 타인을 존중하는 자세라 할 수 있다. 일상생활에서 그것은 어떤 일의 순서나 절차, 말투나 몸가짐, 행동의 양식 등으로 구체화되어 드러나는 일종의 실천 덕목이다. 그런데, 『조선어독본』에서 그것은 식민치하의 특수한 상황에서 강요된 규율과 지침이라는 점에서 구별된다. "황국 신민다운 자질과 품성을 구유(具有)케 해야 한다."는 일제의 교육목표처럼, 도덕과 예절은 식민 주체로서 학생들이 갖추어야 할 행위의 구체적 내용들이다. 그래서, 「저녁인사」, 「아침인사」, 「선생님과 생도」, 「한식」, 「집안일의 조력」, 「문병」, 「인사」, 「이웃사촌」, 「애친」, 「친절한 여생도」, 「예의」, 「근검」, 「성실」, 「공덕(公德)」, 「자활」 등의 단원처럼, 모두 자신을 관리하고 원만한 사회생활을 하기 위한 덕목들로 구성되어 있다.

저학년용인 1권의 「저녁인사」와 「아침인사」는 아침이 되면 아버지, 어머니, 형님을 비롯한 이서방, 복동이에게 잘 주무셨냐고 공손하게 인사를 하고, 또 저녁이 되면 같은 식으로 인사를 한다는 내용이다. 「선생님과 생도」에서는 선생님의 가르침을 '귀애'하고 '잘 들어'야 하며, 「문병」에서는 친구가 감기로 결석을 하면 다정하게 안부편지를 보내고, 「인사」에서는 경조사를 당한 사람들에게 보내는 각종 인사 문구가 소개된다. 부자와 사제, 친구와 어른을 공경해야 한다는 이런 내용들은 대부분 유교적 가치와 이념에 바탕을 둔 것으로 위계적 서열의식과 그에 따른 품성의 함양을 내용으로 하고 있다. 공손하고 친절한 주체를 형성하고자 하는 의도로 이해되지만, 그것은 다음에서 알 수 있듯이 사회와 국가의 윤리와 결합되어 있다는 점에서 개인적 덕목의 단순한 강조에만 머물지는 않는다.

「이웃사촌」에서는 개인의 윤리가 사회적 부조의식으로 연결되고, 「근검」에서는 국가의식으로 확대되어 나타난다. 이웃에 가까이 사는 사람은 '어떠한 일에든지 서로 구조하는 일이 많은 고로, 멀리 살아서 자주 상종하지 못하는 친척보다 오히려 친근하'며, 더구나 "아무리 번족한 사람이라도 이웃사람의 부조를 받지 아니하고 사는 사람은 전혀 없"기 때문에 이웃사람과 '서로 친목하고 서로 부조하는 게 가장 좋다'고 한다. 「친절한 여생도」에서는 길거리에서 만난 안면부지의 노인에게도 공손한 태도를 취하는 착한 여학생이 소개되며, 「한식」에서는 그런 마음이 조상으로 확대되어 한식날이면 산소에 가서 정성껏 제사를 올려야 한다는 진술로 이어진다. 고학년용인 『조선어독본』 5-6권에서 '근검'과 '성실' '예의' '순서' 등의 덕목들이 강조된다. 「근검」에서는 "일가를 풍족케 하며, 일국을 부유케 함에 가장 필요한 것은 근(勤)과 검(儉)"이라는 사실이 언급되는데, 여기서 '근'이란 노력을 아끼지 않고 업무에 힘쓰는 것이고, '검'은 자기의 신분에 따라서 절약하고 남용하지 않는 것이라고 한다. '사업의 성취'는 이 '근과 검'에 의해 좌우되는 관계로 천품이 둔한 사람이라도 힘써서 근검하면 성공할 수 있고, 그것이 바로 "가(家)를 흥하고 국(國)을 강하게 하는 요체"라고 말한다. 「성실」에서는, 성실이란 추호라도 허위의 마음이 없이 여하한 일에든지 진정 근직(謹直)을 위주로 하는 선행이다. 그래서 성실한 사람은 그 행동에 표리가 없고 이심(二心)을 갖지 않으며, 궁극적으로는 "군에 충"하게 된다고 한다. 유가의 수신과 충군의 이념을 그대로 재현한 형국으로, 이는 「공자와 맹자」에서 '동양의 대성인'으로 공자를 평가하고 그의 '수신(修身)·제가(齊家)·치국(治國)·평천하(平天下)의 도(道)'

를 강조한 것과 같은 의도로 볼 수 있다.

대범(大凡) 사물은 여차히 정연한 순서가 잇어서 성취되는데, 아등(我等)이 학업을 수(修)하야 실사회에 출(出)함에는, 더욱 순서를 요하는지라. 만일 사(事)의 선후를 바꿔하든지, 속성하기를 위하여, 순서를 밟지 아니하고 엽등(躐等)하야 하면, 도로무공(徒勞無功)할 뿐 아니라, 도로혀 실패하는 일이 만으니, 우리들은 하사(何事)를 당하든지, 신중한 태도로 선후 경중의 순서를 잘 밟아서 행할지니라.(5권, 75면)

모든 사물에는 정연한 '순서'가 있다는 점, 그것을 어기거나 소홀히 하면 도로무공(徒勞無功)하게 되며, 그래서 어떤 일이든지 신중하게 선후의 경중과 순서를 밟아야 한다는 내용이다.

이러한 내용들을 종합하자면, 피교육자는 매사에 순응하고 공경하는 자세를 가져야 한다는 것으로 정리되는데, 이는 일제가 양성하고자 했던 식민 주체의 성격이 어떠했나를 시사해준다. 일상생활에서 윗사람을 공경하고 조상을 숭배해야 한다는 윤리는 '효'를 사회의 질서 유지를 위한 근본 원리로 삼고자 하는 의도와 관계되고, 그것이 사회적 상하관계로 확대되어 '충'으로 발전하는 식이다. 이는 인간 내면에 존재하는 도덕성에 주목하고 그것을 계발해서 사회의 혼란을 구제하고자 했던 공자의 의도를 일제치하의 현실에 적용한 형국으로, 유교 가족국가의 모습을 보였던 일제의 특성을 단적으로 보여준다. 일본과 조선을 문명 대 미개, 천황의 나라 대 신민의 나라로 구분하고 조선이 일본을 공경하고 따라야 한다는, 천황을 정점으로 한 가부장적 윤리 규범을 강조한 형국이다. 여기에 의하자면 조선인은 윗사람(혹은 강자)에게 순응하고 복종하는 공손한 내면의 주체로 스스로를 정립할 수밖에 없게 된다.

위생과 일상의 규칙

『조선어독본』에서 두드러지는 또 다른 항목은 사회 위생과 일상생활의 규칙이다. 위생이란 인체의 발육과 건강 및 생존에 유해한 환경을 살피는 것으로, 개인뿐만 아니라 지역사회 전반의 노력을 전제로 한다. 당시 조선은 개항과 더불어 근대의 세례를 받기 시작했지만, 사회 전반은 여전히 전근대적이고 비위생적인 환경에 노출되어 있었고 근대적 위생관념 또한 거의 형성되지 못한 상태였다. 갑오개혁 이후 서양문명이 조금씩 유입되면서 서양 의학이 들어오고 위생이 점차 개선되었으나 아직은 미미한 수준을 벗어나지 못했던 것이다. 그런 상황에서 언급된 위생 담론은 불결한 환경을 근대적으로 개선하려는 의도로 이해되지만, 그 또한 궁극적으로는 일제의 식민정책과 긴밀하게 관련된 것이었다. 일상생활에 필요한 각종 정보를 제공하는 과정에서 공공연하게 '국민의 도리'를 강조한 것은 위생 담론의 궁극적 의도가 국가의 근간이 되는 '국민의 관리'에 있었다는 것을 말해준다. 「약물」, 「하계위생」, 「청결」, 「안향의 금무(禁巫)」, 「폐물이용」, 「신선한 공기」, 「종두」 등은 모두 위생과 청결의 문제를 다루고 있다.

「약물」(2권)에서는, 약물에는 좋은 것이 있고 그렇지 않은 것이 있으니 좋은 것을 가려 먹어야 하고 또 좋은 것이라도 너무 많이 먹지 말아야 하며, 많은 사람들이 모이는 관계로 약물터에서는 질서를 지켜야 한다는 내용이다. 「청결」에서는 반병의 근원은 불결에 있다는 사실을 예시와 함께 소개한다. 전염병에 걸리면 자기 일신의 불행뿐 아니라 부모와 형제에게도 화를 미치며 심하면 일가가 전멸하고 이웃동네에까지 전염되어 일대소동을 일으키니 각별히 주의해야 하고, 의복 · 취식 · 기구 · 가옥 등 주변 환경을 오염시키지 않는 것이 중요하다고 한다. 「신선한 공기」(5)에서는 물에는 청수와 탁수가 있듯이, 공기에도 깨끗한 것과 더러운 것이 있어서 청결한 것은 위생에 유익하지만 더러운 것은 그렇지 않으며, 따라서 실내의 공기를 유통하여 신선한 공기를 호흡하도록 해야 한다고 주문한다. 그리고 「종두」(6)에서는 종두의 유래와 제너의 공적을 설명하면서 종두로 인한 피해를 예방하기 위해서는 적극적으로 종두 접종을 해야 한다고 권고한다.

이런 내용들은 당시 전근대적인 미신이 사회 구석구석에 만연되어 있던 상황에서 널리 알려야 될 유용한 정보였다. 「종두」에서 언급된 것처럼, 종두를 맞으면 "신체에 우모(牛毛)가 생(生)한다, 우성(牛聲)을 발(發)한다"는 등 미신에 사로잡힌 사람들에게 종두의 과학성과 효험을 설명하는 것은 마치 어둠 속에서 불을 밝히는 것과도 같은 일이었다. 그렇지만 이러한 위생 담론은 궁극적으로 사회를 건강하게 통제하고자 하는 정치적 의도에 의해 조율되고 있다는 것을 기억할 필요가 있다.

파리 · 모긔 · 벼룩 · 빈대 갓은 벌어지들은 흔히 병독(病毒)을 매개하야, 악병을 전염식히는 일이 만은 대, 그러한 충류(蟲類)는 모다 더러운 곳에서 발생하는 것이오. 그러한 즉 누구든지 반다시 집의 내외를 청결하게 소제하고, 또는 파리 · 모긔 · 벼룩 · 빈대들을 잡아서, 항상 위생상에 해되는 일을 예방하기에 주의하지 아니하면 아니 되오.(4권, 24-25면)

개개인의 위생도 중요하지만 보다 중요한 것은 환경 즉, '집의 내외'를 깨끗하게 '청소'하는 것이라는 주장으로, 학교에서 위생 담론을 강조한 궁극적 의도가 어디에 있는가를 시사해준다. 국민을 건강하게 관리함으로써 식민체제를 유지하기 위한 노동력과 군사력을 양성하고자 하는 '국민 만들기'의 일환이었음을 새삼 확인할 수 있다.

이런 사실은 위생 담론과 함께 큰 비중을 차지한 실생활에 필요한 각종 지식과 정보를 소개하는 단원들에서 한층 구체화되어 나타난다. 여기서는 물건을 구매하기 위해 주문서를 작성하는 법, 식목일의 의미, 세금의 중요성과 납세의 의무 등등을 통해서 국민된 도리를 알리고 실천케 하는 식민주의적 의도가 노골화되어 있다. 「주문서」(4)에서는 모필(毛筆)을 시용(試用)해 본 뒤 제품을 구입하는 주문서의 사례가 소개되며, 「식목일」에서는 신무천황(神武天皇) 제일을 식목일로 정하고 해마다 나무를 심는데, 그것은 조선은 어디든 붉은 산이 많고 그래서 수해와 한해가 심하기 때문이라는 사실이 언급된다. 「인삼과 연초」(5)에서는 인삼과 연초의 특성을 말하고, 이 둘은 '조선총독부 전매국'에서 주관하니 허가 없이 경작하거나 제작·판매하는 것은 금지되었다는 사실을 강조한다. 「조선의 행정관청」(6)에서는 "조선은 대일본제국의 일부니, 조선총독이 천황의 명을 봉하야 차를 통치하나니라. 경성에 조선총독부를 치하야 정치를 행하나니, 총독의 하에는 정무총감이 있어서, 총독을 보좌하야 일반 행정사무를 지휘감독하나니라."라고 하며, 총독 산하 전국의 행정기관과 업무를 소개하고 있다. 그리고 「납세」(6)에서는, 세금은 "국가가 국운을 융창(隆昌)케 하고, 국민의 복리를 증진케" 하는 경비가 되는 까닭은 "아등(我等)은 납세의 중요한 소이(所以)를 각성하야 국민된 본분을 다하도록 하야야 할" 것이라고 말한다. 이를테면 조선의 행정 관청의 위상과 역할을 설명하고, 납세의 의무를 충실히 이행하는 것이 바로 '천황의 명'을 받드는 것이라는 주장이다.

일상생활에 대한 이러한 정보는 조선과 일본의 지리적 특성을 소개한 「조선의 지세」(3)와 「부산항」(3) 등에서도 목격되는데, 특히 「후지산(富士山)과 금강산」에서는 이 모든 것을 일본과의 관계선상에서 설명한다. 내지의 웅장하고 신비로운 산야가 조선반도로 연결되어 있다는 식인데, 여기에 비추자면 조선은 지리적으로나 신분적 위계에서 일본의 하위체제의 하나일 뿐 그 자체로 독립적인 영역을 갖고 있지 못하다는 것을 알 수 있다.

그렇다면, 실용적 지식과 정보는 생활의 편의뿐 아니라 궁극적으로 일제가 요구하는 근대적 주체의 기율과 관계되는 것을 알 수 있다. 일제는 일상생활의 모든 영역에서 자기들에게 충성하고 봉사하는 새로운 주체를 요구했고, 그것을 이렇듯 위생과 실용 정보를 통해서 주입시키고자 한 것이다. 그런 사실은 일제의 위생 행정이 경찰제도와 직결된 통치방식의 일환이었다는 점을 생각할 때 한층 분명해진다. 즉, 일제는 합방 이후 모든 위생 행정을 경찰관제의 경무총감부 위생과에서 총괄케 했는데(김진균 외, 『근대주체와 식민지 규율권력』, 문화과학사, 1997), 이는 위생문제가 그만큼 중요한 식민지 규율의 도구였음을 뜻한다. 건강하고 충성하는 국민을 만들고 그것을 통해서 궁극적으로 제국주의의 의도를 관철코자 한 것이다. 만약, 일제가 교육을 통해서 근대적 시민(市民)을 양성하고자 했다면 교과서의 내용을 이런 식으로 채우지는 않았을 것이다. 근대적 시민이란 인격적 주체로서 자신의 자유와 권리를 주장할 뿐만 아니라 타인을 존중하는 자각적 존재를 의미한다. 그런데 교과서에서는 그런 능동성은 배제되고 단지 의무만이 일방적으로 강조되고 있다. 권리를 모른 채 의무만을 강요받아야 하는 존재란 기실 자기 성찰이 배제된 순종과 희생의 주체일 수밖에 없는 것이다.

조선과 몰역사적 과거

『조선어독본』에서 조선과 관련된 단원이 큰 비중으로 수록된 것은 매우 이채로운 모습으로 다가온다. 교재를 편찬한 주체가 '조선총독부'이고 또 교재의 궁극적 의도가 식민지 질서를 구축하는데 있었기에 조선의 역사와 인물을 다룬다는 것은 그런 의도에 반하는 것으로 보이는 까닭이다. 하지만 내용을 자세히 들여다보면 그런 외양과는 다른 식민주의적 의도가 깊게 숨어 있는 것을 볼 수 있다. 『조선어독본』에 수록된 조선 관련 역사와 인물은 '조선어' 교재라는 성격상 불가피하게 수록된, 이를테면 조선 사람으로서의 민족적 정체성이라든가 그에 대한 자부심 등이 배제된 기능적 배치 이상의 의미를 갖고 있지 못하다. 「솔거」, 「박혁거세」, 「한석봉」, 「신라의 고도」, 「서경덕」, 「이퇴계와 이율곡」 등은 외견상 조선의 명사나 신화적 인물을 소개하고 있지만, 대부분 단편적인 일화의 소개와 나열에 머문다.

「솔거」(3)에서는 널리 알려진 노송도(老松圖) 일화가 소개된다. 즉, 솔거가 그림을 잘 그려서 일찍이 황룡사의 벽에 소나무를 그렸는데 그 줄기와 잎이 너무도 생생해서 새들이 가지에 앉으려다가 벽에 부딪혀 떨어졌다. 그런데 색이 바래 다시 칠을 했더니 새들이 일절 오지 않았다는 내용이다. 「박혁거세」(3)에서는 알에서 나온 박혁거세가 어려서부터 영민해서 13세에 신라의 시조가 되었다는 내용이, 「한석봉」(5)에서는 한석봉이 떡 장사를 하는 모친의 정성으로 큰 학자가 되고 또 명필이 되어 후세에 명성을 날렸다는 사실이, 그리고 「서경덕」(6)에서는 서경덕의 총명하고 호학하는 자세를 소개한 뒤 서경덕이 보인 '정신일도 금석가투(情神一到 金石可透)'의 정신을 잊지 말고 열심히 연구하면 무슨 일이든지 터득치 못할 게 없을 것이라는 내용이 소개된다. 이들은 모두 남다른 능력으로 업적을 이룬, 초등학생들이 존경하고 본받아야 할 역사적 인물들임에 틀림없다. 이들이 해방 후에도 다시 교과서를 장식한 것은 그만큼 우리 민족의 얼과 정신을 체현한 위인들이기 때문이다.

그렇지만, 교재에 소개된 내용이란 '조선'과는 거리가 먼 추상적 정보와 교훈에 그치고 있다. 솔거는 단지 그림을 잘 그리는 화가의 한 사람일 뿐 조선의 정신과 혼을 지닌 인물은 아니며, 한석봉 역시 글씨를 잘 쓰는 사람일 뿐 조선의 얼과 정신을 담지한 역사성을 갖고 있지는 못하다. 인물이 지닌 역사적 맥락과 배경이 생략된 채 단지 교훈적 특성만을 언급한 까닭인데, 그런 사실은 같은 인물을 그대로 수록한 해방 후의 『초등 국어독본』(1946)과 비교해 보면 한층 분명하게 드러난다. 미군정기의 「솔거」(『초등 국어교본』 중권)에는, 솔거를 신라 진흥왕 때의 인물로 소개한 뒤 그림을 그리고 싶어서 하느님께 빌었고, 꿈에 '단군'이 나타나서 "신의 힘"을 주었으며, 그 후 열심히 노력해서 마침내 세상에서 제일가는 명화공이 되었다는 내용이다. 식민지 교과서에서는 전혀 언급되지 않았던 민족의 시조 '단군'이 언급되고 그의 정기와 얼을 이어받은 인물로 솔거가 형상화되어 있다. 또 「박혁거세」(『초등 국어교본』 중권)에서는 박혁거세가 임금이 된 내력이 상세히 소개되는데, 특히 백성을 다스리기 위한 덕목으로 학문과 용기 · 덕 · 다정 · 정직 · 지방 사정을 잘 알아야 한다는 점이 강조되어 신화적 사실의 단순한 재현이 아니라 민족의 지도자로 성격화되어 있다.

여기에 비추어 볼 때, 조선총독부의 『조선어독본』에 수록된 과거 인물에 대한 진술은 매우 기능적이고 단편적이라는 것을 알 수 있다. 그렇기에 『조선어독본』에 수록된 인물들을 다른 사람으로 대체하더라도 전달하고자 하는 내용(즉 교훈적 덕목)에는 전혀 변함이 없다. 실제로 1937년에 새로 편찬된 보통학교용 『조선어독본』에는 「솔거」가 「솔거와 응거(應擧)」로 조정되어 있다. 솔거와 같은 일본의 유명 화가 응거를 덧붙여 두 인물의 일화를 단편적으로 대비한 것이다.

이런 사실은 고전문학을 수록하는 과정에서도 그대로 이어진다. 언급한 대로, 3권에 수록된 고소설 「심청」은 전통적인 효의 의미를 심청을 통해서 보여주며, 설화인 「영재와 도적」은 신라 원성왕 때의 스님인 영재의 일화를 짧게 소개하고 있다. 물욕에서 벗어난 노승 영재가 고개를 넘다가 도적을 만나지만 그의 무욕한 언행에 감동한 도적들이 무기를 버리고 스님을 따라 지리산으로 들어가 함께 살았다는 내용이다. 5권의 「사자와 산서(山鼠)」는 잠든 사자의 콧등에 올라 위엄을 뽐내던 쥐가 사자에게 혼이 난 뒤 용서를 빌지만, 얼마 후 처지가 역전되어 덫에 걸린 사자를 구해주었다는 보은담이다. 보은이라는 주제 외에는 이야기의 배경이라든가 지역적 특성 등은 전혀 언급되어 있지 않다. 「정저와(井底蛙)」(5)는 『장자』에 나오는 일화를 소개한 것으로, 견문이 넓지 못하면서도 자신의 재능이 출중하다고 망신하는 사람을 경계하는 내용이고, 「분수 모르는 토끼」 역시 자신의 분수를 망각한 채 사슴과 염소와 소의 뿔을 탐내던 토끼가 자신은 그들이 갖지 못한 귀를 가졌다는 사실을 깨닫고 기뻐한다는 내용이다. 「소화 이편(小話 二篇)」(6)에서는 여행자가 길을 가다가 곰을 만나자 죽은 척해서 위기를 모면했다는 내용과, 새벽잠이 없는 노파에게 괴롭힘을 당하던 여자 하인들이 닭을 죽여서 노파의 성화에서 벗어나고자 했으나 오히려 시도 때도 없이 괴로움을 당하게 되었다는 이야기이다.

이런 단원은 모두 효, 무욕, 지혜, 자만심의 경계, 안분지족(安分知足) 등 단편적 교훈으로 일관되어 문학으로서의 맛이라든가 민족의 얼과 정서를 느끼기 힘들다. 교훈적 덕목만을 건조하게 나열함으로써 작품에 수반되는 역사적 맥락과 풍토 등을 배제한 도덕 교과서와 다름없는 것이다. 그런 사실은 앞의 경우와 마찬가지로 미군정기의 『초등 국어독본』과 비교해보자면 더욱 분명해진다. 미군정기의 「심청」에서는 심청을 공양미 삼백 석에 팔아넘기게 된 아버지의 미혹함과 안타까움이 대화체 형식으로 제시되고, 그런 아버지를 측은히 여기는 심청의 심경이 사실적으로 소개되어 소설의 묘미가 십분 발휘되고 있다. 바닷가라는 공간적 배경과 부녀간의 사랑과 희생 등의 심리 묘사에서 우리는 우리 고유의 민족적 특성과 정신을 느낄 수 있다.

그런 사실과 비교할 때 일제의 『조선어독본』은 '조선어독본'이라는 외양에도 불구하고 근본적으로 조선의 역사를 자신(일제)을 위해서 써버리는 '민족에 대한 강력한 폭력'을 행하고 있음을 알 수 있다. 호미 바바의 언급처럼, 이런 담론들은 '문명화 과정에서 고착된 위계질서 속에 타자의 역사를 기록'한 것으로, 궁극적으로 '식민지적 팽창과 착취를 정당화'하는 역할(호미 바바, 나병철 역, 『문화의 위치』, 소명출판, 2002)을 수행한다. 조선인으로서 조선어를 학습하고 있음에도 불구하고 자기 문화에 대한 특성과 전통을 배우지 못하는, 그래서 어떠한 자긍심도 가지지 못하는 상황에서 피식민지 주체는 교재 곳곳에서 언급된 일본적인 것에 대한 선망의식을 내면화할 수밖에 없다. 여기다가 식민사관이 더해지면서 그 정도는 한층 심각해져 우리 민족은 주체성이 없고 퇴영적이며 사대주의에 사로잡힌, 내적 발전이 전혀 없는 민족으로 전락하고 마는 것이다.

4. 교과서의 역사와 자료의 집성

1910년에서 1945년까지 일제는 조선을 식민통치하면서 이른바 '교육칙어'를 근거로 식민화 교육을 본격화하였다. 그 과정에서 총독부 편찬의 『조선어독본』과 『국어독본(일어)』은 식민정책을 알리고 시행하는 교본과도 같은 역할을 수행하였다. 일제는 식민정책의 변화에 맞춰 『조선어독본』을 수시로 개편하면서 제국의 이념과 가치를 전파하고 정착시키려 하였다. 그 결과 조선 사회는 식민 통치를 겪으면서 이전과는 다른 모습을 갖게 되고, 개개인들의 의식도 한층 근대적으로 변화되었다. 하지만 그렇게 성장한 주체가 진정한 의미의 근대적 주체가 되는 것은 아니다. 교과서 전반에서 목격되는 것은 일제의 식민 통치를 용이하게 하기 위한 순응적이고 피동적인 주체이다. 종소리가 울리면 점심을 먹고 호각 소리가 들리면 체조를 하고, 또 가정에서는 효도하고 사회적으로는 충성하는 도구적 주체만이 교과서를 활보하고 있다. 이런 사실들은 교육을 도구화한 전형적인 경우로 우리 교육의 오랜 병폐가 어디에서 비롯되었는가를 시사해 준다.

『조선어독본』은 이질적인 내용과 형식을 가진 글들이 한 자리에 모여 있는 혼종적인 텍스트라 할 수 있다. 근대적 지식과 문물을 소개하는 글, 조선과 일본의 지리와 산수의 아름다움과 지형의 특성을 설명하는 글, 국토 기행문, 일본의 명절과 풍습 등 실로 다양한 종류의 글들이 수록되어 있다. 형식면에서도 논설문, 설명문, 기행문, 시조, 속담과 격언 등이 다양하게 나열되어 있다. 또한, 1929년 제4차 교육령기의 교과서에는 한글맞춤법통일안이 반영되어 있고, 1925년의 제3차 교육령기의 교과서에는 '·'가 사용되는 등 국어학사의 측면에서도 주목할 대목들이 많다. 그런 점에서 『조선어독본』은 사회와 문화, 식민정책, 한글 정책 등 식민치하의 다양한 측면들을 이해할 수 있는 중요한 문화사적 자료라 할 수 있다.

그 동안 교과서에 대한 연구가 일천했던 것은 교과서 자체가 온전한 형태로 복원되지 못했기 때문이다. 이에 필자들은 『조선어독본』을 면밀하게 조사한 뒤 자료를 정리하고 체계화해서 이렇게 그 전모를 공개한다. 이런 작업이 계기가 되어 향후 교과서에 대한 다양한 관심이 촉발되고 또 활발한 연구가 이루어지기를 기대한다.

조선어독본 5

초판인쇄 2010년 8월 2일
초판발행 2010년 8월 18일

편 자 강진호 허재영
발 행 처 제이앤씨
발 행 인 윤석현
등록번호 제7-220호
책임편집 박채린

우편주소 132-702 서울시 도봉구 창동 624-1 현대홈시티 102-1206
대표전화 (02) 992-3253(대)
전 송 (02) 991-1285
홈페이지 www.jncbms.co.kr
전자우편 jncbook@hanmail.net

ISBN 978-89-5668-799-5 94190
ISBN 978-89-5668-794-0 (전5권)

정가 41,000원